经济发展生态化
实证与路径

The Ecological Economic Development Practice and Path

陈晓雪 谢忠秋 刘东皇 著

经济管理出版社
ECONOMY & MANAGEMENT PUBLISHING HOUSE

图书在版编目（CIP）数据

生态化经济发展：实证与路径/陈晓雪，谢忠秋，刘东皇著.—北京：经济管理出版社，2015.11
ISBN 978-7-5096-4207-8

Ⅰ.①生… Ⅱ.①陈… ②谢… ③刘… Ⅲ.①生态经济—经济发展—研究—中国 Ⅳ.①F124.5

中国版本图书馆 CIP 数据核字（2015）第 307432 号

组稿编辑：申桂萍
责任编辑：梁植睿
责任印制：黄章平
责任校对：雨　千

出版发行：经济管理出版社
（北京市海淀区北蜂窝 8 号中雅大厦 A 座 11 层　100038）

网　　址：www.E-mp.com.cn
电　　话：(010) 51915602
印　　刷：北京晨旭印刷厂
经　　销：新华书店
开　　本：720mm×1000mm/16
印　　张：21.25
字　　数：380千字
版　　次：2015 年 11 月第 1 版　2015 年 11 月第 1 次印刷
书　　号：ISBN 978-7-5096-4207-8
定　　价：78.00 元

·版权所有　翻印必究·

凡购本社图书，如有印装错误，由本社读者服务部负责调换。
联系地址：北京阜外月坛北小街 2 号
电话：(010) 68022974　　邮编：100836

序

中国正在大变局：青山是美丽，蓝天是幸福；中国经济正在大变局：经济要生态，生态要发展。创新、协调、绿色、开放、共享五大发展理念不仅勾勒出了中国发展的"路线图"，也吹响了引领中国奔向全面小康社会，向共和国"第一个百年目标"冲刺的进军号。

经济要生态，就是任何经济行为都必须以保护环境和生态健康为基本前提，任何经济活动不仅不能以牺牲环境为代价，而且要有利于环境的保护和生态的健康。这是世界上很多已经实现现代化国家的经验。在很长一段时间内，那些已经实现现代化的国家都把单纯的经济发展视为主要发展内容，问题不断积累，付出过巨大代价。显然，我们不能重蹈别人的覆辙。作为世界最大的发展中国家的中国，实现现代化，势必要走出自己的现代化道路，那就是习近平总书记所指明的道路："经济要发展，但不能以破坏生态环境为代价。生态环境保护是一个长期任务，要久久为功"，"要科学布局生产空间、生活空间、生态空间，扎实推进生态环境保护，让良好生态环境成为人民生活质量的增长点，成为展现我国良好形象的发力点"。

生态要发展，就是要从环境保护的活动中获取经济效益，将维系生态健康作为新的经济增长点，实现"从绿掘金"。综观世界发展，面临三种发展模式的选择：一是"黑色发展"，就是"吃祖宗饭，造子孙孽"，破坏生态资本。对于这种发展模式，世人已是饱受其害、难以忍受。血淋淋的现实已经证明，这只能是一条死路。二是"可持续发展"，没有影响后代发展，但也没有留下遗产。这种模式由于缺乏绿色遗产的留存，事实也将证明难以为继。三是"绿色发展"，就是"前人种树，后人乘凉"，种下生态资产和资本，"绿水青山就是金山银山"。显然，只有坚持于将绿色与发展统一起来，形成紧紧结合在一起的绿色发展，才是人类永续发展的康庄大道，才是人民美好生活的幸福之路。

经济要生态，生态要发展，关键在落实到位。必须将坚持节约资源和保护环境的基本国策,坚持可持续发展,坚定走生产发展、生活富裕、生态良好的文明发展道路落实到位;必须将促进人与自然和谐共生,构建科学合理的城市化格局、农业发展格局、生态安全格局、自然岸线格局,推动建立绿色低碳循环发展产业体系落实到位;必须将加快建设主体功能区,发挥主体功能区作为国土空间开发保护基础制度的作用落实到位;必须将加大环境治理力度,以提高环境质量为核心,实行最严格的环境保护制度,深入实施大气、水、土壤污染防治行动计划,实行省以下环保机构监测监察执法垂直管理制度落实到位。建设清洁低碳、安全高效的现代能源体系,实施近零碳排放区示范工程,推动低碳循环发展;树立节约集约循环利用的资源观,建立健全用能权、用水权、排污权、碳排放权初始分配制度,全面节约和高效利用资源,推动形成勤俭节约的社会风尚;坚持保护优先、自然恢复为主,实施山水林田湖生态保护和修复工程,开展大规模国土绿化行动,完善天然林保护制度,开展蓝色海湾整治行动,筑牢生态安全屏障,推进美丽中国建设,为全球生态安全作出新贡献。

应该说,由陈晓雪教授等撰写的《生态化经济发展:实证与路径》一书正顺应了上述要求,这使得本书具有一定的前瞻性。此外,本书也有着自己的鲜明特色:

(1)视角的多重性。从产业经济到民营经济,从工业园区经济到县域经济,既有条线上的阐述,又有块状上的论证,不仅条块结合,而且经纬相交,拓展了人们认识、理解生态化经济发展的视野。正是视角的多重性,透析出了生态化经济发展的复杂性以及不同形态经济之间发展的差异性。

(2)论述的多维性。从国外到国内,既有国外的实践借鉴,又有国内的案例分析;从微观到中观再到宏观,既有企业的生态化发展,又有工业园区经济、县域经济的生态化发展,更有整个国家的生态化发展;从内涵到内容再到目标、措施,既有内涵的界定,又有内容的解释,还有目标的要求、发展的措施;等等。不仅好似剥笋,循序渐进,而且犹如卯榫,环环相扣,将生态化经济发展的理说清、说透。正是论述的多维性,解析出了生态化经济发展的曲折性以及不同形态经济之间发展的深刻性。

(3)方法的多样性。且不说整本书的研究方法所具有的多样性,单就对不同形态经济的生态化发展水平的实证,就运用了综合评价法、改进的层次分析法(Cov-AHP)、数据包络分析法、因子分析法等,不仅使得人们对不同形态经济的生态化发展水平有了量的认识,而且更重要的是促使人们透过量而看到本质,为生态化经济发展探寻到更优的路径。正是方法的多样性，缕析出了生态化经济发展的艰巨性以及不同形态经济之间发展的不确定性。

全书脉络清晰，方法得当，理论与实际有机结合，是一部较为系统阐述生态化经济发展的理论专著，值得一读。

绿色发展是一场深刻变革。中国正在大变局！

"十三五"规划为我们描绘了一幅人与自然和谐共生的生产发展、生活富裕、生态良好的美丽中国画卷。中国经济正在大变局！

"十三五"，必将是一个生态化发展的"十三五"，必将是一个绿色发展的"十三五"！

是为序！

陈耀
中国社会科学院博士生导师
中国区域经济学会副理事长兼秘书长
2015年11月于北京

前 言

生态化发展是历史演进的一个必然，它不仅意味着人类发展方式的一次革命，也标志着人类发展内容由物质到精神的一种升华，其实质是人的全面发展，是人类的幸事。基于这一理念，我们撰写了《生态化经济发展：实证与路径》一书。

在书中，力求体现这样的思想：

第一，生态化经济发展是实现经济腾飞与环境保护、物质文明与精神文明、自然生态与人类生态高度统一和可持续发展的经济形态。

第二，经济生态化发展是一个层次分明的大系统，在这个系统中，以循环为主导，以三个生态发展圈（产业生态圈、空间生态圈、综合生态圈）为支撑，创新驱动，城乡协调，绿色发展，开放融合，共享成果。

第三，生态化经济发展就是自然、社会、经济和人的全面发展。

在书中，力求反映这样的内容：

第一，生态化产业经济发展。

第二，生态化园区经济发展。

第三，生态化科技创新发展。

第四，生态化县域经济发展。

第五，生态化民营经济发展。

在书中，力求实现这样的目的：

第一，通过理论梳理，阐明生态化发展的内涵、特征、目标。

第二，通过实证分析，说明生态化发展的水平、差异、成因。

第三，通过路径研究，指明生态化发展的方向、手段、途径。

本书撰写完成时，正值中共十八届五中全会召开。全会强调，"实现'十三五'时期发展目标，破解发展难题，厚植发展优势，必须牢固树立并切实贯彻'创新、协调、绿色、开放、共享'的发展理念。这是关系我国发展全局的一场深刻变革。全党同志要充分认识这场变革的重大现实意义和深远历史意义"。根据这一精神，我们又补充撰写了"绿色发展：中国现代化新路径"一章。在撰写过程中，我们深切体会到习近平总书记"五大发展"理念对实现"两个百年"目标的高瞻远瞩、高屋建瓴，以及对实现中国梦的深邃、深远意义。

本书是诸多思想者们思想阳光普照的结果，正是他们的卓越思想和理论贡献，奠定了本书的基础；本书是团队精心合作的结果，正是团队每一位成员的无私奉献，成就了本书。谨以此书献给他们。

由于作者学识有限，书中错误难免、谬误难去，一者文责自负，二者谨请专家指正，三者还望读者提出批评意见。

作者

于冬月龙城

目　录

第一章　经济发展与生态化经济发展 ······················· 1

第一节　中国经济发展 ····································· 1
一、阶段分析 ·· 1
二、结构演化 ·· 3
三、"新常态"下的结构调整 ································ 8
四、"新常态"下的转型发展 ································ 12

第二节　中国生态化经济发展 ····························· 15
一、内涵 ·· 15
二、作用 ·· 18
三、鄱阳湖生态经济区建设：中国实践 ······················ 20

第二章　生态化经济发展理论基础 ························· 23

第一节　生态化经济发展的理论基础 ······················· 23
一、工业生态学 ·· 23
二、循环经济理论 ·· 26
三、清洁生产理论 ·· 30
四、关键种理论 ·· 32
五、可持续发展理论 ······································ 34

第二节　生态化经济发展的研究方法 ······················· 36
一、综合指标法 ·· 36
二、综合评价法 ·· 39
三、Cov-AHP：改进的层次分析法 ·························· 49
四、其他方法 ·· 54

第三章　生态化产业经济发展 ·· 61

第一节　生态化产业经济的背景与内涵 ························· 61
一、背景 ··· 61
二、内涵 ··· 64
三、特征 ··· 65

第二节　生态化产业经济的内容和目标 ························· 67
一、内容 ··· 67
二、目标 ··· 69

第三节　生态化产业经济的载体和要求 ························· 70
一、载体 ··· 70
二、要求 ··· 72

第四节　生态化产业经济的评价体系构建 ····················· 74
一、体系结构 ··· 75
二、体系内容 ··· 77

第五节　生态化产业经济发展实证：江苏案例 ················ 78
一、江苏省产业发展现状 ··· 79
二、江苏省生态环境现状 ··· 84
三、实证研究 ··· 86

第六节　生态化产业经济发展之路径 ···························· 97
一、发挥政府管理职能 ·· 97
二、致力于产业结构优化 ·· 100
三、强化企业和民众引导 ·· 101
四、大力推进供给侧结构性改革 ······························ 103

第四章　生态化园区经济发展 ·· 104

第一节　生态化园区概述 ·· 104
一、内涵 ·· 105
二、特征 ·· 107
三、原则 ·· 108

第二节　生态化园区的模式与机制 ······························ 110

一、模式 ··· 110
　　二、机制 ··· 118
第三节　生态化高新园区发展：江苏案例 ······················· 124
　　一、基本情况 ··· 124
　　二、主要特点 ··· 124
　　三、存在的问题 ·· 126
第四节　生态化园区的评价体系构建 ······························ 127
　　一、指标体系的理论预选 ··· 127
　　二、指标体系的筛选 ··· 129
　　三、评价指标诠释 ·· 135
　　四、指标的无量纲化方法 ··· 139
　　五、权数的确定 ·· 139
第五节　生态化园区发展实证：江苏案例 ······················· 140
　　一、评价的目的、对象、方法和数据来源 ·················· 140
　　二、指标层评价结果 ··· 141
　　三、准则层评价结果 ··· 149
　　四、综合评价结果分析 ·· 152
第六节　生态化园区发展之路径 ···································· 154
　　一、着力改善生态化园区创新环境 ···························· 154
　　二、加强对生态化园区创新的投入 ···························· 155
　　三、提高园区的技术成果转化水平 ···························· 156
　　四、推动园区产业生态化创新集群化发展 ·················· 157
　　五、实现园区生态工业发展和经济发展的融合 ············ 157
　　六、以"互联网+"推进园区生态化发展 ···················· 158

第五章　生态化技术创新发展 ····································· 160

第一节　生态化技术创新概述 ······································ 160
　　一、内涵和特征 ·· 160
　　二、研究现状 ··· 162
第二节　生态化技术创新发展的实践：江苏经验 ············ 168
　　一、江苏省技术创新的实践 ····································· 169

二、江苏省生态化技术创新发展的实践 …………………………… 172
　第三节　生态化技术创新评价体系构建 ………………………………… 176
　　一、评价指标的选定 ……………………………………………… 176
　　二、指标体系的构建 ……………………………………………… 178
　第四节　生态化技术创新发展的实证：江苏案例 ……………………… 179
　　一、横向比较：30个省份 ………………………………………… 179
　　二、纵向比较：2004~2012年 …………………………………… 189
　第五节　生态化技术创新发展之路径 …………………………………… 197
　　一、完善政府财政激励政策 ……………………………………… 197
　　二、提升企业生态化自主创新能力 ……………………………… 199
　　三、发挥中间机构的促进作用 …………………………………… 202
　　四、完善生态化技术创新政策体系 ……………………………… 203
　　五、健全生态化技术创新金融服务体系 ………………………… 205

第六章　生态化县域经济发展 …………………………………………… 207

　第一节　生态化县域经济概述 …………………………………………… 207
　　一、概况 …………………………………………………………… 207
　　二、本质 …………………………………………………………… 209
　　三、重点 …………………………………………………………… 210
　第二节　生态化县域经济发展系统 ……………………………………… 212
　　一、系统结构 ……………………………………………………… 212
　　二、系统各要素间的关系 ………………………………………… 214
　第三节　生态化县域经济发展：溧阳经验 ……………………………… 215
　　一、生态化经济发展体系 ………………………………………… 216
　　二、生态化发展重点领域 ………………………………………… 228
　第四节　生态化县域经济评价体系构建 ………………………………… 236
　　一、总体构架 ……………………………………………………… 236
　　二、内容 …………………………………………………………… 239
　第五节　生态化县域经济发展实证：溧阳案例 ………………………… 240
　　一、溧阳概况 ……………………………………………………… 240
　　二、溧阳资源环境承载力分析 …………………………………… 242

三、溧阳发展循环经济的 SWOT 分析 …………………………… 245
　　　四、溧阳生态化经济发展综合评价 ………………………………… 249
　第六节　生态化县域经济发展之对策 ………………………………… 255
　　　一、促进县域产业转型升级 …………………………………………… 255
　　　二、大力发展县域绿色经济 …………………………………………… 257
　　　三、打造县域"四众"新模式 ………………………………………… 257

第七章　生态化民营经济发展 ………………………………… 259

　第一节　生态化民营经济发展的内涵 ………………………………… 259
　　　一、民营经济的概念界定 ……………………………………………… 259
　　　二、生态化民营经济发展的内涵 ……………………………………… 261
　第二节　生态化民营经济发展的动因和内容 ………………………… 263
　　　一、动因 ………………………………………………………………… 263
　　　二、内容 ………………………………………………………………… 265
　第三节　生态化民营经济发展的实践 ………………………………… 267
　　　一、生态化民营经济发展取得的成就 ………………………………… 267
　　　二、生态化民营经济发展面临的困境 ………………………………… 270
　第四节　生态化民营经济评价体系构建 ……………………………… 272
　　　一、整体架构 …………………………………………………………… 272
　　　二、指标意义 …………………………………………………………… 273
　第五节　生态化民营经济发展的实证 ………………………………… 277
　　　一、数据说明 …………………………………………………………… 277
　　　二、静态分析 …………………………………………………………… 278
　　　三、动态分析 …………………………………………………………… 283
　　　四、差异原因分析 ……………………………………………………… 286
　第六节　生态化民营经济发展之路径 ………………………………… 290
　　　一、领先区：提高生态融资水平 ……………………………………… 291
　　　二、发达区：提升民营企业技术创新水平 …………………………… 293
　　　三、中等区：打造低碳排放的民营工业体系 ………………………… 296
　　　四、落后区：提高民营企业入驻的能耗和环境门槛 ………………… 298

第八章 绿色发展：中国现代化新路径 ························· 301

第一节 五大发展理念引领中国深刻变革 ······················ 301
一、创新发展 ·· 301
二、协调发展 ·· 302
三、绿色发展 ·· 305
四、开放发展 ·· 306
五、共享发展 ·· 308

第二节 绿色发展的内涵与意义 ······························ 309
一、绿色发展的内涵 ···································· 309
二、绿色发展的意义 ···································· 312

第三节 绿色发展的新举措 ·································· 313
一、着力绿色化，转变生产生活方式 ······················ 314
二、着力低碳循环，发展产业体系 ························ 315
三、着力管制，发挥主体功能区作用 ······················ 315
四、着力节约，高效利用资源 ···························· 316
五、着力质量，实行最严格的环境保护制度 ················ 316

参考文献 ·· 319

后　记 ·· 326

第一章 经济发展与生态化经济发展

第一节 中国经济发展

改革开放以来，我国经济实现了30多年的"高速追赶型"增长（GDP保持年平均近10%的增长速度），取得了举世瞩目的成绩。2011年我国GDP规模赶超了日本，成为世界第二大"经济体"。截至2014年，我国GDP规模达到了56.88万亿元，与美国的差距在快速缩小。综观中国的经济发展过程，依据钱纳里对工业化的发展阶段进行划分，我国现已进入工业化高级发展阶段，并深深烙上"中国速度"的特征。

一、阶段分析

工业化的过程是一个国家（地区）经济发展的重要"推进器"，工业化作为一个国家（地区）经济发展过程的重要阶段，目前对工业化的发展阶段划分缺乏统一的认识，存在多种相关的理论。霍夫曼定理、钱纳里标准模型、罗斯托阶段划分理论以及库兹涅茨模式为工业化的发展阶段划分提供了可参考的思路。相对而言，钱纳里标准模型对三个阶段的划分适合我国工业化发展的实际情况，故本章基于钱纳里标准模型，参考其他的相关理论对改革开放以来我国经济发展阶段进行分析。依据人均收入水平（GDP或GNP）的变动等指标，对照钱纳里的标准模式，将我国经济发展划分为四个阶段：初级产品生产阶段、工业化初级阶段、工业化中级阶段和工业化高级阶段。

（一）初级产品生产阶段（1978~1986年）

世界上一些很落后的国家，如一些非洲国家，属于初级产品生产阶段。根据钱纳里标准，1978年我国人均GDP为684美元（2000年美元），我国经济也处于初级产品生产阶段（见表1-1）。改革开放以来，我国积极推进市场化改革，由于初期的经济改革的焦点主要集中在农村，工业化进程缓慢。1984年5月《关于进一步扩大国营工业企业自主权的暂行规定》为城市经济体制改革作了铺垫。中共十二届三中全会的召开标志着我国经济体制改革的重点由农村转移到了城市，实行的是有计划的商品经济，实现了社会主义经济理论的重大突破。之后，工业化快速发展，1987年我国人均GDP为1415美元（2000年美元），进入了工业化的初级阶段。

表1-1 钱纳里标准模式与我国人均GDP

经济发展阶段	时期	人均国民生产总值		
		钱纳里标准（1964年美元）	钱纳里标准（2000年美元）	全国人均GDP（2000年美元）
初级产品生产阶段	—	100~200	668~1336	684（1978年）
工业化阶段	初级	200~400	1336~2671	1415（1987年）
	中级	400~800	2671~5342	2730（1995年）
	高级	800~1500	5342~10017	5490（2004年） 8019.52（2013年、2001年美元）
发达经济阶段	初级	1500~2400	10017~16027	—
	高级	2400~3600	16027~24041	—

资料来源：[美]钱纳里等.工业化和经济增长的比较研究[M].吴奇等译.上海：上海三联书店，1989；许君如，牛文涛.改革开放三十年我国工业化阶段演进分析[J].电子科技大学学报（社会科学版），2011（1）.

（二）工业化初级阶段（1987~1994年）

1987年，我国人均GDP为1415美元（2000年美元），依据钱纳里标准开始进入工业化初级阶段。在工业化初级阶段，一般来说资金短缺、技术落后，由于我国劳动力资源相对丰富，劳动力成本低，依据比较优势，我国形成了以纺织业等轻工业（劳动密集型）产业为主导的产业结构。随着工业化进程的推进，1995年我国人均GDP突破2671美元（2000年美元），标志着我国工业化初级阶段的结束。

（三）工业化中级阶段（1995~2003年）

1995年，我国人均GDP为2730美元（2000年美元），依据钱纳里标准开始进入工业化中级阶段。在工业化中级阶段，随着工业化的推进、轻工业的发展，城市化、农业机械化和基础设施建设大规模展开，资本需求的巨大增长，改变了市场需求和生产的条件，自然形成以重工业为主导的"重型"产业结构。随着工业化的继续推进，2004年我国人均GDP突破5342美元（2000年美元），标志着我国工业化中级阶段的结束。

（四）工业化高级阶段（2004年至今）

2004年，我国人均GDP为5490美元（2000年美元），依据钱纳里标准开始进入工业化高级阶段。随着重工业化的推进、科学技术的新发展，收入的增加使恩格尔系数大幅下降，改变了人们的消费结构，导致服务需求的大量增长，形成以服务业为主导的"服务型"产业结构，金融、保险、商务服务业等现代服务业进一步发展，科研、设计、信息、教育等现代知识型服务业崛起成为主流业态，而且发展前景广阔、潜力巨大。

2013年，我国人均GDP约达8019.522美元（换算成2001年美元，再按1美元等于8.27元人民币估算），已越过组中值，正向上限逼近，这也意味着中国经济正朝着钱纳里所描述的工业化高级阶段的后期迈进。未来五年，中国进入"十三五"时期，在这一阶段，经济将保持中高速增长。显然，如果不发生特别大的变故，突破10017美元大关也应是指日可待。届时，中国经济又将迈入新的阶段。

二、结构演化[①]

（一）需求动力结构以外需为主

改革开放后，出口越来越成为拉动中国经济的重要力量（见图1-1）。在改革开放初期，出口额占GDP的比重并不高，1978年和1979年均为4.9%，20世纪80年代出口额占GDP的比重上升至年均9.0%，90年代进一步上升至17.5%，进入21世纪，随着中国加入世界贸易组织，出口额占GDP的比重进一步攀升，2000~2009年年均为27.9%，2008年后受世界金融危机的影响，我国出口增速下降，出口额占GDP的比重在25%左右。可见，外需成为了拉动我国经济增长的重要力量。

在国际上，我国外需率（出口额占GDP的比重）处于相对较高水平。1978

---

① 本部分内容来源于：刘东皇.启动居民消费促进我国经济增长模式转型探析[J].中央财经大学学报，2010（6）：49-54；刘东皇，孟范昆，季小立.中国宏观经济结构优化多维度研究[J].经济学家，2013（11）：42-48；刘东皇.中国经济发展动力结构转换研究[J].社会科学，2016（1）：52-60.在此基础上有所完善。

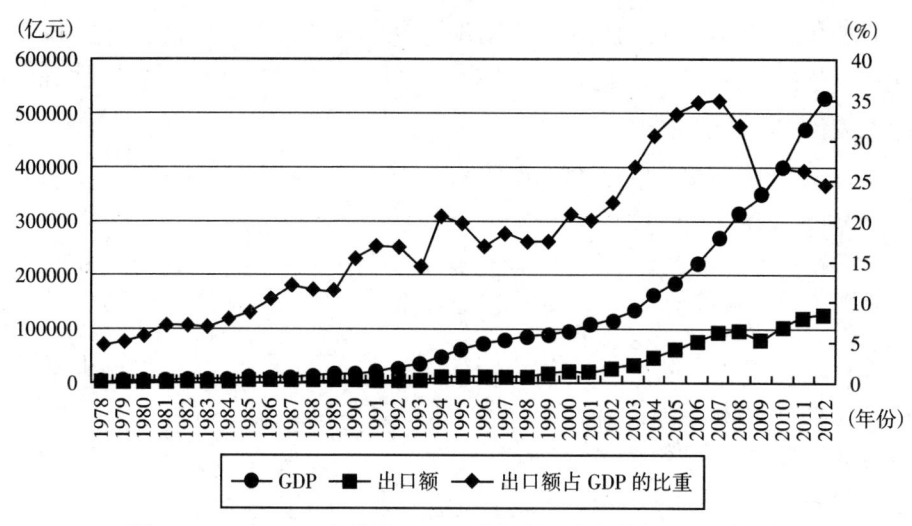

图 1-1　1978~2012 年我国 GDP、出口额和出口额占 GDP 的比重

资料来源：历年《中国统计年鉴》。

年我国外需率明显低于世界平均水平（17%），2008 年，我国的外需率已经上升到 32.72%，显著高于世界平均水平，也高于发展中国家的平均水平（30%）。2006 年，发达国家的平均外需率为 27%，其中日本、美国分别为 16% 和 11%，2007 年法国、意大利和英国的外需率分别为 27%、29% 和 26%，2008 年澳大利亚的外需率为 21%。2008 年发展中国家的平均外需率为 30%，其中墨西哥、印度分别为 28% 和 24%。在世界各大国中，德国、俄罗斯联邦、巴西等国的外需率超过 30%，处于较高的水平。因此，综合来看，在世界各大国中目前我国的外需率处于相对比较高的水平。进一步从经济发展阶段相同或相近的对比中来看，2000~2008 年我国经济高速发展，2001 年我国人均 GDP 突破 1000 美元，2006 年超过 2000 美元，2008 年又进一步突破 3000 美元，我国年均外需率为 28.6%，高于同一时期发展中国家的平均水平（26.9%）。在发达国家中，日本、韩国和西班牙分别在 1965~1973 年、1976~1987 年和 1968~1975 年与我国 2000~2008 年的经济发展阶段相同。这段时期日本、韩国和西班牙的年均外需率分别为 10.8%、32.2% 和 12.8%。韩国的年均外需率略高于我国的外需率水平，但是日本和西班牙的年均外需率却显著地低于我国的外需率水平。综合分析，我国的外需率处于相对比较高的水平。

根据大国发展经验，在出口、投资和消费的经济"三驾马车"中，最稳定和最具有可持续性的驱动力是消费需求。我国经济对出口和投资的过度依赖性根源于"经济赶超战略",谋求快速的经济规模扩张是政策的首要目标,由此也形成了过去依靠资本投入和廉价劳动力的"粗放型"增长模式,高储蓄加速资本形成,推动投资迅速增长,而我国居民消费不振,出口成为投资的最终需求支撑。传统需求结构支撑了30年的经济高速增长,但传统增长模式下的需求结构难以持续,受制于国际分工体系和国内外环境的变化,出口难以持续快速扩张,经济发展面临的需求约束越来越强,"扩内需"由此成为发展战略。

(二)要素投入结构表现为"粗放型"

改革开放30多年来,我国GDP以年均近10%的速度持续增长,成为世界第一大制造业国家,跃居为世界第二大经济体。但我们不难发现,过去的高增长主要是靠大量的要素投入实现的,走的是一条高投入、高消耗、高污染的经济发展路子。在劳动要素方面,我国15~64岁的劳动年龄人口总量由1982年的62517万人增长到2010年的99898万人,增长了37381万人,劳动年龄人口占年末总人口的比重由1982年的61.5%增长到2010年的74.5%,提升了13%。在资本要素方面,储蓄率高位运行,例如2010年我国总储蓄率为47.8%(其中居民储蓄率为25.8%),远高于其他"金砖国家"的水平,金融机构各项存款从1978年的1155.01亿元增加到2010年的718237.93亿元,年均增长约22.27%,远高于GDP的年均增速。外商直接投资快速增长,1984年我国实际利用外商直接投资金额为14.2亿美元,2010年为1057.3亿美元,增长了73.46倍,年均增长约18.03%,高于GDP的年均增速。在土地要素方面,城镇建成区面积不断增加,1980年为5000万平方米,2010年增加到40058万平方米,是1980年的8倍,年均增长约7.18%。在能源要素方面,1980年我国能源消费总量为60275万吨标准煤,2010年为324939万吨标准煤,是1980年的5.39倍,年均增长约5.8%。能源消费的快速增长导致能源对外依存度日益提高(能源对外依存度由1980年的4.3%提高到2010年的17.2%)。据报道,中国要素消耗超过全球总量的10%,单位GDP能耗大约是世界平均水平的2倍、发达国家的4倍,甚至高于墨西哥、巴西等发展中国家,依靠"粗放型"要素投入的增长动力正在逐步衰减。江泽民同志曾经指出,创新是一个民族的灵魂,是一个国家兴旺发达的不竭动力。新常态的背景下,经济增速放缓、结构谋求优化升级,科技创新支撑和引领作用日益增强,发展动力由过去过度依赖要素投入转向更多地依赖创新驱动。中共十八大报告就明确指出,要实施创新驱动发展战略。

科技创新正成为推动我国产业转型升级的重要动力。中国经济进入新常态后，科技与经济的联系越来越紧密，经济增长越来越表现为由科学技术的进步来推动。习近平总书记反复强调要加快实施创新驱动发展战略。实施创新驱动发展战略，就是要坚持需求导向和产业化方向，坚持企业在创新中的主体地位，发挥市场在资源配置中的决定性作用，增强科技进步对经济增长的贡献度，优化投入结构，推动经济持续健康发展。

（三）城乡经济结构由城镇化推动

改革开放以来，中国工业化在持续推进，然而经济仍然具有很强的城乡二元结构特征，城乡二元经济结构的转换与城镇化息息相关。城镇化过程实质上是产业结构由低级向高级不断演进的过程，是生产要素合理流动和优化配置的过程，也是要素配置变革从低级形态到高级形态的变动过程。通过城镇化可以使农村剩余劳动力实现转移，进入城镇，能够集中利用土地资源，实现简单劳动力、自然资源等初级生产要素的聚集，为实现农业规模经济和现代化奠定基础，进而提高农业生产效率；通过城镇化，可促使人力资本、资本要素向城镇集中，实现资本投资的积累与物化，使工业产生集聚效应和外部经济效应，有利于工业结构调整和优化升级；通过城镇化可以推动服务产业迅速发展，由于城镇化作为工业化的空间聚集表现，必然促使信息、高新技术、金融保险等知识性服务业相应协调发展，并且由于在城镇化进程中，大量农村剩余劳动力进入城镇，产生新的需求和新的消费习惯，对服务性产品和知识性服务需求的相应增加，导致大量技术、知识、信息、制度等高级要素的聚集，为知识经济发展提供支撑。城镇人口规模的扩张是城镇化的最重要特征。

经过30多年的改革开放，在工业化的推进过程中，农村人口逐渐从土地中解放出来。城镇化率从1978年的17.92%提高到2013年的53.73%，年均增长超过3个百分点（见表1-2）。1980~1990年，城镇化率由19.39%增长到了

表1-2 中国城镇人口占比 单位：%

年份	城镇人口占比
1980	19.39
1990	26.41
2000	36.22
2010	49.95
2011	51.27
2012	52.57
2013	53.73

26.41%，提升了7.02个百分点，城镇人口由19140万人增加到了30195万人；1990~2000年，城镇化率由26.41%增长到了36.22%，提升了9.81个百分点，城镇人口由30195万人增加到了45906万人；进入21世纪以来，随着中国加入世界贸易组织，农民进入城市就业的管制放松，城镇化率快速提升，由2000年的36.22%增长到了2010年的49.95%，提升了13.73个百分点，人口城镇化的发展速度远高于过去的增长速度。城镇化进程引致的人口迁移和人口聚集为工业和服务业规模增长提供了坚实的需求基础和劳动力要素，从而推动城市工业化进程并刺激了服务业规模的增长。

（四）产业经济结构由工业化推动

改革开放后，中国经济高速增长的过程也就是工业化发展的过程，由于抓住了世界国际产业转移的机遇并顺利加入世界贸易组织，"出口导向型"经济赶超战略推动经济规模迅速扩张，产业结构发生了深刻的变化：我国GDP中第一、第二、第三产业所占的比重分别从1980年的30.2%、48.2%和21.6%演变为2011年的10.0%、46.6%和43.4%（见图1-2）。GDP布局由第一、第二、第三产业向第三、第二、第一产业转变。

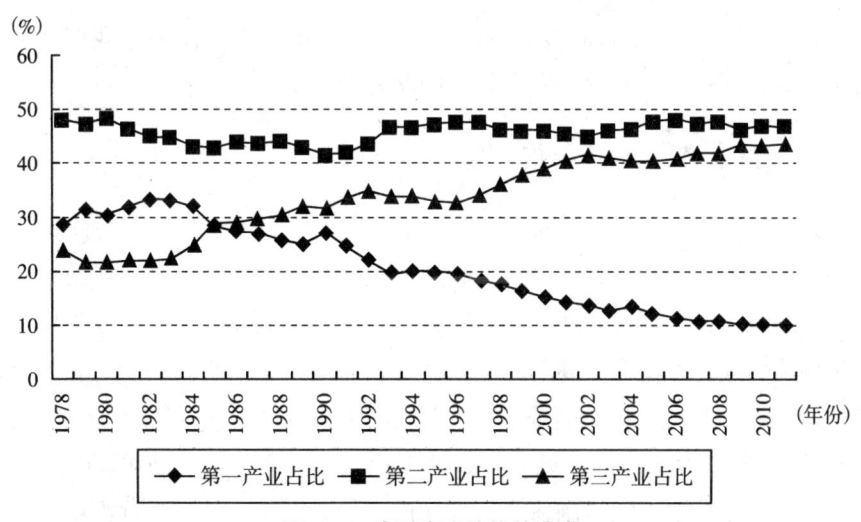

图1-2 我国产业结构的演变

世界银行世界发展指标数据库的数据显示（见表1-3），2010年我国GDP在第一、第二、第三产业的分布分别演变为9.5%、44.6%和45.9%，产业结构中第三产业占GDP的比重跃居第一位。

表 1-3 2010 年产业结构国际比较   单位：%

国家和地区	第一产业增加值占 GDP 比重	第二产业增加值占 GDP 比重	第三产业增加值占 GDP 比重
中国	9.5	44.6	45.9
世界	2.9※	27.0※	70.1※
高收入国家	1.5※	25.1※	73.4※
中等收入国家	9.7	34.4	55.9
中等偏上收入国家	7.8	35.3	56.9
低收入国家	25.7▽	24.4▽	49.9▽
美国	1.2※	21.4※	77.4※
巴西	6	26	68

资料来源：世界银行世界发展指标数据库，由于数据缺失，※为 2008 年数据，▽为 2009 年数据。

对于当前我国产业结构高度化的判断，表 1-3 同时列出了 2010 年国际上其他国家的产业结构状况。2010 年，我国第二、第三产业增加值占 GDP 比重为 90.5%（其中第三产业增加值占 GDP 比重为 45.9%），产业结构高度化水平显著低于发达国家水平（其中美国第二、第三产业增加值占 GDP 比重为 98.8%，第三产业增加值占 GDP 比重为 77.4%），与中等收入国家水平大体相当（第二、第三产业增加值占 GDP 比重为 90.3%），但我国第三产业发展显著落后，金砖国家之一——巴西的产业结构高度化水平显著高于我国。综上所述，我们认为我国产业结构的合理化和高度化仍有着较长的路要走。

三、"新常态"下的结构调整

2008 年美国金融危机爆发，全球经济步入"去产能化"、"去杠杆化"和"格局分化"的"新常态"，中国长期高速增长所积累的矛盾显现，经济运行风险剧增。与此同时，我国经济增速下滑，处于中高速追赶型增长的新发展阶段。鉴于国际环境的变化及中国"高速追赶型"增长暴露出来的种种问题，在对经济基本面长期向好的准确判断前提下，我国于 2014 年做出中国经济步入"中高速"、"优结构"、"新动力"和"多挑战"新常态的重要判断，并于 2014 年 12 月召开的中央经济工作会议上系统阐述了经济新常态的九个基本特征。这次中央经济工作会议明确了"经济新常态"的九大发展趋势，同时也指出"认识新常态，适应新常态，引领新常态"是当前和今后一个时期我国经济发展的大逻辑。

（一）刷新出口优势，注重资本输出

"中国低成本优势发生了转化"，新常态下，"抓紧培育新的比较优势"，在中

国商品输出的高增长受阻、资本净输出条件日益成熟的情况下，我们在强调商品输出的同时更要注重积极推动资本输出。由此，以习近平同志为总书记的党中央根据变化了的国内国际环境，着眼于实现中华民族伟大复兴中国梦，提出了联通世界的"一带一路"发展战略。

"一带一路"发展战略为中国资本输出、进一步提高我国对外开放水平提供了宽广的战略平台，对内能够形成区域合作新格局，对外则能够构建区域合作新模式，从而为促进区域合作发展指明了方向。"一带一路"发展战略的提出反映了中国共产党对我国未来发展格局的运筹帷幄和对国际经济发展形势的深刻洞察，在当前全球经济低迷的背景下，中国"一带一路"发展战略能够以点带面，从线到片，逐步形成区域大合作格局，具有重大的战略意义。

（二）打破行业壁垒，消除投资障碍

投资一直是中国经济增长的重要力量，改革开放以来其对经济增长的拉动作用得到了强化。在改革开放初期我国投资占 GDP 的比重并不高，20 世纪 80 年代投资占 GDP 的比重年均为 35.2%，90 年代上升至 37.8%，进入 21 世纪，投资占 GDP 的比重进一步攀升，2000~2009 年年均突破 40.9%。近年来，外围经济不景气，国家实施扩内需战略，2010~2012 年，投资占 GDP 的比重年均高达 48.0%。

但是，我们也可以发现，过去投资主要靠政府推动，由于主要是政府推动，极易造成行业的产能过剩，例如光伏产业的产能过剩。新常态下，"传统产业投资饱和，基础设施等领域机会显现"。我国垄断行业（电力、通信、民航和铁路等）服务短缺，打破行业垄断，逐步引入民间资本等才是解决之道。这就要求行政事业单位进行体制机制改革，通过减少审批，打破垄断约束，让民间资本进入过去无法进入的领域，中国经济也将意味着步入"改革红利"时代。

（三）排浪特征消退，纠偏消费政策

改革开放以来中国经济高速发展，经济发展带来了城镇居民收入水平的提升：城镇居民的人均可支配收入由 1978 年的 343.4 元增长到 2011 年的 21810 元，增长了约 63 倍；农村居民家庭人均纯收入由 1978 年的 133.6 元上升到 2011 年的 6977.38 元，增长了约 52 倍。收入水平的提升则增强了城镇和农村居民的消费能力。例如，城镇居民的人均消费支出由 1978 年的 311.2 元增长到 2011 年的 15161 元，增长了近 50 倍。与此同时，消费结构得到优化升级，城镇居民家庭恩格尔系数由 1978 年的 0.575 下降到 2011 年的 0.363；随着农村居民生活水平的提升，农村家庭恩格尔系数由 1978 年的 0.677 下降到 2011 年的 0.404。食品支出占消费总支出的比重持续下降,表明随着收入水平的提高,城乡居民的消费需求结构从低层次向更高层次升级,减少其基本消费支出,消费结构得到优化升级。

与此同时,我们也可以发现,由于过去中国民众消费层次低,普遍性、基础性需求的不饱和容易引发"排浪式"的消费特征。随着经济增长所带来的人民生活水平的提升,过去消费成长所具有的"模仿型"和"排浪式"的特征弱化。甚至可以说,在经济新常态下"模仿型排浪式消费阶段基本结束",在消费个性化、便利化、网络化日趋凸显的情况下,类似于家电下乡这样的直接刺激手段作用有限,纠偏消费政策,着眼于增加收入、健全社会保障,才能系统性地挖掘消费潜力。

(四)全面刺激退场,微调增速目标

在200多年来的工业化进程中,几乎所有的民族都曾经迷恋于快速增长的兴奋,并因此承受"快速增长"给自然环境和社会人文秩序带来的困扰,当速度不可持续的时候,大部分经济体都不约而同地选择了向新发展模式转型。中国改革开放以来,追求速度成为首要的目标,财税、金融、收入分配等各个方面的政策刺激全面出台,中国经济保持30多年10%左右的高速增长,如此长时间的高速增长在世界上是史无前例的,与此同时,全面刺激政策的边际效果是明显递减的。

2008年美国金融危机,导致中国结束"高速增长"的时代,步入"中高速增长"的新时代:中国宏观经济目标持续下调,近年来,持续下调到7%~8%。"慢"并不是贬义词,快可以实现追赶,但发展过程中的一些负面影响容易被忽视,速度慢我们可以更好地着眼于经济发展的质量和效益。经济增长目标适当下调,可以避免一些地方会因为增长速度而忽视结构调整步伐。从这个意义上讲,"告别高速度"、步入新常态可以真正成为新的经济发展模式的起点。

(五)化解产能过剩,推进结构升级

新常态下,虽然产业结构持续升级,"传统产业供给能力大幅超出需求"的特征没有消失,由于供给结构与国内消费结构的"错配"(供给面向国外市场),产业产能相对过剩,第三产业发展相对滞后,主要表现为现代服务业的发展面临资金、人才等一系列约束。化解产能过剩、结构调整和产业升级仍是未来工作的重心。

美国金融危机爆发后,国际环境变化要求产业发展更多地面向国内市场推进产业转型升级,工业内部结构持续优化升级,服务业也获得快速发展的机遇。

2012年服务业增加值比重首次超过工业，2013年第三产业增加值占GDP比重达到46.9%，比上年同期提高1.4个百分点，比工业增加值占比高3.2个百分点，中国总体上正由工业经济向服务经济跨越。现代服务业是推动我国经济增长的重要引擎，现代服务业繁荣兴旺是发达经济体的基本特征，是现代产业体系建设的重点任务。工业的转型升级，服务业特别是现代服务业的较快发展使整个经济内部结构优化升级，单位国内生产总值能耗有所下降，经济发展方式向集约型转变，经济发展的可持续性增强。在市场决定地位的前提下政府可以大有作为，通过定向降准、信贷差异化等政策，引导中国产业优化升级之路。

（六）人口红利衰减，突破创新瓶颈

改革开放以来，中国经历着"人口红利"期。在计划生育政策实施下，我国人口出生率逐渐下降，与此同时，我国老年人口比例还没有达到较高水平，适龄劳动人口占总人口的比重相对较大，劳动力资源相对丰富导致低劳动力成本相对低，这在很大程度上增强了中国企业的国际竞争力，奠定了我国出口驱动型增长模式的基础。然而，根据人口转型理论，"人口红利"只是一国（地区）人口变迁过程中的一个阶段，中国人口红利衰减是必然趋势。

从20世纪70年代我国开始实施计划生育政策，经过30年后人口出生率下降也必将导致总劳动人口的下降。就目前中国而言，劳动力短缺现象已经呈现，加上日益加快的人口老龄化趋势，中国经济所享有的"人口红利"正向"人才红利"转变。新常态下，"人口老龄化、农村富余劳动力减少"引发中国人口红利衰减，中国"必须让创新成为驱动发展新引擎"。然而，创新驱动需要驱动创新，这就需要认清阻碍创新驱动的障碍，找准正确的驱动途径。

（七）生态屋顶显现，环境税将来临

改革开放以来，随着中国工业化的推进，经济实现了持续30多年的高速增长，中国经济增长具有明显的数量扩张特点（依赖要素投入）。经济的高速增长过程中中国能源消费量快速攀升，以煤炭为例，1978年我国消费57144万吨标准煤，1996年能源消费量高达138948万吨标准煤，不到20年翻了一番还多。1997年以后，尽管能源消费的增长势头有所减弱，但是，中国工业化的高耗能特征并没有改变。可以说，中国工业化是一个高耗能的过程。有研究资料[1]表明，中国高耗能产品消耗能量一般比发达国家高12%~55%，能源综合利用效率

---

[1] 范剑平. 新型工业化道路怎样走 [N]. 中国商报，2002-12-17.

为32%，能源系统总效率为9.3%，只及发达国家的50%左右，90%以上的能源在开采、加工转换、储运和终端利用过程中损失和浪费。

进入21世纪，中国的能源、环境问题仍然是全社会最为关注的话题。新常态下"环境承载能力已经达到或接近上限"，环境税即将出台。环境税是一种通过市场机制配置环境资源的经济手段，把环境污染和生态破坏的社会成本内化到企业的生产成本中去。2011年12月，财政部同意适时开征环境税。2013年12月2日，环境税方案上报至国务院。2015年6月国务院法制办公室公布了《中华人民共和国环境保护税法（征求意见稿）》。

(八) 统一全国市场，提高资源配置效率

资源配置方式是经济体制的重要内容。改革开放以后，在资源配置领域，市场手段逐步代替计划手段，在资源配置中要素市场发挥越来越大的作用。但户籍制度、土地制度、金融体制等仍然保留着计划经济的因素，经济同质化条件下地方的财税竞争导致地方保护主义大量存在，市场的分割不可避免地带来资源配置效率的低下。

在经济新常态下，经济持续健康发展需要"统一全国市场，提高资源配置效率"。这就要求打破地方保护主义，促进要素自由流动；大力清理不合理的税收优惠政策，填平"税收洼地"；使各地区不是同质化竞争而是差异化竞争，加强彼此的分工合作。加快形成统一大市场是提高资源配置效率的重要内容。

(九) 改革投融资体制，化解经济运行风险

改革开放以来，投资仍然是支撑中国经济发展的主要动力，中国投资率在持续上升，且在高位运行，各级地方政府是实际上的投资经营主体，通过大量投资拉动了GDP的增长。但也存在相当多的问题：投资波动较大、投资结构不合理、投资体制不健全等。地方政府投资也存在大量非理性行为，"隐性担保"广泛存在，地方债务攀升，经济运行的风险剧增。

在经济增速下滑的新常态经济下，各类隐性风险逐步显性化，成为了新常态经济的特征之一。因此有必要采取有针对性的措施，建立健全化解各类风险的体制机制，逐步改革投融资体制，对地方政府性债务进行甄别与清理，打破隐性担保，使经济良性运行。

四、"新常态"下的转型发展

当前，我国经济处于中等偏上收入组，新常态下，经济增速放缓，如果按每

年7%的GDP增速测算,即在2020年前后进入高收入组。国际经验证明,这一发展阶段容易掉进"中等收入陷阱"。推进经济转型发展是跨越"中等收入陷阱"的重要路径。

(一) 外需转内需

改革开放以来,我国需求动力结构经历了深刻的变化。外需率(出口占支出法GDP的比重)持续上升,从1978年的4.65%上升至2007年的35.10%;消费则增长乏力,消费率(最终消费支出占支出法GDP的比重)由1978年的62.1%下降到2007年的49.6%。可以说,过去我国经济发展是"外需驱动型"。2008年全球金融危机以来,外需减少直接导致我国经济增速下滑,未来中国谋求"次高"增长(中高速增长)一方面取决于外需的恢复,另一方面取决于内需的扩大。在外围经济恢复缓慢的背景下,劳动力成本上升和人民币升值等使我国外贸已进入高成本时期,出口驱动的经济增长模式难以恢复,中国经济更主要的是依靠内需。与此同时,我们也意识到,着眼于经济发展的可持续性,必须在适当放慢速度的前提下调结构,加速经济增长动力结构的转换。2008年全球金融危机爆发后,受国际环境的影响,我国外需率迅速回落,2013年为23.37%。消费对经济增长的贡献率得到提升,2011年以来消费支出对经济增长的贡献率超过投资,消费率由2010年的48.2%上升到2013年的49.8%。在世界经济复苏缓慢、出口增速下滑的情况下,内需成为拉动经济增长的重要力量,需求动力结构持续优化。毫无疑问,扩内需是经济发展方式转变的客观要求,注重培育以国内市场为主的经济发展内生能力成为拉动经济增长的关键动力源。由此,政府的政策重点逐步从保增长转换到调结构,促进内生性经济增长机制形成,加快推进中国经济由投资和出口驱动向消费、投资和出口协调驱动转变,以实现中国经济持续稳定快速发展。

(二) 结构调整中谋求中高速增长

过去我国追求的是速度优先的追赶超越路径,对经济结构问题关注不足。经济结构总体来看调整进展比较缓慢,投资与消费关系仍然严重失衡,制造业的核心竞争力不强、第三产业比重过低(现代服务业发展相对偏慢)的问题一直没有得到较好的解决。随着我国经济增长速度从高速向中高速换挡并成为新常态,我们具有了调整优化结构的庞大物质基础。近年来,中国经济增长步入中高速和优结构的新常态,中国经济基本面是好的,存在巨大的增长潜力,至少表现在八个方面:城镇化的巨大经济拉动效应、与民生改善相关的公共消费型基础建设投资具有广阔的空间、环保产业发展潜力巨大、生产性服务业对经济增长有较大的促进作用、中国巨大的"后发优势"与"先发优势"并存、消费市场潜力巨大、对外投资空间巨大、农村土地制度改革将释放巨大的农业生产潜力。中国经济步入转型发展时期,"改革红利"逐步释放,金融体制改革、投融资体制改革、收入分配制度改革、科教体制改革、财税体制改革、社会保障体制改革、区域经济体制改革,以及政府简政放权和法治化运作等,都为中国经济释放出中高速经济增长的巨大潜力。

(三) 重塑增长内生动力

改革开放以来,我国经济达到了年均约10%的高速持续增长,比同期世界经济年均增速2.7%高出了7.3个百分点,高速增长的持续时间和平均速度都超过了经历过经济起飞的日本和亚洲"四小龙",创造了"中国速度"奇迹。但是,我们也可以看到,过去我们经济增长走的是投资和出口驱动模式,内需培育不力,发育滞后,经济增长的内生力量不强,特别是在经济出现困难时,主要是靠政府施加外力来推动。目前,这种增长方式已经难以为继。从外需来看,在这次世界经济的深度调整中,发达国家的"再工业化"、"制造业回流"和"去虚拟经济化"趋势明显,国际贸易竞争将空前激烈,我国出口导向型的经济驱动模式将受到严峻挑战。从投资来看,我国的投资边际产出明显下降,2012年,每百元投资创造的 GDP 仅为138元,是10年前的49.8%。我国投资的三大主要阵地,即基础设施、房地产和制造业对经济的投资支撑作用也在减弱。在这种情况下,通过经济转型升级重塑新的增长内生动力已迫在眉睫。调整经济发展战略,重塑增长内生动力,是新常态下谋求经济持续健康发展的重要内容。

(四) 缓解资源环境约束

"粗放型"经济增长模式导致我国产业对于资源和能源的需求大、消耗高。"据世界银行统计,目前,我国的钢铁、铜、镍、铝消费量均居世界第一位;石油消费量居世界第二位。资源和能源消耗量大,主要是我国现阶段以资源和能源密集型为主的产业结构和出口结构造成的"。[①] 这不仅与我国"地大物薄"的资源禀赋不适应,也对我国的环境造成了越来越大的压力。以高资源和能源消耗、环境污染为代价的"粗放型"经济增长方式难以为继,资源、能源和环境的瓶颈制约和矛盾日益突出,转变经济发展方式、缓解资源环境约束是推进经济持续健康

---

① 余芳东. 我国经济的国际地位和发展差距[J]. 调研世界,2011 (3).

发展的必然要求。

第二节 中国生态化经济发展

过去的"高速赶超"战略使中国经济跃升为世界第二大"经济体",然而,"粗放型"的经济增长依靠要素和资源的投入以及以环境的破坏为代价,经济增长质量并不高,经济运行的风险增大,忽视生态文明建设,是不可持续的。2008年爆发的全球金融危机使中国经济步入"中高速赶超"的新阶段,新阶段不仅谋求速度,也谋求质量和效益。新常态下,社会各界对中国生态化经济的呼声日益高涨。由此,探讨"生态化经济发展"的内涵、意义等就显得十分必要。

一、内涵

梳理现有文献,国内外有关生态化问题研究主要集中在产业生态化方面的研究,1970年,美国土壤学家W.Albrecthe首次提出了"生态农业"的概念,强调要把农业建立在生态学的基础上,使农业在不断提高生产率的同时,保障生产与生态的协调。我国学者叶谦吉(1988)和马世骏(1987)等也探讨了生态农业的内涵,指出,生态农业是"遵循生态经济学规律进行经营和管理的集约化农业体系",是"生态工程在农业上的应用"。"运用生态系统的生物共生和物质循环再生原理,合理组合农林牧渔加工等比例,实现经济效益、生态效益和社会效益三结合的农业生产体系"。基于对传统工业化生产方式的深刻反思,受"工业共生"、"工业生态系统"的启发,人们提出了生态工业发展模式。1991年,联合国工业发展组织提出"生态可持续性工业发展",强调"这是一种对环境无害或生态系统可以长期承受的工业发展模式","是一种环境与发展兼顾的模式"。"生态可持续性工业发展"的提出,标志着传统工业发展模式向生态工业的可持续发展模式的转变。此后,关于产业生态化问题的研究和实践,逐渐从农业和工业扩展到"生态旅游业"、"生态服务业"以及生态产业等领域。可见,"无论生态农业、生态工业,还是生态服务业,其核心思想无非是以生态学基本原理为指导,以生态系统中的物质循环、能量转化与生物发展的规律为依据,用生物技术和生态工程技术等手段,改造产业的传统生产方式,以实现'人—自然—社会—

经济'系统的动态平衡"（黄勤、邓玲，2008）。产业生态系统理论催生了产业生态学，而产业生态化是对产业生态学等相关学科理论的实践应用。20世纪90年代以后，随着可持续发展战略在世界范围内的普遍实施，产业生态化发展开始在发达国家渐成潮流，其研究已从单纯的理念、技术路径探讨，逐步转入以理念、技术、经济、制度和管理等综合考虑和系统研究（Graedel & Allenby，2000）。国内研究起步虽晚，但进步较快，相关文献不仅对产业生态化的历史渊源（郭守前，2002）、概念界定（厉无畏，2004）、研究对象（黄志斌等，2005）、成因及对策（耿焜，2006）、生态化水平的衡量指标（李娣等，2010；陆根尧等，2012）等进行了探讨，而且基于产业结构层面，学者们分别从"生态农业"、"生态工业"和"生态服务业"等进行研究。目前，对产业生态化的认识基本上达成了共识，但是对生态化经济发展的内涵缺乏科学的统一界定。

那么，什么是生态化经济发展呢？彭福扬和刘红玉（2006）认为"生态化"不是生态学意义上纯自然的生态化，而是一个具有哲学意蕴的概念，它是指自然、经济、社会和人类之间平衡相依、协调发展的状态和过程。因此，生态化首先是一种科学发展理念，反映在经济上，就是不再以经济增长为唯一价值目标，而是在谋求自然生态平衡、社会生态和谐有序，最终促进人的自由全面发展的前提下，寻求经济可持续高质量的增长。简言之，就是追求经济、自然、社会和人在生态化中的有机统一。其次，生态化是一种科学发展手段，反映在经济上，就是制宜的发展，即经济发展的速度和规模要控制在资源和环境所能承受的范围内，在资源节约和环境友好的基础上追求经济的理性发展；就是协调的发展，即通过对经济发展战略和产业结构的调整布局以及经济要素的优化重组，达到经济结构的动态合理，达到生产与消费、内需与出口的协调；就是遵循经济规律的发展，即改变原有的"行政区经济"运行思路，减少地方政府不按经济规律配置资源和生产要素而导致区域经济结构同化、重复建设的现象，代之以市场规律配置资源和生产要素，注重不同经济功能区的耦合发展（彭福扬、郑兢晶，2009）。相比于经济传统发展，生态化经济发展在内涵上体现为以下特征：

（一）在发展思路上，要体现生态化的理念

思路是纲领性的，决定着出路，经济发展思路决定着经济发展路径。如果我们出于生态化的构想思路，就会把经济发展的定向定格在生态化的巅峰之上。改革开放以后，虽然打开了经济发展的大门，经济发展的速度也快得惊人，但是很难与科学发展的思路接轨，很难与生态化的发展共源同流。主要表现在如下方面：①GDP崇拜。在以GDP作为主要政绩考核指标体系下，各地表现为重复建设、地方割据、部门对垒；等等。②政绩型思路。各地地方政府出于政绩的考虑，忽视民生工程，大操大办面子工程。③媚外型思路。各地为招商引资，忽视引资质量，虽在世界产业转移过程中抓住了机会，也给发展环境造成巨大的负面影响。经济发展都是有客观规律的：一是要尊重经济发展客观规律，具有生态化经济的思想；二是要消除权力化的思想障碍，不要把区域经济视为地方权力经济；三是要克服经济建设的局部性思想，树立全国经济"一盘棋"的大生态化理念。经济新常态下，生态理念需要融入经济转型，以降低经济运行对生态的负面影响为最高原则，综合运用清洁生产、环境设计、绿色制造等手段，调整产业形态，转变经济结构。

（二）在发展战略上，要确立生态化的目标

经济发展战略是管总体的，经济发展战略就是管经济发展的趋势总目标。一个科学的经济发展战略，无论是国家还是地方，都必须要确定一个完美的生态化经济目标。过去我们的经济发展战略目标的定位参差不齐，表现为：①缺乏统一的生态化战略目标。中央和地方无论是在战略思维上还是在战略定位上都还没有达成统一的协调，中央唱高调，地方唱低调。②经济发展着眼于短期的经济效益。强调经济增长速度的做法沿用至今，高投资、高耗能、高产出、高污染、低产出的"四高一低"的怪圈周而复始。③忽视生态化过程中可能产生的重大问题。尽管总体发展战略目标定位生态化了，但生态化经济的战略目标必须要有时段化，要做到在生态化经济这根链条上，保证每一个细节都是科学的、环保的，可持续的生态化才能形成链接。

（三）在发展手段上，要采取生态化的举措

要达到经济发展的战略目标，就必须采取相应的经济发展手段。过去，我们的经济运行手段比较老套。其表现为：①在发展规模上，追求大而全。②在发展效益上，追求数量胜过质量。③在管理手段上，"见物不见人"。当前，工业是经济的主体，实现生态化工业，首先要将产业集群化布局，避免走分散粗放之路，从而实现社会经济效益最大、资源高效利用、环境损害最小。其次需要将创新元素植入经济系统。生态化经济的核心目标是实现区域社会经济和生态环境配置和谐化，科技创新是第一驱动力。

（四）在发展环境上，要注重生态化的规范

制度是显性的规范，制度是实行生态化经济的基本保障，没有生态化的制度，就没有生态化的发展。创建生态化经济制度应切实确立市场经济体制，市场是配置资源的基本手段，应从市场化入手，全面系统地创建生态化的各项经济制度，依法治国，依法行政，依法生活，依法发展，上升到经济立法生态化的最高阶段。

生态化经济发展就是自然、社会、经济和人的全面发展。

二、作用

促进和实现生态化经济发展，对于实现中国梦有着重要的作用。

首先是经济发展方式转变的应有之义。过去，因快速工业化和城镇化，我们付出了高昂的生态代价，污染事件频繁发生，生态环境日趋恶化，资源和环境的制约日益严重，主要根源就在于"以资源环境换取GDP增长"的经济发展模式。要找准经济发展与环境保护的平衡点，就必须实现经济发展的生态化转向，这也是转变经济发展方式的题中之意。生态化经济就是要求摒弃以牺牲资源环境为代价来谋求经济增长的旧思维，倡导在资源节约和环境友好的基础上追求经济的理性发展，主张依靠科技创新促进产业结构的动态均衡和产业素质的提高，以实现经济的可持续高质量增长，因而有利于减少经济发展过程中对生态环境造成的不良影响，消解经济发展对生态环境所产生的压力和破坏。

其次是全面建设小康社会的迫切需要。"小康社会"是邓小平同志在20世纪70年代末80年代初在规划中国经济社会发展蓝图时提出的战略构想。在20世纪末基本实现小康的情况下，中共十六大报告明确提出了"全面建设小康社会"。全面建设小康社会是全国人民的根本利益所在，除了实现人均国内生产总值到2020年比2000年翻两番外，还有其他相关性的指标规定，要求基本形成节约能源资源和保护生态环境的产业结构、增长方式、消费模式；循环经济形成较大规模，可再生能源比重显著上升；主要污染物排放得到有效控制，生态环境质量明显改善；等等。

最后是生态文明建设的重要内容。中共十七大报告第一次明确提出了建设生态文明的目标，中共十八大把生态文明建设摆在了突出位置。"把生态文明建设放在突出地位，融入经济建设、政治建设、文化建设、社会建设各方面和全过程，努力建设美丽中国，实现中华民族永续发展"，这是中国国家战略的新思想。显然，没有绿水青山，又何谓美丽中国？没有美丽中国，又何来中华民族永续发展？因此，要将生态化经济建设作为建设生态文明的重要内容，致力于构建一个以资源环境承载力为基础、以自然规律为准则、以可持续社会经济文化政策为手段的环境友好型社会，实现经济、社会、环境和人的共赢。

而正是中国近40年的发展现实为生态化经济的发展提供了可行的条件。

一是中高速的经济赶超战略。改革开放以来，中国实施经济高速赶超战略，以GDP作为各地官员的评价标准，经济发展规模获得了巨大的成功，但资源环境等问题日益突出，经济的发展后劲不足。国内外的事实也证明了，"不仅要有金山银山，也要有绿水青山"。加强环境保护，不仅不会拖GDP的后腿，从长远来看，它还会促进GDP的持续稳定增长。相反，如果为了经济增长而破坏了环境，经济不但得不到健康发展，甚至还有可能倒退。中高速的经济赶超战略是当前的经济发展思路，既注重了经济速度规模的重要性，也强调了经济增长质量的不可忽视性，为生态化经济发展思路奠定了基础。

二是良好的经济增长空间。中国经济经历了30多年的高速增长，这在世界上是没有过的。金融危机以来，外需的减少造成"出口型"的中国经济增长速度下滑，但经济增长空间仍然是巨大的。过去中国实施的是东部地区和城市经济率先发展，带动落后地区发展的思路，中部崛起、西部大开发、振兴东北老工业基地、新农村建设等拓宽了中国经济持续发展的潜力。由区域不平衡发展向均衡发展的转变为中国经济发展提供了良好的发展空间。拥有良好的经济增长空间，生态化经济发展才会顺利开展。

三是逐步壮大的科技水平。中国改革开放30多年来，外资引进的思路带来了科技的引进，对中国经济发展功不可没。目前，中国技术水平的现状主要体现在三个方面：①国有企业科技水平较高，比如飞机研究制造公司，具有很强的实力，但是和国外的先进技术水平还是有一定的差距；②本土企业研发能力较弱，主要是由于本土企业规模较小及其内部的机制造成的；③外资企业技术水平相对较高，但技术的外溢效应较弱。科技是第一生产力，生态化发展离不开科技水平的支撑，在中国科技水平的发展过程中，外资的引进使中国的技术水平不断发展壮大，科技水平的提升为生态化经济发展提供了技术支持。

四是渐渐释放的"改革红利"。改革开放以来，中国经济经历着家庭联产承包责任制、国有企业改革、乡镇企业兴起、加入世界贸易组织等改革措施，极大地解放了生产力、发展了生产力。中共十八大报告指出，深化改革是加快转变经济发展方式的关键。当前中国经济步入转型期，中国正进行全面深化改革，改革红利进一步释放经济增长潜力。改革红利的释放过程一定程度上就是经济转型升级过程。推进城镇化进程、加快收入分配体制改革、推进资源要素价格改革和财税体制改革等措施在进一步激发经济增长潜力的同时也有助于加快推进经济的转型发展。

综上所述，中国经济在高速发展阶段后步入经济新常态，经济的生态化发展是转变经济发展方式的应有之义、全面建设小康社会的需要和生态文明建设的重要内容，在发展战略、经济基础、技术水平和制度环境等方面来说都是可行的。

三、鄱阳湖生态经济区建设：中国实践[①]

（一）基本情况

"鄱阳湖是长江的重要调节器，年均入江水量达1450亿立方米，约占长江径流量的15.6%，水质长年保持在Ⅲ类以上"，鄱阳湖水量、水质的持续稳定，直接关系到鄱阳湖周边乃至长江中下游地区的用水安全。鄱阳湖承担着调洪蓄水、调节气候、降解污染等多种生态功能，拥有丰富的鱼类、鸟类等物种资源，是全球95%以上的越冬白鹤栖息地，在保护全球生物多样性方面具有不可替代的作用，是我国重要的生态功能保护区，是世界自然基金会划定的全球重要生态区，是我国唯一的世界生命湖泊网成员，在我国乃至全球生态格局中具有十分重要的地位。

鄱阳湖流域是一个相对独立的生态系统，鄱阳湖地区位于沿长江经济带和沿京九经济带的交汇点，是连接南北方、沟通东西部的重要枢纽；毗邻武汉城市圈、长株潭城市群、皖江城市带，是长江三角洲、珠江三角洲、海峡西岸经济区等重要经济板块的直接腹地；该区域基础条件较好、发展潜力较大，是中部地区正在加速形成的增长极之一，在我国区域发展格局中具有重要地位。

鄱阳湖生态经济区以江西省30%的国土面积，承载了全省近50%的人口，创造了60%以上的经济总量，具有良好的发展基础。改革开放特别是21世纪以来，江西省对鄱阳湖地区的开发治理做出了不懈的努力，先后实施了山江湖开发治理工程、昌九工业走廊建设、九江沿江开发等一系列重大战略，在推动经济社会发展、保护生态环境方面取得了显著成绩。该区域生态农业发展势头良好，有机食

[①]《江西年鉴》编辑委员会.鄱阳湖生态经济区规划 [A].江西省地方志编辑委员办公室编.江西年鉴[C].北京：方志出版社，2010.

品产量位居全国前列，是我国著名的鱼米之乡和重要的商品粮油基地；新型工业初具规模，初步建立了以汽车、航空及精密仪器制造、特色冶金和金属制品加工、中成药和生物制药、电子信息和现代家电产业、食品工业、精细化工及新型建材等为核心的产业体系；基础设施条件较好，初步形成了便捷的立体交通网络，构建了安全可靠的电力供应体系；旅游业发展较快，是我国中部地区重要的旅游目的地；教育、文化、卫生等公共服务体系较为完善。

鄱阳湖生态经济区的规划范围是：东湖区、西湖区、青云谱区、湾里区、青山湖区、浔阳区、庐山区、珠山区、昌江区、月湖区、临川区、渝水区、南昌县、新建县、进贤县、德安县、星子县、永修县、湖口县、都昌县、武宁县、共青城、鄱阳县、余干县、瑞昌市、九江县、彭泽县、万年县、安义县、丰城市、樟树市、高安市、东乡县、乐平市、浮梁县、贵溪市、余江县、新干县。

(二) 发展路径

充分发挥鄱阳湖生态经济区龙头作用，以长江、浙赣铁路和京九铁路为依托，以沿江、沿线城市为支撑，形成"干"字形区域发展格局，引领带动周边地区和革命老区加快发展。

不断深化改革，创新体制机制，鼓励在生态环保方面先行先试，形成有利于生态与经济协调发展的体制环境。加强区域合作和国际交流，大力发展开放型经济，不断提升发展水平。

坚持统筹布局、适度超前、安全环保、集约用地原则，加快水利、交通、能源和信息等重大基础设施建设，大力提升共建共享、互联互通水平，形成与建设生态经济区相适应的基础设施支撑体系。

按照生态与经济协调发展的要求，改造提升传统产业，发展生态经济，构建起以生态农业、新型工业和现代服务业为支撑的环境友好型产业体系。一是发展高效生态农业。坚持用现代手段装备农业，提高优质粮食生产能力，开发绿色有机农产品，推进农业产业化经营，建立生态农业服务体系。二是创建新型工业体系。改造提升传统优势产业，大力发展先进制造业，加快发展高技术产业，突出特色、严格准入、优化布局，以工业园区为平台，以骨干企业为依托，推广循环经济发展模式，推进节能减排降耗，着力增强自主创新能力，积极承接国内外产业转移，促进项目集聚、产业集群，形成科技含量高、经济效益好、资源消耗低、环境污染少的新型工业体系。三是培育现代服务业。发挥鄱阳湖地区生态资源优势和交通区位优势，依托中心城市，重点发展节能环保、生态旅游、特色文化、商贸物流、金融保险等服务业，不断提高服务业的比重，充分发挥服务业配套、支撑和引领作用。

以培育生态文化为先导，以建设绿色乡村、生态城镇为抓手，以改善民生为重点，构建生态文明社会。

第二章 生态化经济发展理论基础

第一节 生态化经济发展的理论基础

一、工业生态学

在可持续发展战略指导下，人们逐渐意识到工业的可持续发展是实现经济效益、环境效益和社会效益的根本之道，于是人们将生态学思想融入工业系统之中，因此拓展出工业生态学。工业生态学提供了一套独创的系统方法，致力于研究工业系统和自然生态系统之间相互作用、相互关系的问题，提出解决这些问题的理论与方法。

（一）工业生态学定义

1989年9月，美国通用汽车研究实验室的Robert Frosch和Nicolas Gapllopoulos在《科学美国人》杂志上发表题为《可持续工业发展战略》的文章，首次提出了"工业生态学"的概念，这被认为是工业生态学的起源。他们认为"既然在自然生态系统中一个物种的废物也许就是另一个物种的资源，那么为什么一种工业的废物就不能成为另一种工业的资源呢？如果工业也能像自然生态系统一样就可以大幅减少原材料需要和环境污染并能节约废物垃圾的处理过程"。

1990年美国国家科学院和贝尔实验室共同组织了首届工业生态学论坛，论坛上全面概括总结了工业生态学的概念、内容方法及应用前景，基本形成了工业生态学的概念框架。认为工业生态学描述的是一种工业仿生系统，该系统模仿生态系统物种与物种之间的关系实现自身的可持续发展，在该系统中，一种工业活动的废物（产出）是另一种工业活动的原材料（投入）。

在此之后，众多学者也陆续提出了工业生态学的定义，总体可以概括为四类：一是将工业生态学看作人类经济活动和它们相互关系的总和；二是将工业生态学看作工业系统和自然系统的类似物；三是将工业生态学视为循环、流动和网络化的分析框架；四是将工业生态学看作产品制造过程、设计以及提高效率的一种途径。

由此可见，工业生态学内容丰富，简单的定义难以将其描述完整，迄今为止，在国际范围内尚未形成一个统一的定义。目前，美国 Indigo 发展研究所的 Ernest Lowe 教授在总结众多学者有关工业生态学观点的基础上，对工业生态学进行了比较全面的描述，得到了多数学者的认可。他认为：工业生态学是起源于系统科学并用于分析和综合工业发展的一种系统方法，该系统方法主要研究工业系统和生态系统的相互作用；工业生态学寻求重新设计传统的工业活动，从而减少工业活动对生态环境的影响并将之控制在自然系统可以承受的范围之内；工业生态学是一门交叉科学，涉及生态学、工程学、经济学、企业管理、公共管理和法律学等众多学科；工业生态学从经济学的角度研究材料和能源流动，范围可能涉及一个工业或公共设施部门甚至全世界；它不断寻求策略以提高资源流动的效率和降低工业活动对环境的影响（一般称其为"工业新陈代谢"）；工业生态学试图将人类的生产和消费活动由线性的、不经济的传统模式转变为一个闭环系统模式，在这个系统中，将最大可能重新利用、再循环和再制造工业部门、政府机关和消费者的废弃物。工业生态学使人们在进行短期变革的同时考虑到了其长期可能产生的影响，同样，它也使人们在小范围的区域决策时考虑到了其对更广阔的区域和全球的影响。工业生态学寻求环境保护与经济和企业关系之间平衡的可行性，同时认为这个平衡过程是动态的，会在人类的工业活动对自然环境产生影响以及自然系统产生反应方面产生互动；工业生态学是"可持续科学"的重要组成部分，从广义上说，它可以起到设计工业活动路径的作用，为设计环境和技术领域协调的公共政策提供客观基础。理想的工业生态系统是一个完整的全球工业生态系统，它能以完全循环的方式运行，真正实现"零污染"、"零排放"，在任何工业活动、不同的工业门类、各种材料和能源之间互动。在这种状态下，没有绝对意义上的废料，因为对某一个部门来说是废料，对另一个部门来说可能就是资源。因此，工业生态学被认为是人类社会活动中协调经济、社会和环境各系统之间关系的最为有效的理论工具，生态化园区就是这个理论工具实践的结果。

工业生态学有三个基本特点：一是工业生态学是用一种全面的、一体化的视角来分析工业体系的所有组成部分及其同生物圈的关系;二是工业生态学的研究范围是与人类活动相关的物质和能量流动与储存的整体,其与目前常见的学说不同之处在于工业生态学主要运用非物质化的价值单位来考察经济;三是工业生态系统强调科技推动力作用,即关键技术种类的长期发展进化是工业体系的一个决定性因素,其能够从生物系统的循环中获得支持,从而把现有的工业体系转换为可持续发展的体系。

(二)工业生态学的基本理论

1. 一级生态系统

在一级生态系统中,生态系统组成部分中的资源流动是线性的,即物质与能量流动单向独立进行。其运行是建立在资源极大富足的条件下,并不考虑资源利用的效率和可持续性。这种生态活动极容易造成地球资源的极大浪费,引发资源危机;该生态系统缺乏资源利用,生态活动导致的废物积累将产生严重的环境危机,如图2-1所示。

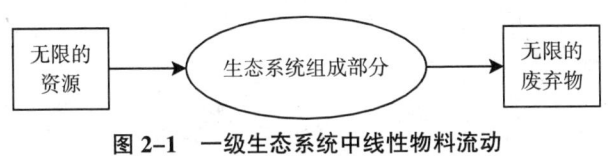

图2-1 一级生态系统中线性物料流动

2. 二级生态系统

随着生态系统的进化,生态系统的组成和结构变得更为复杂和庞大,生态系统中物质和能量的流动呈环形。在此系统中,物质与能量的流动量可能很大,但物质和能量流动被限制在生态系统附近区域,且流入和流出该区域的资源和废物却非常少。就物质和能量的流动来说,二级生态系统比一级生态系统更有效率,但二级生态系统并未实现物质和能量的循环利用。因此,在二级生态系统内部,资源和废物的进出量受到资源数量与环境容量的共同制约,如图2-2所示。

3. 三级生态系统

在三级生态系统中,生态系统以完全循环流动的方式运行,资源与废物没有实质差别。一种生物的代谢产物是另一种生物的资源,在这样的生态系统内,物质与能量的流动呈现复杂、活跃的特点。整个生态系统只受到外部太阳能的驱动,物质产生于系统内部,又消化于系统内部,物质能够完全被系统充分利用,没有废物产生,如图2-3所示。

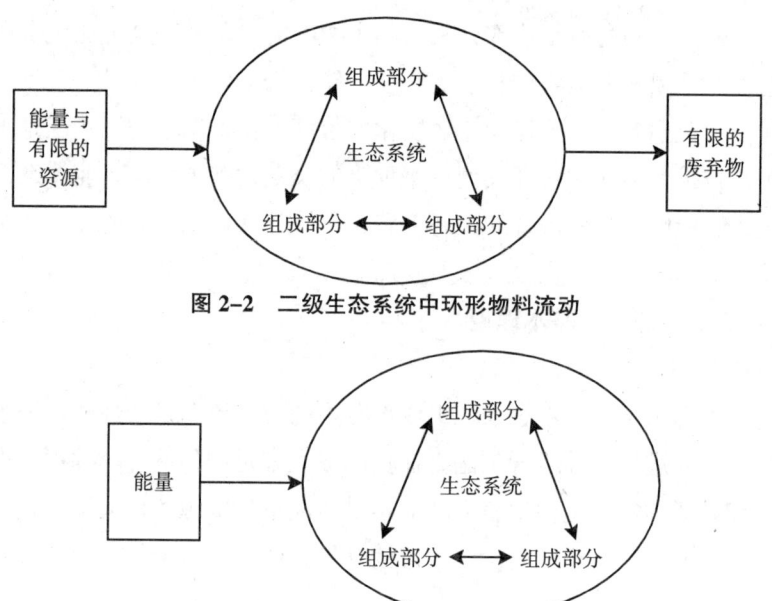

图 2-2 二级生态系统中环形物料流动

图 2-3 三级生态系统中的物料流动

二、循环经济理论

循环经济属于生态经济的范畴，作为产业生态系统运行的重要支撑理论，循环经济理论基于生态学的相关规律和法则，将经济生产及社会活动按照一个反馈式流程，组织成一个从原材料到加工成产品或提供相应的服务，最后又通过回收利用的形式再将废物转化为资源的过程，实现低采低排而高效的新型循环利用发展模式，在提高资源利用率的同时，又能确保经济又好又快地发展，以促进人与自然的和谐共处。

（一）循环经济的含义

循环经济是指在人类生产活动过程中，有效控制废物的产生，建立反复利用自然资源的循环机制，把清洁生产和废物的综合利用融为一体。其本质是一种生态经济，它要求运用生态学理论指导人类的经济活动，按照自然生态系统中物质循环和能量流动规律重新构建经济系统，使经济系统和谐地融入自然生态系统的物质循环过程中。

循环经济是相对于传统的粗放型经济而言的，传统的粗放型经济是单向流动的线性经济，即为"资源—产品—污染排放"所构成的物质单向流动。其特征是高开采、低利用和高排放，它是一种以牺牲环境为代价的经济增长方式，粗放型经济发展的后果是因大量开采造成的资源枯竭和大量废物直接排入自然环境中所产生的环境污染（见图2-4）。

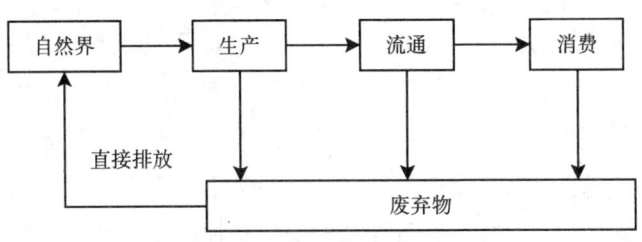

图2-4 传统的线性循环经济流程

循环经济与粗放型经济完全不同，它把经济活动组成一个反馈式流程，如图2-5所示，即组成"资源—产品—再生资源"的物质反复利用、循环流动的过程。在这个反馈式流程中，从生产、流通到消费过程中产生的废物经废物利用等技术加工分解成新的资源和其他废物，新的资源则返回到经济运行中继续利用，其他废物经过环境无害化处理形成无污染或低度污染物质返回自然环境中，由自然环境对其进行最终的净化处理，其基本特征是低开采、高利用和低排放。在这个不断进行的经济循环中所有的物质和能源都能得到合理和持久的利用，从而把经济活动对自然环境的影响降低到最小，因此称它为循环经济或闭环流动型经济。

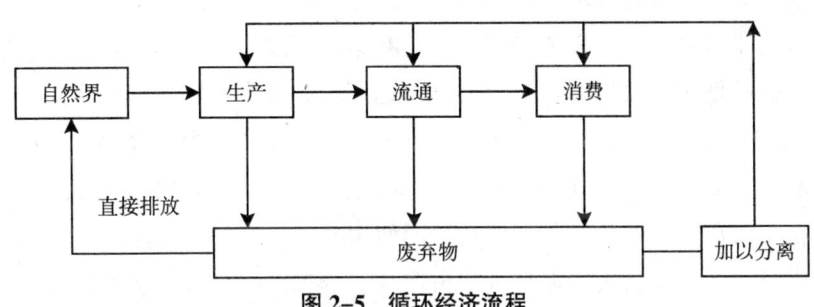

图2-5 循环经济流程

（二）循环经济理论的特点

以资源的高效利用为核心。循环经济模式，即"资源—生产—消费—资源再利用"的反馈式循环的可利用的模式，基于在经济社会效益最大化目的的驱动下，能够更有效地提高资源的利用效率，使资源消耗真正意义上降低以及环境成本根本上得到最小化，并能够从源头上大量地减少废弃物的产生。从根本目的来看，循环经济改变了传统的高污、高排、高耗的经济增长模式，以低耗、低排、高效为主要方式，大大提高资源的利用效率，是能够从根本上耦合经济系统与自然生态系统的并与可持续发展战略相一致的新型产业发展模式。

对生态成本控制的强调。产业经济生产给生态系统带来破坏后再人为修复所花费的支出被称为生态成本。循环经济将自然生态系统视为经济生产大系统的组成部分，因而就会像考虑传统工业经济资本的投入一样，将生态成本考虑到生产活动过程中。我们向自然界索取资源时，应该考虑生态系统的承载力和自我修复力，应考虑生态成本，应具有总量控制意识，从控制生态成本规模上最小化资源消耗和环境成本，从而有利于资源节约和环境保护目标的实现。

（三）循环经济的原则

循环经济的建立依赖于"3R"原则，即减量化（Reduce）、再利用（Reuse）、再循环（Recycle）原则，循环经济要想成功实施，每一个原则都是必不可少的。

减量化原则是指通过生产工艺的重新设计、改造和消费观念转变等方法减少生产和消费流程中物质的使用量。在生产中，制造厂可以通过重新设计制造工艺、减少产品的物质使用量，达到节约资源和减少污染排放的目标。例如，轻型轿车既节省金属又节省能源，仍可满足消费者关于轿车的安全标准。生产商可以生产包装物较少、可循环使用的物品，使消费者在消费过程中可以减少垃圾的产生。

再利用原则是指物品应尽可能多次以及尽可能多种方式地使用，以减少资源消耗量和污染排放量，可以通过持久使用和集约使用两种方式实现。持久使用就是延长产品的使用寿命以降低资源流动的速度。如果生产商能够将产品的使用寿命延长一倍，那么就可以相应地减少一半的资源消耗和一半的废料。集约使用是指集中利用产品达到某种规模经济效应，以减少分散使用导致的资源浪费。例如可以安排临时需要的职员和其他职员共同使用办公室等基础设施。

再循环原则是指将废物循环利用再次变成资源以减少最终废物处理量，这个过程称为资源化，资源化有原级资源化和次级资源化两种方式。原级资源化是将废物资源化后形成与原产品相同的新产品，例如将废纸生产出再生纸等。次级资源化是指将废物资源化后生产出与原产品不同的新产品。

循环经济的实施需要企业、区域、社会各个方面的参与和推动，可以从这三个重要层面上，分别基于"3R"原则实现物质闭环流动，形成一体化的循环经济体系。

(1) 企业层面上 (小尺度循环)。企业层面上即以企业为单位有效地利用所有的资源、能源，实现自身单位清洁生产，达到全社会无害排放或污染零排放的最终目标。根据循环经济的理念，推行清洁生产，从"原料的开采—生产制造—消费使用—废物处理"的全过程来评估产品生产对环境的影响程度，如图2-6所示。

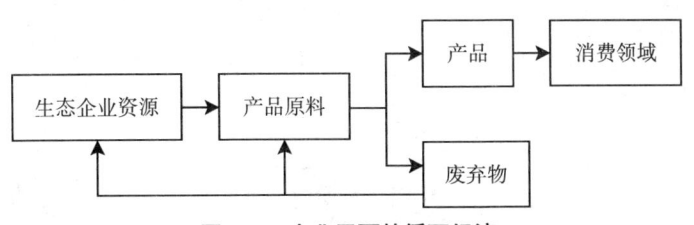

图2-6 企业层面的循环经济

(2) 区域层面上 (中尺度循环)。生态化工业园区是在企业群体之间实施循环经济的典型代表，将成为实现循环经济的重要形式。因此，按照工业生态学的原则，在工业园区内进行清洁生产，通过企业间的物质集成、能量集成和信息集成，形成区域层面上企业间的工业代谢和共生关系，模拟自然系统，建立产业系统中"生产者—消费者—分解者"的循环经济，实现物质闭路循环和能量多极利用。通过分析园区内物质流和能量流，可以模拟自然生态系统建立产业生态系统的"食物链"和"食物网"，形成互利共生网络，实现物流的"闭路再循环"，达到物质、能量的最大利用 (见图2-7)。

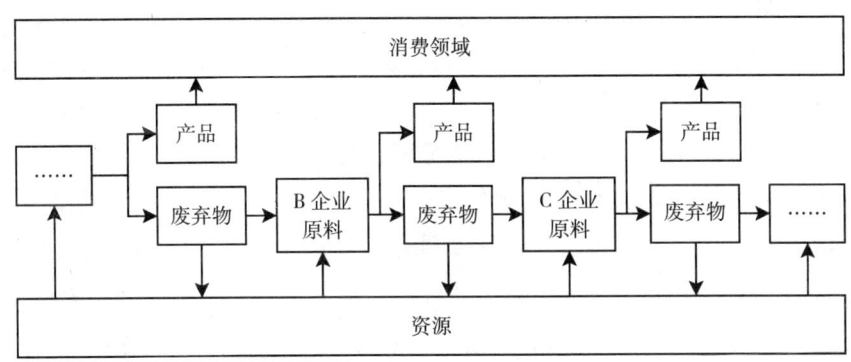

图2-7 区域层面的循环经济

(3) 社会层面上 (大尺度循环)。在社会层面就是建立与循环经济相适应的"循环型经济社会"，即建立限制自然资源消耗、环境负荷降至最小化的社会。循环型经济社会可以最大限度地减少自然资源的过度消耗，保证对废物的正确处理和资源的回收利用，保障社会的环境安全，使经济社会走向持续、健康发展的道路。要建立循环型经济社会，仅靠企业的努力是不够的，还需要政府的支持和推动，更需要提高广大社会公众的参与意识和参与能力（见图2-8）。

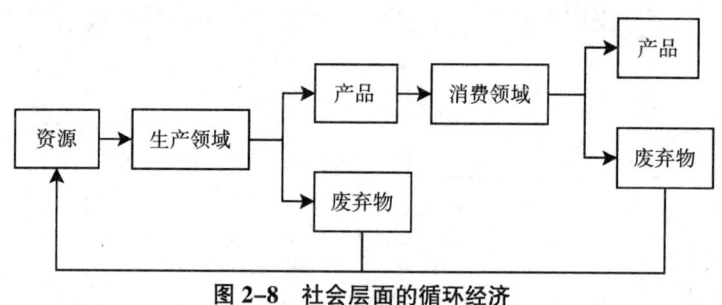

图2-8 社会层面的循环经济

三、清洁生产理论

（一）清洁生产的内涵

20世纪60年代，欧共体在法国巴黎举行了"无废工艺和无废生产国际研讨会"，会上学者提出了"消除造成污染的根源"的主张，这成为清洁生产理论的起源。它意味着要从生产的源头控制废物的产生，对产品的生命周期进行控制，减少污染的产生。该理论的产生和发展也为后来联合国在全球范围内积极推行清洁生产，制定《清洁生产计划》提供了理论依据。

有关清洁生产，不同的组织团体有不同的定义，1997年联合国环境规划署将清洁生产定义为：清洁生产是对工艺和产品不断运用一种一体化的预防性环境战略，以减少其对人体和环境的风险。我国制定的《中国清洁生产促进法》中对清洁生产也进行了定义，具体为：清洁生产是指采用先进的生产工艺、高效的生产设备、科学的生产管理，利用可再生能源或清洁能源，从源头减少废弃物排放，实现资源的高效利用和环境污染物的减少。它要求在生产、交换、消费过程中，控制污染物的产生，以减轻对生态环境和人类健康的危害。由此可见，清洁生产不是末端治理污染物，而是通过采用新技术、新工艺、新方法、过程控制、人员管理、生命周期评估等多种措施并举，从源头减少污染，达到生态效益、经济效益和社会效益的统一。清洁生产的基本要素如图2-9所示。

（二）清洁生产的主要内容

清洁生产的本质在于对产品生产过程和产品本身采取整体预防的环境策略，既能满足市场的需要，实现经济效益，同时又能尽可能减少和消除产品对人类和

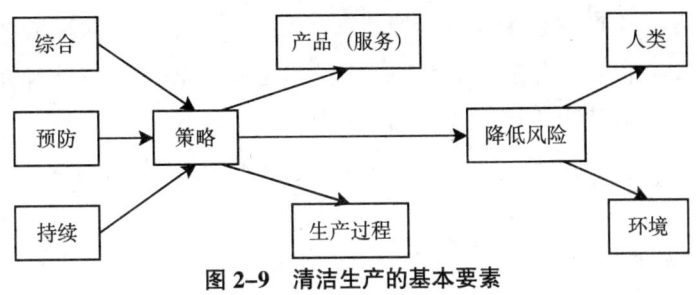

图2-9 清洁生产的基本要素

环境造成的负面影响,达到社会效益的最大化。它的内容主要有四个方面:

(1) 能源和原材料的高效利用。合理利用煤、石油、天然气等常规能源,尽可能地研发节能新技术,尽可能地开发利用水能、风能、太阳能等可再生的、清洁的能源。

(2) 清洁生产过程。采用新的生产技术和先进的生产设备,尽可能少用或不用有毒有害的原材料和中间产品,严格控制生产的各个流程,对有可能造成污染的有毒有害的中间产品进行合理处理,实施科学高效的生产组织和管理方式,努力实现清洁生产。

(3) 清洁产品。经过前两个环节的严格控制,生产的产品应具有以下特点:较长的使用寿命和较好的使用功能,产品使用时不会对环境产生污染,更不会对人体造成危害,废旧的产品易于回收和再利用等。

(4) 贯穿于清洁生产中的全过程控制。全过程控制包括对生产原料或物料转化的全过程控制和生产组织的全过程控制。其中,对生产原料或物料转化的全过程控制,也就是常说的产品的生命周期的全过程控制,是指从原材料的加工、提炼到产品产出、使用直到报废处置的各个阶段所采取的必要的污染预防控制措施;生产组织的全过程控制,也就是工业生产的全过程控制,是指从产品的开发、规划、设计、建设到运营管理,所采取的防止污染发生的必要措施。

(三) 清洁生产的目标

在经济社会的可持续发展和保护环境的前提下,清洁生产应实现以下两个目标:一方面,资源的高效利用和节能理念的普及。目前,工业生产中使用的很多化工能源都是不可再生的或需要很长更新周期的能源,需要我们开发新的替代资源、强化资源的重复利用,合理利用有限的自然资源,减缓资源耗竭速度。同时,提倡节能、环保理念,使人们在日常生活中自觉节水、节电、节能,促进人们消费理念的提高和社会可持续发展。另一方面,减少废物和污染物的排放,保护环境。在工业生产过程中，提高原材料的利用率，采用新的污染物处理技术，加快与其他相关企业的合作，融入生态园区产业链，使工业生产、消耗过程与周围环境相容，达到经济效益的最大化和环境污染的最小化。

四、关键种理论

（一）关键种的概念

美国华盛顿大学的 Paine 于 1962~1964 年在 Mukkaw 海湾及加利福尼亚等地的岩石潮间带进行了海洋生物群落的捕食关系及物种多样性研究，1966 年首次明确提出了"关键种"概念。他认为在一个自然生态系统中，群落或群落中物种之间相互作用的强度是不同的，只有少数几个物种对生态系统的结构、功能及动态起到决定性的"关键"作用。关键种是指一些珍稀的、特有的、庞大的对其他物种具有不成比例影响的物种，它们在维护生物多样性和生态系统稳定性方面起着重要作用。它们一旦灭绝或削弱，整个生态系统会产生连锁反应，导致生物多样性减少，生态系统功能紊乱。关键种应具备两个显著标志：一是它的存在对于保持其所在生物群落的组成、结构和多样性具有至关重要的作用；二是关键种与群落中其他物种是紧密相关的。当前生物多样性保护研究领域中，关键种理论仍然是研究的热点问题之一。

（二）关键产业

1. 关键产业的概念

在生态化工业园区中，也存在与自然生态系统相类似的"关键"物种，从产业生态学角度来看，这个关键物种就称为关键产业。关键产业是指处于生态产业网络关键节点处的产业，它能够对相关企业及延伸整个网络产业链和产业发展产生至关重要的影响。在生态化工业园区中，关键产业使用和传输的物质最多，能量流动的规模也最为庞大。

2. 关键产业的本质

关键产业往往决定着生态化工业园区中整个群落的形成与完善，影响生态系统的组成、结构和多样性，从本质上来说，关键产业可能不是规模最大的起主导作用的产业，也可能不是为促进经济长期增长需要超前发展的先导产业，而是某些起传递作用的产业。传递产业对于生态化工业园区的发展、壮大起着承上启下的作用，对维护生态系统内产业的多样化和整个生态化工业园区的稳定具有关键作用。从另外一个角度来说，如果传递产业一旦消失或受到削弱，整个工业园区生态化就可能崩溃或发生根本性的变化。关键产业处于生态产业链的核心地位，带动和牵制着其他企业、行业的发展；其他产业则围绕关键产业，共同投资于创造生态产业链的活动。关键产业是在产业生态系统演化过程中，由于系统内各成员之间相互合作、有序竞争的运动，从无到有，从小到大产生、发展起来的。在经济发展的不同阶段或工业园区所处的不同区域，关键产业将不尽相同，即随着生态化工业园区成长阶段的推进，关键产业也将呈现序列变化，关键产业的形成是产业系统结构有序演化的重要标志。产业系统的自组织演化是一个循环往复和结构不断优化的过程，关键产业形成、发展和更替构成产业系统自组织演化的一条主线，其在产业系统的结构演化过程中起着决定性作用。

3. 关键产业的作用

生态化工业园区过程中产业结构的核心和结构演化的主角为关键产业，其选择的合理与否既关系到关键产业本身的发展，还关系到整个生态化工业园区的发展和产业结构的合理性。关键产业是决定产业系统有序演化的主要指标，它的产生、发展、壮大是产业关联和技术创新共同作用的结果。由于关键产业具有关联度强、需求收入弹性大、生产率上升快的特点，关键产业的产生将导致系统内产业结构的重组、调整与升级，甚至带来根本性的产业结构演进，即产业系统结构的有序形成依赖于关键产业的形成和发展。

关键产业具有向前、向后和旁侧等连锁反应，能使大量个别产业发生相互关联和协同作用，带动产业系统群体的变化，从而使整个产业系统的结构产生巨大改进。一般而言，关键产业必须是具有较强资源辐射力的产业，能够影响其他产业。

关键产业具有构筑企业共生体、稳定生态化工业园区的作用，关键产业有能力设计并运营于不同企业的更大的网络关系之间，形成企业共生体。这种异质性的关键产业处于生态化工业园区网络的关键节点，能够对相关产业及整个生态化工业园区的稳定产生重要作用。

4. 关键产业的主要特点

（1）关键产业具有极强的技术创新能力。关键产业因拥有人力、技术方面的核心资源导致其具有极强的技术创新能力，从而不断创新，吸引其他厂商，培养建立自己的群落。产业科技含量和技术水平的高低决定着关键产业发展的前途，直接影响其对园区经济发展的贡献度。关键产业的选择基准应是科技含量高、技术进步速度快、技术要素密集的产业或产业部门，这样才能保证关键产业始终保持技术领先水平,从而在区际分工中获得更多的利益,使其能够迅速吸收先进的科学技术成果,创造较高的劳动生产率和较高的附加值,促进产业内部升级。

(2) 关键产业具有导向作用。尽管关键产业可能不是超前发展的先导产业,但关键产业仍然会体现一定区域、一定时期的经济发展方向和园区产业结构演进的一般趋势。工业园区产业结构演进的不同阶段对应着不同的关键产业。

(3) 关键产业处于产业结构核心地位。在生态化工业园区中,企业群落要成为整个生态系统的"发展极",要求园区内具有较多的关键产业,它们居于支配地位,比重较大、综合效益较好并具有较大的增长潜力;同时拥有较多的技术开发能力强、创新意识强的企业。尽管关键产业可能不是超前发展的主导产业,但关键产业应是建立在大规模生产和专业化、社会化、商品化程度高的产业基础上;它是在生态化工业园区经济发展带动下逐步发展而成的产业,在生态化工业园区中应具有核心地位。

(4) 关键产业具有扩散效应。产业与产业之间是互相关联、互相影响的,一个产业或产业群对另一个产业或产业群的影响称为产业扩散效应。关键产业作为生态化工业园区经济发展和产业结构变动的主角,其具有产业链较长、关联度较高的特点,对生态化工业园区经济发展的驱动力大,能够对其他产业部门产生很强的带动力。关键产业的发展会对生态化工业园区经济增长产生扩散作用,其自身的优势会辐射到产业链中相关产业上,进而带动和促进整个生态化工业园区的发展。关键产业扩散效应的大小取决于产业关联程度的紧密程度和关联水平的高低,也与产业规模、产业数量等因素有关,即与产业的关联质量有关。

五、可持续发展理论

(一) 可持续发展的内涵

1. 可持续发展的概念

随着经济的发展,人类社会对环境的冲击力大大增强,全球范围的环境污染和破坏日益严重,于是环境问题开始作为一个重大的问题被各国科学家关注。早在 1972 年罗马俱乐部在《增长的极限》中认为经济增长已临近自然生态极限,单纯注重经济增长将无可回避地导致贫富悬殊、人际失衡和生态无序等"全球性问题"。1978 年,国际环境和发展委员会 (WCED) 首次在文件中正式使用了"可持续发展"概念。1987 年布伦特兰报告《我们共同的未来》(Our Common Future) 发表之后,可持续发展真正对世界发展政策及思想界产生重大影响。1992 年的世界环境与发展会议，1994年的世界人口与发展会议，1995年的哥本哈根世界首脑会议，都提出了可持续发展战略构想。此后可持续发展作为一种新发展观悄然兴起，标志着可持续发展从理论探讨走向实际行动。

关于可持续发展的概念有多种解释，最普遍的是国际环境和发展委员会在《我们共同的未来》中的表述，即"既满足当代人的需要，又对后代人满足其需要的能力不构成危害的发展"。联合国环境规划署第15届理事会通过的《关于可持续发展的声明》中表达了两个基本观点：一是人类要发展，要满足人类的发展需求；二是发展有限度，不能损害自然界支持当代人和后代人的生存能力。我国于1994年发表了《中国21世纪人口、环境发展白皮书》，同年国务院发出通知指出，我国的基本国情和到20世纪末以及21世纪中叶的发展目标，必须以可持续发展思想为指导，制定我国的发展战略和相应对策，走出一条具有中国特色的发展道路。可持续发展是指既满足现代人的需求又不损害后代人满足需求的能力。

因此，可持续发展在本书中的概念为：可持续发展就是谋求经济、社会与自然环境的协调发展，维持新的平衡，制衡出现的环境恶化和环境污染，控制重大自然灾害的发生。

2. 可持续发展的内涵

通过可持续发展的概念分析，经归纳后包括如下四个方面：

（1）可持续发展的最终目标是实现人类社会的持续向前发展，无论是从政治方面，还是从经济、文化方面考虑发展，具体地说，可持续发展就是要改善人类的生活质量，创造美好的环境。

（2）实现可持续发展应采取的途径是保证人与自然的协调发展。一方面是确保人的发展愿望的实现；另一方面是维持自然生态的完整性及其为人类提供资源能力的可持续性，两者缺一则不能称为可持续发展。

（3）实现可持续发展的有效方法是推动科技进步，开发清洁能源，运用清洁生产工艺，搞循环经济，提高资源利用效率，减少对环境的破坏，使人类的生产生活在协调与资源环境关系的过程中能够不断进行下去。

（4）实现可持续发展讲究的原则是公平性原则和共同性原则。公平性原则体现为代际公平和代内公平。既要让后代人享有与当代人同等的甚至更多的发展机会和空间，又要使同代人中的不同阶层、不同地区、不同发展阶段的人们拥有同等的、不受歧视的发展待遇。共同性原则是呼吁世界各国共同担当可持续发展的责任[①]。

(二) 可持续发展的内容

可持续发展主要包括三部分内容，即经济可持续发展、生态可持续发展和社会可持续发展。

1. 经济可持续发展

经济是国家实力和社会财富的基础，可持续发展鼓励经济的增长，但经济的增长需从量和质两个方面来提高。它要求推行清洁生产与文明消费，提高经济活动的总体效益。

2. 生态可持续发展

可持续发展要求经济发展、社会发展与生产发展相协调，在发展的同时必须考虑到地球的承载力，使人类既能满足当前发展，又能保证发展控制在地球的承载力之内，不会对环境产生影响，使自然资源和环境能可持续发展。

3. 社会可持续发展

人类的发展离不开社会，只有社会的可持续发展才能提高人们的生活水平和健康水平，建造一个人们赖以生存的，能够保障人们自由平等、和谐相处的社会环境。

(三) 可持续发展理论的目标

可持续发展理论的目标有五个：①人与自然的和谐；②环境与发展的和谐；③经济效率与社会公正的和谐；④发展创新与保护继承的和谐；⑤物质生产与精神财富的和谐。

第二节 生态化经济发展的研究方法

一、综合指标法

综合指标是用以说明研究对象数量特征的名称和数值，是一切问题定量研究的载体。所以，从方法论的角度对研究对象进行研究，一个重要的问题就是要建

---

① 厉无畏，王振. 转变经济增长方式研究 [M]. 上海：学林出版社，2006.

立起一套完整的、科学的研究对象评价指标体系，而其是否科学、合理，直接关系到问题研究的成败。

（一）评价指标体系功能

评价指标体系的建立是要把研究对象结构系统中所涉及的所有领域的复杂关系变得简单化，获取量化指标信息，为政府的管理部门把握现状、研判趋势提供科学的判断依据。因此，评价指标体系应当具有评价功能、决策功能和导向功能。

（1）评价功能。评价功能是一个评价指标体系的最基本的功能，它应该通过用尽可能精简的指标，对不同总体进行横向和纵向的比较进行评价。不仅如此，而且还应对研究对象的各个方面（要素）进行综合评价。

（2）决策功能。决策功能是指根据建立的指标体系得到的评价结果，要能反映不同研究对象之间的优势和不足，从而研究出解决办法，为投资者提供决策参考，为政府部门制定相关政策提供依据。

（3）导向功能。一个好的评价指标体系应能起到引导研究对象未来发展方向的作用，要使研究对象成为一个地区乃至国家经济发展和社会发展的指向标。

（二）指标选取的原则

在建立综合评价指标体系时应兼顾如下原则：

（1）可比性原则。入选的指标体系应该具有横向可比性和纵向可比性，也就是每一个指标，其计算口径、计算内容、计算时间、计量单位等都应保持一致，便于横向比较。另外还要保证数据易于收集，便于纵向比较。

（2）真实客观性原则。在评价中入选的指标必须是真实客观的，尽量消除个人对指标的主观偏好，以实事求是的态度选取客观公正的指标体系。利用真实准确的数据进行综合评价才能保证最终评价结果的可信度。

（3）简洁科学性原则。在充分反映情况的前提下，选取指标的数量应尽量减少且具有科学依据。如果将所有指标都纳入评价体系，则指标的选取就失去了原本的意义。简洁的指标体系既可以避免混乱，又能抓住关键因素，很好地反映研究对象的实际情况，同时还可以大大减少工作量，便于计算分析。

（4）可操作性原则。选取的指标要便于收集，在评价中易于操作。尽量选择现有社会经济统计中已有的指标，并尽量定量化。还应该考虑该指标体系有关数据能否获取，是直接获取还是通过计算间接获得，对于无法直接获得的可定量化指标，可以通过间接计算或是寻找间接指标替代。

(5)协调性原则。在选取指标时,还应注意与所采用的综合评价方法相协调。事实是,有些综合评价方法本身能够消除指标之间的相互干扰和替代,这时选取指标应注意全面性。另一些评价方法却要求评价指标之间尽可能不相关,这时就应该注意指标的代表性。

(三)指标选取的方法

从方法上分,评价指标的选取有定性和定量两大类。

(1)评价指标选取的定性方法。在选择评价指标时应注意如下几点:

首先,要明确综合评价的目的和目标。要弄清评价主题是什么,评价事物的哪一个方面等。明确目的和目标非常重要,它能保证最终的评价结果符合综合评价的目的要求。

其次,对评价目的进行定性分析,找出影响评价目标的各层次因素,建立评价指标体系。一般来说,至少应从三个层次对评价目标进行因素分析。第一层次是总目标层,它说明的是综合评价最终所要达到的目标;第二层次是中间层次,它是对总目标层的主要因素的分解,是具体的评价指标的类综合;第三层次是指标层,它由反映评价目标的各个方面的评价指标所构成。

(2)评价指标选取的定量方法。为了全面反映被评价对象的情况,评价者总希望所选取的评价指标越多越好。但是过多的评价指标不仅会增加评价工作的难度,而且会因评价指标间的相互联系造成评价信息相互重叠、相互干扰。因此,需要从初步构建的评价指标体系中选取一部分有代表性的评价指标来简化原有的指标体系。解决这一问题有两条途径:一条途径是从指标体系去定性分析各评价指标间的关系,从而选出一些指标来代替原始的指标体系;另一条途径是用数理统计的方法,根据指标间的关系去定量选取代表性指标。当然,应尽量把两种方法结合起来。数理统计选取评价指标常用的方法主要有以下三种:

第一种是极小广义方差法。它是根据条件广义方差极小的原则来选取代表性指标的。按这种方法,从 p 个指标中选取一个代表性指标的基本思路是:如果 p 个指标的总变动性由它们的协方差矩阵的行列式值(称为广义方差)来表示,则从 p 个指标中去掉某个指标,余下的 $p-1$ 个指标的广义方差(此时实际上是条件广义方差)就反映了在剔除该指标后剩下的 $p-1$ 个指标变动的程度。如果这一条件广义方差很小,就表示剔除该指标后余下的 $p-1$ 个指标几乎不怎么变化了,也就表示该指标具有"代表"性。因此,从这个观点出发,使条件广义方差最小的那个指标最具有代表性,这个指标就为我们所选取的代表性指标之一。重复这一过程，就可以选取若干个具有代表性的评价指标。

第二种是极大不相关法。它的基本思想是：把 p 个指标中那些可以由其他指标"代替"的剔除掉，剩下的便是彼此不能代替的，并能全面反映原有的 p 个指标信息。其大致的步骤是：逐个计算每个指标与除去该指标后余下的 p-1 个指标间的复相关系数，那么使这 p-1 个复相关数值最大的那个指标在很大程度上可以被余下的 p-1 个指标提供评价信息所决定，因此应剔除这个指标。重复这一过程，直到留下若干个相关性较小的指标为止。

第三种是主成分分析法。它的基本思想和做法是：对 p 个指标做主成分分析可得 p 个主成分，其中最后一个主成分包含原来 p 个指标的信息是最少的，因而在该主成分中起主要作用的指标对全部原始信息的贡献是很小的，所以剔除最后一个主成分中较大系数所对应的指标对研究对象综合评价不会产生大的影响。对剩下的指标重复做主成分分析，并重复剔除指标这一过程，就可以选出若干个有代表性的评价指标，从而达到简化原来的评价指标体系的目的。

二、综合评价法

(一) 综合评价问题的提出

由于研究对象的各个方面总是处于相互联系、相互依存、相互作用之中，因此，要正确评价研究对象的整体状况，就必须从各个角度、不同侧面去描述和分析，这就形成种类繁多的单项评价指标。这些单项评价指标在评价研究对象中具有各自重要的不可替代的作用。但是，我们知道，任何单项指标往往只能反映研究对象的一个侧面，而不可能全面反映事物的整体情况。这说明，单项指标具有一定的局限性。

因此，为了克服单项指标的不足，人们试图用单项指标所构成的整体即指标体系来评价研究对象。显然，这种用指标体系评价的方法能够在一定程度上克服单项指标的局限性，提高评价的全面性和科学性。但是，在评价的整体性上却大大退步了。因为各个指标同时使用，经常会发生不同指标间相互矛盾的情况，因而不能对研究对象做时间和空间上的整体对比。正是指标体系的这一不足，促使人们进一步发展了各种综合评价方法，这就是把反映研究对象各个指标的信息综合起来，变成一个综合指标，凭此反映研究对象的整体状况。综合评价既解决了评价指标的整体问题，又克服了单项指标的片面性。

所以，就其本质而言，综合评价就是将多个描述研究对象指标的信息加以综合而对研究对象做出整体评价。它的基本作用在于弥补单项指标和指标体系的不足，便于被研究对象在不同时间或空间的整体比较和排序。

(二) 综合评价的一般步骤

随着社会经济的发展和管理水平的现代化，人们不断提出新的评价方法。尽管各种综合评价方法的特点各异，但基本步骤大体相同。

1. 选取评价指标，建立评价体系

综合评价的结果是否客观、准确，首先取决于被综合的评价指标是否准确、全面。因此，评价指标的选择是研究对象综合评价中的重要基础工作。

2. 确定评价指标的转换方法

综合评价是将描述研究对象的多个指标的信息加以综合而对研究对象的整体性做出评价。多个指标的综合应以各评价指标的同质性为前提。非同质的指标是不可比的，当然也就不能综合。但评价指标体系中的各个指标往往是非同质的。一方面，各指标的实际数值的量纲不同；另一方面，由于各评价指标反映的是被评价事物的不同侧面，因此，采用的指标形式可以有所不同，可以是总量指标，也可以是相对指标，或平均指标，这样就会产生各评价指标的实际数值在数量级上有差异的情况。因此，如何将非同质的指标同质化，也就成为综合评价中必须解决的重要问题之一。指标的同质化，可以用无量纲化的方法加以解决。所谓指标的无量纲化，就是消除量纲和数量级的影响，将指标的实际值转化为可以综合的指标评价值，从而解决评价指标的可综合性问题。由此可见，指标的无量纲化处理也是综合评价中的重要基础工作。

3. 确定评价指标的权数

在综合评价中，评价指标体系中的各个指标对评价事物的作用有大有小，因此，需要加权处理。权数是衡量各指标在综合评价中相对重要程度的一个值，一般以相对数形式表示。由于多指标的综合一般采用加权平均的方法，因此，权数的确定直接影响着研究对象综合评价的结果，权数的变动会改变被评价对象的优劣顺序。所以，权数确定在研究对象综合评价中是十分重要而敏感的工作。

4. 加权合成指标评价值，求得研究对象综合评价值

在指标无量纲化处理以及取得权数后，就可以根据研究对象的特点，选取恰当的合成方法将指标的评价值综合成一个指标，以得到一个整体性的评价。合成的方法较多，有加法合成、乘法合成、加乘混合合成等方法，各方法有其使用场合。

5. 排序比较分析

依综合评价值大小，对被评价事物进行排序比较分析。应明确以下三点：

（1）综合评价值反映了被评价对象的整体相对地位。由于对指标实际值做无量纲化处理得到的指标评价值总是可以归结为一个统计相对数，而统计相对数能反映被评价对象的相对地位，因此，把各个指标对应的评价值加权合成所得到的研究对象综合评价值，就可以从整体上反映被评价对象的相对地位。

（2）综合评价值比较抽象地反映了被评价对象的一般趋势。由统计学原理可知，统计平均数反映的是事物的一般水平或趋势，而综合评价值是通过对各指标的评价值（即统计相对数）采用加权平均的方法加以合成而得到的。所以，综合评价值反映的是被评价对象的一般趋势和综合水平。这说明，综合评价值有确切的实际含义。虽然，综合评价值的实际含义往往比较抽象，不易把握，但并不能由此否认综合评价结果的客观性和科学性。

（3）综合评价值增加了评价信息。由于综合评价值是在各评价指标实际值的基础上产生的，因此，除了评价值这个指标外，还有反映被评价事物各个方面的数据资料，为决策管理提供了多层面的信息。

（三）指标无量纲化方法

指标的无量纲化就是将指标的实际值转化为评价值。

1. 逆向指标正向化

评价指标按其作用趋向不同，可以分为正向指标、逆向指标和适度指标三类。正向指标是指那些指标值越大越好的评价指标，逆向指标是指标值越小越好的评价指标，而适度指标则是指标值既不能太大，也不能太小的评价指标。对逆向指标和适度指标首先要转换成正向指标，然后再按正向指标进行无量纲化处理。

逆向指标正向化常用的方法有：

（1）直接取原逆向指标 x_i 的倒数，就可以得到一个正向指标 y_i，即

$$y_i = \frac{1}{x_i}$$

（2）在有最小阈值 x_{min} 条件下，可按如下公式转换为正指标 y_i，即

$$y_i = \frac{x_{min}}{x_i}$$

（3）在有最大阈值 x_{max} 时，可采用下述公式转换：

$$y_i = 1 - \frac{x_i}{x_{max}}$$

实践中，可根据具体情况灵活选用以上三种公式中的一种。

2. 适度指标正向化

对于适度指标 x_i，应首先确定一个最优的适度值 x_0，然后按下述公式转化为正向指标：

$$y_i = \frac{1}{|x_i - x_0|}$$

这个公式的转换原理是：由于适度指标的数值既不能太大也不能太小，而只需要围绕最优适度值 x_0 变动。$|x_i - x_0|$ 反映了适度指标值与适度值 x_0 间的偏差。偏差越大，说明指标实际值离适度值越远，也就越不好；反之，偏差越小，则越好。所以，$|x_i - x_0|$ 是一个逆向指标，再按逆向指标正向化公式 $y_i = \frac{1}{x_i}$ 就可以把适度指标转化为正向指标。

最优适度值可从定性的经验分析中得到，也可按数学方法定量求出。在有适度指标的样本资料时，往往可以用适度的样本平均值来近似代替，当然这种替代是很粗糙的。

3. 定性指标定量化

按其反映的内容，评价指标有主观与客观之分，有定性与定量之别。由于事物的复杂性，有时难以对被评价事物作客观的定量描述，这时就需要用一些定性指标、主观指标来评价事物。在这种情况下，也需要将主观的、定性的评价指标无量化，以便与其他指标的评价值一起综合。为此，需先将定性指标定量化，然后才能按定量指标的无量纲化公式转化成评价值。

在实际工作中，定性评价指标往往采用名次和等级两种形式。对于名次评价指标的定量化，可按下述公式转换：

$$y_i = 1 - \frac{1}{n}(x_i - 0.5)$$

式中，x_i 表示被评价对象的名次；y_i 表示第 i 个被评价对象的评价得分；n 表示所有参评对象的个数。

公式中（$x_i - 0.5$）是为了避免最后一名被评价对象的评价得分为零的情况，并能保证各被评价对象的评价得分均匀地分布在 0 与 1 之间。由于名次越小，说明被评价对象在该指标上越好，因此评价得分应越多。所以要采用"倒扣"的方法，即用 1 减去它。

对于等级评价指标，一种方法是确定定性与定量转化的量化系数，如将"优、良、差"分别记为"1、0.5、0.1"的评价系数等。从实际工作看，确定这种评价系数是没有统一标准的，这需要根据具体情况灵活处理。另一种方法是将等级转化成标准百分比。

4.（正向）定量指标无量纲化

在综合评价中，遇到的大多数评价指标还是越大越好的正向定量指标。但是由于各指标说明的内容不一样，因此，在形式上也不一样。如指标有绝对数、相对数和平均数等形式，即使是同一类型的指标，它们的量纲和数量级也可能不同，所以需要进行无量纲化处理，将指标实际值转化成评价值，以解决多个指标的可综合性问题。

常见的直线型无量纲化方法包括阈值化、中心化、规格化、标准化和比重化等。

（1）阈值化。阈值化是将指标的实际值与该指标的阈值相比较，从而得到指标评价值的方法，即

$$y_i = \frac{x_i}{x_0}$$

式中，y_i 表示指标转化后的评价值；x_i 表示指标实际值；x_0 表示该指标的阈值。

由上述公式可以看出，如果阈值 x_0 确定得太大，评价值对指标变化的反应会很迟钝；反之，如果阈值 x_0 太小，评价值又会过于灵敏地反映指标的变化。这两种情况都会使最终合成的综合评价难以准确地反映客观实际。因此，阈值的确定对综合评价是至关重要的。对这个问题的处理要把握好以下几点：

第一，根据综合评价的目的来确定阈值。如果是动态评价，阈值可以定为被评价对象的历史最好水平，也可以是基期水平。如果是对计划完成情况的评价，阈值则为计划数。对于实际水平的评价，阈值可以是同类被评价对象的最好水平或平均水平。

第二，阈值的确定应以便于综合评价为原则。因此，在具体的综合评价中，只要阈值的确定对大多数被评价对象来说是合适的，这个阈值就可以被认为是可行的。

第三，阈值的确定是一个不断调整优化的过程，通常可先确定一个值进行试

算,根据试算结果,再进行调整,直到比较合乎实际为止。

(2)中心化,也称均值化。先求出每个评价指标的样本均值$\bar{x}$,再将指标的实际值x_i与该指标的均值$\bar{x}$相比较,就得到中心化后的评价值y_i,即

$$y_i = \frac{x_i}{\bar{x}}$$

(3)规格化也称极差正规化。先找出每个指标的最大值(max)和最小值(min),这两者之差称为极差(也称全距),然后以每个指标实际值x_i减去该指标的最小值,再除以极差,就得到正规化评价值y_i,即

$$y_i = \frac{x_i - \min}{\max - \min}$$

这种无量纲化方法实际上是求各评价指标实际值在该指标全距中所处位置的比率。此时y_i的相对数性质较明显,而且取值均在0与1之间。

(4)标准化,也称Z-Score变换。先求出每个指标的样本均值$\bar{x}_i$和标准差S就得到标准化评价值y_i,即

$$y_i = \frac{x_i - \bar{x}}{S}$$

一般说来,只有当被评价对象(即样本)较多时,才能用上述无量纲化公式。容易看出此时的评价值y_i将在-1与1之间取值,而且y_i的相对数性质已不明显。

(5)比重化。主要公式有:

$$y_i = \frac{x_i}{\sum_{i=1}^{n} x_i}$$

$$y_i = \frac{x_i}{\sqrt{\sum_{i=1}^{n} x_i^2}}$$

这种无量纲化方法为多目标决策分析中的一些方法所采用。

(四)指标赋权方法

指标的无量纲化解决了多个指标的可综合性问题。但为了使多个指标的综合评价更能准确地反映被评价对象的实际情况,还必须对转换后的指标赋予不同的权数。因为各个评价指标对被评价对象的影响大小和作用是不同的,所以确定评价指标的权数对综合评价结果有重大影响。

确定权数的方法很多,但基本上可分为两大类:主观赋权法和客观赋权法。

主观赋权法主要有:德尔菲法和层次分析法。需要指出的是,尽管主观赋权依赖于主观看法,但这种主观看法是建立在经过严格挑选的专家们的经验基础上的,而这种经验的获得又是专家们对被评价事物进行深入研究的结果。并且,还要采用一定的数学方法来处理不同专家的主观看法,以便过滤掉由偶然因素决定的不同专家的主观认识差异,以保证赋权的客观性。因此,主观赋权法实际上是可行的。但该方法存在一些不足之处:首先,同一专家在不同环境下给同一指标赋权的结果往往会有差异;其次,在对评价指标的重要性做出判断时,没有统一的客观定量标准;最后,对某些指标的重要程度的判断往往具有模糊性。所以,不能完全依赖主观赋权法来确定指标的权数。

客观赋权法是直接根据各个指标的原始信息经过一定数学处理后获得权数的一种方法。其基本思想是:指标权数应根据各指标间的相互关系或各个指标提供的信息量来确定。这里仅介绍概率法确定权数。

所谓概率法,就是用求概率的方法求得权数。其理论依据在于概率与权数两者之间具有同质性。众所周知,概率的大小反映着随机变量取值的可能性大小。概率大,则说明随机变量取值的可能性大;相反,则意味着随机变量取值的可能性小。对于权数来说,它是反映指标重要性程度的高低的。权数大,则说明指标的重要性程度高;相反,则说明指标的重要性程度低。因此,从反映各自研究对象值的大小或高低来看,两者具有同质性。实际上,在统计学中,权数的大小就是由频率——概率的一种统计定义的大小来表示的。正因为如此,也就使用求概率的方法来求得权数成为可能。

权数概率求法的基本步骤是:

由概率基本理论可以知道,当已知一个随机变量(或指标)的概率分布以及所要取的值或所取值的区间时,就能求出相应的概率。依据这一重要思想,则可将权数概率求法的基本步骤归集如下:

(1)确定每一随机变量(或指标)的概率分布。设第 i 个随机变量为 X_i,i = 1,2,3,…,n。其取值为 $X_{i,j}$,j = 1,2,3,…,m。由于绝大多数的随机变量往往可以表示成独立随机变量的总和,且总和中的每一个单独的随机变量对于总和又不起主要作用,例如产品产量,可看成是大量的单独生产工人的产品产量的总和,因此,根据李雅普诺夫中心极限定理,可以认为随机变量近似地服从正态分布,即 $X_i \sim N(\mu, \sigma^2)$。

(2) 确定随机变量（X_i）的取值情况。对于随机变量（X_i）的取值应符合两条原则：其一，应能够充分反映样本信息；其二，应充分考虑综合评价中指标的特点。在综合评价中，各指标是正指标，表现为越大越好。根据这两条原则，我们将随机变量（X_i）的取值 $X_{i,j}$ 的范围确定为 $X_i \geq \max(X_{i,j})$。

(3) 将随机变量（X_i）的取值 $X_{i,j}$ 的范围与概率相联系。用概率表示，则有：
$$p(X_i \geq \max(X_{i,j})) = \alpha_i$$

(4) 讨论 α_i 的计算方法。由前面讨论已知，$X_i \sim N(\mu, \sigma^2)$，则根据正态分布的性质，必有：$\frac{X_i - \mu}{\sigma} \sim N(0, 1)$。为此，可按照标准正态分布概率的计算方法，求出概率 α_i，即：

$$p(X_i \geq \max(X_{i,j})) = p\left(\frac{X_i - \mu}{\sigma} \geq \frac{\max(X_{i,j}) - \mu}{\sigma}\right) = 1 - \Phi\left(\frac{\max(X_{i,j}) - \mu}{\sigma}\right) = \alpha_i$$

对于上式中 $\Phi\left(\frac{X_{i,j} - \mu}{\sigma}\right)$ 的值，可查正态分布表求得，从而最终求得概率 α_i。

有必要指出的是，虽然已知随机变量总体 X_i 服从正态分布 $N(\mu, \sigma^2)$，但参数 μ 和 σ^2 却是未知的，这样就需要根据样本对其做出估计。由数理统计可知，μ 和 σ^2 的估计量分别为 $\overline{X}_i = \frac{1}{m}\sum_{j=1}^{m} X_{i,j}$, $S^2 = \frac{1}{m-1}\sum_{j=1}^{m}(X_{i,j} - \overline{X}_i)^2$。因此，只要我们掌握了各指标值，就能够计算出样本均值和样本方差，并以此为基础，运用所给出的计算公式，计算出概率（α_i）。

(5) 对每一指标的 α_i 进行加总，并进行归一化处理，确定每一指标的相对权数。设每一相对权数为 W_i，则有 $W_i = \frac{\alpha_i}{\sum_{i=1}^{n}\alpha_i}$。显然有 $\sum_{i=1}^{m} W_i = 1$ 或 100%。

在选择评价指标的赋权方法时，应注意两种倾向：一种是过分信赖统计或数学等定量方法，而忽视评价指标的主观定性分析；另一种则是完全依赖专家意见，而抛弃科学的客观赋权法。主观赋权法与客观赋权法各有其长，但又并非尽如人意。因此，科学的态度和明智的方法，应当是将主观与客观赋权法有机结合起来，从而使指标的赋权趋于合理化。由此产生的赋权法即组合赋权法。

设指标 x_j 的主观赋权结果为 α_j，客观赋权结果为 β_j，由于主客观赋权结果之间的相互补偿作用甚弱，因此，可用乘法将两种赋权结果综合起来，即指标 x_j 的组合权数为 $\alpha_j\beta_j$。也可将它们作归一化处理，得组合权数为 W_j，则

$$W_j = \frac{\alpha_j \beta_j}{\sum_{j=1}^{p} \alpha_j \beta_j}$$

（五）指标评价值的综合方法

综合评价的目的是要对被评价事物做出一个整体性的评价，这就必须解决多指标的综合问题，即要将多个描述被评价事物不同侧面的指标评价值加以综合而形成一个新的综合指标。进行多指标综合的数学方法有多种，但归结起来无非三大类：线性综合法、几何综合法和混合综合法。

1. 线性综合法

线性综合法就是将各个指标评价值求和而获得研究对象综合评价值的一种综合方法。考虑到各指标对被评价事物综合水平的影响和作用不同，常采用加权求和的方式来计算研究对象综合评价值。由此可得线性综合法的基本公式为：

$$Z = \sum_{j=1}^{p} w_j x_j$$

式中，Z 表示被评价事物的研究对象综合评价值；w_j 表示第 j 个指标的权数；x_j 表示第 j 个指标的评价值；p 为指标个数。

特别地，当各指标的权数都为 1/p 时，则 $Z = \sum_{j=1}^{p} w_j x_j$ 演变为

$$Z = \frac{1}{p} \sum_{j=1}^{p} x_j$$

这就是各指标评价值的简单算术平均。

线性综合法的一个显著特点是，它只适用于综合指标间彼此不相关的情形。如果各评价指标间有一定的相关关系，则"求和"的结果将会发生信息重复，而使研究对象综合评价值难以反映客观实际。

线性综合法的另一个显著特点是，各评价指标间可以线性替代，即在研究对象综合评价值 Z 不变时，一些指标评价值的上升（或下降）可通过另一些指标评价值的上升（或下降）来替代。正因为如此，一方面它突出了权数较大的指标的作用，另一方面它对各被评价对象值间的差异反应不太灵敏。所以，当各评价指标间的相对重要性程度（即权数）差异较大，但它们的评价值差异较小时，比较适合用线性综合法。

除此以外，线性综合法对评价值数据没有什么要求。无论什么数值，都可以

按式 $Z = \sum_{j=1}^{p} w_j x_j$ 获得研究对象综合评价值。而且，这种方法计算方便。

2. 几何综合法

几何综合法的基本公式为：

$$Z = \prod_{j=1}^{p} x_j^{w_j}, \quad \sum_{j=1}^{p} w_j = 1$$

特别地，当各评价指标权数 w_j 均相同，都等于 $1/p$ 时，则有：

$$Z = \left(\prod_{j=1}^{p} x_j \right)^{1/p}$$

上式中的综合评价值 Z，其实就是各评价指标值 x_j 的几何平均。

由于"积"的计算性质，使几何计算法适合于指标间有较强的相互联系的情形。

当各评价指标间的重要程度差别较小，而评价值间的差异较大时，采用几何综合法比较适合。这时因为，一方面，几何综合法强调各指标间的一致性，即各指标在综合评价中有着同等重要的作用，不偏袒任何一个评价指标，因此，指标权数的作用不太明显，这正适合指标间的重要程度差别较小的情况；另一方面，几何综合法对被评价对象各指标评价值间的差异反应较灵敏，这有助于区分各被评价对象的相对地位。

几何综合法对计算数据的要求较高，它要求各指标的评价值应均为正数。如果其中只要有一个指标价值为零或负数，它就无法按公式获得研究对象综合评价值。

3. 混合综合法

将上述两种综合方法混合在一起，就可以得到一种兼有线性和几何综合法优点的混合综合法。混合的方式有多种，比较常用的方式是直接混合，即

$$Z = \sum_{j=1}^{p} w_j x_j + \left(\prod_{j=1}^{p} x_j^{w_j} \right), \quad \sum_{j=1}^{p} w_j = 1$$

由于混合综合法兼有线性和几何综合两种方法的优点，因此，它适合于各评价指标间重要程度差异较大，而且各指标评价值间的差异也较大时的场合。但这种方法在计算操作时比较麻烦。

综上所述，不同的指标综合方法有不同的特点和适用场合。在研究对象综合评价实践中，需要根据被评价对象的特点，考虑到方便和实用，灵活地加以选择

和应用。

三、Cov-AHP：改进的层次分析法

层次分析法（Analytic Hierarchy Process，AHP）是20世纪70年代初由美国运筹学家T.L.Saaty提出的一种定量与定性分析相结合的多准则系统分析方法。

自这一方法被提出以来，由于该方法具有能把复杂系统的决策思维进行层次化，把决策过程中定性和定量因素有机地结合起来，并通过判断矩阵的建立、排序计算和一致性检验所得到的最后结果具有说服力等优势，被广泛应用于各个领域，获得了广泛的应用价值。与此同时，在学者和实际应用者们的大力推动下，层次分析法的研究也取得了丰硕的成果。一是应用领域不断扩大。从现有文献看，几乎涵盖了所有领域。二是研究内容不断深入。目前已涉及判断矩阵的构造（Güngör Z.等，2009）、判断矩阵的一致性检验（朱茵等，1999）、1~9标度法的改进（李彦等，2011）等核心问题，并形成了一系列新的方法；更有甚者，面对层次分析法只适用于简单系统应用，无法真实反映决策问题具有依赖性和反馈性的情况，T.L.Saaty教授于1996年又提出了一种适应复杂结构的决策科学方法，即网络层次分析法（Analytic Network Process，ANP），其理论更准确地描述了客观事物之间的联系，是一种更加有效实用的决策方法。三是结合研究不断涌现。与模糊数学理论相结合，形成模糊层次分析法（高新春、冯洪渊，2003）；与灰色系统理论相结合，形成层次灰色分析法（施泉生、涂娜娜，2005）；等等。显然，这些研究成果的取得，极大地丰富了层次分析法的理论和方法体系。

然而，也应该看到，上述研究中依然存在着一些问题，其中最为关键的问题，就是没有从根本上解决人的主观性——尤其是定量指标的人的主观性确定标度的问题。这也正是：①由于客观事物的复杂性以及主观思维的模糊性，使AHP方法中用于提取推理判断信息的两两比较判断矩阵往往很难构造（Güngör Z.等，2009）；②判断矩阵有时连可接受的一致性检验也达不到（朱茵等，1999）；③定量数据较少，定性成分多，结果不易令人信服（杜栋等，2009）等一系列问题无法得到真正解决的深层次原因，也是最终造成使经验、认识水平不同的人，由于选择标度的不同，从而得出不同的分析结果的根本原因。

基于此，我们提出了Cov-AHP方法，这一方法的贡献在于，较好地解决了人的主观确定标度这一根本性问题，而且以协方差矩阵为基础，通过变换以构造判断矩阵，一来使判断矩阵的构造更为简单，二来使计算得到唯一结果和排序，

从而进一步提高了 AHP 的可操作性。

（一）Cov-AHP 的基本思想

对于一个系统而言，其组成要素之间客观上存在着一定的关联关系，表现在随机变量（或指标）之间，这种关联关系则可以用协方差表示。现代概率统计理论告诉我们，随机变量（或指标）之间的协方差越大，则随机变量（或指标）之间所包含的信息量就越小，其独立性也越小，相应地，随机变量（或指标）的重要性就越小；反之，则越大。由此决定，可以利用协方差的大小来衡量各要素的相对重要性。因此，Cov-AHP 的基本思想是：以体现各要素本质特征的定量指标所形成的协方差矩阵为依据，通过变换、计算等手段，构造具有层次分析法特色的反映各要素相对重要性的判断矩阵，然后，根据层次分析要求，经过数学计算和检验，以获得某一层相对于高一层说明各定量指标相对重要性的权数。在此基础上进而计算出各层次要素对于系统目标的组合权数，从而得出不同设想方案的权数，并进行排序。

与 AHP 方法相比，Cov-AHP 最大的优点就在于，不再需要由若干专家根据他们自己的经验、学识来对系统各要素的相对重要性做出主观判断，从而较好地克服了专家的个人偏好，有利于提高决策的有效性，在多目标规划领域具有广泛的应用价值。

（二）Cov-AHP 的基本步骤

1. 明确问题

首先要对系统有明确的认识，包括弄清系统的范围，了解系统的组成要素，并能确定出要素之间的关联关系和隶属关系；等等。

2. 建立递阶层次结构

按照目标层、准则层、方案层（措施层）的递阶序列建立层次分析结构模型。递阶层次结构模型如图 2-10 所示。

（1）目标层为最高层。在这一层中是系统所要达到的总目标。总目标只有一个。

（2）准则层为中间层。在这一层中是实现预定总目标所要采取的各项准则。需要注意的是，中间层可以有多层。

（3）方案层或措施层为最低层。在这一层中是所要选用的各种可行方案、措施、手段等。它仅有一层。

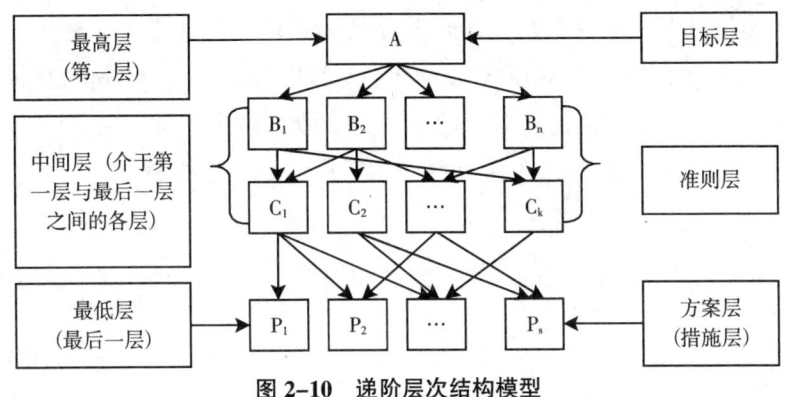

图 2-10 递阶层次结构模型

3. 根据要素所反映的定量指标数据，计算协方差矩阵

协方差矩阵 A 如表 2-1 所示。

表 2-1 协方差矩阵 A

要素	x_1	x_2	…	x_i	…	x_j	…	x_p
x_1	c_{11}	c_{12}	…	c_{1i}	…	c_{1j}	…	c_{1p}
x_2	c_{21}	c_{22}	…	c_{2i}	…	c_{2j}	…	c_{2p}
⋮	⋮	⋮	…	⋮	…	⋮	…	⋮
x_i	c_{i1}	c_{i2}	…	c_{ii}	…	c_{ij}	…	c_{ip}
⋮	⋮	⋮	…	⋮	…	⋮	…	⋮
x_p	c_{p1}	c_{p2}	…	…	…	c_{pj}	…	c_{pp}

表 2-1 中，c_{ij} 为第 i 行与第 j 列的协方差，有 $c_{ij} = c_{ji}$。

4. 对协方差矩阵进行变换和计算，构造判断矩阵

（1）变换协方差矩阵。用各列协方差 c_{ij} 除以协方差 c_{ii}，将协方差矩阵变换为相对协方差矩阵，更重要的是将对角线上的协方差 c_{ii} 变换为 1。经过变换后的协方差矩阵 A_1 如表 2-2 所示。

表 2-2 相对协方差矩阵 A_1

要素	x_1	x_2	…	x_i	…	x_j	…	x_p
x_1	1	a_{12}	…	a_{1i}	…	a_{1j}	…	a_{1p}
x_2	a_{21}	1	…	a_{2i}	…	a_{2j}	…	a_{2p}
⋮	⋮	⋮	⋮	⋮	⋮	⋮	⋮	⋮
x_i	a_{i1}	a_{i2}	…	1	…	a_{ij}	…	a_{ip}
⋮	⋮	⋮	⋮	⋮	⋮	⋮	⋮	⋮
x_p	a_{p1}	a_{p2}	…	a_{pi}	…	a_{pj}	…	1

（2）构造判断矩阵。判断一个矩阵是否是判断矩阵，要看该矩阵是否符合两个基本的性质：其一是对角线上的数值均为1；其二是两两所对应的数值的乘积应为1，即一个数值是所对应的数值的倒数。显然，对于A_1矩阵而言，还不是一个判断矩阵。为此，对所有两两相对应的数值作乘积应为1的变换。方法如下：

对于a_{ij}，按照$b_{ij} = \dfrac{a_{ij}}{\sqrt{a_{ij} \times a_{ji}}}$进行变换；对于$a_{ji}$，按照$b_{ji} = \dfrac{a_{ji}}{\sqrt{a_{ij} \times a_{ji}}}$或$b_{ji} = \dfrac{1}{b_{ij}}$进行变换。

最终构造出判断矩阵B，如表2-3所示。

表2-3 判断矩阵B

要素	x_1	x_2	…	x_i	…	x_j	…	x_p
x_1	1	b_{12}	…	b_{1i}	…	b_{1j}	…	b_{1P}
x_2	b_{21}	1	…	b_{2i}	…	b_{2j}	…	b_{2P}
⋮	⋮	⋮	⋮	⋮	⋮	⋮	⋮	⋮
x_i	b_{i1}	b_{i2}	…	1	…	b_{ij}	…	b_{ip}
⋮	⋮	⋮	⋮	⋮	⋮	⋮	⋮	⋮
x_p	b_{p1}	b_{p2}	…	b_{pi}	…	b_{pj}	…	1

显然，b_{ij}具有下列性质：

①$b_{ij} > 0$；②$b_{ii} = 1$；③$b_{ij} = \dfrac{1}{b_{ji}}$。

5.计算各要素的权数

层次分析法的原理表明，判断矩阵B的最大特征根所对应的特征向量就是各要素的权数向量。这样，计算各要素的权数就归结为求矩阵B的最大特征根所对应的特征向量。求解这一特征向量的方法很多，这里用方根法。

首先，计算判断矩阵B的每一行元素的积M_i，公式为：

$$M_i = \prod_{j=1}^{p} b_{ij} \quad (i = 1, 2, \cdots, p)$$

其次，求各行M_i的p次方根：$w_i' = \sqrt[p]{M_i}$

最后，对w_i'作归一化处理，即得各要素的权数：

$$w_i = \dfrac{w_i'}{\sum\limits_{j=1}^{p} w_i'}$$

6. 对判断矩阵进行一致性检验

用层次分析法确定各要素的权数的重要前提是判断矩阵的数值要协调一致，不要出现相互矛盾的现象。所以，在使用层次分析法确定要素的权数时，要检验判断矩阵的一致性。判断矩阵 B 具有一致性的条件是矩阵 B 的最大特征根 λ_{max} 等于要素的个数。据此可设置一致性检验指标 CI 和 CR 来检验判断矩阵 B 偏离一致性的程度。

第一步，用判断矩阵 B 右乘矩阵的权数向量 $w = (w_1, w_2, w_3, \cdots, w_p)'$，得到一个 p 阶列向量 BW，再按公式 $\lambda_{max} = \frac{1}{p} \sum_{i=1}^{p} \frac{(BW)_i}{w_i}$，可求得判断矩阵 B 的最大特征根 λ_{max}。公式中 $(BW)_i$ 代表列向量 BW 的第 i 个分量。

第二步，计算衡量判断矩阵偏离一致性的指标 CI，公式为：

$$CI = \frac{\lambda_{max} - p}{p - 1}$$

第三步，计算随机一致性比率 CR，即：

$$CR = \frac{CI}{RI}$$

式中 RI 为随机一致性标准，见表 2-4。

表 2-4 随机一致性标准

p	1	2	3	4	5	6	7	8	9	10	11	12
RI	0.00	0.00	0.58	0.90	1.12	1.24	1.32	1.41	1.45	1.49	1.52	1.54

当 CR < 0.10 时，一般认为判断矩阵 B 具有满意的一致性，否则需要调整判断值，直到通过一致性检验为止。

7. 综合计算结果，对方案排序优选

假定中间层相对于最高层目标的权数分别为 $m_1, m_2, \cdots, m_n$，而各方案相对于中间层各要素的权数分别为 $w_{1i}, w_{2i}, \cdots, w_{pi}$，$p = \sum_{i=1}^{n} p_i$，则各方案相对于最高目标的权数为：

$$w_i = \sum_{j=1}^{n} w_{ij} m_j \quad (i = 1, 2, \cdots, p)$$

8. 总的一致性检验

设中间层第 i 个因素的一致性要素为 CI_j，随机性一致比率为 RI_j，则总的随

机一致性检验指标为:

$$CR_{总} = \frac{CI_{总}}{RI_{总}} = \frac{\sum_{j=1}^{n} m_j CI_j}{\sum_{j=1}^{n} m_j RI_j}$$

如果 $CR_{总} < 0.10$,那么认为各方案排序优选具有合理性。否则,需要调整判断值。

(三) Cov-AHP 的特点和优势

与 AHP 以及其他同类研究相比,Cov-AHP 具有三个方面的优势:第一,变主观确定标度为客观确定标度,使 AHP 应用具有规范性的特征。因此,使用者只需要根据研究需要,在收集了原始数据的基础上,按照一定的程序规范操作,就可以得到相关的结果。第二,变多个计算结果为唯一一个计算结果,使 AHP 应用具有唯一性的特征。对于 Cov-AHP 使用者而言,只要原始数据是唯一的,那么,不论什么人,通过相关计算而获得的各要素判断矩阵也必然是唯一的,由此所得到的最终权重和排序结果也必然是唯一的。第三,变复杂操作为简单操作,使 AHP 应用具有简洁性的特征。AHP 之所以被认为复杂主要在于,一是难以请到业界众多的专家对各要素的重要性进行评判;二是对于众多专家的不一致的意见难以做出取舍。所以,对于很多的普通学者和使用者来说,更多的是望"法"兴叹。但 Cov-AHP 则不然,使用者只需要依据所收集到的原始数据,计算出协方差矩阵,再做些简单的数学变换即可得到判断矩阵以及最终权重和排序结果。显然,这对于大多数运用者来说,就显得较为容易和方便。

总之,由于 Cov-AHP 从根本上克服了 AHP 所固有的"不同的人对各要素重要性的理解不同,其判断也会不一样,从而所计算出的结果和所做的排序也会不同"的弊端,所以,使 Cov-AHP 在实际应用中具有较好的优势和广泛的应用价值。

四、其他方法

(一) 数据包络分析法

数据包络分析 (Data Envelopment Analysis,DEA) 是以非参数的数学规划方法估计生产边界的一种方法。模型的特点是具有多个输入变量和输出变量,在规模效率和技术效率同时有效的条件下,从投入—产出角度评价生产效率。该方法最早由 Fardell（1957）提出分段凸包法估计生产边界，在随后的 20 年里，只有少数几位学者考虑 Fardell 的方法。Boles（1966）和 Afriat（1972）提出用数学的规划方法来完成这一任务，但是他们的方法并没有受到广泛关注。直到 1978 年 A. Charnes Cooper 和 E. Rhodes 提出 DEA 方法，应用线性规划方法构建非参数表面或者边界，以相对效率概念为基础，评价同类型的多投入与多产出的决策单元是否有效。后来经过 J. Stutz（1983）、B. Colany（1989）和 Charnes（1995）等学者的不断努力，DEA 变得更加完善。2000 年，国内学者将 DEA 方法引入各行各业，探究企业的生产效率，取得的成果日渐丰富，涉及的范围也越来越广泛，并以 DEA 方法为基础，不断扩展新的研究思路和方法。

1. 数据包络分析（DEA）的基本思想

数据包络分析就是构建非参数的生产前沿面，面板数据点都在这个前沿面的上面或者在其下面，即某个决策单元的输出向量被其他决策单元输出向量从上边包络，输入向量被其他输入向量集从下面包络，如果有一个向量没有被包络，那便是没有效率的，DEA 方法重点关注的是观测值的个体间差异而非观测值的整体均值情况，这对个体间差异的考虑有独特的优势。

DEA 方法在经济生产中的广泛应用，解决了长期以来一直缺乏一种针对多要素投入条件下来衡量生产效率的有效方法的难题。DEA 方法通过要素间的替代作用，能够较为理想地计算出多投入条件下目标产量以及各种要素的最佳投入，即计算出"有效生产前沿面"。通过对比投入与产出的实际值和理想值，一方面能够得到较为理想和准确的来衡量总的生产效率的指标，另一方面又可以分析各种要素的利用状况。无论是对机构部门绩效评价，还是对能源利用效率研究，都可以在 DEA 方法之下得到更加准确的评价。

目前，对 DEA 方法可能存在的缺点和劣势研究还在不断地深入和发展，DEA 方法理论正逐步丰富和完善。当代学者结合实际需要，在最初的 DEA 模型基础上又先后提出了 BCC、CCW 和 CCWH 等新的模型。此外，DEA 方法是纯技术性的，市场方面因素对其影响是很微弱的，这一特点使该方法在经济生活的各个领域必然会得到更加广泛的应用。

2. 数据包络分析（DEA）模型

数据包络分析方法是基于数学的线性规划方法，建立线性规划模型比较决策单元之间的相对效率，而对决策单元进行评价。通常以使其分段线性边界来包络数据的方式，视与生产边界的距离最小为效率最高的决策单元。常见的 DEA 模

型就是 C^2R 模型。最简单的效率测量形式是单一投入与单一产出的比例形式：产出/投入。

在多投入与多产出情况下，通常以加权组合的投入和加权组合的产出来分别表示实际已知的投入和产出，线性规划的过程是寻求投入与产出的权重以使产出与投入比值最大化。

假设有 n 个部门或单位（即决策单元，DMU），每个 DMU 都有 m 种投入要素和 s 种产出，其中第 j 个决策单元 DMU-j 的投入、产出向量分别为 $x_j = (x_{1j}, x_{2j}, \cdots, x_{mj})^T > 0$ 和 $y_j = (y_{1j}, y_{2j}, \cdots, y_{sj})^T > 0$，$j = 1, 2, \cdots, n$，$m \geq s$。那么决策单元 DMU-j 的效率评价指数为：

$$h_j = \frac{\sum_{r=1}^{s} u_r y_{rj}}{\sum_{i=1}^{m} v_i x_{ij}}, \quad i = 1, 2, \cdots, m; \; r = 1, 2, \cdots, s \tag{2-1}$$

其中，$u_r \geq 0$ 为第 r 种产出的权系数，$v_i \geq 0$ 为第 i 种投入的权系数。那么，以第 j_0 个 DMU 的效率指数为优化目标，以所有 DMU 的效率指数为约束，可构造规模报酬不变的 C^2R 模型：①

$$\begin{cases} \max \dfrac{\sum_{r=1}^{s} u_r y_{rj_0}}{\sum_{i=1}^{m} v_i x_{ij_0}} = h_{j_0} \\ \text{s.t.} \; \dfrac{\sum_{r=1}^{s} u_r y_{rj}}{\sum_{i=1}^{m} v_i x_{ij}} \leq 1 \end{cases} \tag{2-2}$$

然后利用 Charnes-Cooper 变换（1962）对式（2-2）进行转化，取对偶形式，并进一步引入松弛变量 s^+ 和剩余变量 s^-，将不等式约束化为等式约束，可得：

---

① 根据规模报酬假设前提不同，DEA 方法可分为 C^2R 模型和 BC^2 模型，分别用于规模报酬不变和规模报酬可变假设下决策单元相对有效性的评价，其中 C^2R 模型是 DEA 方法中应用最广泛的模型。

第二章 生态化经济发展理论基础

$$\begin{cases} \min\theta \\ s.t. \ \sum_{j}^{n}\lambda_j x_j + s^+ = \theta x_0 \\ \sum_{j}^{n}\lambda_j y_j - s^- = y_0 \\ \lambda_j \geq 0, \ s^+ \geq 0, \ s^- \geq 0 \end{cases} \quad (2-3)$$

若式（2-3）的最优解 θ^0、λ_j^0 都满足 $\theta^0 = 1$，$s^{+0} = 0$，$s^{-0} = 0$，则 DMU-j_0 为 DEA 有效，否则为无效。

(二) 因子分析法

因子分析法（Factor Analysis）于 1904 年由 Charles Spearman 首先提出来，它是主成分分析方法的进一步应用和高级化。因子分析的方法在一定程度上通过对权重之于主观方面的因素而产生的偏差的处理，该方法是对找出样本之间相互关系的有效的处理评价方法。因子分析将相同本质的变量进行归纳总结，形成一个能够代表这些因子所包含的信息的因子，达到变量的数量减少的目的，不仅如此，还可以在此基础上进行变量之间相互关系的假设检验。

1. 因子分析的基本思想

采用因子分析的核心观点，即能够通过少数几个因子去代表由许多单元要素相互形成的关系，再将联系比较紧密的几个变量于一类，这样就会形成一个因子，可以代表一类变量的情况，从而达到能够使用少数几个因子就可以将原始数据的大部分信息得到体现的目的，其核心的思想在于根据相关性所表达的程度大小的不同而将变量进行分组，从而就会产生使同一组别的相关变量能够拥有相对较紧密联系的结果，而不在同一组别的几个变量就会显示出相对较低的联系和关系程度，然后我们往往会通过提取主成分的方法来进行因子的提取，在变量中进行来回反复的筛选而挑选出公因子，这样的情况下可以用少数的公因子就能够对大部分的方差进行解释，这时采用筛选出的少数公因子实现对一开始原始资料的代表，从而可以达到降维的对应目的，最后再对经过此步骤而产生的所包含的权数信息量进行分析处理。

因子分析模型也可以称为正交因子模型，用数学的表达方式和矩阵的表达方式分别表示如下，数学的表达方式为：

$$\begin{cases} X_1 = a_{11}F_1 + a_{12}F_2 + \cdots + a_{1m}F_m + \varepsilon_1 \\ X_2 = a_{21}F_1 + a_{22}F_2 + \cdots + a_{2m}F_m + \varepsilon_2 \\ \vdots \\ X_p = a_{p1}F_1 + a_{p2}F_2 + \cdots + a_{pm}F_m + \varepsilon_p \end{cases}$$

矩阵表达式为：

$$\begin{bmatrix} X_1 \\ X_2 \\ \vdots \\ X_p \end{bmatrix} = \begin{bmatrix} a_{11} & a_{12} & \cdots & a_{1m} \\ a_{21} & a_{22} & \cdots & a_{2m} \\ \vdots & \vdots & & \vdots \\ a_{p1} & a_{p2} & \cdots & a_{pm} \end{bmatrix} \begin{bmatrix} F_1 \\ F_2 \\ \vdots \\ F_m \end{bmatrix} + \begin{bmatrix} \varepsilon_1 \\ \varepsilon_2 \\ \vdots \\ \varepsilon_p \end{bmatrix}$$

将其简记为：$X_{p \times 1} = A_{p \times m} F_{m \times 1} + \varepsilon_{p \times 1}$

2. 因子分析的步骤

（1）数据的预处理。基于原始数据的量纲和趋势程度存在的差异，其可能会导致评价结果存在较大的误差，使评价结果不具备科学性，所以在采用因子分析法进行分析之前，应当要对相关指标数据进行相应的预处理，即通过样本数据的标准化处理和分析，并建立评价指标体系的矩阵表达形式。

第一步先对原始数据进行同趋势化的处理，一般来说，评价指标按照其发生作用方向的差异性，可以将其分为三类指标，即正向型指标、适度型指标和逆向型指标，显然，正向型指标的数值大小与其发挥的作用是成正比关系的；适度型指标的数值大小与其发挥的作用是成中性关系的，最靠近最优值表现情况为最优；逆向型指标的数值大小与其发挥的作用是成反比关系的，为了使所得到的结论发挥它自身的可比较性功能，要求实现适度指标和逆向指标的正向转化。

第二步就是标准化处理，即对正向化后的数据进行标准化处理，由于选取的指标可能会有绝对数、平均数甚至相对数的差异，而消除不同类型指标的物理量纲的主要方法和手段就是采用标准化处理的方法。

（2）变量适度性检验。在处理因子分析时，要求对原始数据之间的关系进行检测，证明它们是适合作因子分析处理的。可以采用的是KMO（Kaiser-Meyer-Olkin）检验。KMO是通过对它的计算使用继而用以进行对指标之间的相关系数以及偏相关系数的比照对比的检验标准，表达形式如下：

$$KMO = \frac{\sum\sum_{i \neq j} r_{ij}^2}{\sum\sum_{i \neq j} r_{ij}^2 + \sum\sum_{i \neq j} p_{ij}^2}$$

式中，r_{ij} 表示 x_i 与 x_j 之间的简单相关系数，p_{ij} 表示 x_i 与 x_j 在控制了剩余变量下的偏相关系数。KMO 的值介于 0 和 1 之间，越接近于 1 说明指标间的相关度越高，所选取的指标越适合作因子分析，越接近于 0 则表示越不适合作因子分析。较为普遍的度量 KMO 值的标准为：

KMO > 0.9　　　　非常合适
0.8 ≤ KMO < 0.9　　合适
0.7 ≤ KMO < 0.8　　一般
0.6 ≤ KMO < 0.7　　中等
0.5 ≤ KMO < 0.6　　不太合适
KMO < 0.5　　　　极不合适

（3）特征值及特征向量。求相关系数矩阵 R 的特征值 $\lambda_1 \geq \lambda_2 \geq \lambda_3 \geq \cdots \geq \lambda_p \geq 0$ 及其相对应的单位特征向量 $\mu_1, \mu_2, \mu_3, \cdots, \mu_p$。

（4）确定因子的权重。方法有因子贡献法、熵值法等，这里介绍熵值法。在系统理论中，熵主要是用来确定对指标包含的有效信息以及确定指标的权重，其原理在于，在评价对象的某项指标值相差较大、熵值较小的情况下，这时就说明这项指标所能提供的有用信息是比较少的，所对应的指标权重也是相对较小的，采用熵值法对区域产业生态化水平做出评价分析时，指标体系用因子分析处理后，提取的评价因子可能会出现负数，可以运用标准化变换法对熵值法进行改进。

（5）公因子提取以及求解因子载荷阵。在特征值和特征向量计算的基础上，因子载荷阵可以表示为：

$$A = \begin{bmatrix} a_{11} & a_{12} & \cdots & a_{1p} \\ a_{12} & a_{22} & \cdots & a_{2p} \\ \vdots & \vdots & & \vdots \\ a_{p1} & a_{p2} & \cdots & a_{pp} \end{bmatrix} = \begin{bmatrix} \mu_{11}\sqrt{\lambda_1} & \mu_{21}\sqrt{\lambda_2} & \cdots & \mu_{p1}\sqrt{\lambda_p} \\ \mu_{12}\sqrt{\lambda_1} & \mu_{22}\sqrt{\lambda_2} & \cdots & \mu_{p2}\sqrt{\lambda_p} \\ \vdots & \vdots & & \vdots \\ \mu_{1p}\sqrt{\lambda_1} & \mu_{2p}\sqrt{\lambda_2} & \cdots & \mu_{pp}\sqrt{\lambda_p} \end{bmatrix}$$

为了提取较少的公因子来代表原先的指标，一般可采用特征值 λ_i 和累计方差贡献率两种方法共同来确定因子数 m：在采用特征值 λ_i 方法确定因子数时选取特征值均大于 1 的前 m 个因子；也可依据特征值和因子数的碎石图确定，前 m 个因子的特征值呈陡峭状态，后面的因子趋于平缓。采用累计方差贡献率方法确定因子数，计算前 m 个因子的累计方差贡献率，一般提取累计方差贡献率大于

85%的因子作为公因子数。

（6）计算因子得分和综合得分值。因子得分可以直观反映出各因子的大小，便于计算综合评价值，是因子分析的最终体现。因子得分函数可以表示为：

$$F_j = \omega_{j1}x_1 + \omega_{j2}x_2 + \omega_{j3}x_3 + \cdots + \omega_{jp}x_p \quad (j=1,2,3,\cdots,m)$$

式中，ω 为原指标的相关系数矩阵。

根据各公因子的得分可计算出其综合评价值，即：

$$F = \sum_{j=1}^{m} a_j F_j \quad (j=1,2,3,\cdots,m)$$

第三章 生态化产业经济发展

第一节 生态化产业经济的背景与内涵

任何理论都是在不同声音的交锋冲击中逐渐发展并成熟起来的,产业生态理论也不例外。前期对产业生态理论丰富的研究为可持续发展及产业的环境友好化提供了有益的启示。本章拟在对相关研究进行借鉴的基础上,对产业生态内涵进行更深入的阐释,进而为生态化产业经济发展理论新框架的构建奠定基础。为了实现达到产业生态的目标,首先要明白生态化产业经济发展的内涵。本节的主要内容就是要回答上述问题。

一、背景

20 世纪 90 年代,应用生态学理论兴起,在世界范围内的主要国家普遍实施可持续发展战略,生态化产业(工业)经济发展在发达国家逐渐成为潮流。无论是宏观层面上的国家生态产业发展战略的确立,还是中观层面上的生态产业园区的建设,或是微观层面上的企业生产技术无害化改造和清洁生产,生态化发展的理念都贯穿其中。

中国改革开放以来经济社会获得了高速发展,1978 年到 2014 年支出法国内生产总值(GDP)从 2165 亿美元增长到 56.88 万亿元,城镇化率从 1978 年的 17.9%上升到 2013 年的 53.7%。在中国工业化和城镇化高速推进的进程中,一方面是对资源需求的迅速扩张,工业企业排放的废气、废水和废物以及超市生活的废物大量增加,生态承受力面临严峻的考验;另一方面也带来了生产和技术能力的大幅提升,以及财政收入的巨幅增长。这些分别为生态化产业经济发展提供了必要性和可能性。中共十八大报告指出，我们面对"资源约束趋紧、环境污染严重、生态系统退化"的严峻形势。由此，本节生态化产业经济发展建设的背景包含三个方面的内容：一是资源约束趋紧；二是环境污染严重；三是生态系统退化。

（一）资源约束趋紧

资源是自然物，作为生产要素之一，在经济发展中扮演着重要的角色。根据经济学理论，在既定的技术条件下，资源总是相对有限的，随着经济增长，特别是快速的扩张，必然使资源的相对稀缺性凸显。30多年中国经济的高速增长所面临的资源约束日益趋紧。主要表现在以下四大方面：

（1）国土资源总体稀缺。当前我国未利用土地面积达2.62亿公顷，占我国国土面积的27.5%，但基本为荒漠化土地等开发潜力低、难利用的土地；耕地面积约为1.2亿公顷，随着工业化的推进，耕地面积呈现持续减少的趋势，粮食安全甚至都面临严峻形势。草原面积为3.93亿公顷，占国土总面积的41.3%，存在着一定程度上的退化趋势。

（2）矿产对外依存度高。中国幅员辽阔，是矿产资源大国之一，矿产资源种类众多，储量丰富。按资源储量总价值计算约占世界的15%。但相对于我国经济需求而言，矿产资源仍然不足。在中国高速增长过程中，矿产资源需求和资源消费在快速攀升。我国很多经济建设所需的矿产资源需要大量进口。据报道，我国原油、铁矿石、铜、铝等大宗矿产对外依存度全部超过50%。矿产对外依存度高使我国经济容易受制于人，我国对矿产价格高度敏感，经济运行面临着潜在的经济风险。

（3）水资源区域性失衡。我国的淡水资源次于巴西、俄罗斯和加拿大，名列世界第四位，总量约为28000亿立方米，占全球的比重为6%。从规模上看，水资源丰富，但我国人口众多，人均水资源量仅为2300立方米，只到世界平均水平的1/4，可以说中国是全球人均水资源最贫乏的国家之一。此外，中国存在严重的水资源区域性失衡。我国丰富的水资源主要集中在南部和东部，西方和北部地区水资源缺乏，由此"南水北调"工程成为了缓解中国水资源区域性失衡的重大工程。

（4）"人口红利"走向枯竭。改革开放以来，中国经历着"人口红利"期。计划生育政策下人口出生率逐渐下降，而老年人口比例并未达到较高水平，总人口中适龄劳动人口相对丰富，低劳动力成本增强中国企业的国际竞争力，奠定了出口驱动型增长模式的基础。然而，人口转型理论也告诉我们，"人口红利"期只是一国人口变迁过程中的一个阶段。就目前中国而言，从20世纪70年代开始实施计划生育政策，降低的人口出生率必将导致总劳动人口的下降，加上日益加快的人口老龄化趋势，中国经济所享有的"人口红利"走向枯竭，需要向"人才红利"转变。

（二）环境污染严重

生产的前端是对资源的需求，后端则是"三废"排放。随着工业化进程的推进，中国逐渐成为了全世界的"制造工厂"。"制造工厂"光环的背后，我们也可以发现，我国各主要污染物排放量均居世界首位，并且远超自身环境容量。

在大气污染方面，2011年我国二氧化硫排放量为2218万吨，居世界第一位，比美国超出1182吨（美国为1036万吨，日本为78万吨）。据专家测算，我国二氧化硫排放量至少要削减40%才能满足全国天气的环境容量要求。此外，氮氧化物排放量我国为2404万吨，工业粉尘的排放量和挥发性有机化合物排放量均逐年增长。大气污染成为了中国目前第一大环境问题。

在水污染方面，长江、黄河、珠江、辽河、海河、淮河、松花江是中国七大水系，污染程度依次是：辽河、海河、淮河、黄河、松花江、珠江、长江。七大水系42%的水质不能做饮用水源（超过Ⅲ类标准），全国有36%的城市河段为劣Ⅴ类水质，大型淡水湖泊（水库）和城市湖泊水质普遍较差。按照中国地表水达到国家Ⅲ类水质标准计算，化学需氧量环境容量为800万吨/年，实际超出200%以上（2011年中国化学需氧量排放量为2500万吨）。此外，由于中国的湖泊存在富营养化加剧问题，例如2007年5月爆发的环太湖流域水体污染事件。

在垃圾处理方面，"白色污染"现象突出，中国城市生活垃圾年产生量为1.4亿吨，达到无害化处理要求的不到10%，工业固体废弃物综合利用率不到50%。

工业化进程中大量排放的污染物造成一系列的环境恶化问题：酸雨污染严重，灰霾污染严重，水质变差，癌症频发等。

（三）生态系统退化

中国步入工业化后，人口的快速增长给生态系统带来了巨大的压力，超出生态系统的自我平衡能力，生态系统退化。生态系统退化主要表现在如下四方面：

（1）水土流失严重。在中国七大水系中，黄河流域水土流失最为严重。2011年《黄河流域水土保持公报》（2010年）由黄河水利委员会发布。依据该公报的分析，黄河流域水土流失面积达46.5万平方千米，占总流域面积的62%。

（2）土地荒漠化。我国的土地荒漠化主要集中在北方干旱、半干旱地区，全国沙漠、沙漠化土地约为165.3万平方公里，荒漠化是旱区居民满足其基本生存需求的障碍。引起各类荒漠化的最主要动因是人类活动，人类活动导致的沙漠化土地约有37万平方公里。

（3）草地退化。过度放牧和开垦是造成我国草原生态持续退化的最重要原因。据估计，我国天然草场有90%存在不同程度的退化。草原退化不仅使草地对牲畜的承载力下降，还导致其生态功能持续下降，最终成为重要的沙尘来源地。

（4）生物多样性退化。生物多样性退化是生态系统退化的直接表象。据估计，我国有233种脊椎动物濒临灭绝，野生动物数量呈下降趋势，野生植物濒危率达到了15%~20%。

改革开放以来，传统产业（特别是工业）发展模式是粗放型的，追求高速度，投入了大量的资源，虽然赢得了高速度，但也给环境造成了巨大的压力，经济增长的质量和效益并不高。在建设社会主义市场经济体制的过程中，建立生态—经济—社会相协调的效益型产业发展模式，是现代产业发展的最佳模式。生态化模式与传统模式最显著的区别，就是它力求把生产过程纳入生物圈的物质循环系统，把生态环境优化作为发展的重要内容，作为衡量发展质量、水平和程度的基本标志而纳入其产业发展过程中，实现产业发展的生态化。产业发展的生态化成为我国现代经济发展的理想形态，是我国工业化后期产业发展的必然选择。

二、内涵

"产业生态"由 Frosch 和 Gallopoulos 提出："传统的产业活动模式……应当转型为一个更为完整的模式：产业生态系统，在这个系统中，能源和物质消耗被优化，废物排放最小化，而且，一个生产流程的废液……变为另一个生产过程的原材料"（R. A. Frosch 和 N. E. Gallopoulos, 1989），并建议把自然界的物质循环、能量层递消耗、可持续的太阳能等生态系统原理应用在产业系统中，从而使产业系统更具可持续性（C. Watanabe, 1972）。

目前，所能搜索到的与生态化产业经济发展相近的词是产业经济生态化发展（Ecologization Development of Industnial Economic），这一词语是对"产业生态"术语的动词化。当前理论界对产业经济生态化发展并没有形成一致的定义。依据研究的侧重点，各研究人员对它的内涵有不同的表述：

（1）以系统视角定义进行。黄志斌等认为，"为了实现可持续发展的目标，实现产业活动与生态系统的和谐共存,生态化产业经济发展把产业活动纳入生态系统的循环利用之中,最终实现经济社会与生态环境的可持续发展"。这一角度强调只有在生态系统的总交换中,实现产业生态系统能量的交换,生态系统的作用才能发挥出来,进而实现产业生态系统的良性循环。

(2)以过程视角进行定义。郭守前认为,基于产业生态学原理的指导,作为生态圈的组成部分,产业系统遵循产业与物质能量生物共生的循环原理,通过对产业生态系统内组分的优化,实现低耗高效的经济发展与生态环境的和谐发展体系,他强调生态化产业经济发展的本质是涉及生产全过程的生态化。

(3)以目的视角进行定义。厉无畏等认为,基于自然生态循环原理以及对不同产业和企业的联合,通过对自然生态系统仿照,进而形成新模式,以此来达到对资源循环利用的目的。

尽管系统、过程和目的三个角度的侧重点不同,但其核心都是从通过对自然生态系统模仿的角度出发,进而构建产业的生态系统,最终实现产业生产的循环利用。然而,生态化产业经济发展还是与产业经济生态化发展有着本质的区别。这一本质区别就在于目标不同,过程不同。

目标不同。产业经济生态化发展的目标主要在于降低污染,最终实现产业生产的循环利用,而生态化产业经济发展的目标不仅在于降低污染,最终实现产业生产的循环利用,更在于生产出生态产品。

过程不同。产业经济生态化发展强调通过对自然生态系统仿照,进而形成新模式,而生态化产业经济发展的过程就是要建立产品生产、流通、交换、消费的生态系统。

由此决定,生态化产业经济发展的内涵是:通过构造产业经济生态系统,运用生态技术生产生态产品,达到实现产业和自然环境和谐发展的目的,最终实现人的全面发展。

三、特征

首先,生态化产业经济发展是一种实践手段,旨在实现一种全新的、一体化的生产方式,即一种经济系统和环境系统高度统一,两个系统内各组成部分之间相互依存、不可分割的生产方式。它不仅强调生态化,即一个企业内部、一个区域系统乃至整个国家或地区产业系统的生态化,而且注重发展,通过区际间的产业生态系统的互动性依存,在全球实现产业活动与生态系统的良性循环和可持续发展。生态化产业经济发展的最高层次是全球性的生态化产业经济发展。

其次，生态化产业经济发展是一种思维模式，旨在实现一种新形态经济或生态型循环经济，即改变现有土地利用模式，改变产业流程，减少废物排放，使产业适应环境而不是改变环境来适应产业的一种新形态经济。它不仅强调把人类活动、土地利用、自然循环和功能协调作为统一的生态系统，而且突出调节社会、经济与生态系统功能延续性及其相互关系的资源管理系统。生态化产业经济发展就是要通过经济与社会的转型进化到一个新系统，达到人—社会—自然之间的协调持续的发展。

再次，生态化产业经济发展是一种创新的过程，旨在实现对技术进行生态化创新，即使用无害化、无废料化技术和设备的一种创新。它不仅强调技术创新，在工农业生产中大力推广那些节约资源、环境负面影响小、经济效益高的技术，而且要求通过生态工程、生态设计、工艺设计等，实现由线性（开放）系统向循环（封闭）系统转变。在产业层面，生态化产业经济发展就是要按物质循环、生物和产业共生原理对产业生态系统内和各组分进行合理优化耦合，建立高效率、低消耗、无（低）污染、经济增长与生态环境相协调的产业生态体系。

最后，生态化产业经济发展是一种全程生态化的革命，旨在有目的地改变人与环境的生态关系、企业与生态环境关系的革命。它不仅强调生产过程即产中环节的生态化，而且同时强调产前、产后环节的生态化，使生态化过程向产前、产后延伸，实现全程生态化，从而达到资源利用"从摇篮到坟墓"的全过程。生态化产业经济发展是生态与经济一体化的整合过程，是社会生产、分配、流通、消费到再生产各个环节的全程生态化。

生态化产业经济发展是人类构筑经济社会与自然界和谐发展、实现良性循环的新型产业模式，是产业发展的高级形态。各大产业通过对其多样性生态化发展的不断提高来促进稳定发展，它将为人类找到一条物质永续循环利用、无污染、低能耗的可持续发展之路。

第二节 生态化产业经济的内容和目标

一、内容

(一) 微观层面：清洁生产

对清洁生产的定义不同的国家和地区有不同的提法：美国称之为"废料最少化"，欧洲称之为"少废无废工艺"，我国以往的提法是"无废少废工艺"，其他地区还有"绿色工艺"、"生态工艺"等多种提法。这些定义体现清洁生产的不同侧面，反映出了清洁生产的本质。《中国21世纪议程》对清洁生产的定义为：清洁生产是指既可以满足人们的需要，又可以合理地使用自然资源和能源，并且保护环境的实用生产方法和措施，其实质是一种物料和能耗最少的人类生产活动的规划和管理，将废物减量化、资源化和无害化或消灭于生产过程之中。对人体和环境无害的绿色产品的生产亦将随着可持续发展进程的深入而日益成为今后产品生产的主导方向。

清洁生产包括清洁的产品、清洁的原料与能源、清洁的生产过程及全过程控制，即"三清一控制"。

(1) 清洁的产品。清洁的产品是指有利于资源的有效利用，在生产、使用和处置的全过程中不产生有害影响的产品。清洁的产品又叫绿色产品、环境友好产品等。

(2) 清洁的原料与能源。清洁的原料是指在生产过程中，尽量使用低污染、无污染的原料，少用或不用有毒有害的原料，或用其他原料替代有毒有害的原料，同时还要求所用的原料是能在生产中被充分利用的。清洁的能源包括开发可再生的能源和对一些传统能源的清洁利用方式两个方面。

(3) 清洁的生产过程。清洁的生产过程，要求采用少废、无废的工艺和高效的设备，选择无毒、无害的中间产品，减少生产过程的各种危险性因素（如高温、高压、易燃、易爆、强噪等），合理安排生产进度，将废物减量化、资源化、无害化，尽量将废物消灭在生产过程之中。此外，清洁的生产过程也包括使用简便可行的操作控制方式、完善管理等。

(4) 全过程控制。贯穿于清洁生产中的全过程控制主要包括生产原料或物料转化的全过程控制和生产组织的全过程控制。

(二) 中观层面：生态产业园

生态产业园是生态化产业经济发展在中观层次上的重要实现模式。生态产业园在产业（工业）集中地区或经济开发区组建而成，在企业清洁生产的基础上，通过企业间的物质集成、能量集成和信息集成，形成企业间的工业代谢和共生关系。使上游企业的废物成为下游企业的原料，不断延长生产链条，实现区域或企业群的资源最有效利用，废物产生量最小，甚至零排放。生态产业园的最本质特征是产业内部、产业之间的合作及产业与周边资源的有机结合，它仿照自然生态系统物质循环方式，遵循"设计—生产—回收—再利用"的经济模式，使上游生产过程中产生的废物成为下游生产的原料，形成一个相互依存、类似于自然生态食物链的"生态系统"。

一般而言，生态产业园分为三大类型：规划型、改造型和虚拟型。

(1) 规划型生态产业园。规划型生态产业园在创园前，就已经进行良好的规划和设计，从无到有地进行建设，主要吸引那些具有"绿色制造技术"的企业入园，并创建相应的基础设施，使这些企业间可以进行副产品与废渣、废水、废热、废气等的交换。

(2) 改造型生态产业园。改造型生态产业园是对现在的产业（工业）园进行改造而成，不仅进行园区内基础设施的改制、重建，而且对园区内的企业实施技术改造，同时根据产业链的需要引进新型企业加盟，并在区域内建立废物和能量信息中心及交换机构，力争实现园区内闭路循环。

(3) 虚拟型生态产业园。虚拟型生态产业园摆脱了地域范围的制约，在信息技术的基础上，通过建立计算机模型和数据库，在网络上建立起成员间的物料或能量联系从而实现成员间生产、服务、销售的生态化。

(三) 宏观层面：生态意识和制度

生态意识是保护环境的自发动力，生态化的制度和法律法规是保护环境的强制性动力，发达国家在生态化产业经济发展上都走了一条自发性和强制性相结合的道路。

生态化产业经济发展离不开全民可持续发展观的教育，使政府、企业和社会各界了解生态化产业经济发展对实施可持续发展战略和增强企业竞争力的重要性。通过建立生态产业的组织和制度，促进企业的积极参与。生态化产业经济发展宏观层面主要包括如下几点：树立全民生态意识；构建绿色导向的环境法规；加强绿色市场管理；制定生态工业倾斜政策；鼓励绿色消费；实施符合国际标准的绿色认证制度；建立健全资源环境监督、监管系统。

二、目标

生态化产业经济发展的目标可以从战略目标和主导目标两个层面表达。对于战略目标，主要是实施低消耗和低污染的工业发展，形成经济效益与生态环境协调发展的现代产业体系，从而提高经济系统整体的生态位。对于主导目标，主要是提高生态效率。相对于传统含义上的生产效率，追求生态效率表现为：一是企业内生产过程循环，企业内部各生产部门之间充分利用上一层部门的废弃物、副产品和产出；二是企业间生产过程循环，在企业之间建立一种类似于生态链的网络关系，在网络内的各企业相互利用各自的废物、副产品和产出，以减少能源、资源的消耗。

生态化产业经济发展不仅影响产品的设计，而且影响企业整体绩效——经济绩效和环境绩效。在企业内部，由于是企业内所有部门、成员共同承担环境责任，因此需要部门间的更紧密协作、交流，组织结构将趋于柔性化。在企业外部，厂商与用户及供应商的关系，不再是单纯的产品供应与消费的关系，更需要合作交流，共享一种价值观——持续发展的价值观。这种共享在需求导向上表现为：用户、厂商与供应商都重视产品的环境绩效；在产品使用过程中，双方协作减少对环境的污染；在产品使用后的回收方面，双方合作，建立废弃物的回收网络。所有这些都将促使企业由传统的管理型、控制型组织向学习型组织转变。从应用生态学的角度来看，生态化产业经济发展具有的循环性、群落性、增值性，是其区别于传统工业模式的显著特征。这些特征决定了产业系统向生态化演进是符合人类社会客观经济发展规律的，是整个经济系统演化的必然趋势。

第三节 生态化产业经济的载体和要求

一、载体

(一) 生态农业

20世纪70年代以来,农业的现代化发展给人们带来高效的劳动生产率的同时,也带来了一系列生态问题:化肥和农药用量上升、土壤侵蚀、环境污染等。人们越来越关注农业生态化问题。遵循生态学、生态经济学规律,农业生态化运用现代科学技术和系统工程方法,通过集约化经营的农业发展模式,能使经济效益、生态效益和社会效益达到和谐统一。

相对于传统农业经营模式,农业生态化有着自身鲜明的特点:

(1) 综合性。农业生态化强调发挥农业生态系统的整体功能,基于大农业的层面,按"整体、协调、循环、再生"的原则,着眼于农业内部结构及农业与工业和服务业的结构关系,使农、林、牧、副、渔各业和农村中第一、第二、第三产业协调发展,提高综合生产能力。

(2) 高效性。农业生态化通过物质循环和能量多层次综合利用和系列化深加工,实现经济增值,实行废弃物资源化利用,降低农业成本,提高效益,保护农民从事农业生产的利益和积极性。

(3) 持续性。农业生态化提高农产品的安全性,改善生态环境,防治污染,维护生态平衡,变农业和农村经济的常规发展为持续发展,把环境建设同经济发展紧密结合起来,在最大限度地满足人们对农产品日益增长的需求的同时,提高生态系统的稳定性和持续性,增强农业发展后劲。

(二) 生态工业

目前在学术界尚无关于生态工业的统一定义。联合国工业与发展组织在1991年10月提出"生态可持续性工业发展"的概念,根据该概念,生态工业是指"在不破坏基本生态进程的前提下,促进工业在长期内给社会和经济利益做出贡献的工业化模式"。这个概念的提出标志着现代工业发展的历史性转变,即由传统工业发展模式向生态工业的可持续发展模式转变。梳理学者们对生态工业的定义，本研究认为生态工业通过模拟自然系统建立工业系统中的"生产者—消费者—分解者"的循环途径，建立互利共生的工业生态网，利用废物交换、循环利用和清洁生产等手段，实现物质闭路循环和能量多级利用，达到物质和能量的最大利用以及对外废物的零排放。

与传统工业相比，生态工业有着自身鲜明的特点：

（1）从系统的构成上看，传统工业系统主要由采掘业和加工业两大部门构成。生态工业系统则是模拟自然生态系统，主要由资源生产、加工和还原三大部门组成。资源生产部门类似自然生态系统的初级生产者即植物，对各种资源进行开发利用，为工业生产提供初级原料和能源；加工部门好比自然生态系统的消费者即食草动物、食肉动物，将初级原料和能源进行多层次的加工转换成工业品；还原部门好比自然生态系统的还原者即食腐动物、腐解生物，将工业生产过程中的各种副产品和废弃物再资源化，整个工业生态链高效、良性循环，工业发展与生态环境协同进化。

（2）从产业结构和布局上看，传统工业由于过分强调工业的专业化、区域化，企业产品单一化，生产周期过分追求规模经济效益，且使区际封闭式发展，导致产业结构趋同、产业布局集中、同类企业密集、资源过度开采、生态环境系统超载、工业废弃物剧增。生态工业则强调系统的开放性和相对封闭性，聚集不同类型的相关企业，通过不同生产工艺之间、产品与资源之间、废弃物与资源之间的耦合关系，尽量延伸工业产业加工链，最大限度地开发和利用各种资源和主副产品，减少废弃物的生成和排放，有效地保护生态和环境，实现工业产品"摇篮—坟墓—摇篮"的良性循环，实现产业结构多元化，产业布局多样化。

（3）从资源开发利用方式上看，传统工业带有"高开采、高消耗和高排放"的"三高"特性。许多原材料往往经过一次生产过程后变成了废物排放到环境中，势必造成自然界的物质失衡：一方面，从自然界获取过多，造成自然资源枯竭；另一方面，大量废物的释放破坏了环境的容量功能和自维持功能，造成生态系统功能失调乃至退化。生态工业则不同，根据工业生态学的基本原理，科学地指导资源的综合开发和利用，经济效益和生态效益兼顾，最大限度地利用进入系统的物质和能量，从而达到"低开采、低消耗和低排放"的"三低"境地。

（三）生态服务业

长期以来，人们把服务业当作是"无烟产业"，认为它是资源消耗低、环境污染轻的产业，对服务业生态化发展重视是不足的。当前，继工业污染之后传统服务业污染问题成为了一种必须予以重视的问题。因此，一些学者提出了要"发展生态服务业"。生态服务业是生态化产业经济发展的重要组成部分。依据学者们对"生态服务业"的相关定义，本研究认为，"生态服务业"是以生态学理论为指导，依靠科技进步，"按照服务主体、服务途径、服务客体的顺序，围绕节能、降耗、减污、增效和企业形象等方面，通过实现物质和能量在输入端、过程中和输出端的良性循环"，将循环经济理念实践于服务业的发展过程中。生态服务业包括绿色科技教育服务、绿色商业服务、清洁交通运输和绿色公共服务等众多部门。

与传统服务业相比，生态服务业有着自身鲜明的特点：

（1）资源循环利用。传统服务业的生产循环在企业层面上是一种经济上的投入产出关系，走的是"资源—产品—污染排放"的经济模式；生态服务业强调服务业企业生产中的资源循环和再生利用，是一种可持续发展模式。

（2）经营理念的生态化。传统服务业在产业关联层面上与第一、第二产业之间表现为密切的技术经济联系，强调各产业之间供给与需求联系。生态服务业则在上述基础上，着重于结合循环经济发展模式的特点，力求通过生态服务业的建设，促进生态农业与生态工业的建设，从而推动整个产业的经济生态化发展。

二、要求

（一）减量化生产

减量化生产主要包括资源减量化和废弃物减量化两大方面。在资源减量化方面，减量化生产最重要的内容是能源消费问题。这意味着在能源消费结构中需要提升清洁能源、可再生能源在能源消费中的比重。根据《中国统计年鉴》的数据，2011年我国能源消费总量为331848万吨标准煤，其中工业部门消费了246440.96万吨标准煤，占比约为74.26%。在39个工业部门中，能源消费比重较大的分别是黑色金属冶炼及压延加工业，化学原料及化学制品制造业，非金属矿物制品业，电力、热力生产和供应业，石油加工炼焦及核燃料加工业，有色金属冶炼及压延加工业六个部门。这六个高耗能部门能源消费量占工业部门能源消费总量的72.65%。从能源利用结构来看，我国能源消费仍以煤炭、石油为主，对天然气、水电等清洁能源和可再生能源的利用比重相对较低。1994~2012年，我国能源消费总量从122737万吨标准煤增长为331848万吨标准煤，增长幅度达170.37%。相对于可再生能源和清洁能源而言，煤炭在利用过程中其能效提高难度相对较大，清洁利用水平较低，污染物排放较难控制，煤炭消费也是二氧化碳排放的最大来源。如果无法大幅度降低煤炭消费在能源消费中的比重，我国生态化产业经济发展将一直面临较严重的二氧化碳排放问题。

在废弃物减量化方面，我国从20世纪90年代开始推行清洁生产，但清洁生产的推行并没有带来废弃物减量化。从1995年到2012年，我国工业废水排放量没有得到明显减少，而工业废气排放总量则由1995年的107478亿标立方米增加为2012年的635387.5亿标立方米，增加幅度为491.18%。1995~2012年，我国工业固体废物产生量由64474万吨上升为329044.3万吨，增长幅度为410.35%，工业废弃物的产生量不断扩大。可见，在生态化产业经济发展的进程中，我国工业领域废弃物减量化还有较长的路要走。

(二) 循环化利用

循环化利用具有内部和外部两项职能。内部职能主要通过识别代谢物质的属性，筛选和纯化出有用的各类副产品和废弃物，使副产品和废弃物为企业自身所用。外部职能是通过广泛的再利用和资源化，使副产品和废弃物满足本企业利用外，还能满足其他企业需要，即企业的对外输出。由于技术和信息的局限，企业往往对副产品和废弃物的挖掘较为肤浅，导致许多具有潜在价值的物质被浪费，由此，内部职能不足，外部职能缺失。

目前我国仍处于工业化推进时期，但经济发展与环境资源之间的矛盾日益突出，我国的可持续发展面临资源瓶颈，一些重要的资源对外依存度越来越高，必须从"高投入、高能耗、高污染和低产出"的"三高一低"发展模式转变到"低投入、低能耗、低污染和高产出"的"三低一高"发展模式。中共十八大报告提出，我国经济发展应更多依靠科技进步，更多依靠循环经济推动，不断提高内生增长能力，增强长期发展后劲，把生态文明放在突出的地位，着力推进绿色发展、循环发展和低碳发展。

(三) 集群化发展

根据Porter (1998) 的定义，产业集群是由某一领域内相互连接的企业和机构所构成的地理集聚体。内部关联性是产业集群的根本属性，地理位置上集中是产业集群的基本特征，生态产业园区是产业集群生态化发展的基本形式。我国目前存在综合类生态产业园区和行业类生态产业园区两大类。

综合类生态产业园区受到原有规划的影响，大多是在原有的经济技术开发区（或高新技术产业开发区）的基础上改造而成。尽管在改造过程中引进了补链企业，但园区中可能仍有个别企业无法参与产业链条的构建，不能跟其他企业形成产业共生关系；或者是原有企业与引进企业之间形成了产业链条，但合作关系较为脆弱。

行业类生态产业园区大多是围绕某一个企业或者某几个企业构建而成，企业之间多以串联的方式构建产业链条，即上游企业以其产生的废弃物作为下游企业的原材料供应者。相较于以并联方式形成的产业链条，这种串联式的产业链条上的任一企业出现问题，都将导致整个产业链条无法继续运行。

产业集群生态化是一个动态过程，由"点—线—面"构成，尽管形式有所差异，核心内容在于产业集群共生机制的建立。建立产业集群共生机制需要区域机构、专家、工商业者、公众的通力协作，遵循一种内在的自组织规律，以"自下而上"的方式培养所有"利益相关者"的责任心，以构筑良好的生态氛围。

(四) 制度化保障

制度建设是生态化产业经济发展的保障。我国目前的政绩考核制度仍然以GDP指标为主，片面追求经济增长，地方政府发展经济的热情远高于开展循环经济的积极性。在这种考核制度的影响下，工业企业在地方政府GDP优先的鼓励下继续沿用原有的以大量消耗自然资源和过度污染环境为代价的生产方式，或者通过缴纳排污费规避在企业内部、企业之间开展循环经济。

为了推进生态化产业经济发展，政府颁布了一系列法律法规、制定了大量规划与办法，这些法规、规划大多体现的是"末端治理"思想。例如，2012年我国相继出台了《大宗工业固体废物综合利用"十二五"规划》、《废物资源化科技工程"十二五"专项规划》、《废弃电器电子产品处理基金征收使用管理办法》、《废塑料加工利用污染防治管理规定》等，这几项政策侧重于进行"先污染、后治理"。随着生态文明进程的推进，对企业和民众开展相关的制度建设将把"源头预防"与"末端治理"并重，并注重过程监督和管理，使相关法律法规在现实中得到彻底贯彻与实施。

第四节　生态化产业经济的评价体系构建

生态化产业经济发展水平的评价指标体系不仅可以对生态化产业经济的发展

水平进行有效而客观的相应评价,同时也可以对产业生态的可持续发展的未来发展方向进行相对科学的预测与展望。我们基于宏观层面的大背景、中观层面的产业生态园以及微观层面的对企业清洁生产的要求和对民众的引导三大层面的角度,结合目前江苏省产业发展和生态化发展的实际水平和其特有的特征情况,遵循指标体系构建原则,通过对指标的审慎筛选和模型检测,对生态化产业经济发展水平的评价指标体系进行了构建。

一、体系结构

该体系结构共分为四级,第一级指标为目标层,第二级指标为系统层,第三级指标为所对应的变量层,第四级指标为最后的、详细的可以用数据来进行相关量化的指标层。

(一) 目标层

生态化产业经济发展水平用数值的量化形式来表达的话,它属于综合力层面的指标,本研究通过将产业生态的水平细化到三大层面对它的支持程度,从而也用量化的形式得到各个层面各自的水平值的情况,最终我们就可以通过对其水平值的比较和评价分析,界定产业发展和生态化发展的水平,并对它未来的走向进行模型的相关预测分析。

(二) 系统层

一级指标的水平值是通过二级指标对其相应的反映得到的,二级指标在这里主要包括宏观层面的政府调控和法律法规的约束激励对产业发展和生态化发展的支持程度,中观层面产业政策的适配性、产业结构的转型合理优化和产业生态园这样的新型发展模式的创新对产业发展和生态化发展的支持程度,以及微观层面企业从源头做起的清洁生产和对社会民众产业文化的宣传和环保意识的引导对产业发展和生态化发展的支持程度,从而就可以反射出这三大层面对产业发展和生态化发展的支持力效果和程度。

(三) 变量层

变量层是生态化产业经济发展评价指标体系应包括的重要内容,它是对于系统层内容的细化,在系统层与指标层之间起承上启下的作用,各个变量既是上一级指标细化的结果,也是对下一级指标层的总结和概括,它在一定程度上就是为下一级的指标层指明了相应的路径,主要涉及以下几个变量:产业发展的低碳性指数、产业发展的生态性指数、产业发展的现代性指数、产业发展的高级性指数、产业发展的持续性指数、人民生活的宜居性指数,从这六个指标所反映的层次来看,可以看到产业的发展以及生态化的发展更强调的是长期发展和全局的观点,它体现的是一个全过程的生态化。这六个指数均在一定程度上体现了产业生态理论的"3R"原则。在产业发展的低碳性、生态性、现代性、高级性、持续性和人民生活的宜居性都发挥作用的前提下,实现并完成产业的生态化。

(四) 指标层

指标层就是对三级指标的具体表现和体现,它也是对三级指标的精确化描述。本研究使用易得可测的、有可比性的并有一定代表性特征的指标,用量化的表现来反射出对三级指标的程度支持水平,最终体现到指标体系中的细化要素,主要包括以下单元:万元GDP工业废水排放量、万元GDP工业二氧化硫排放量、万元GDP工业烟(粉)尘排放量、万元GDP工业固体废物产生量、单位GDP能耗、人均绿地面积、污水处理率、生活垃圾无害化处理率、高新技术产业产值占规模以上工业比重、第三产业占地区生产总值比重、第三产业相对劳动生产率、环保产业占地区生产总值比重、发明专利占专利申请授权量的比重、新产品产值占GDP的比重、工业固体废物综合利用率、社会消费品零售总额占GDP比重、旅游业收入占GDP比重、人均地区生产总值、城镇居民人均可支配收入、城镇化率、恩格尔系数(城镇)、城镇居民人均住房建筑面积、居民消费价格指数、年末城镇登记失业率、燃气普及率、人均拥有道路面积、每万人拥有公共交通车辆、万人卫生技术人员数共28个指标。

其中,万元GDP工业废水排放量、万元GDP工业二氧化硫排放量、万元GDP工业烟(粉)尘排放量、万元GDP工业固体废物产生量四个指标体现了产业发展的低碳性要求;单位GDP能耗、人均绿地面积、污水处理率、生活垃圾无害化处理率四个指标体现了产业发展的生态性要求;高新技术产业产值占规模以上工业比重、第三产业占地区生产总值比重、第三产业相对劳动生产率、环保产业占地区生产总值比重四个指标体现了产业发展的现代性要求;发明专利占专利申请授权量的比重、新产品产值占GDP的比重、工业固体废物综合利用率、社会消费品零售总额占GDP比重、旅游业收入占GDP比重五个指标体现了产业发展的高级性要求;人均地区生产总值、城镇居民人均可支配收入、城镇化率三个指标体现了产业发展的持续性要求;恩格尔系数(城镇)、城镇居民人均住房建筑面积、居民消费价格指数、年末城镇登记失业率、燃气普及率、人均拥有道路面积、每万人拥有公共交通车辆、万人卫生技术人员数八个指标体现

二、体系内容

生态化产业经济发展水平指标体系详细内容如表 3-1 所示。

表 3-1　生态化产业经济发展水平指标体系

一级层	二级层	三级层	四级层
区域产业生态化水平	微观层面支持力	产业发展的低碳性	X_1：万元 GDP 工业废水排放量（吨/万元）
			X_2：万元 GDP 工业二氧化硫排放量（吨/万元）
			X_3：万元 GDP 工业烟（粉）尘排放量（吨/万元）
			X_4：万元 GDP 工业固体废物产生量（吨/万元）
		产业发展的生态性	X_5：单位 GDP 能耗（吨标准煤/万元）
			X_6：人均绿地面积（平方米）
			X_7：污水处理率（%）
			X_8：生活垃圾无害化处理率（%）
	中观层面支持力	产业发展的现代性	X_9：高新技术产业产值占规模以上工业比重（%）
			X_{10}：第三产业占地区生产总值比重（%）
			X_{11}：第三产业相对劳动生产率（万人）
			X_{12}：环保产业占地区生产总值比重（%）
		产业发展的高级性	X_{13}：发明专利占专利申请授权量的比重（%）
			X_{14}：新产品产值占 GDP 的比重（%）
			X_{15}：工业固体废弃物综合利用率（%）
			X_{16}：社会消费品零售总额占 GDP 比重（%）
			X_{17}：旅游业收入占 GDP 比重（%）
	宏观层面支持力	产业发展的持续性	X_{18}：人均地区生产总值（元）
			X_{19}：城镇居民人均可支配收入（元）
			X_{20}：城镇化率（%）
		人民生活的宜居性	X_{21}：恩格尔系数（城镇）（%）
			X_{22}：城镇居民人均住房建筑面积（平方米）
			X_{23}：居民消费价格指数（上年 = 100）
			X_{24}：年末城镇登记失业率（%）
			X_{25}：燃气普及率（%）
			X_{26}：人均拥有道路面积（平方米）
			X_{27}：每万人拥有公共交通车辆（标台）
			X_{28}：万人卫生技术人员数（人）

根据以上论述，本研究基于对生态化产业经济发展的内涵及其相应原则的界定和描述，结合产业发展和生态化发展的指标体系所发挥的功能，通过 AHP 法构建了一个包含一级指标、二级指标、三级指标以及四级指标的较为全面的指标

模型。在实践中建立产业发展和生态化发展的指标体系时,首先就是选择具体单元要素的相关工作。因为考虑到本研究需要研究的指标体系是由一些具有层次性特点的相互联系而又能够相辅相成的单元指标要素而组成的,因此,分别从微观层面、中观层面及宏观层面三大层面的角度,采用 Delphi 法筛选指标,通过相关专家的评审结果来建立相应的指标。在筛选指标的时候,第一步要做到的就是要对与产业发展和生态化发展方面的有相关程度的学术报告、相应的论著以及文献记录,通过对其频次的对应计数和数理的统计,从中筛选出能够与实际情况相符合的并且确实是出现的频次相对来说比较多的指标;第二步就是结合理论分析方法,在对生态化产业经济发展的内涵定义进行相关理论分析的基础上,再从中筛选出适合研究产业发展和生态化发展水平的一些重要的特征指标;在获得相应单元指标要素的基础上,再结合 Delphi 法得到相关专家给出的对应的反馈和对应的信息,同时会结合所构建的指标体系其中所涉及的数据是否可以获得和其是否满足易操作的性质,最终就能够得到综合反映评价产业发展和生态化发展的综合水平值的指标对应的模型。

第五节 生态化产业经济发展实证:江苏案例

江苏省是著名的"鱼米之乡",农业生产条件得天独厚,具有丰富的水资源、农业资源和林业资源,为第一产业的发展提供了丰厚的条件。江苏省具备的能源和矿产资源的存在为江苏省发展原材料工业、装备制造业等产业提供了发展的基础。由于地处长三角地区,随着东部沿海地区城市化发展战略的落实,近年来江苏省产业产值的增长非常快速,产业结构也趋于优化。与此同时,江苏省在近几年来走出了一条富有其特色的经济社会的发展之路,例如江苏省的内源经济尤其是由草根企业发展起来的乡镇企业逐渐发展壮大,成为经济社会发展的主要载体,而外向型经济则由几年前相对比较滞后的发展,这几年也逐渐放量增长。但同时需要注意的是,江苏省在发展经济的同时,产生了大量的资源消耗,部分资源近于短缺,而且"三废"污染问题并没有得到根本遏制,这也是江苏省生态化产业经济发展需要重点予以解决的问题。

为了便于分析江苏省的产业发展现状和产业发展效益,本研究主要选取同处长三角地区的上海市、浙江省作为比较对象,由于这两个地区与江苏毗邻,虽然江苏省与浙江省、上海市的发展路径不尽相同,但是这两省一市的发展目标是一致的,不管从经济发展还是生态化发展的角度都有着共通之处。总体来看,这三大地区在结合各自地区的资源禀赋、科技水平及经济发展水平的基础上均充分发挥了各地区的比较优势,发展特色经济,走地区特色专业化道路,维护了本地区的经济利益,使区域间产业结构呈差异化发展。近年来,江浙沪在推进产业结构高度化的进程中,也在一定程度上实现了产业结构的均衡化。所以比较江苏省和浙江省、上海市的产业发展状况,具有其可比性和分析价值,从而可以挖掘其中的规律,对江苏省的产业发展具有指导性和借鉴意义。

一、江苏省产业发展现状

产业结构主要是指一个地区的经济增长对各产业的依赖程度,最优的产业结构往往是指那些既满足国民经济发展规律的要求,其产业结构又主要以科技含量高、环境污染小以及资源消耗低为特点。依据表3-2,从三次产业结构的构成比例来看,上海市的第三产业占GDP的比重最大,而江苏省第二产业占GDP的比重明显比例较大,值得注意的是,上海市第三产业占GDP的比重也是明显大于江苏省、浙江省第二产业的比重,说明上海市的三次产业结构是优于江苏省和浙江省的。但需要指出的是,江苏省第三产业占GDP的比重几乎与第二产业是持平的,说明江苏省的经济发展逐渐趋向以附加值高、环境污染小及资源消耗低为特点的第三产业转变。

表3-2 三个地区的产业结构比较

指标	江苏省	浙江省	上海市
三次产业结构占比	6.1∶49.2∶44.7	4.8∶49.1∶46.1	0.6∶37.2∶62.2
重工业占工业产值比重(%)	74.00	57.02	—
重污染行业占比(%)	40.79	31.56	38.19

资料来源:根据《江苏省统计年鉴》(2014)、《浙江省统计年鉴》(2014)和《上海市统计年鉴》(2014)整理得到,其中,上海市重工业占工业产值比重数据缺失。

与此同时,江苏省的情况并不乐观,江苏省重工业占工业产值的比重达到了74%,这也就解释了江苏省重污染行业的占比高于江苏省、浙江省相应指数的原因,表明江苏省在促进产业结构转型升级的道路上任重道远,还会面临异常艰巨的困难和问题,所以江苏省在调整产业结构时更需要加大对工业企业的整治力度，进而促使传统制造业向新型现代化产业发展。

（一）第二产业发展现状

1. 2013年江苏省与浙江省、上海市企业规模以及结构比较

根据表3-3、表3-4，不管是大中型工业企业的数量、小微型工业企业的数量、规模以上工业企业资本数量，还是工业企业数量、工业企业资产、工业企业利润总额、工业企业主营业务收入以及工业企业的产成品，江苏省的工业经济不论在规模还是效率上均在绝对数值上位于长三角地区领先位置。从表3-3中我们可以看出，江浙沪三个地区的小微型企业占比都很大，均大于80%，说明从结构上来看，江苏省工业企业主要以小微型企业为主，江苏大中与小微企业的比例约为1∶5.5；而浙江的结构为1∶6，上海的结构则为1∶4.4。从表3-4我们可以看出，从工业企业的产值来看，江苏省工业企业的资产值、利润以及企业主营业务收入均高于浙江及上海，另外，从工业企业的经营绩效来看，尽管江苏工业企业的从业人员占比均少于浙江和上海，却创造出了比浙江、上海更高的产值和利润。

表3-3　2013年江苏省与浙江省、上海市企业规模以及结构的比较

指标	企业数		
	江苏省	浙江省	上海市
大中型企业（个）	7128	5240	1822
小微型企业（个）	39259	31664	7960
小微型企业占比（%）	84.63	85.8	81.37
规模以上工业企业资本（亿元）	39794.98	23845.65	16652.49

资料来源：根据《江苏省统计年鉴》(2014)、《浙江省统计年鉴》(2014)和《上海市统计年鉴》(2014)整理得到。

表3-4　2013年江苏省与浙江省、上海市的工业绩效比较分析

指标	江苏省	浙江省	上海市
企业数（个）	46387	36903	9782
资产总计（亿元）	92081.69	59633.11	33538.26
利润总额（亿元）	7834.06	3385.87	2415.2
主营业务收入（亿元）	132270.41	61765.48	34533.53
产成品（亿元）	4067.47	3041	1364.2
从业人数占比（%）	42.9	44.49	44.23

资料来源：根据《江苏省统计年鉴》(2014)、《浙江省统计年鉴》(2014)和《上海市统计年鉴》(2014)整理得到。

2. 2013年江苏省与浙江省、上海市高新技术产业增加值增长率比较

由表3-5可知,江苏省高新技术产业增加值总体呈又快又好的增长态势。江苏省航空航天制造业,新材料、新能源制造业增长速度相对要快于上海市。总体上看,江苏省高新技术产业主要表现为航空航天制造业、生物医药制造业及新材料、新能源制造业三者的高速增长。相对于上海市,除了生物医药制造业以外,江苏省高新技术企业的增长率均高于上海市。

表3-5 2013年江苏省与浙江省、上海市高新技术产业增加值增长率比较

	江苏省	浙江省	上海市
航空航天制造业（%）	20.77	—	4.9
生物医药制造业（%）	20.08	—	26.9
新材料、新能源制造业（%）	15.81	14.99	9.14

资料来源：根据《江苏省统计年鉴》(2014)、《浙江省统计年鉴》(2014)和《上海市统计年鉴》(2014)整理得到,其中,浙江省航空航天制造业和生物医药制造业数据缺失。

3. 2013年江苏省与浙江省、上海市固定资产投资的结构与增长速度比例比较

由表3-6可知,江苏省、浙江省及上海市固定资产投资无论是结构还是规模都各有千秋。从总量规模来看,江苏省固定资产的投资高于浙江省和上海市;从固定资产投资的结构来看,江苏省私营个体固定资产的投资明显高于浙江省和上海市,甚至比上海市多出一倍之多,表明了江苏省私营个体投资的热度,但国有投资、外商投资却不及上海的比率。从固定资产投资的增长速度来看,浙江省和上海市除了外商投资的增长超过江苏省以外,国有、私营个体的投资速度均慢于江苏省,尤其是私营个体的投资增速达到了31.27%。

表3-6 2013年江苏省与浙江省、上海市固定资产投资的结构与增长速度比例比较

	江苏省	浙江省	上海市	江苏省增长率（%）	浙江省增长率（%）	上海市增长率（%）
总量（亿元）	36373.3	20782.1	5647.79	17.89	17.75	10.36
国有占比（%）	16.59	22.27	25.72	10.83	14.79	-9.21
私营个体占比（%）	40.63	26.57	18.68	31.27	19.99	-3
外商占比（%）	6.36	3.65	10.82	8.76	25.17	13.22

资料来源：根据《江苏省统计年鉴》(2014)、《浙江省统计年鉴》(2014)和《上海市统计年鉴》(2014)整理得到。

（二）第三产业发展现状

1. 三次产业结构

从三次产业结构来看，浙江省和上海市第三产业的比例分别为62.2%、46.1%，而江苏只有44.7%。

2. 2013年江苏省与浙江省、上海市金融服务业发展比较

由表3-7可知，江苏省的金融服务业和浙江省、上海市相比各有千秋。一方面，江苏省的存贷比与上海市基本持平；另一方面，江苏省的存贷比明显要低于浙江省，表明江苏省的间接融资规模小于浙江省，而直接融资规模高于浙江省。

表3-7 2013年江苏省与浙江省、上海市金融服务业发展比较

指标	江苏省	浙江省	上海市
存款余额（亿元）	85604.08	71986.58	59138
贷款余额（亿元）	61836.53	62597.56	43472.11
存贷比（%）	72.24	86.96	73.51

资料来源：根据《江苏省统计年鉴》（2014）、《浙江省统计年鉴》（2014）和《上海市统计年鉴》（2014）整理得到。

（三）江苏省与浙江省、上海市产业发展效益比较

江苏省的经济发展主要是依托长三角地区，2013年江苏省经济较为发达的苏南地区GDP占江苏省GDP的60%左右，而苏北地区GDP仅占江苏省GDP的20%左右，显示出苏南地区较强的经济发展力。所以，江苏省经济快速增长其中比较重要的原因就是苏南地区经济的快速增长。

1. 总体比较

总体来看，江苏省规模以上工业企业经济效益与浙江省、上海市的经济效益趋于一致。具体地，江苏省规模以上工业企业的资产负债率高于上海市而低于浙江省的相应指标，成本费用利润率、产品销售率均低于上海市而高于浙江省的相应指标，总资产贡献率及全员劳动生产率均高于浙江省和上海市的相应指标（见表3-8）。

表3-8 2013年江苏省与浙江省、上海市规模以上工业企业经济效益指标

指标	江苏省	浙江省	上海市
资产负债率（%）	56.78	60.01	50.35
成本费用利润率（%）	6.20	5.82	7.59

续表

指标	江苏省	浙江省	上海市
产品销售率（%）	98.45	97.34	99.06
总资产贡献率（%）	15.22	11.83	13.71
全员劳动生产率（万元/人）	19.35	14.91	15.06

资料来源：根据《江苏省统计年鉴》（2014）、《浙江省统计年鉴》（2014）和《上海市统计年鉴》（2014）整理得到。

2. 科技资源投入与其产生对应效益比较

（1）从科技投入即科技资源的角度来看，江苏省 R&D 全时当量明显高于浙江省和上海市，其与浙江省和上海市 R&D 支出占地区生产总值比重相差不大，另外，江苏省和浙江省 R&D 的项目数也明显多于上海市的相应指标（见表3-9）。

表3-9　2013年江苏省与浙江省、上海市科技资源的比较分析

指标	江苏省	浙江省	上海市
R&D 全时当量（人年）	393942	263507	92136
R&D 支出占地区生产总值比重（%）	2.4	2.2	2.3
R&D 项目数（项）	48530	42158	13441

资料来源：根据《江苏省统计年鉴》（2014）、《浙江省统计年鉴》（2014）和《上海市统计年鉴》（2014）整理得到。

（2）从科研成果即产生效益的角度来看，江苏省科研成果的产品质量优等品率低于上海市而高于浙江省的相应指标，但是其中的差距不是很大，而江苏省科研成果的新产品项目数、新产品销售收入以及有效发明专利数相对浙江省及上海市来说均有明显的优势。值得注意的是，浙江省的技术市场成交额明显低于江苏省和上海市的相应指标（见表3-10）。

表3-10　2013年江苏省与浙江省、上海市的科研成果的比较分析

指标	江苏省	浙江省	上海市
新产品项目数（项）	58353	47778	17295
新产品销售收入（亿元）	19714	14882	7688
产品质量优等品率（%）	48.8	47.1	50
技术市场成交额（亿元）	527.5	81.5	531.7
有效发明专利数（件）	52718	22578	20140

资料来源：根据《江苏省统计年鉴》（2014）、《浙江省统计年鉴》（2014）和《上海市统计年鉴》（2014）整理得到。

（3）全要素的生产率三要素之间的比较。从全要素生产率角度来看，江苏省、浙江省的经济增长均是主要靠投资拉动的，投资增长率均快于经济增长率，

而上海市则逐渐倾向于依靠劳动者素质的提高来带动经济的增长。经全要素生产率公式的计算，可以得到江苏省全要素生产率较低的情况，说明江苏省经济发展方式转型之路还比较漫长（见表3-11）。

表3-11 2013年江苏省与浙江省、上海市全要素生产率要素比较　　单位：%

指标	江苏省	浙江省	上海市
经济增长率	9.4	8.37	7.04
资本增长率	15.6	10.68	8.9
劳动力增长率	8.9	3.4	9.3
劳动报酬占GDP的比率	7.43	8.65	8.88

资料来源：根据《江苏省统计年鉴》（2014）、《浙江省统计年鉴》（2014）和《上海市统计年鉴》（2014）整理得到。

二、江苏省生态环境现状

江苏省的自然生态环境条件是优良的，但是近年来由于人类对资源的过度消耗和开发，加上江苏省较高的人口密度及较快的经济发展速度，使江苏省的生态环境问题十分突出。具体地，江苏省生态环境问题的主要表现包括：环境污染问题日益突出特别是水环境污染问题十分严峻、耕地面积萎缩以及耕地质量的持续下降、生物多样性面临严重威胁、对湿地特别是沿海滩涂的过度开发以及苏南苏北地区之间发展不平衡等。可以说，江苏省近几年日趋恶化的生态环境以及日趋降低的生态系统质量，对其可持续发展战略的实施构成了严重的制约和威胁。

因此，江苏省如何在保持经济持续稳定增长的同时，认识并整治生态环境质量是相关部门必须给予重视的一大难题。在科学发展观指导的大环境下，江苏省近年来也不再一味片面地追求经济增长的速度，为提高区域内居民的生活质量及区域的综合实力，江苏省在塑造良好的人居环境方面付出了不少努力。

（一）江苏省生态敏感性程度

生态敏感性是指自然生态系统在受到相应的威胁时，产生生态问题的难或易以及发生概率的大或小，对生态环境敏感性的评价由高到低主要分为极度敏感、高度敏感、中度敏感、轻度敏感以及不敏感五个等级，依据生态环境敏感性的含义及其等级特征，可以得到如下结论：江苏省13个地级市中极度敏感区占比不高，主要分布在苏北的连云港、徐州和苏南的沿江地区；洪泽湖、太湖等沿湖、沿海地区则表现为高度敏感区；长江以北平原及少量苏南地区表现出的中度敏感区面积相对较大；苏南的大部分地区以及苏北的徐州则更多地表现为轻度敏感区；江苏省的不敏感区域面积是比较小的，基本呈零星分布。

（二）江苏省生态服务能力

生态服务能力，即生态环境对人类能够提供的供给、调节、支持等能力的体系，评价分为极重要、重要、较重要和不重要四个等级，依据生态系统服务功能的含义及其等级特征，江苏省大型湖泊河流及西南山地的生态系统服务功能使其呈极重要地区；东部滨海地区表现为重要地区；草地、农田、中小型湖泊等则表现为较重要地区；居住区则表现为不重要地区。

（三）江苏省环境压力

顾名思义，环境压力就是指在发展经济、消耗资源的同时给生态环境所造成的压力。本研究基于文献查阅及实地调查的基础上，得到如下结论：首先，盐城、淮安和宿迁三个地级市由于属苏北欠发达地区，产业结构主要以农业为主，人类的生产活动对环境产生的压力较小。其次，连云港、南通、扬州、泰州、苏州五个地级市对环境产生的压力程度中等，需要指出的是，由于苏州主要属于以轻工业为主的工业结构和以服务为主的第三产业结构，而大大降低其工业污染，所以苏州虽然地处苏南地区，但其对生态环境的压力不大。最后，徐州、镇江、常州、无锡、南京五个地级市的环境压力是偏大的，程度由小及大。其中，徐州由于以第一、第二产业为主，农药化肥及工业污染的排放量大，给生态环境带来不小的压力；南京由于人口密集、土地占用比重大、城市化发展速度加快，造成了日趋严重的环境压力。

从表3-12中也可以看出，不管是废水的排放，还是二氧化硫、氮氧化物以及烟（粉）尘的排放，江苏省污染物的排放量均高于浙江省及上海市，长此以往将会严重影响江苏省生态化发展。

表3-12 主要污染物排放情况

指标	江苏省	浙江省	上海市
废水排放量（万吨）	594359.1	419120.3	222962.91
二氧化硫排放量（吨）	941679.05	593363.79	215848.15
氮氧化物排放量（吨）	1338040.44	752976.23	380354.61
烟（粉）尘排放量（吨）	499960.61	319745.93	80924.98

资料来源：根据《江苏省统计年鉴》（2014）、《浙江省统计年鉴》（2014）和《上海市统计年鉴》（2014）整理得到。

（四）江苏省环境效应

结合近几年生态环境指数的数据显示，总的来说，江苏省13个地级市中包括徐州、淮安、宿迁、盐城、南通五个苏北地区城市及镇江、无锡两个苏南地区城市的环境效应不是很显著；苏州、连云港两个城市的环境效应较适中；泰州、扬州两个苏北地区城市及常州、南京两个苏南地区城市的环境效应显著。具体来看，由于苏北地区的徐州、淮安、宿迁、盐城、南通目前大部分还是处于工业化初期阶段，工业经济相对比较落后，其产业结构主要以农业经济为主，所以造成生态环境效应不显著；泰州、扬州、常州和南京四个地级市由于其严重的土地退化程度等原因而使环境效应较为显著。

表3-13中显示，不管是工业污染治理投资增长率、自然保护区占比增长率，还是森林覆盖率、生活垃圾无害化处理率，江苏省在生态环境方面的投入均不及浙江省或上海市的相应指标，这也同时解释了江苏省生态环境效应不太显著的原因。

表 3-13　环保投入与成效　　　　　　　单位：%

指标	江苏省	浙江省	上海市
工业污染治理投资增长率	52.19	103.74	-55.07
自然保护区占比增长率	-4.87	6.67	0
森林覆盖率	15.80	59.10	10.70
生活垃圾无害化处理率	97.40	99.40	90.60

资料来源：根据《江苏省统计年鉴》(2014)、《浙江省统计年鉴》(2014)和《上海市统计年鉴》(2014)整理得到。

三、实证研究

为全面客观反映江苏省生态化产业经济的发展水平，本研究结合静态分析与动态分析，一方面立足于江苏省在全国的相对地位，另一方面又结合自身发展过程进行动态研究，以期能够充分发现其存在的优势与差距，继而为下文的对策研究夯实基础。

（一）江苏省生态化产业经济发展水平的静态分析

1. 数据的收集和预处理

（1）数据的收集。基于明确江苏省生态化产业经济发展的水平在全国地位的目的，从静态分析的角度我们采用横向对比的方式，排除部分数据缺失的西藏，收集整理全国30个省（直辖市、自治区）指标体系中各个指标的数据。为了保证指标的一致性与可比性，分别从权威网站中华人民共和国国家统计局、《中国统计年鉴》(2014)、2014年各省份统计年鉴中获取2013年同一年份所需数据进行对比分析。

(2)数据的预处理。因子分析之前,有必要对原始数据无量纲化。由于指标体系中不仅存在正向指标,也存在逆向指标,因此先将逆向指标转化为正向指标。原始数据在通过上述预处理过程后形成了标准化的数据,为下文的因子分析做铺垫。

2. 江苏省生态化产业经济发展水平的静态分析

(1)适度性检验。在进行因子分析之前,运用统计分析软件 SPSS 19.0 对各变量的适度性进行检验,检验结果如表 3-14 所示。表中 KMO 的值为 0.772 > 0.5,且接近于 1,说明所选变量间的相关性强,因子分析的效度较高;再者,Bartlett 球形度检验的近似卡方值为 378.129,P 值 < 0.001,高度显著,拒绝了相关系数矩阵是单位根的假设,加强了所选指标对于因子分析的适用性。

表 3-14 KMO 和 Bartlett 的检验

取样足够度的 Kaiser-Meyer-Olkin 度量		0.772
Bartlett 球形度检验	近似卡方	378.129
	df	120
	Sig.	0

(2)公因子的提取。在适度性检验通过后,继续对各省生态化产业经济发展的水平进行实证分析,将预处理后的数据建立相关系数矩阵 R,得到特征值及其特征向量,并运用主成分分析法,根据累计方差贡献率≥85%的准则来确定提取的公因子数,形成具体结果。

从表 3-15 中可以看出,前四个因子的特征根均大于 1,分别为 6.333、2.417、1.565 和 1.234,累计方差贡献率达到了 95.313%,表明有 95.313%的信息可以被四个因子解释,特别是第一个因子的贡献率高达 48.968%;同时,根据碎石图可知,前四个成分数所对应的特征值曲线呈现陡峭的态势,之后则趋于平缓,因此结合图 3-1 可以确定能够提取的公因子数目 m = 4,即取前四个特征值建立因子载荷矩阵,它们充分涵盖了反映生态化产业经济发展水平的信息。

表 3-15 解释的总方差

因子	特征根	方差贡献率(%)	累计贡献率(%)
1	6.333	48.968	48.968
2	2.417	26.485	75.453
3	1.565	12.671	88.123
4	1.234	7.19	95.313

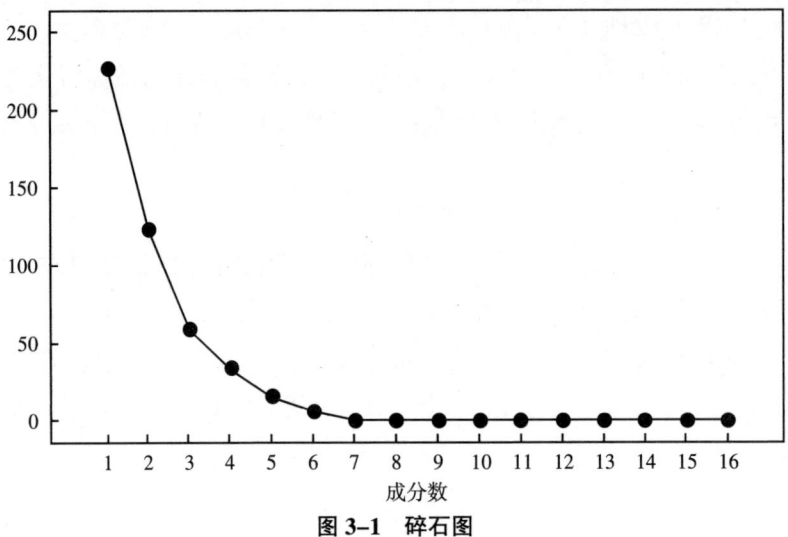

图 3-1 碎石图

（3）因子载荷阵及其旋转载荷阵的建立。建立因子模型的关键是估计出因子载荷矩阵，其数值越大说明依赖程度越高。为了便于为各个公因子命名及解释，就有必要对初始因子载荷阵进行进一步的处理，本研究采用正交旋转法，并将旋转后的正交载荷阵各指标按照系数的大小顺序排列。

从表 3-16 可知，第一公因子在 X_8、X_2、X_5、X_7、X_4 五个指标上有较大的载荷，主要反映了污染物排放水平和能耗水平，体现了社会生产过程中有害物质对于生态环境的破坏程度以及各省在减少污染排放方面的力度，暂且把它取名"节能减排因子"；第二公因子在 X_9、X_{14}、X_{12}、X_{13}、X_{17} 五个指标上载荷较大，主要反映了产业发展的高级性水平，可将其命名为"产业高级性发展因子"；第三公因子在 X_{23}、X_{10}、X_{11}、X_{16}、X_{26} 五个指标上载荷较大，主要反映了产业发展的持续性及产业结构的转型优化创新，可将其命名为"持续性创新因子"；第四公因子在 X_{28}、X_{24}、X_{19}、X_{27}、X_{18} 五个指标上载荷较大，主要反映了生态化持续发展的一些基础条件，可将其命名为"生态化潜力因子"。这里对其二次命名与之前构建的指标体系几乎是一致的，从而可以认可评价指标体系的可信度。

表 3-16 旋转后的因子载荷矩阵

	成分			
	1	2	3	4
X_1	0.554	0.004	0.099	0.003
X_2	0.907	0.017	0.092	0.120

续表

	成分			
	1	2	3	4
X_3	0.477	0.676	−0.064	0.055
X_4	0.875	0.595	0.082	−0.170
X_5	0.898	0.523	0.057	−0.150
X_6	0.013	0.192	0.030	0.035
X_7	0.896	0.787	0.090	−0.272
X_8	0.954	0.138	−0.119	0.095
X_9	0.221	0.912	−0.060	−0.053
X_{10}	0.442	0.079	0.920	0.132
X_{11}	0.112	0.093	0.914	0.242
X_{12}	−0.031	0.892	−0.098	−0.559
X_{13}	0.014	0.886	−0.080	0.120
X_{14}	0.120	0.909	0.030	0.250
X_{15}	0.163	0.467	−0.053	0.652
X_{16}	0.132	−0.032	0.892	0.176
X_{17}	0.342	0.879	0.300	0.050
X_{18}	0.355	0.122	−0.05	0.893
X_{19}	0.386	0.111	0.306	0.903
X_{20}	0.606	−0.077	0.020	0.111
X_{21}	0.553	−0.032	0.570	0.102
X_{22}	−0.095	0.182	0.080	−0.219
X_{23}	0.433	0.542	0.931	0.073
X_{24}	0.458	0.619	−0.050	0.929
X_{25}	0.116	0.042	0.367	0.053
X_{26}	0.533	0.013	0.853	0.196
X_{27}	0.428	−0.122	0.675	0.893
X_{28}	0.103	−0.058	0.089	0.950

（4）运用公式 $F_j = \omega_{j1} x_1 + \omega_{j2} x_2 + \omega_{j3} x_3 + \cdots + \omega_{jp} x_p$ （j = 1, 2, 3, …, m）计算因子得分系数矩阵，得到各因子得分，并以方差贡献率为权重，采用公式 $F = (43.264F_1 + 15.318F_2 + 21.725F_3 + 6.152F_4)/67.324$ 计算出因子综合得分并作排序，结果如表 3-17 所示。

（5）综合评价。根据综合评价值 F 的得分及排名，将 30 个地区分为三个梯队，排名前 10 名的属于第一梯队，即北京、上海、天津、浙江、广东、江苏、海南、山东、江西、福建；排名 10~20 名的属于第二梯队；排名最后 10 名的属于第三梯队。总体来说，江苏省属于第一梯队。

表 3-17 各省（直辖市、自治区）的因子综合得分

地区	节能减排因子		产业高级性发展因子		持续性创新因子		生态化潜力因子		综合因子	
	得分	排名	得分	排名	得分	排名	得分	排名	得分	排名
北京	4.11	1	0.93	6	0.82	7	0.43	9	2.34	1
天津	-0.27	14	2.02	1	0.82	6	-1.56	29	0.42	3
河北	-0.56	27	-0.53	21	0.75	8	0.63	8	-0.15	19
山西	-0.84	30	-0.12	18	-0.89	27	-0.44	22	-0.84	29
内蒙古	-0.29	15	-0.87	24	0.10	16	1.12	4	-0.36	23
辽宁	-0.45	24	0.47	10	0.83	5	0.11	15	0.09	11
吉林	-0.25	12	-0.11	17	0.52	11	-0.97	27	-0.59	26
黑龙江	-0.30	16	-0.67	22	-0.59	23	0.32	10	-0.14	17
上海	0.93	3	1.46	4	-0.40	22	-1.02	28	0.52	2
江苏	-0.21	9	1.59	2	0.44	14	0.32	10	0.33	6
浙江	-0.26	13	1.38	5	-0.36	21	-0.78	26	0.34	4
安徽	-0.54	25	0.43	11	0.54	10	0.25	12	-0.07	16
福建	-0.32	17	0.81	7	-0.05	18	0.24	13	0.21	10
江西	-0.36	19	0.14	13	1.21	1	2.04	1	0.26	9
山东	-0.54	25	1.54	3	0.98	4	0.07	16	0.32	7
河南	-0.59	29	0.02	15	0.45	13	0.64	7	-0.14	17
湖北	-0.24	11	0.18	12	0.57	9	-0.35	21	0.03	13
湖南	-0.44	21	0.04	14	0.51	12	-0.45	23	-0.27	22
广东	0.08	6	0.77	8	0.06	17	-0.62	25	0.34	4
广西	-0.44	21	-0.49	20	-0.07	19	0.72	6	-0.23	20
海南	2.55	2	-1.45	29	-2.09	29	1.53	2	0.32	7
重庆	-0.58	28	0.55	9	0.23	15	1.53	2	0.05	12
四川	-0.22	10	-0.95	25	1.05	2	0.75	5	-0.02	14
贵州	-0.17	8	-1.18	27	1.01	3	-0.24	20	-0.26	21
云南	-0.13	7	-0.38	19	-0.60	24	-0.15	19	-0.56	25
陕西	0.15	5	-0.04	16	-0.18	20	0.13	14	-0.06	15
甘肃	0.77	4	-1.62	30	-0.63	25	-2.82	30	-0.63	27
青海	-0.36	19	-0.988	26	-2.39	30	-0.54	24	-0.91	30
宁夏	-0.44	21	-0.67	22	-0.74	26	-0.06	18	-0.52	24
新疆	-0.33	18	-1.27	28	-1.61	28	0.05	17	-0.70	28

可以看到,2013年江苏省的生态化产业经济发展水平处于占有绝对优势的第一梯队,位于全国的第6位,仅次于北京、上海、天津、浙江、广东五个地区。同时,评价江苏省生态化水平的综合得分为0.33,尽管与北京2.34的差距较大,但其数值也在一定程度上说明江苏省生态化产业经济发展水平超出了全国的平均水平,并且与第2名的上海差距不是很大。这说明江苏省生态化产业经济的发展还有比较大的上升空间。下面就具体分析其在各公因子上的表现。

F_1(节能减排因子):江苏省排名第9位,与排名第1位的北京差距比较大。可以看到,产业结构水平比较高的北京、上海、广东等地区以及资源能源较缺乏的海南、甘肃等地区排名靠前,而山东、河南、重庆、山西等地区的产业结构较低级、资源能源消耗比较大的地区排名靠后。F_2(产业高级性发展因子):江苏省排名第2位,说明2013年江苏省对产业结构的转型升级做出了很大的努力。总体来看,东中部地区差别不大,西部整体上落后于中东部。F_3(持续性创新因子):江苏省排名第14位,处于全国的平均水平,这是企业自主创新能力与社会创新能力综合作用的结果。F_4(生态化潜力因子):江苏省排名第10位,处于全国中等偏上水平,这与近年来江苏省不断改进先进的生产技术,提升循环利用水平,加快转型升级的步伐一致。

(二)江苏省生态化产业经济发展水平的动态分析

1. 实证分析过程

为了说明江苏省近年来生态化产业经济发展水平的发展趋势,故选择采用2005~2013年共九年的数据。本研究依据区域生态化产业经济发展的微观、中观、宏观层面的表征指标,参考2006~2014年《中国统计年鉴》及《江苏省统计年鉴》、《环境统计年鉴》等相关官方统计资料的原始数据,大部分指标均通过原始数据的换算求得,实证分析结果如下,首先计算同一度矩阵,如表3-18所示;其次根据变异系数法求得指标权重,如表3-19所示;最后结合同一度矩阵和指标权重值求得各要素的贡献值(见表3-20),进而求得江苏省生态化产业经济发展2005~2013年的水平值(见表3-21)。

由表3-21绘制江苏省生态化产业经济发展水平贡献值的折线图,见图3-2。

2. 实证结果分析

(1)生态化产业经济发展水平贡献值逐年增长。从图3-2可以看出,江苏省生态化产业经济发展水平的综合序参量呈现出随时间的推移而不断增强的趋势。

表 3-18 同一度矩阵

年份	X_1	X_2	X_3	X_4	X_5	X_6	X_7	X_8	X_9	X_{10}	X_{11}	X_{12}	X_{13}	X_{14}	X_{15}	X_{16}	X_{17}	X_{18}	X_{19}	X_{20}	X_{21}	X_{22}	X_{23}	X_{24}	X_{25}	X_{26}	X_{27}	X_{28}
2005	0.23	0.23	0.17	0.59	0.65	0.74	0.84	0.85	0.65	0.80	0.30	0.47	1.00	0.34	0.96	0.88	0.80	0.33	0.38	0.79	0.98	0.78	0.97	1.00	0.94	0.70	0.72	0.70
2006	0.28	0.28	0.23	0.55	0.67	0.83	0.89	0.86	0.66	0.81	0.35	0.42	0.92	0.42	0.95	0.88	0.84	0.38	0.43	0.81	0.95	0.81	0.96	0.94	0.97	0.81	0.82	0.73
2007	0.36	0.36	0.31	0.65	0.70	0.90	0.92	0.89	0.73	0.84	0.41	0.65	0.76	0.46	0.97	0.87	0.88	0.45	0.50	0.83	0.97	0.84	0.99	0.89	0.98	0.83	0.91	0.73
2008	0.45	0.46	0.44	0.72	0.74	0.94	0.91	0.93	0.72	0.86	0.49	0.59	0.86	0.71	1.00	0.91	0.86	0.54	0.57	0.85	1.00	0.88	1.00	0.90	0.99	0.88	0.98	0.73
2009	0.48	0.54	0.54	0.79	0.79	0.94	0.93	0.93	0.80	0.89	0.55	0.68	0.67	0.56	0.98	0.95	0.90	0.59	0.63	0.87	0.96	0.89	0.94	0.89	0.98	0.88	0.92	0.74
2010	0.59	0.66	0.67	0.84	0.82	0.95	0.95	0.96	0.88	0.93	0.67	0.70	0.57	0.57	0.97	0.93	0.93	0.71	0.71	0.95	0.96	0.91	0.98	0.88	0.99	0.92	0.88	0.77
2011	0.74	0.76	0.74	0.86	0.99	0.95	0.98	0.96	0.95	0.95	0.81	0.73	0.60	0.84	0.96	0.93	0.94	0.83	0.81	0.97	0.95	0.94	1.00	0.89	0.99	0.94	0.89	0.80
2012	0.85	0.90	1.00	0.97	0.99	0.97	0.98	0.98	1.00	0.97	0.90	0.92	0.66	1.00	0.92	0.96	1.00	0.92	0.91	0.98	0.93	0.96	0.97	0.87	1.00	0.97	0.89	0.93
2013	1.00	1.00	0.87	1.00	1.00	1.00	1.00	1.00	0.84	1.00	1.00	1.00	0.77	0.60	0.97	1.00	0.98	1.00	1.00	1.00	0.92	1.00	0.97	0.84	1.00	1.00	1.00	1.00

表 3-19 评价指标权重值

表 3-19（a）

产业发展的低碳性	X_1	X_2	X_3	X_4	Σ
权重	0.28	0.28	0.32	0.12	1.00
产业发展的生态性	X_5	X_6	X_7	X_8	Σ
权重	0.47	0.24	0.14	0.15	1.00
产业发展的现代性	X_9	X_{10}	X_{11}	X_{12}	Σ
权重	0.17	0.09	0.44	0.30	1.00

表 3-19（b）

产业发展的高级性	X_{13}	X_{14}	X_{15}	X_{16}	X_{17}	Σ
权重	0.28	0.50	0.04	0.07	0.11	1.00

表 3-19（c）

产业发展的持续性	X_{18}	X_{19}	X_{20}	Σ
权重	0.47	0.41	0.12	1.00

表 3-19（d）

人民生活的宜居性	X_{21}	X_{22}	X_{23}	X_{24}	X_{25}	X_{26}	X_{27}	X_{28}	Σ
权重	0.05	0.15	0.03	0.10	0.04	0.20	0.18	0.25	1.00

表 3-20 江苏省生态化产业经济发展各要素的贡献值

表 3-20（a）

年份	X_1	X_2	X_3	X_4	低碳性	X_9	X_{10}	X_{11}	X_{12}	生态性	微观层面
2005	0.022	0.022	0.018	0.024	0.087	0.020	0.013	0.025	0.026	0.084	0.171
2006	0.027	0.027	0.024	0.023	0.100	0.021	0.013	0.029	0.023	0.086	0.186
2007	0.035	0.034	0.033	0.027	0.128	0.023	0.014	0.034	0.036	0.106	0.234
2008	0.043	0.044	0.047	0.030	0.163	0.022	0.014	0.040	0.032	0.109	0.272
2009	0.046	0.052	0.057	0.032	0.187	0.025	0.014	0.045	0.037	0.122	0.309
2010	0.056	0.063	0.071	0.034	0.224	0.027	0.015	0.056	0.038	0.137	0.361
2011	0.071	0.073	0.078	0.035	0.257	0.004	0.015	0.067	0.040	0.127	0.384
2012	0.082	0.086	0.105	0.040	0.312	0.010	0.016	0.075	0.050	0.151	0.463
2013	0.096	0.096	0.091	0.041	0.323	0.013	0.016	0.083	0.055	0.167	0.491

表 3-20（b）

年份	X_5	X_6	X_7	X_8	现代性	X_{13}	X_{14}	X_{15}	X_{16}	X_{17}	高级性	中观层面
2005	0.023	0.013	0.009	0.010	0.055	0.039	0.023	0.004	0.008	0.012	0.087	0.142
2006	0.024	0.015	0.010	0.010	0.058	0.036	0.029	0.004	0.008	0.013	0.090	0.148
2007	0.025	0.016	0.010	0.010	0.061	0.030	0.032	0.004	0.008	0.013	0.087	0.148
2008	0.026	0.017	0.010	0.011	0.064	0.034	0.049	0.004	0.009	0.013	0.109	0.173
2009	0.028	0.017	0.010	0.011	0.066	0.026	0.039	0.004	0.009	0.013	0.092	0.157

续表

年份	X_5	X_6	X_7	X_8	现代性	X_{13}	X_{14}	X_{15}	X_{16}	X_{17}	高级性	中观层面
2010	0.029	0.017	0.010	0.011	0.067	0.022	0.039	0.004	0.009	0.014	0.089	0.156
2011	0.035	0.017	0.011	0.011	0.074	0.024	0.058	0.004	0.009	0.014	0.109	0.183
2012	0.035	0.018	0.011	0.011	0.075	0.026	0.069	0.004	0.009	0.015	0.123	0.198
2013	0.036	0.018	0.011	0.011	0.076	0.030	0.041	0.004	0.010	0.015	0.100	0.176

表3-20（c）

年份	X_{18}	X_{19}	X_{20}	持续性	X_{21}	X_{22}	X_{23}	X_{24}	X_{25}	X_{26}	X_{27}	X_{28}	宜居性	宏观层面
2005	0.025	0.011	0.011	0.047	0.005	0.013	0.004	0.010	0.004	0.015	0.014	0.018	0.082	0.129
2006	0.029	0.012	0.012	0.054	0.005	0.013	0.004	0.010	0.004	0.017	0.016	0.019	0.087	0.140
2007	0.034	0.014	0.015	0.064	0.005	0.014	0.004	0.009	0.004	0.017	0.017	0.019	0.089	0.153
2008	0.040	0.017	0.015	0.072	0.005	0.014	0.004	0.009	0.004	0.018	0.019	0.019	0.092	0.164
2009	0.045	0.018	0.016	0.079	0.005	0.014	0.003	0.009	0.004	0.018	0.017	0.019	0.091	0.170
2010	0.053	0.020	0.017	0.091	0.005	0.015	0.004	0.009	0.004	0.019	0.017	0.020	0.092	0.183
2011	0.063	0.023	0.018	0.104	0.005	0.015	0.004	0.009	0.004	0.020	0.017	0.021	0.094	0.198
2012	0.069	0.026	0.018	0.113	0.005	0.015	0.004	0.009	0.004	0.020	0.017	0.024	0.098	0.211
2013	0.075	0.029	0.018	0.122	0.005	0.016	0.004	0.009	0.004	0.021	0.019	0.026	0.103	0.225

表3-21 江苏省生态化产业经济发展水平的贡献值

年份	2005	2006	2007	2008	2009	2010	2011	2012	2013
生态化产业经济发展水平值	0.442	0.474	0.535	0.609	0.636	0.700	0.766	0.872	0.892

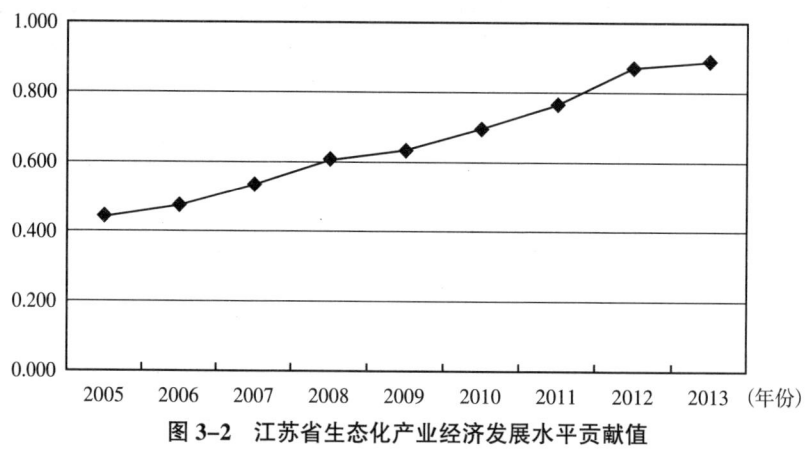

图3-2 江苏省生态化产业经济发展水平贡献值

将此结论与实际情况对比来看，此结论比较客观。此外，江苏省2005~2013年产业生态化水平发展较为平稳，说明江苏省这九年生态化产业经济发展水平比较稳定。值得注意的是，人民生活的宜居性指标较高的贡献率显示出江苏省宏观层面子系统规模的不断完善，而产业发展低碳性指标的偏小也显示出江苏省微观层面子系统规模偏弱的现状。

（2）子系统结构比例差异较大。微观层面、中观层面和宏观层面支持力三个子系统均有较明显的增长，对总系统的贡献率也有较大的起伏。微观层面由2005年的0.171增长到2013年的0.491，增长了0.32个点，以2012年的增幅最引人注目，比2011年增长了0.079个点；中观层面由2005年的0.142增长到2013年的1.176，增长了1.034个点，2011年的增幅最引人注目，增长了0.027个点，但值得注意的是2008年、2009年以及2013年江苏省产业发展的现代性和高级性的综合值是下降的；宏观层面由2005年的0.129增长到2013年的0.225，增长了0.096个点，整体来看，从2005年到2013年江苏省产业发展的持续性和人民生活的宜居性综合值的变化是比较平稳的，且稳中有进。

微观层面支持力：总体来看，2005~2013年产业发展低碳性贡献值高于产业发展生态性，且这九年低碳性贡献值的增长速率快于生态性的增长速率。

中观层面支持力：两个领域层九年来的发展步伐是不一致的，对子系统的贡献率也存在较大的差异。产业发展的高级性对中观层面系统的贡献率基本上一直处于较高的水平，但是产业发展现代性贡献率的增长率是快于产业发展的高级性指标的。

宏观层面支持力：人民生活的宜居性在这九年期间对宏观层面系统的贡献率一直比较高，而产业发展的持续性在2005~2013年增长速率一直都比较平稳，发展缓慢，但在2010年以及2011年的发展速度相对较快。

（3）各指标结构比例差异较大。

1）产业发展的低碳性：一是万元GDP工业废水排放量、工业二氧化硫排放量、工业烟（粉）尘排放量对低碳性的贡献率较大，特别是减少工业二氧化硫/烟（粉）尘的排放对产业发展的低碳性贡献显著，反映了近几年江苏省工业企业加强源头控制，减少二氧化硫的排放，加强对工业粉尘的收集处理，加快了绿色生态产业的建设步伐。二是万元GDP工业固体废物产生量较低的贡献率，江苏省工业企业应因地制宜地对不同类型的工业固体废物采取不同的污染防治措施。

2）产业发展的生态性：一是单位GDP能耗、人均绿地面积贡献显著，反映了近几年江苏省积极响应节能政策，提高能源利用效率；加强城乡绿化，美化城乡人居环境。二是污水处理率较低的贡献率，江苏省工业企业应针对具体情况采取雨污分流、截流等处理措施，提高城镇污水收集能力和污水处理厂运行负荷；根据实际条件采用"分散式、低成本、易管理"的处理工艺，鼓励自然、生态的处理方式；加快污水处理厂升级改造，提高对主要污染物的削减能力。

3）产业发展的现代性：一是第三产业相对劳动生产率、环保产业占地区生产总值比重、高新技术产业产值占规模以上工业比重贡献显著。库兹涅茨认为，三大产业部门劳动生产率的差异推动劳动力的产业转移，引导资源在产业间的配置，江苏省第三产业越来越高的相对劳动生产率，推动了第三产业的持续扩张和资源向第三产业的配置，进而推动产业结构现代化的演进步伐。二是第三产业占地区生产总值比重较低的贡献率，江苏省需利用服务业加快江苏省发展方式的转变、推进现代服务业的规模化和集聚化发展、推动江苏服务业市场的全球化，以期有效提高产业结构的现代化水平。

4）产业发展的高级性：一是新产品产值占 GDP 的比重、发明专利占专利申请授权量的比重贡献显著。反映了近几年江苏省生态工业园新产品的数量及产值明显增加，重视新产品的研发、专利的发明，加大科研投入力度，提高产品性能，发挥专利对转变经济增长方式的支撑作用。二是工业固体废弃物综合利用率较低的贡献率，江苏工业企业应重视清洁生产，采用科学手段优化生产过程和产品，从源头上控制。

5）产业发展的持续性：一是人均地区生产总值、城镇居民人均可支配收入是衡量产业发展的持续性的主要因素。反映了近年来江苏省政府在社会保障、医疗卫生、教育、人民生活以及环境生态方面的重视，有利于产业发展的持续性。二是城镇化率较低的贡献率也间接反映了江苏各地区城镇化发展水平不平衡，江苏继续提高整体城镇化水平的主要动力在苏中、苏北地区，推动乡村人口往城镇迁移、郊县镇街整合归并。

6）人民生活的宜居性：一是人均拥有道路面积、每万人拥有公共交通车辆较高的贡献率反映了近年来江苏省道路面积趋于合理，通过加大政府的公共交通管理职能，强化政府的公共服务功能，准确定位公共交通企业，逐步改善公交票价、质量和竞争机制管理等措施。二是居民消费价格指数较低的贡献率，江苏省应从增加青年人的收入和消费以及增加中低收入家庭的收入和消费两个方面带动消费总体水平的提高。

第六节　生态化产业经济发展之路径

一、发挥政府管理职能

(一) 环保约束机制的构建

受制度的约束，经济主体的行为或多或少地都会受其影响，而制度的运行效果也是直接由制度的安排与实施情况决定的。一般来说，同时包括约束机制和激励机制的制度才是一个有效率的制度。一方面，可以通过约束机制，即制约经济主体的行为确保制度的有效实施；另一方面，可以通过激励机制，即引导经济主体使其行为自觉地与制度取向趋于一致性，从而降低制度实施的成本。目前，在某些地方出现这样的环境保护制度安排，规定将环境管理部门收取的排污费的部分资金用于环保部门行政经费的支出。这种将排污费的征收与环保部门的利益联系起来的制度安排，从环境保护的角度来看，也是不利于环保的投入与实施的。其中原因就在于在某个区域污染程度比较轻微的情况下，就会引起环保部门相应征收的排污费会比较少的情况，从而导致能够用来支配的经费也会比较少。此外，从环保部门相关工作人员自身的利益角度来看，当所获利益不及不治理所获收益时，他们理性的选择就是对环境污染姑息迁就。

作为一种强制手段，法律法规的有效制定可以在制度方面强劲并有效地推进工业的清洁生产、资源的清洁使用与合理开发以及资源的回收循环利用。江苏省要发展循环经济、坚持科学发展观、实现可持续发展，要建设"两型"社会，就必须要制定与生态化产业经济发展相关的法律法规来提供制度保障。虽然目前来说，江苏省在构建生态化产业经济发展法律体系方面取得了一定的进展及效果，但是就江苏省目前的环境保护法规来看，其中大部分环保法规都集中对某一种或某一类环境问题，诸如水资源污染问题、大气污染问题。江苏省水资源方面的法律大多是集中规定如何保护水资源以及如何有效管理水污染问题，而在大气方面，关于大气排放的法律则是集中于如何有效治理大气的排放问题，诸如这样集中于对某一类环境问题的法律法规，就可能会造成企业为了减少某一种环境问题的污染，而增加另一种环境问题的污染。因为生态化产业经济的发展是涉及生态环境、经济社会的各个方面的,所以构建更为完善的法律体系、对环保法规进行制度创新进而建立综合的环境保护法规等措施就显得尤为必要,从而为江苏省实现生态化产业经济发展的建设提供制度保障。

在追求经济的发展过程中加强对环境污染治理的力度,确实需要环境保护的制度来加以规避,从而避免环境的日趋恶化。但是随着经济社会的发展,其对环境保护的制度也提出了更高的要求。以前简单的行政命令式的制度已经没有办法达到有效解决治理环境问题的目的,与此同时,部分环保制度规定的由于监管、实施而带来的巨额成本,也已经给国家造成了很大的财政负担。

目前存在一种普遍的观点,就是认为江苏省的环境保护制度就是规定环境保护是江苏省人民政府的责任,由政府主导并对其负责,而大多数企业和广大的消费者则成为制度的遵守者,他们主要扮演的是被动者的角色,一旦制度出现了漏洞或监管不力,部分企业往往还可能会钻政策的空子,从而达到牟取私利的目的。我们经常可以看到这样的新闻:现实中某些排污企业与相关监管部门玩起了"捉迷藏"的游戏,这种现象一方面说明企业缺乏环境保护意识,不能自觉保护环境,与此同时,同样也表明确实需要完善与创新现行的部分环境保护制度,否则只可能会继续导致生态破坏的行为屡禁不止,如果制度受到相应的挑战和威胁,那么生态化产业经济发展的实施与产业生态的实现拿什么来做法制保障呢?

所以说,造成环境污染问题日益严重、生态破坏问题日趋堪忧主要就是不科学的制度设计导致的,就是由于这类不科学制度的制定,使经济与环境保护制度并没有达到一种共生状态的目的。所以说当务之急就是要重新思量现行的环境保护制度,进行相关环保制度的创新,适当地引入一定的约束、激励机制,要结合一定的需要企业和人民群众可以自觉遵守的激励机制,这样就可以从制度设计的角度来保证经济主体获得自身效用、企业获得利润最大化。

近年来江苏省政府在发展生态经济方面,加快了环保法制建设的步伐。依照世界贸易组织的规则以及我国政府承诺,认真清理、修订现行地方性环境保护法规、规章和其他政策性文件。江苏省目前在结合自身实际情况的背景下,已经制定并出台了《江苏省农业生态环境保护条例》、《江苏省固体废物污染环境防治条例》、《无锡市畜禽养殖污染防治管理办法》等相关法律法规,也取得了一定的成效。例如江苏省近年来把之前的排污收费制度转型为征收环境税的形式,从而在法律上对企业资源的消耗及对环境的污染行为进行了有效的约束。同时,江苏省要实现生态化产业经济发展,不仅需要尽快研究制定出能与我国环保法律、制度相配套的地方性法规，进而推进江苏省生态化产业经济的发展，还需要尽早制定能够促进江苏省在绿色采购、绿色消费、绿色循环利用等方面与之相关的有针对性的地方法规。与此同时，基于对与生产者责任相关的延伸制度的构建，从而明确企业相关生产者的责任及其清洁生产原则，明确污染者的责任及其付费原则，在法律上对生产者、零售商、消费者的相关义务进行规定，同时也对回收循环利用单位对废物的回收及其循环再利用的相关义务进行规定。

江苏省要实现生态化产业经济发展，离不开法律法规的制度保障，也需要相关执法部门加大环保执法力度。各级领导干部要带头遵守环保法律法规，依法行政，支持和督促有关部门严格执法、秉公执法。各级人大及其常委会、各级政协要把环境保护作为监督重点，组织代表、委员开展经常性的执法检查、视察活动，及时提出意见和建议。各级法院、检察院要强化环境保护司法工作，及时受理重大环境案件，依法追究有关单位和人员的法律责任。各级政府要自觉接受同级人大及其常委会的执法监督，接受政协及民主党派的民主监督，接受群众监督和舆论监督，切实加强和改进环保工作。要下大力气解决一批矛盾突出、群众反映强烈的环境问题，严肃查处严重污染环境的典型事件。全面推行环保行政执法责任制、评议考核制、行政执法公开制和行政责任追究制，规范执法行为，使执法部门和执法人员正确行使权力、履行义务，确保环保法律法规得到全面、正确的实施。

最后，按照统一、精简和效能的原则，健全市、县环境管理部门。加强各级环保部门领导班子建设，进一步完善领导干部双重管理体制，调整环保部门领导班子成员要事先征求上一级环保部门的意见，日常考核要请上一级环保部门参与，考核结果报上一级环保部门备案。全面加强和改进环保部门的思想作风建设，不断提高环保执法人员的政治、业务素质和行政执法能力。各级环保部门要积极推行政务公开，公开办事制度、程序和结果，主动接受社会监督，切实提高依法行政水平。按照城市环境保护统一规划、统一管理的需要，在市辖区和开发区开展设立环保派出机构的试点工作。乡镇也要有专人负责环境保护工作。

（二）政府调控与市场机制作用相结合

最先将市场机制引入到水污染的防治及治理整顿中的是 20 世纪 70 年代美国开始执行的排污制度，它就是政府职能与市场机制结合的最好证明。当时根据前期的充分调研，政府制定并确定区域内排污总量，采用招标或拍卖等方式就排污总量进行相应的分配，并规定企业只有获得了相应的排污权利才有权力排放污染物。假若企业自行排放污染物，就会受到法律的制裁，与此同时，企业的排污权也是能够转让或储存的。基于产权视角的排污权制度就是将环境保护与企业利益相结合。在这样的约束条件下，企业不得不转变发展方式，提高工艺流程，最大限度地减少对环境的污染。此外，排污权也可以进行转让，企业自身的排污量剩余指标的多少通过交易就可以成为其内在的经济利益。

基于江苏省政府的相关措施并不能良好发挥作用的实情，江苏省的相关政府可以把市场机制引入到对环境保护的工作中来，采用国际上目前比较流行的将价格机制引入到经济产业的相关利益方，通过其产生的激励和约束，最终能够达到耦合环保与企业追求利润最大化的目的。

二、致力于产业结构优化

（一）制定以目标为导向的产业政策

为提高产业的生态化发展水平，就需要提高资源的利用效率。政府部门应当鼓励相关企业将废物转化为副产品，进而将其作为资源重新利用。政府部门制定的相关产业政策应该考虑如下几方面的问题：一是提供能够鼓励提高资源使用率的政策措施；二是不再对初始开采原材料者进行相关的补贴；三是回收和使用相关的各种材料。政府制定的政策既要鼓励资源回收系统充分发展，又要能够降低对垃圾填埋场的依赖，以至于不会把焚烧废物作为副产品处理。

（二）生态工业园建设

目前，江苏省在生态工业园的建设方面也取得了一定的成果，例如江苏省苏州工业园区、扬州经济技术开发区、盛虹集团有限公司按照循环经济"减量化、再利用、资源化和减量化优先的原则"，先行先试，延伸产业链条，完善循环经济产业体系，资源产出率高，被国家发改委表彰为全国循环经济工作先进单位。但是要在现在的基础上进一步地发展生态产业园区，江苏省还需要先行规划，加大建设力度。

应该依据当下开发区域和产业集中地区的特征，做好全面的部署和规划，对目前相关企业及产业存在的问题进行结构调整，充分发挥市场的作用，依照生态化产业经济发展的原则，依附产业园区的龙头企业，引进与其相配套的原料物流企业、信息服务企业和末端产物承接消化企业等。

此外，江苏省还可以从园区环境的优化方面入手，以营造有利于各企业之间具有明晰产权、企业可以灵活进退、企业之间有序竞争又紧密合作、富有生机和活力的园区环境为目标,从而为实现园区内利益共享机制奠定基础。同时,对共生企业之间风险共担机制的建立也大有裨益,长此以往,生态园区的可持续发展战略目标就能够指日可待了。

(三) 进一步优化产业结构

产业结构的优化升级是江苏省经济持续健康发展的基石。在现代经济高速运转的过程中,江苏省也不免俗地被经济增长总量的诱惑吸引住了,而忽略了经济结构的调整优化升级,其实从经济社会的长远利益来看,经济的增长还是要通过产业结构转型升级推动。可以说,江苏省如何在提升综合实力的同时,通过对产业结构的提高,使江苏省的产业结构更为合理化,也更具高度化,最终实现优化的产业结构又能够反过来对经济的发展起反作用的目的,就是江苏省发展经济、提升竞争力不可或缺的一大关键因素。具体地,江苏省可以通过对第三产业的重视,通过对第三产业的发展来间接性地解决就业的有关问题,从而使对第三产业的提升显得更有水平和意义。此外,江苏省还可以通过对高新技术产业的推动发展,进一步地发展江苏的旗舰产业——电子信息产业和生物医药产业,从而发挥改造传统产业作用的同时,又能够促进新产业的创造和应用。

三、强化企业和民众引导

(一) 转变观念,实现技术创新

对工业技术的研究以及对工业技术的发展,就是为企业服务、为市场提供满足多种需求产品的过程。

在市场经济条件下,上述为满足各方需求的过程很有可能会把对经济效益的追求作为唯一目的,在急于求成的情况下会容易忽视环境的变化,因而会导致环境问题。从目前的环境态势来看,依靠科学技术的进步,环境问题的解决才会有更充分的技术支持。由于生产技术的更新变化受诸多主客观因素的影响,那么在污染问题积重难返的情况下,如果由于污染治理技术和手段的严重滞后,会使污染问题更加难以得到根本性的解决。所以,为了达到实现可持续发展的目标,工业技术领域应该转变观念,积极开拓新思路,力求从原来的仅为企业服务以追求最大利润,逐步向为人类服务以追求和谐共存达到可持续发展模式转型。

此外,当前的技术创新活动还应当结合企业的清洁生产,在原材料的清洁开发、生产工艺的清洁开发、污染治理技术的清洁开发以及废物资源化技术的清洁开发等各个方面都应该有所推进。通过开发此类清洁技术,在获得良好经济效益的同时，也可以在原材料的使用、工艺生产全过程、产品消费、最终利用处置的各个环节，都不会或低程度地对经济社会的发展、生态环境以及人类产生负面影响，进而达到经济社会与生态环境这一复合大系统的和谐可持续发展。

（二）硬件方面的技术支持

基于对技术资源共享平台的建设来提高科研服务水准，在硬件方面，就是要重点供给大型先进的科学仪器设备，丰富科技、图书文献等科研资源，为打造科技信息网络和生态化产业经济发展网络提供技术支持。同时，要实现科技成果产业化的转化，就需要加大对技术成果转化平台的建设，进而达到加快科技成果产业化的目的。最后就是要突破技术瓶颈的障碍，通过对信息、先进工艺和技术在资源节约领域应用的高度重视，将技术的大力引进与对技术的消化、吸收直至创新有效地结合起来，再通过对资源循环利用技术的重点突破，进而加快具备现实意义的节约技术的推广。

（三）加强宣扬，引导公众参与

产业生态的实现是需要广大社会公众的积极参与的，通过社会公众的参与，从而有利于社会大众养成绿色生产、绿色消费和绿色生活的良好习惯，进而提高保护环境和循环利用资源的意识。

首先，通过对绿色消费观念的积极引导，鼓励消费者优先购买通过环境标志认证的产品，使更多的人能够参与节约或重复利用办公等产品。通过广泛宣传绿色消费的理念，引导公众积极参与到绿色消费活动过程中，真正使江苏省的生态化产业经济发展观念深入人心。

其次，在全社会积极倡导绿色生产、绿色消费和绿色生活，即通过法律强制手段和经济激励手段来推动社会公众绿色生产、绿色消费及绿色生活方式的形成。法律强制就是要制定详细的与产业生态相关的法律法规，以强制性的方式在全社会树立约束底线；经济激励就是利用财政税收手段，鼓励绿色消费，提倡绿色出行，引导市民低碳出行。

最后，在公众参与的过程中，国家应加大对于循环经济相关的社会宣传，结合社会舆论、传媒等多种手段，加强对循环经济知识的宣传，从而在根本上让社会群众对零排放产生相应的期待，并能自觉践行。同时，政府也可以通过立法的手段确定人民群众的环境效益，广泛听取公众的意见和呼声，汲取人民群众的有益智慧，激发人民群众参与江苏省生态化产业经济发展水平建设的积极性和创造性。

四、大力推进供给侧结构性改革

产业经济发展实为经济发展的核心。从现实看，中国经济存在双重过剩的问题，即总量过剩和结构过剩。无论哪种过剩，都意味着供给过剩。因此，必须大力推进供给侧结构性改革。

（一）面向主战场，实施"供给侧+结构性+改革"

劳动力、土地、资本、技术等要素构成了供给侧的主战场。供给侧改革就是要从这些主战场发力，用改革的办法推进结构调整。一方面，减少无效和低端供给，扩大有效和中高端供给；另一方面，让资源从产能过剩产业流动到有高需求的新兴产业中去，增强供给结构对需求变化的适应性和灵活性，提高全要素生产率，使供给体系更好地适应需求结构变化。

（二）面向新一轮产业革命，培育新动能

正处在改革关键期的中国，恰恰又遇到了全球新经济下的新技术革命，其代表就是智能制造、工业互联网和大数据的发展变化。为此，实施供给侧改革，就不能简单地把现有的产业体系当中的低端产品淘汰掉一点、高端产品发展一点就可以了，而是现有的整个实体经济的体系必须要跟上全球发展的要求、紧跟全球技术和发达国家未来新经济发展的趋势，还要酝酿跟上新一轮产业革命和技术进步，这就需要培育新动能，一来促使传统动能转型，二来形成新动能的异军突起，以此形成新的"双引擎"，推动经济持续增长。这是我国现今与美国20世纪70年代不一样的地方，也是我们理解供给侧改革至为关键的一点。

（三）面向五大任务，促进生态化产业经济发展

当前供给侧改革的重点任务可以用15个字加以概括，即"去产能、去库存、去杠杆、降成本、补短板"，其实质是倒逼现有生产方式的根本转变。为此，产业经济要借完成供给侧改革的重点任务之机、之势，促进生态化发展。当前，要采取两个层面的举措：一是对落后和低端产业进行转型和升级，二是培育和发展高端产业。对于前者，要对未来仍然缺乏市场、效率和竞争力的产业进行转型；同时通过生态化发展进行升级，逐步发展成为"三低三高"（低消耗、低污染、低排放；高技术含量、高附加值、高竞争力）产业。对于后者，一开始就要通过生态系统的构造、生态技术的运用将其培育和发展成为高端产业。这些产业既是新的经济增长点，又是未来国与国之间竞争的制高点。

第四章 生态化园区经济发展

环境是人类赖以生存和发展的物质基础。随着社会的发展，人们对环境保护的要求不断增强，对环境质量的优劣也越来越关注。为了促进经济与环境的协调发展和改善人民生活质量，污染治理已经成为环境保护工作的首要任务。工业作为重要的污染源，自然成为重点治理对象。环境污染的治理是一个复杂的系统工程，需要对传统工业的各个环节进行分析，找出导致环境污染的众多因素之间的相互关系，并制定针对性的措施。工业园区中企业高度集聚导致严重的环境问题和环境风险，传统工业园区因其不可持续性难以为继，"生态化工业园区"以可持续发展的理念越来越受到重视并被不断运用于实践。

第一节 生态化园区概述

1989年9月，通用汽车公司研究部副总裁罗伯特·福布什（Robert Frosch）和负责发动机研究的尼古拉斯·加罗布劳斯（Nicolas Gallopoulos）在美国科普月刊《科学美国人》上发表了题为《可持续工业发展战略》的文章，文中首次提出了"工业生态学"的概念。1990年美国国家科学院和贝尔实验室共同组织了首届工业生态学论坛，论坛上对工业生态学的概念、内容方法及应用前景进行了概括总结。认为工业生态学研究工业和消费行为中物质和能源的流动规律，及其对环境、经济、社会生活、资源转换的影响。1992年美国Indigo发展研究所的Ernest Lowe教授第一次提出生态工业园（Eco-industrial Park，EIP）的概念。在美国可持续发展总统委员会1996年10月主办的专题讨论会上，有两种观点引起了人们的关注：第一种观点是生态工业园作为一个市场主体，能够促进彼此之间以及与地方社区之间的互相合作，高效分享资源（信息、原料、水、能源、基础设施和自然环境），从而带来经济增长和环境质量改善的"双赢"。第二种观点是生态工业园是一种规划好的物质能量交换的工业体系，以原材料和能源消耗的最小化、废物产生的最小化为目标，从而建立经济、生态和社会关系的可持续性。

一、内涵

Indigo 发展研究所于 1992 年首次提出了生态化工业园区的概念。他们给出的定义是：生态化工业园区是通过环境管理和资源，包括能源、水与材料等方面的协作，寻求环境改善和经济行为最优化的一个兼顾制造业和服务业的社区。由于共同合作，整个社区寻求集体利益大于每个公司单独行为的个别利益总和。园区的作用在于改进园区内各公司的经济行为，把环境污染降到最低程度。

(一) 国外代表性定义

当前关于生态工业园区的有代表性的定义为：

1. Ernest Lowe、Moran 和 Holmes (1993) 的定义

生态化工业园区是一个由制造业企业和服务业企业组成的群落。它通过促进并协调包括能源、水和材料在内的基本要素的环境与资源方面的合作，实现生态环境与经济的双重优化和可持续发展，寻求每个公司个体表现的优化，最终使该企业群落实现比个体效益的总和还要大得多的群体效益。

2. Cote 和 Hall (1995) 的定义

生态化工业园区具有保存自然资源和经济资源，减少生产、物质、能量、风险和处理的成本与责任，改善运作效率、质量、工人的健康和公共形象，提供废物利用和销售获利机会的作用。Cote 的定义强调生态化工业园区对提高生态效率和创造市场机会方面所起的作用，是对生态化工业园区最终所追求结果的一种描述，但如何才能实现这些效果他们并未进行分析。

3. 美国总统可持续发展委员会 (PSCD) 的定义

该委员会提出了两个定义：一是认为生态化工业园区是个企业群体，园区内商业企业互相合作，同时园区与当地的社区合作，以实现有效的共享资源，产生经济和环境质量效益，为商业企业和当地社区带来可平衡的人类资源。二是认为生态化工业园区是一个工业系统，系统内有计划地进行材料和能源交换，寻求能源与原材料使用的最小化、废弃物排放的最小化，最终建立可持续的经济、生态和社会关系。

4. 耶鲁大学的 Marian Chertow 定义

Chertow 把工业共生系统称为生态工业园。他认为，共生（Symbiosis）是生态学中的常见现象，即两个不同生物紧密地联系在一起，一方为另一方提供有利于生存的帮助（寄生共生）同时也获得对方的帮助（互利共生）。工业生态学的共生既能在一定的机会下自然地发生，也可能通过规划人为形成，经过规划的工业共生显然为开发对环境更加有利的产业生态系统提供了可能，这种工业共生系统就是工业园区生态化。

（二）国内代表性定义

1. 段宁的定义

段宁（2001）认为生态化工业园区是实现生态工业和工业生态学的重要途径，正确设计园区内物流与能量流，模拟自然生态系统，形成企业间共生网络，一个企业产生的废物成为另一个企业需要的原材料，达到企业间能量及水等资源梯级利用的目的。

2. 耿勇的定义

耿勇（2002）认为生态化工业园区是建立在一块固定地域上，由制造企业和服务企业形成的企业社区。在该社区内，各成员单位共同管理环境事宜和经济事宜，以获取更大的环境效益、经济效益和社会效益为目标，整个企业社区将能获得比单个企业通过个体行为的最优化所能获得的效益之和更大的效益。

3. 国家环保总局的定义

国家环保总局（2003）认为生态化工业园区是基于清洁生产要求、循环经济理念和工业生态学原理等理论基础而设计建立的一种新型工业园区。园区通过物流或能量流传递等方式，把不同工程或企业连接起来，形成资源共享和副产品互换的产业共生组合，使一家企业的废弃物或副产品成为另一家企业的原料或能源，模拟自然系统，在产业系统中建立"生产者—消费者—分解者"的循环途径，实现物质闭环循环、能量多级利用和废物产生最小化的目标。

本研究认为，生态化工业园区就是基于循环经济、生态工业学等理论，把生态理念融合、渗透到传统园区体系中，按照生态经济原理组织传统产业，系统耦合园区内生产体系或生产环节，构建具有较强生态系统承载能力和较完善的生态功能的工业共生网络，形成物质和能量的良性循环和多级利用；并通过基础设施的优化配套，改善产业空间布局，促进重污染项目合理布点、集中治理，实现园区的社会经济和生态环境相协调的一个动态化过程。本研究认为生态工业园区关注的重点如图 4-1 所示。

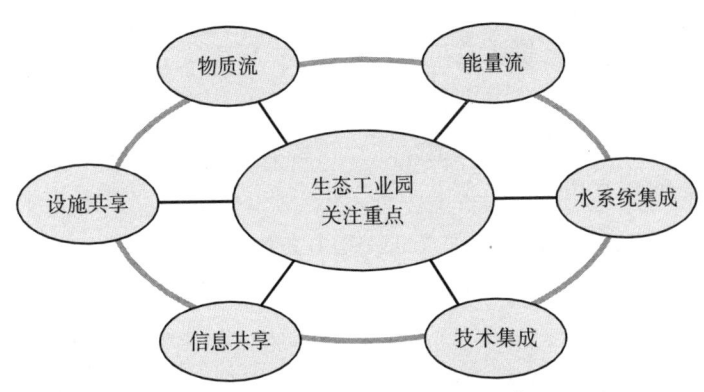

图 4-1 生态工业园区关注的重点

二、特征

生态化工业园区的目标就是基于园区的产业代谢分析结果，构建产业共生网络，横向耦合不同行业的生产工艺，纵向闭合生产、流通、消费、回收、环境保护和能力建设，使园区的发展摆脱物质消耗总量随经济产出增长而增加的传统经济增长模式，转向生态效率持续提高和基于物质减量化、再利用、再循环原则下的经济产出增长的生态工业发展模式，最终实现工业园区的可持续发展。

生态化工业园区具备以下基本特征：

（1）高效的物质能源转换系统。生态化工业园区的各项活动在自然物质—经济物质—废弃物的转换过程中，都应该按照自然物质投入少、经济物质产出多、废弃物质排放少的原则进行，这需以较高发展水平的产业结构及各产业的发展深度作为基础。高效的物质能源转换就是利用高新技术使工业生产尽可能少地消耗资源、能源，提高物质的再生循环和能量的多层次梯级利用，从而在保证经济发展的前提下有效保护生态环境。

（2）完善的工业支持系统。生态化工业园区应以现代化的基础设施作为园区工业支持系统，为园区的物质流、能量流、信息流、价值流和人流的高效流动创造必需的条件，从而减少园区在发展过程中的经济损耗和环境污染。工业园区作为一个人工复合生态系统，其支持系统在很大程度上代替了自然生态系统中还原者的功能，其质量的高低直接决定整个生态系统的运行。工业园区的支持系统包括：道路交通系统；信息传输系统；物资和能源（主副食品、原材料、水、电、天然气及其他燃料等）的供给系统；商业、金融、生活等服务系统；各类废弃物处理系统；各类防灾系统等。

（3）高水平的生态环境质量。高水平的生态环境质量包括两个方面：一是对园区生产、生活过程中产生的各种环境污染物及废弃物，能够充分、合理地处理和处置，使各项环境要素的质量指标达到较高水平。二是园区的绿地率及居民人均绿地面积上要达到相对高的水平：生态化工业园区的绿地普及应根据联合国有关组织的认定，绿地覆盖率达到50%、区内人均绿地面积达到28平方米，这样才能维持工业园区生态系统的平衡。绿地系统还应具备防护（保护水体等）、调节（空气、水体、温度、湿度等）、美化、休闲（提供娱乐、休闲场所）、生产（绿色食品生产区和花卉草树苗圃生产基地等）等多种功能。园区应运用植物生态学原理，从植物群落对园区绿地系统进行配置和设计，发挥绿地系统的最大效应，以维持工业园区生态系统的平衡。

（4）高质量的人文环境系统。高质量的人文环境系统应包括园区员工较高的受教育水平和人口素质，良好的社会秩序和社会风气，完善的医疗条件和祥和的社区环境，以及良好的生态环境保护意识。只有这样，才能吸引人才、留住人才。

（5）高效的管理系统。园区应具备高效的园区管理系统，对园区涉及的各项事务，如人口、资源、社会服务、就业、城镇建设、环境整治、治安、防灾等进行高效管理，促进园区的健康发展。

三、原则

（一）"4R"原则

生态化工业园区遵从"4R"原则，即减量化原则（Reduce）、再利用原则（Reuse）、再循环原则（Recycle）和再重组原则（Reorganize）。"4R"原则实施的优先顺序是减量化—再利用—再循环—再重组，其目标是通过废物交换、循环利用、清洁生产和产业结构优化等手段，尽量减少园区污染物的排放。"减量化"是指在不减少产量和降低产品质量的前提下，实现能源和资源消耗量的减少；"再利用"是指在加工或制造的整个生产过程中重复利用能源和资源，如回收生产过程中产生的废热或利用废弃物充当能源；"再循环"是指全部或部分地重新利用生产过程产生的各种废弃物，再循环有两种情况：一种是将废品循环生产出同种类型的新产品，另一种是将废物资源转化成其他产品的原料；"再重组"是指通过对产业链的调整与重组，达到工业系统的整体最优，使园区经济体系向提供高质量产品和功能性服务的生态化方向转型。

(二) 食物链原则

生态化工业园区建设的特点是综合利用资源，其本质和突破口是工业系统的设计。食物链设计是生态建设和生态设计的主要内容，其设计合理与否直接关系到园区生态系统生产力的高低和经济效益的大小。首先，考虑园区企业之间在物质和能量上的关系，使之形成类似自然生态系统的食物链，企业之间形成匹配的供需关系，实现物质与能量的封闭循环和废物最少化。其次，在园区内外寻找合适的企业群，建立企业间废物流动关系，结合专家分析，筛选出类别、规模、方位上相匹配的设计或改造方案。最后，根据园区中不同产品、不同生产过程和不同的企业对资源和能源需求的差异，建立能源链上下游各企业间灵活高效的合作关系。

(三) 关联原则

产业高度关联是建设生态化园区产业链网结构的基础，可通过物质集成、水系统集成、能源集成、技术集成、信息和设施共享等措施优化园区产业链，建立和加强园区内及园区之间产业的共生耦合关系，构建高效的产业生态系统。提高产业关联度，强化产业集聚效应，使工业园区产业结构更趋合理完善。要实现园区产业可持续发展，首要任务是要根据园区资源、能源和废弃物形成关联产业链条，确保产业生态系统具有较高的耦合性和适应性。在园区建设中，通过引进不同的产品、不同的生产过程和不同的企业，利用它们对资源和能源需求的差异，实现优势互补，形成灵活高效的合作关系。园区成员组成及其相互间的联系要紧密并富有创新性，从而保证产业生态系统的平衡和稳定发展。

(四) 统筹兼顾原则

生态化工业园区的建设与发展是一个系统工程，在建设过程中应综合统筹各种影响因子，做到"软硬件"并重。硬件包括：①景观建筑评估和规划全面。运用植被进行景观、防风和屏障设计，运用环境设计技术进行局地风向、局地气候分析；利用自然植被增加生物多样性；为休闲娱乐活动提供空间。②基础设施规划与设计合理。基础设施建设应具备可靠、有吸引力、视觉效果好、易维护等特性；设施尽可能埋于地下；在选择铺设材料时尽可能用内部间的传输方式；提供诸如通勤车、餐馆、药房等基本服务；生态化工业园区被认为是雇用者与被雇用者的社区，应为雇用者提供建立友情的基本空间；综合利用水资源。③尽可能利用可循环材料建设各类建筑。软件方面包括：园区环境管理体系、信息支持系统、各种政策（尤其是奖惩政策）、人才培养和储备、先进生态技术等。

第二节　生态化园区的模式与机制

一、模式

（一）合作共生型——卡伦堡模式

丹麦的卡伦堡工业园是目前国际上最早也是最成功的生态化工业园。卡伦堡生态化工业园区的所在地卡伦堡市是一座靠近峡湾的小城，距离丹麦首都哥本哈根市100多公里，该地区地下水资源不足，从20世纪70年代开始，卡伦堡市几家重要的工业企业（发电厂、炼油厂、制药厂等）从有效使用淡水资源角度出发，在降低费用和废料管理等方面寻求创新，自发建立起一种紧密而又相互协作的关系。后来地方政府、居民和其他类型企业陆续加入，使园区逐渐发展成为一个包含30余条生态产业链的循环型产业园区。目前，该园区已稳定运行近40余年，年均节约资金成本150万美元，年均获利超过1000万美元。同时，通过各企业之间的物流、能流、信息流建立的循环再利用网不但为相关公司节约了成本，还减少了对当地空气、水和陆地的污染。

卡伦堡生态化工业园的成功依赖于其功能稳定，可以高效利用物质、能源和信息的企业群落。包括由发电厂、炼油厂、制药厂和石膏制板厂四个大型工业企业组成的主导产业群落；化肥厂、水泥厂、养鱼场等中小企业作为补链进入整个生态工业系统，成为配套产业群落；以微生物修复公司、废品处理公司以及市政回收站、市废水处理站等静脉产业组成的物质循环和废物还原企业群落。

1. 卡伦堡生态化工业园区的合作共生网络

卡伦堡生态化工业园区的合作共生网络由五家企业、一家废物处理公司和卡伦堡市政府组成（见表4-1）。

表4-1　卡伦堡生态工业园合作共生网络（主导企业原材料、产品和废弃物/副产品）

企业名称	原材料	产品	废弃物/副产品
发电厂	可燃气、煤、冷却水	热、电	石膏、粉煤灰、硫代物
炼油厂	原油	成品油	可燃气、硫代物、废水

第四章　生态化园区经济发展

续表

企业名称	原材料	产品	废弃物/副产品
制药厂	土豆粉、玉米淀粉	胰岛素等药品	废渣、废水、污泥、酵母
石膏厂	石膏	石膏板	
微生物公司	污泥	土壤	
废物处理公司	"三废"	电、可燃废物	
市政府	水、电、热	服务	石膏、污泥

（1）发电厂。Asnaes 发电厂是丹麦于 1959 年建立的最大的燃煤火力发电厂，其年发电量达 1500 千瓦，是整个生态化工业园区经济发展中的核心。除作为发电厂本身需要为企业和居民提供电能以外，Asnaes 发电厂还在多个方面维持着整个生态工业系统的稳定运行，主要包括：为卡伦堡市约 5000 个家庭提供热能，烟尘排放大量减少；为园区内 Statoil 炼油厂和 Novo Nordisk 制药厂提供工业蒸汽，燃料利用率提高 30%；发电厂排放的冷却水为当地农业提供热能（如供应中低温的循环热水，使大棚生产绿色蔬菜，引到渔场后促进水温升高从而生产了 100 多吨"电厂鲑鱼"等）；发电厂的脱硫设备每年生产约 20 万吨石膏，这些石膏卖给石膏厂，可以减少石膏厂天然石膏的使用，同时减少固体废物的排放；水泥厂回收利用发电厂每年产生的 3 万吨粉煤灰；发电厂产生的大量飞灰提供给土壤修复公司用于生产水泥和筑路等。

（2）炼油厂。Statoil 炼油厂是丹麦最大的炼油厂，具有年加工 320 万吨原油的能力。该厂出资建设了多条管道，第一条是通往 Tisso 湖的输水管道，用来节约冷却水的使用成本；第二条是可燃气体输送管道，用来将多余气体输送到石膏厂和发电厂供其生产使用；第三条是废水输送管道，用来把经生物净化处理的废水输送给电厂。炼油过程中产生的副产品——硫代硫酸铵，可以用来生产液体化肥。

（3）制药厂。Novo Nordisk 制药厂年销售额约 20 亿美元，该厂主要生产医药和工业用酶，是丹麦最大的制药公司。该公司在生态化工业园区经济发展中还担任着连接农业的重任，制药厂的原材料——土豆粉、玉米淀粉发酵中产生的废渣、废水以及污泥等废弃物，经杀菌消毒后用于农业肥料；胰岛素生产过程中的残余物——酵母可以用来喂猪。

（4）石膏厂。Gyproc 石膏制板厂，具有年加工 1400 万立方米石膏板墙的能力。通过工艺和设备改造后，用电厂的脱硫石膏和市政回收站回收的石膏做原料造石膏板，不需要再从西班牙进口石膏原矿。

（5）微生物公司。除了四大核心企业以及众多作为补链进入该园区的中小配套企业外,作为"还原者"的静脉产业企业也在该园区中起到不可或缺的作用。Bioteknisk Jordrens Soilrem A/S 成立于 1986 年,是专业从事土壤修复的公司,每年可以修复 50 万吨受污染的土壤。该公司利用卡伦堡市地下水道产生的淤泥作为原料,制作受污染土壤的生物修复营养剂,利用其中的微生物成分恢复被污染的土壤。Noveren I/S 是一家废品处理公司,它收集园区所有企业的废物,据估计每年可以处理生活和工业垃圾 12.5 万吨;该公司还利用垃圾进行沼气发电,同时每年可以提供 5 万~6 万吨的可燃烧废物。

(6) 卡伦堡市政回收站和市政污水处理厂也参与进生态工业园区的生态产业链中,主要负责回收石膏、提供污泥等工作。

正是由四家核心工业企业、若干中小企业以及废物还原处理企业所组成的 20 余条工业产业链,构成了卡伦堡生态工业园独一无二的生态工业系统(见图 4-2)。

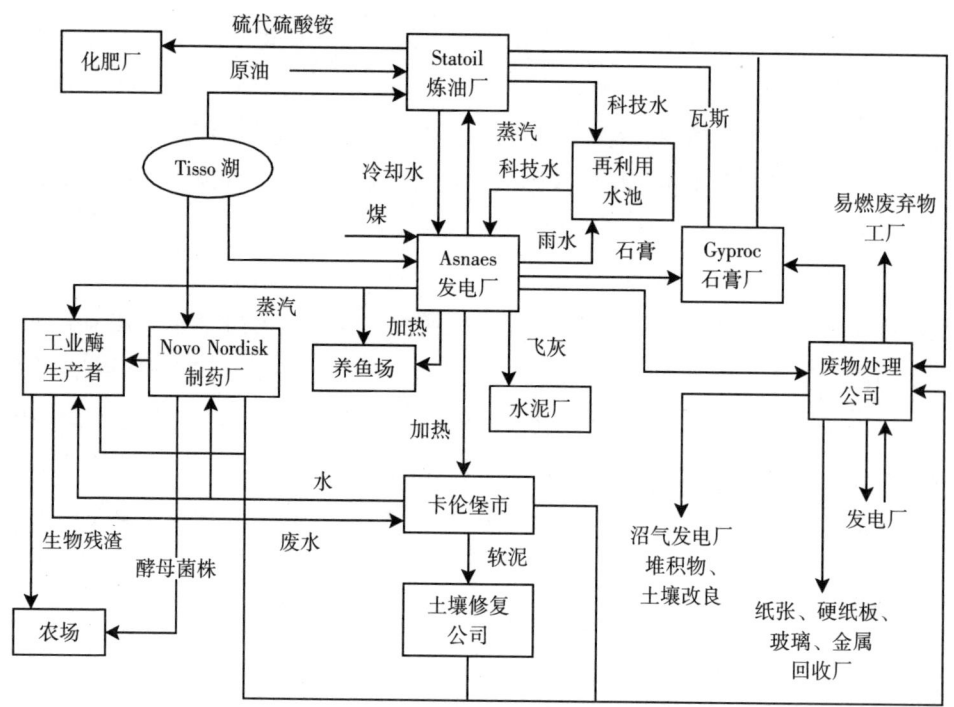

图 4-2 卡伦堡生态工业园的生态工业系统

2. 卡伦堡生态化工业园区成功的关键因素

卡伦堡生态化工业园区成功的关键因素包括以下四个方面(见图 4-3):

(1) 基于共生原理的组织形式。卡伦堡生态化工业园区的组织演进是典型的

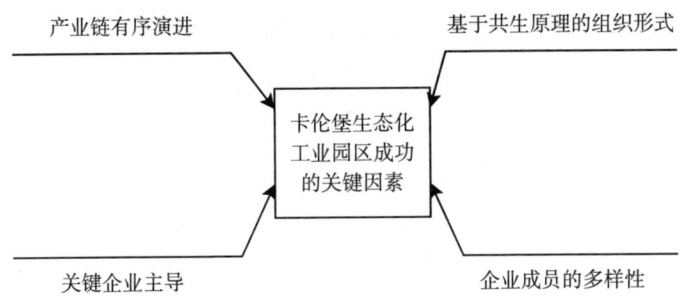

图4-3 卡伦堡生态工业园区成功的关键因素

基于自组织原理和共生原理形成有序结构和企业间的共生关系过程。园区成立之初并非由政府部门主导规划建设，而是由发电厂、炼油厂等主要企业为了降低成本、适应政策性限制而自发形成的，企业之间通过废物交换而相互连接，整个园区物质、能量和信息的高效利用和有效传递也主要依靠市场力量来驱动，企业为了盈利而聚集在一起。20世纪80年代以来，当地政府开发主管部门开始给予积极支持，并形成了专门的共生合作信息中心——工业共生协会，之后多个企业开始参与建立共享的基础设施，于是一对一的交换模式逐步扩大成为多元副产品交换网络。通过政府和企业协商对系统内的物质与能量交换进行科学设计，形成了目前这样有序高效的企业共生结构。

（2）企业成员的多样性。生态化工业园区经济发展是对自然生态系统的模拟，所以需要吸引不同类型的企业加入园区，尤其要鼓励那些能够对系统主导企业所产生的废弃物再利用的"清道夫"和"分解者"进入园区。卡伦堡生态化工业园区内的企业覆盖电力、化学、石油石化等多个工业行业以及畜禽牧渔等农业行业，不仅有提供生产经营活动原材料的"生产者"，如发电厂、炼油厂等，同时也有众多"消费者"，包括化肥厂、水泥厂、石膏厂等，还有采用高新技术的土壤修复公司和废物处理公司作为"还原者"。

（3）关键企业主导。生态化工业园区经济发展必须存在主导整个园区系统运行的"关键种"，即核心企业，作为园区生态关系建立的核心，核心企业应具有较强的市场竞争力和良好的发展前景，从而保证整个生态系统的稳定性。对于卡伦堡生态化工业园区来说，四个大型工业企业构成了整个生态工业系统的"关键种"，它们可以影响整个卡伦堡生态工业结构，正是因为这几个企业30多年来的平稳运行和技术不断创新，决定了卡伦堡生态化工业园变成最具有代表性的生态化工业园区经济发展之一。

(4) 产业链有序演进。1972年卡伦堡最初的产业链关系是由 Gyproc 石膏厂利用 Statoil 公司的丁烷气确定下来的，在随后的30多年时间里，先后形成了30多条产业链，组成了一个完整的生态工业系统。整个循环产业链的发展在企业自身和政府的双重推动下有序发展，逐渐形成了大企业主导、有偿交换、中小企业补链、技术创新导致资源利用型静脉产业进入为特点的生态工业园区。

（二）产业共生型——贵港模式

广西贵港生态工业园是我国第一个国家级生态化工业园区。贵港国家生态工业示范园区纳入了贵港市五家制糖企业，以广西贵糖有限公司（简称贵糖集团）为龙头企业，园区以生态化工业为指导思想，构建了我国第一个制糖行业的生态工业链条，并以此为契机，完成了产业结构调整和污染综合整治，为贵港市制糖工业跨世纪发展注入了新的活力。

由于甘蔗制糖过程中会产生大量的废糖蜜和蔗渣，因此该企业属于资源消耗大、排污多、污染重的行业。为解决资源浪费和环境污染问题，贵糖集团成立了一些子公司，由这些子公司形成企业群落，循环利用制糖中产生的废物，经过多年的发展形成了以生态甘蔗园为起点、生态工业与生态农业相结合的两条工业生态链。

该工业园区以蔗田、制糖等六大系统为框架（见图4-4），逐步完善生态工业示范园区。这六个系统分别是：

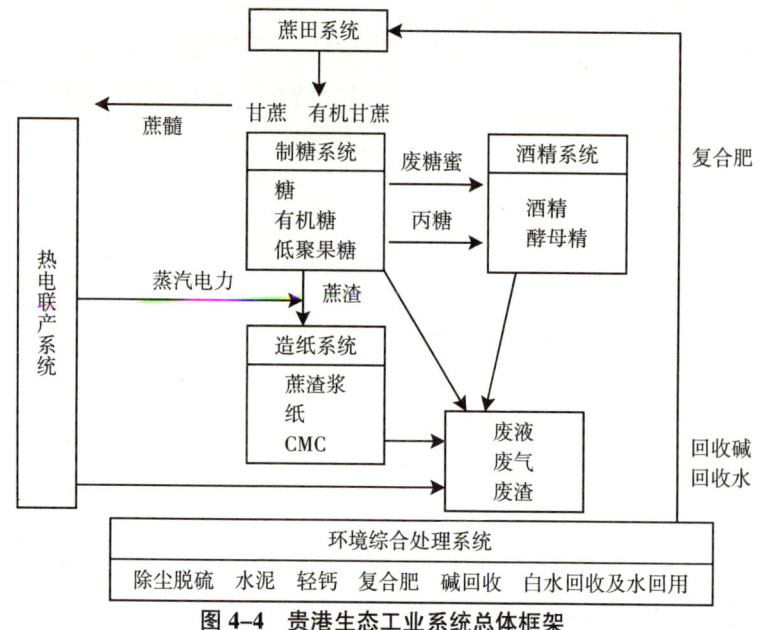

图4-4 贵港生态工业系统总体框架

（1）蔗田系统。生态甘蔗园是该生态化工业园区经济发展的起点。它输入肥料、水分、空气和阳光，输出高产、高糖、安全、稳定的甘蔗，其作用是向园区内制造系统供应充足的原料。

（2）制糖系统。贵糖生态工业园区通过改造制糖工艺、低聚果糖技术改造，生产的产品既包括普通精炼糖，还包括具有高附加值的有机糖、低聚果糖。

（3）酒精系统。该工业园区通过能源酒精工程和酵母精工程，有效利用甘蔗制糖的副产品——糖蜜，制造出能源酒精和具有高附加值的酵母精。

（4）造纸系统。该工业园区通过绿色制浆工程改造、扩大制浆造纸规模（含高效碱回收）及 CMC 工程，充分利用甘蔗制糖的副产品——蔗渣，生产出高质量的生活用纸、文化用纸以及高附加值的 CMC。

（5）热电联产系统。该工业园区利用甘蔗制糖的副产品——蔗髓替代部分燃料煤，实行热电联产，向制糖系统、酒精系统、造纸系统以及其他辅助系统供应其生产必需的电力和蒸汽，保障园区生产系统的动力供应。

（6）环境综合处理系统。工业园区通过除尘脱硫、回用水工程以及其他综合利用项目，为园区制造系统提供环境服务：废气、废水的处理；水泥、轻钙等副产品的生产；进一步利用酒精系统的副产品——酒精废液制造甘蔗专用复合肥；提供回用水以节约水资源。

（三）改造型——美国 Chattanooga 模式

具有代表性的是以美国杜邦公司的尼龙线头回收为核心的 Chattanooga 生态化工业园区。Chattanooga 市是美国钢铁制造业的中心，20 世纪 60 年代还是一个污染严重的老工业园区，为了治理城市污染，该市市政委员会运用"工业生态学"原理，通过广泛的市民参与方式拟出一个可持续发展社区提案，其特色包括清洁生态系统、环保企业经济发展计划、确认四个生态工业园区潜在基地。这些基地包括现有一批位于市中心的污染地、旧的军需品工厂、供商住轻工业发展的绿色地带，以及位于低收入邻近区的废弃玻璃工厂。

目前在该工业园区内，以杜邦公司的尼龙线头回收为核心推行了企业零排放的一系列改革措施，建立起了一系列环保产业，不仅大大减少了对环境的污染，而且还带动了环保产业的发展，形成了老工业区新的产业空间。原有的旧钢铁铸造车间已经变成一个可以利用太阳能治理污水的生态车间，该车间产生的废水可以被旁边的肥皂厂循环利用，肥皂厂又可以向另一家工厂输出副产品作为该企业的生产原料，从而逐步建立起一个企业间紧密关联的产业共生系统，实现了老工业园区的改造。

这种老企业主导型生态化工业园区经济发展的特点主要是通过重新利用老工业企业的工业废弃物，修补、延伸产业链，在老企业内部实现清洁生产，发展环保产业来减少污染、增进效益。

（四）虚拟型——美国的 Brownsville 模式

美国的 Brownsville 生态化工业园区位于美国与墨西哥交界的海滨城市，在园区规划中，该生态化工业园区将建成"虚拟型"生态化工业园区，能够共享物质，能源企业无须搬迁就能参与工业园区的运作，在原有成员基础上增加新的工业企业来与现有企业互补并增强废物交换。该生态共生网的主要成员包括：电厂（使用来自炼油厂的瓦斯和油渣，并提供蒸汽作为交换）、沥青厂（利用炼油厂剩余油渣及发电厂的蒸汽）、一座沿海鱼塘（利用电厂产生的蒸汽）。另外，园区引入了水前处理工厂、废油回收厂与溶剂回收厂等来扮演该园区生态工业网的"补网"角色（见图 4-5）。

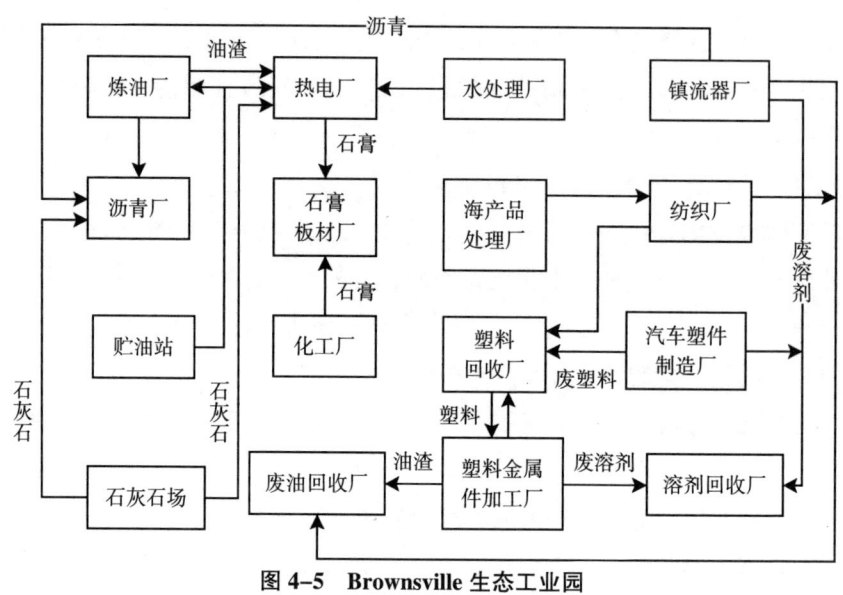

图 4-5　Brownsville 生态工业园

（五）再利用型——日本北九州模式

1. 北九州生态化工业园区概况

九州工业区是日本四大工业基地之一，也是世界著名的老工业基地之一，其主导产业有钢铁、化工、机械、窑业以及信息关联产业等。"二战"后，九州工业区的主导产业逐步衰退，工业地位不断下滑，经济一度步入萧条状态，1968年震惊世界的公害事件更是使政府、民间企业意识到保护环境的重要性。自此之后，政府将"产业振兴"和"环境保护"两大政策有机结合在一起，通过建设生态工业园区实现了成功转型，九州老工业基地现已成为世界闻名的"硅岛"和"车岛"。

北九州生态化工业园区于1997年由当时的日本通商产业省（经济产业省）和环境省共同创建，成为日本第一个开展生态化工业园区建设的区域，其面积为487.66平方公里，人口约100万，目前经济、社会、环境效益显著。2011年，北九州市GDP达到1551亿美元，位居世界第39位、日本第6位。目前该工业园区的主导产业为半导体、与汽车相关产品的生产，已经成为日本高科技产业、新兴工业的主要基地。九州地区的集成电路（IC）、汽车、陶瓷、环境、机器人、食品、生物科技等产业发展迅速，特别是集成电路、汽车产业已成为北九州工业的主导产业，北九州已成为日本和世界的重要半导体生产基地之一。

北九州生态工业园由实证研究区、环保企业聚集区、响滩回收利用区和环保研发中心四个功能区组成。

（1）实证研究区。该区域是由企业、大学和行政部门共同进行废物处理技术、再循环技术实证研究，并汇聚了16家从事循环和废弃物处理的研究机构，目标是成为环境保护相关技术的研发基地。有为前来参观者提供综合性服务的设施"生态工业园区服务中心"。区内的生态中心建于2001年，设施包括教育交流研究室、展示生态区技术和产品的展览室以及客人住宿室。2002年，生态区中心又建了一个附属中心。

（2）环保企业聚集区。该区域为开展环保产业化项目的区域，通过各企业的相互合作，推进区域内零排放型产业联合企业化，成为资源循环基地。特别是建立了复合设施项目，将生态工业园中企业排放出的残渣、汽车的碎屑等主要工业废物进行合理处理，并将处理过程中的熔解物质再资源化，同时，利用产生的热量进行发电，提供给园区内的各家企业。

（3）响滩回收利用区。该区域是市政府开辟的专用土地，长期出租给企业，扶持中小型企业在环保领域内发展，由汽车再生区域和新技术开发区域组成。汽车再生区域是由分散在城区内的七家汽车拆解工厂集中在一起，以更合理、更有效的方式开展汽车再生使用产业活动。新技术开发区域有食用油再生项目、清洗剂和有机溶剂再生项目、塑料油化再生项目等。环保研发中心是专门从事实验研究的区域。

（4）环保研发中心。该中心提倡产业化发展，鼓励企业、政府、大学联合起来进行尖端的废物处理技术、再生利用技术和环境污染物质合理控制技术的研发，如该中心已经进行了废纸再利用、填埋再生系统的开发、封闭型最终处理场、完全无排放型最终处理场、最终处理场早期稳定化技术开发、废弃物无毒化处理系统，以及食品垃圾生物质塑料化等多项实验研究。

2. 运营模式

（1）物质投入。北九州生态化工业园区主要以可再生废物为生产原料，共投入76921吨，而投入的自然资源量仅为341吨，在所投入的可再生废物中又有90%以上是从北九州市外购入的（70349吨），因此，充足的可再生废物供应和完善的废物回收体系是北九州生态园稳定运营的重要保障。

（2）物质产出。北九州生态化工业园区生产出的再生资源为69669吨，其中19441吨用于北九州市的生产生活，剩余的再生资源则供给其他城市，北九州生态化工业园区顺利发展的重要因素就是广阔的再生资源销售市场。同时，工业园区对园区产生的不可再利用废物（7354吨）进行安全、有效的处置，以保障周边地区的环境安全。

（3）物质销售。为促进再生资源销售市场的形成，提高公众的绿色消费意识和对再生产品的认识程度，消除公众对再生产品的偏见，日本政府开展了大量的宣传工作以提高公众购买再生产品的积极性。日本还积极推行政府绿色采购，于2000年5月制定了《绿色采购法》，要求和鼓励国家、地方公共团体等在公务采购及社团商业活动中增强环保意识，率先采购再生产品，以增加再生产品的销售量。政府的示范行为使再生产品在政府采购中占据了绝对的优先地位，同时也极大地调动了企业参与循环型社会建设的积极性，并对普通民众的绿色消费起到了良好的示范作用和积极的导向作用。

二、机制

（一）成本降低机制

生态化工业园区的长期、可持续发展应该建立一种利益共享机制，该共享机制由成本降低而产生利益。生态化工业园区内企业之间是一种互利共生的合作共赢关系，成本降低机制的建立主要包括以下几个方面：

（1）降低原材料成本价格，提高废物利用效率。生态化工业园区内企业间可以通过建立工业共生网络，实现副产品和废物的交换，即将上游企业的副产品和废物变为下游企业的原材料。下游企业对这些副产品和废物进行资源再利用，因而其成本一般低于原生资源，这样，就可以降低下游企业的投入要素成本。但从共生网络机制来看，园区还应建立上下游企业共同参与的原材料成本价格磋商机制，提高副产品和废物利用效率。这样，对上游企业也有利可图，因为，上游企业生产过程结束之后，其产生的副产品和废物在工业园区内向下游企业销售，从而在获得额外收入的同时，也降低了对环境的污染，同时，也降低了治理环境的成本。

（2）互信基础上的交易成本降低机制。进驻生态化工业园区的企业应具有相互依存的产业链特性，从而保证上游企业的废弃物和释放的能量能够成为下游企业原材料和能量的供给，形成生态化工业园区特有的模式——资产专用性。这种模式使企业之间的交易活动相对固定，在某种程度上减少了企业之间的道德败坏行为，降低了企业之间的信息搜寻、磋商和谈判等一系列交易成本，这也意味着，生态化工业园区内企业间在长期交往过程中建立起来的互信机制大大降低了企业的交易费用。

（3）信息沟通基础上的成本降低。生态化工业园区还应为企业建立有效、畅通的信息沟通和联系渠道，因为畅通的沟通和联系渠道有利于各企业之间的协调，而协调化的行动能够减少企业彼此之间的摩擦，从而为园区内企业带来降低成本的机会。

此外，生态化工业园区还应建立原材料合理分配和资源同级利用平台，通过该平台企业可以及时有效地采购原材料和副产品，使企业原材料的采购与其生产能力、市场的吸纳能力和谐一致，避免不合理占用资源。这也是成本降低机制的必要组成部分。

（二）系统内外的互通机制

应借鉴生态系统多样性的原理，保持生态化工业园区的多样性。生态化工业园区的多样性是指园区类型的多样性（如装备制造为主的工业园、纺织加工为主的工业园等）；内部构成成员的多样性；产品层次、产品类型和产品结构的多样性等多个层面的内容。

生态化工业园区内各企业间通过中间产品和废弃物的相互交换而互相依赖，是单链循环。要维持单链循环的稳定性，就势必需要与园区内外机构互通，从而形成网状互通链结构。单链与网状互通链的相互配合，才能够保证生态化工业园区长期稳定运行。首先，应该用园区行政机构的依法干预、与企业签订有约束力的契约等办法，实现单链条上企业的顺畅衔接。从工业园区管理规范上来看，生态化工业园区一旦建立起来，政府及其相关的管理部门就应制定相关的管理规定，防止链条的断裂。其次，一旦出现园区内企业破产、倒闭，要及时寻找能够填补断裂环节的企业，并不断培养企业，达到系统标准，从而使生态化工业园区的外部边界能够不断向外扩展，依靠企业间链条的自然延伸，实现生态化工业园区的系统动态稳定。最后，应为园区企业设计多渠道输出输入方案，维护园区的稳定发展并提高其抗击风险的能力，形成可以灵活变通和组合的柔性输出输入渠道系统，实现输出输入渠道的多样性，形成多条相互支撑的产业链结构。只有这样，才能实现园区内成员之间相互影响、相互依存、相互促进的网络机制，最终实现互利共生。具体地，一是允许系统中的生产单位从系统外吸收所需的资金、原材料、劳动力等生产要素，以及引进新技术以改进生产。二是有条件地允许企业与园区外部更大的社会系统进行产品和能量的交换，促进园区内部企业的创新和有序竞争。

系统内外互通机制的建立要求政府及相关部门加强对企业的监管，严格控制污染排放总量，使相关指标如环境质量控制、废弃物积存量削减、废弃物综合利用等达到生态化工业园区的要求，并在此基础上实现动态稳定。

(三) 产业培育机制

产业培育是生态化工业园区发展的核心，产业培育可以实现园区内部物质循环和能量的梯级利用。产业培育可以从纵向与横向两个路径展开，纵向产业培育又有产业接通和产业延伸两个方面。产业接通是指将生态化工业园区内产业链的断环和孤环借助某种产业合作形式串联接通起来。产业延伸是指将一条已经存在的产业链尽可能地向上游延伸或向下游拓展，产业链向上游延伸使产业链进入到基础产业环节或技术研发环节，向下游延伸则使产业链进入到产品市场销售环节。

主导产业在产业培育上应该发挥主导作用，并尽最大可能延伸产业链，使产业链资源优化配置和上下游产品紧密衔接，并发现薄弱环节，以及引进补链企业。比如，产业链的向下延伸，可以实现废物、产品使用过后的回收；产业链的向上延伸就是进行产品核心技术、原创技术的开发，掌握技术的实质性环节，从而实现提高企业竞争力的目标。使企业在成为国外已有先进技术的引进、消化、吸收的主体的同时，建立自主的创新、研发基地，提高自主创新能力。

产业培育的目标模式是建立主导产业为依托、上下连接、左右贯通的产业结构。因此，不仅要注重纵向的产业链延伸，横向的拓展也同等重要。横向产业培育和拓展，可以改变原有生态化工业园区的规模不经济状态，也可以延伸生态化工业园区的边界，最终使生态化工业园区的理念由独立的园区模式向外推移，吸纳更多同级企业，形成网状结构。

(四) 技术创新机制

技术创新是企业的生命力所在，也是生态化工业园区得以持续发展的基础。生态化工业园区的建设，需要以相关技术开发作为基础。按照工业生态学的原理，技术不是孤立存在的，而是以技术链的形态、以相互依存的方式存在的。生态化工业园区技术研究的指导原则是从系统的和着眼长远的可持续发展的角度探索改造和管理自然生态系统的途径。新技术实际上是一把"双刃剑"：一方面，新技术改变环境、丰富产品，从而提高了人类的生存质量；另一方面，环境改变以及工业生产在满足人类需求的同时，也给地球造成了巨大负担，资源的大量消耗及对环境造成的污染成为困扰我们的一个重大难题。因此，在建设生态化工业园区的导向下，应提倡生态生产技术的开发。生态技术的研究主要包括以下几个相互关联的技术开发过程：第一，分析生产过程中的原料与能量流，开发新的技术，将工业生产的原料和能源转化为产品与废物的代谢和流动过程，并模仿生物的物质和能量代谢过程，实现产品和能量的循环流动。技术创新在有效利用资源从而实现资源使用的减量化、资源化和再利用过程中将发挥十分重要的作用。第二，开发技术以绝对或相对减少单位输出中消耗的物质量或所排放的废物量，保证生态化工业园区中生产的低消耗、低污染。第三，生态技术的开发应侧重于整个生产周期内对环境的影响最小，使生产过程成为对环境产生最小危害的可持续生产体系。生态技术开发应本着综合设计的原则，通过延伸和完善产业链条，延长资源和原材料梯级利用的链条。通过不同产业、不同行业的有效衔接，实现水和固体废物的综合利用、再生使用和循环利用，加快再生资源回收、加工、利用的规模经营和一体化进程。对于企业而言，实现资源消耗的减量化的生态技术开发，就是要立足于开展清洁生产，监测和控制企业的耗水、耗能和排污指标，通过清洁生产审核、综合节能监测等方面的措施，运用综合原材料替代、节约降耗、资源综合利用以及末端治理等手段，促进企业改进生产工艺和制造技术，在提高产品的综合技术质量指标的前提下，最大限度地利用资源，有效减少废物的对外排放。

(五) 生态化创新发展运行机制

生态化创新运行机制是指创新体系与所处的社会环境系统中的多种要素相互联系、相互作用而产生创新驱动力的方式、方法的总和。

生态化创新发展的运行机制可以分为外部驱动机制和内部驱动机制两大类。外部驱动机制是指那些存在于创新系统外部并对创新活动产生较大影响的方式、方法；内部驱动机制是指存在于创新主体系统内部对创新活动产生内部驱动力的方式、方法。

1. 外部驱动机制

（1）社会公众和市场生态需求的拉力。中国正处在工业化和城市化加速发展的历史时期，人口、经济、资源与环境的压力日益突出，生态环境"局部改善、整体恶化"的趋势尚未得到根本扭转。为此，中共十八大把环境保护、资源节约、能源节约、发展可再生资源、水、大气、土壤污染等一系列事项统一为"生态文明"，提出要扎实开展生态文明建设，资源节约和环境保护全面推进。在加快转变发展方式的历史背景下，公众对生态环境改善的需求将不断增大，当市场需求变化达到一定程度，形成一定规模时，将直接影响市场产品的供求，也为企业提供了新的市场机会。

（2）生态资源短缺的压力。当今社会发展需要物质产品、文化产品和生态产品。随着经济社会的发展，为缓解生态资源压力而产生的生态产品已成为三类产品中最短缺的产品，在全球化市场竞争中，"生态竞争"已逐步上升为主要竞争方面，竞争的加剧迫使企业以市场为导向进行生态化创新。

（3）科学技术进步的推力。生命科学、信息科学、材料科学、环境科学等与环境相关的学科理论不断创新发展，它们为生态化技术的发展推进奠定了坚实的理论基础。随着与环境保护相关的基础性和应用性技术的逐步成熟，技术的扩散速度明显加快，这些都将有助于企业对生态化技术信息的掌握，增强企业进行生态化创新的信心，降低创新的风险。

（4）政府资源环境政策的牵引力。环境问题的根源在于外部性问题，即企业的生产活动建立在内部经济性的基础上，而很少考虑生产的外部影响。这实际上暗示着在现有的生产和技术范式条件下，企业的创新、制度创新和管理创新等活动都主要致力于减少生产的内部边际费用，而生产对环境造成的外部影响则较少考虑。传统范式下的企业，本身缺乏生态化创新的内在激励机制。只有在受到环境政策等因素的刺激作用下，企业才有可能在创新时考虑和采用减少生产和消费外部边际费用的生态化技术。

2. 内部驱动机制

（1）生态意识积聚引起的心理压力。企业生态化创新的关键还是企业内部的驱动力。在"生态竞争"法则和利润法则的双重驱动下，在环境日趋恶化、市场倾向生态产品消费的背景下，企业内部的生态意识将逐渐增强，生态化创新成为企业把握技术机会和市场机会、赢得社会认同的重要途径。

（2）经济效益最大化的吸引力。生态化技术是一种全新的技术模式，它是未来技术发展的趋势。生态化创新技术是必然趋势，其前景和产生的市场价值是巨大的，因此对企业来讲，放弃传统技术，去开发一种有利于环境保护的生态技术，一方面，可以使企业占据未来市场的领导地位，使企业能够获得较高的垄断利润和获取长期的利益保障；另一方面，又可以节约由于使用传统技术所产生的一些成本，如排污费等。同时，企业开展生态创新可以提升其在公众心目中的形象，使企业的市场份额不断扩大，从而促进企业的长期发展。

（六）辅助性支持机制

生态化工业园区以生产为主，其建设过程中建立与实现生态化要求相关的机制固然重要，但其建设除涉及工业行业外，还涉及农业、服务业、信息业等多种行业，对多种行业进行跨行业整合，需要建立相应的服务、市场支持、信息情报机制，协调多行业之间的市场运作和服务，实现共同发展。

不同性质的产业要求的服务配合也不尽相同，如对冶金、化工、电力等重化工业而言，仓储、物流的服务十分重要，而对纺织、服装等劳动密集型工业而言则要求生活服务业较为完善。

市场支持是要建立明确的交易标准，利用经济杠杆连接不同企业。市场支持就是在双方产权明晰、诚实守信的前提下，按照市场经济规律实现商品交易，当然，生态化工业园区中最常见的上下游企业之间的物质和能量交换，也应是在市场支持机制建立的前提下开展运行。

生态化工业园区还要通过建设信息情报中心、互联网信息平台等方式，为园区内企业建立起信息沟通的桥梁，实现企业间生产信息、技术信息、人力资源的沟通和共享。信息沟通可以使企业了解市场和相关的先进技术，形成企业互动和学习效应促进观念的更新、先进技术的推广，提高园区企业的竞争力。

第三节 生态化高新园区发展：江苏案例

一、基本情况

江苏自20世纪90年代就开始重视高新技术产业开发（园）区的研究和开发，现有高新园区23家，其中国家级高新园区11家，省级高新园区12家。经过近20年的建设和发展，江苏高新园区已成为提升传统产业、推动扩大就业、带动地方经济发展、推进经济和科技体制改革的生力军，成为江苏经济和社会发展的最大亮点。截止到2014年，江苏高新园区以不到全省1%的土地面积，创造了全省1/4以上的地区生产总值和财政收入、地方一般预算收入，1/3以上的工业增加值，集聚了全省1/3以上的全社会固定资产投入。江苏高新园区实际到账注册外资、进出口总额和出口额约占全省的3/4，1亿美元以上大项目中90%以上落户在高新园区。其中国家级高新园区实际到账注册外资占全省高新园区的比重超过50%，进出口总额和出口额占全省高新园区的比重均达到80%。

高新园区已成为江苏新兴产业和重点产业的集聚区。南京软件、苏州电子信息、无锡新能源、泰州生物医药、扬州光电、南通海工装备、徐州工程机械、连云港新材料、宜兴节能环保等重点产业和新兴产业都形成了江苏高新园区的特色，创出了江苏高新园区的品牌，引领了江苏高新园区的生态化发展。

二、主要特点

江苏以国家级生态化高新园区创新建设为重点，同时还选择一批产业基础好、创新水平强的省级高新园区开展创新试点，促进生态化高新园区创新与产业创新互动。

（一）国家级创新型高新园区在各类生态化高新园区转型发展中占主导地位

2014年，苏州高新区、无锡高新区、苏州工业园三个国家级高新园区实现的工业总产值、工业增加值、总收入、国内生产总值、出口创汇、利税分别占全省高新园区的67.37%、64.86%、64.62%、68.35%、88.03%和57.27%。

2014年，苏州工业园区工业产品销售收入达4500亿元，其中，八大战略性新兴产业实现工业总产值突破 3000 亿元,占了全市规模以上工业总量的 12%。园区聚集了 1000 多家高科技企业,主要集中在生物医药、软件及动漫游戏、纳米光电新能源、生态环保等新兴产业领域。

苏州高新区作为全国首批、江苏省首家启动建设国家创新型高新园区,已成长为苏州经济的重要增长极、自主创新和高新技术产业化的重要基地。2014 年,苏州高新区申报的各类科技项目就达 320 项,其中 150 项科技项目获市级以上立项,同比增长 56.41%;引进孵化企业 223 家,其中科技产业化项目(企业)190 项;新认定研发中心、工程技术中心 33 家。

2014 年,无锡高新区高新技术产业产值达 2800 亿元,占全市总量的近 50%。高新园区共拥有省级以上高新技术企业 300 家,22 家企业进入省百强高新技术企业,其中 4 家企业的营业收入超过百亿元。IC 产业以逾 390 亿元的年销售额,占全国的 16%,IC 设计居全国第三位。迄今为止,无锡高新区的人才总量已达到 13 万人,其中高层次人才达 1.3 万人,尤其是近三年中引进海外领军人才创办企业 120 家。

(二)省级各类生态化创新型高新园区经济总量稳步提高,产业群各具特色

2014 年,江苏省规划建设的南京创新创业模范路、苏州科技城、昆山科技创新园、无锡太湖国际科技园、泰州中国医药城、连云港清洁能源创新产业园等 10 个省级生态化创新型高新园区取得较大进展。10 个省级生态化创新型高新园区实现工业总产值、工业增加值、总收入、国内生产总值、出口创汇、利税分别占全省科技高新园区的 32.63%、35.14%、35.38%、31.65%、11.97% 和 42.73%,主要经济指标在全省高新园区中所占份额均高于上年度,增幅均高于全省高新园区平均水平。省级生态化创新型高新园区依据自身优势资源,发展特色产业集群,例如:昆山科技创新园以昆山工业研究院、清华科技园、国家级高新技术创业服务中心等创新载体为基础,整合创新资源,合力打造生态化核心创新地带。规划面积 2 平方公里,重点发展以模具为特色的精密机械产业,以太阳能、风能为特色的可再生能源产业,以有机发光显示为特色的光电产业,积极培育以机器人为特色的数字装备产业及以小核酸为特色的生物医药产业。

再如,苏州科技城规划面积 25 平方公里,累计投入 100 亿元,建成产业化用房及功能配套设施 100 万平方米,入驻企业达 130 多家,以 IT、IC 微系统研发设计,光电研发设计,生物医学,软件服务外包,文化创意等为主的高端现代科技服务主导产业群初具规模。

(三) 其他各类生态化高新园区创新发展初具规模,产业创新要素加快集聚

泰州医药城从引进研发机构和创新成果入手,短短三年多就在全国 130 多家医药产业园区中脱颖而出,成为国家医药高新技术产业高新园区。2014 年已有国内外 50 多家科研机构、130 多家企业入驻,落地申报新医药研发成果 260 多项。

常州高新区努力争创国家创新型高新园区。目前已形成"一核八园"的战略布局,以常州科教城为技术与成果转移、转化、研发、中试和孵化的基地,重点发展包括创意、生物医药、光伏和新能源车辆、风电、半导体照明、机器人及智能装备和功能新材料八大新兴产业及其专题园区。2014 年,常州高新区高新技术产业实现产值 1000 亿元,同比增长 26.7%;规模以上高新技术产业产值占规模以上工业的比重达 52%。

2014 年,江苏还新获批两个国家级大学科技园、15 个国家级高新技术创业服务中心,新获批国家高技术特色产业基地九家,总数达 68 家,新增国家国际科技合作基地 4 家。创建国家级各类创新平台取得了较大突破,新建国家级重点实验室、工程技术研究中心等平台 8 家,建立 13 家企业研究院、15 个重大产业创新支撑平台。

三、存在的问题

(一) 促进生态化创新的管理体制和运行机制不够完善

高新园区以企业为主体、市场为导向、产学研相结合的生态化创新体系不够完善,科技资源配置尚未打破部门分割、行业分割和条块分割的限制,知识产权意识相对淡薄,人才政策和制度没有落到实处,生态化创新评价体系标准不够科学和规范,科技成果向产业转化渠道不够通畅。

(二) 高新园区企业生态化创新发展水平不够强,产业集聚度不高

高新园区具有自主知识产权的高新技术产品产值占整个高新技术产品产值的比重偏低,企业在创新投入、创新产出和科技成果的产业化实现等方面还没有真正成为创新主体,许多企业缺乏核心技术、创新成果和知名品牌。高新园区产业集群培育水平较差,产业链上下游尚不完整,部分产业缺乏国内外知名的龙头企业,集群竞争优势有待提高。

(三) 科技服务体系不健全,支撑能力不明显

科技中介机构、投融资服务数量偏少,人员相对分散,向企业提供服务的面

不广。现有机构工作开展不够系统、全面，服务产品的品种过于单一，不能满足企业全方位的需求。

（四）生态化创新型高端人才资源不足，原创能力不强

科技人员特别是高层次人才的绝对数和占人口比重仍偏低，不能满足高新产业发展的要求。同时，领军型人才、行业专家、科技企业技术骨干和企业家等几类人才还相对分散，不能形成生态化创新合力。新兴产业高端人才缺乏，尤其是在光电子、软件、生物等领域创新人才匮乏，缺乏统领创新发展的科技企业家。

（五）在生态化创新发展方面还存在国家与地方政府管理目标的差异

国家对高新园区的最初定位就是"发展高科技，实现产业化"，在现阶段，国家又提出建设创新型国家的战略，对高新园区又提出了生态建设导向下的"四位一体"的发展定位要求，着力推进并持续深化"五个转变"，通过建设生态型、创新型高新园区，实现提高自主创新能力目标。但对于地方而言，高新园区只是集中布局优势产业、促进招商引资的重要平台之一，是带动经济结构调整、加快区域经济发展的增长极之一。定位上的差异也导致高新园区建设上的一系列不一致，不利于生态化高新园区创新发展工作的开展。

第四节 生态化园区的评价体系构建

一、指标体系的理论预选

基于对生态化高新园区创新发展内涵的理解及生态化高新园区发展水平评价指标体系相关文献的研究，结合生态化创新驱动过程模型以及对生态化高新园区创新要素结构的分析，通过对江苏生态化高新园区创新发展现状的调查，遵循生态化高新园区创新水平指标设计的原则，本研究提出了生态建设导向下的生态化高新园区创新水平评价指标体系。

该指标体系共分为四个层次：目标层、准则层、子准则层和指标层。其中，目标层是一个总指标——生态化高新园区创新发展水平综合评价指数，反映生态化高新园区创新发展的实现程度。准则层由四个指标构成，分别为：生态化创新发展的环境支撑力、生态化创新发展投入能力、生态化创新发展产出能力和生态化创新发展的可持续发展能力。每一个准则层下对应三个或四个子准则层。指标层由 58 个具体评价指标构成（计为 $X^{(1)}$）。具体为：

（一）生态化创新发展的环境支撑水平

高新园区发展，生态化创新环境是关键。从世界范围内科技园区发展的经验和教训来看，创新环境是决定科技园区成败的关键。高新园区发展主要就得益于坚持不懈地改革管理体制和运行机制，为高新技术产业发展创造良好的环境和条件。高新园区的生态化创新环境支撑水平主要包括创新的基础设施、金融、政府和文化支撑力四大方面。

创新基础设施初步选用指标是：①每万人邮电业务量；②高新园区内宽带的接入率；③园区写字楼空置率；④科技情报和文献结构数；⑤人居环境评价（定性）。

创新金融选用指标是：①商业银行数；②非银行金融机构数；③园区企业当年获得的风险投资额占 GDP 的比例；④风险投资机构比率。

创新政府支撑选用指标是：①政府出台支持性法规；②园区财政科技拨款占园区全部财政支出比例；③政府雇员占就业人数的比例；④企业的平均税负水平。

创新文化支撑力选用指标是：①公民创新创业的欲望（定性）；②企业活力（定性）；③高新园区文化的开放度和包容性（定性）；④创新组织水平（定性）。

（二）生态化创新发展的投入能力

生态化创新发展投入是高新园区发展的内在动力，以下从经费投入、创新人才投入和科技活动机构三个方面，分析影响生态化高新园区创新投入的因素指标。

经费投入选用指标是：①千人拥有科技活动经费筹集总额；②政府对科技创新的总投入；③企业研发总投入占总销售收入的比重；④技术引进与消化吸收投入比例；⑤R&D 经费支出占 GDP 的比重；⑥产学研合作金额。

创新人才投入选用指标是：①大专以上从业人员比率；②科学家与工程师占科技活动人员比重；③从事 R&D 人员总数占年末从业人数比例；④人员培训；⑤硕士以上从业人员比率。

科技活动机构选用指标是：①万人拥有产学研联盟企业数量；②万人拥有的科技中介机构数；③自主创新企业占企业总数的比重；④万人拥有的国家认定的技术中心数量；⑤孵化企业占企业总数的比重；⑥注册资本 500 万元以下新增科技型中小企业数占当年新注册企业数的比例；⑦高新技术企业数占企业

总数的比重。

（三）生态化创新发展的产出能力

生态化创新发展的产出能力是指生态化创新产出的成果对一个地区或国家经济效益的贡献水平。以下从科技成果、创新产品和经济效率三个方面分析影响高新园区技术产出能力的因素指标。

科技成果选用指标是：①每千名科技活动人员发表的科技论文被国外主要检索工具收录数（篇/千人）；②承接国家重大科技项目数；③每万人获国家级科技成果奖数；④每万名从业人员当年新增授权发明专利数。

创新产品选用指标是：①高新技术产业总产值；②高新技术新产品销售收入占主营业务收入的比重（%）；③高新技术产业产品出口额占总出口额的比重；④高新技术产业占规模以上工业比重；⑤高新技术产业总值占 GDP 的比重。

经济效率选用指标是：①劳动生产率；②科技转化率；③科技进步对 GDP 贡献率。

（四）生态化创新发展的可持续发展能力

生态化创新发展的可持续发展能力是指区域经济通过生态化创新而具有的可持续发展能力。在生态资源约束下，生态化创新在推进区域经济结构调整优化、实现资源的可持续利用、推动区域经济增长方式的根本转变、促进人与自然的和谐发展等方面的作用越来越突出，成为区域经济可持续发展的不可或缺的决定性力量。以下从 R&D 可持续发展能力、物质减量与循环发展水平、生态环境改善潜力三方面分析影响高新园区可持续发展的生态化创新因素指标。

R&D 可持续发展能力选用指标是：①R&D 人员数量年递增率；②科技投入占 GDP 的比例；③R&D 经费强度年递增率。

物质减量与循环发展水平选用指标是：①单位 GDP 综合能耗；②单位增加值综合能耗；③工业"三废"综合利用率；④单位 GDP 固废产生量；⑤循环利用率。

生态环境改善潜力选用指标是：①园区绿化覆盖率；②环保投资占 GDP 比重；③清洁能源所占比例。

二、指标体系的筛选

理论评价模型是依据生态化高新园区创新发展水平内涵及以往创新水平评价指标的相关研究结果确立的，在上述 58 个评价指标中包含了研究者很大的主观成分，这种指标选取方法的客观性和合理性难以得到有效保证。其主要问题表现在：一是评价指标数量偏多，信息重叠；二是评价指标之间的相关性问题，信息失真；三是评价指标的鉴别力问题。因此，有必要选择若干高新园区对其生态化创新发展的水平进行测试，依据测试结果对评价指标进行相关性和鉴别力分析，以进一步优化生态化高新园区创新发展水平评价体系。

（一）评价指标的专家筛选

考虑到德尔菲法（Delphi Method）的优越性，为能充分发挥各位专家的作用、集思广益，课题组采用德尔菲法，把上述理论预选的评价指标设计为问卷调查表，请专家根据自己的知识和经验进行筛选，选择能较好地反映生态化高新园区创新发展特性的评价指标。

为此，从苏州、无锡、常州、南京、江阴和武进等10个高新园区和其他相关机构选择了120位专家。这些专家都是掌握较为深厚的投资环境理论或在高新园区具有较长工作时间和丰富管理经验的人，他们来自不同的地区、高校、研究机构、高新技术企业、科技园区管理机构和风险投资公司。课题组共收回专家咨询表120份，其中有效咨询表110份，约占发放总数的91.7%。有效专家咨询表的样本分布情况如图4-6所示。

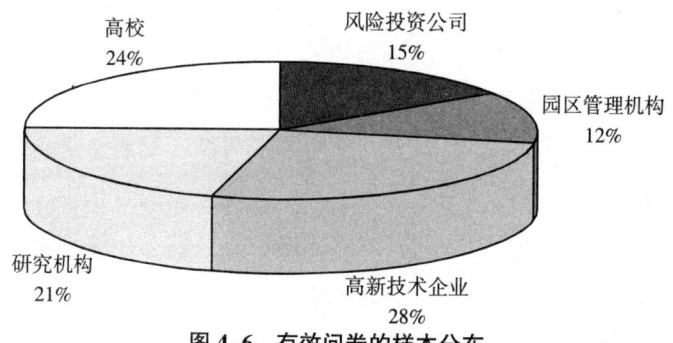

图4-6 有效问卷的样本分布

为了深入分析各位专家对理论遴选评价指标的总体看法，课题组以回收的有效调查表为基础，对评价指标进行隶属度分析。隶属度概念来自模糊数学，是指元素属于某个集合的程度。我们把生态化高新园区创新发展水平评价指标体系视为一个模糊集合，把每个指标视为一个元素，对每个指标进行隶属度分析。

假设在第 i 个评价指标 X_i 上，专家选择总次数为 M_i，即总共有 M_i 位专家认为 X_i 是评价生态化高新园区创新发展的重要指标，则该评价指标的隶属度为：$r_i = \dfrac{M_i}{110}$。

如果 r_i 值很大,表明该指标在很大程度上属于模糊集合,即评价指标 X_i 在评价体系中很重要,可以保留;反之,该评价指标则有必要删除。通过对 110 份有效问卷的统计分析,分别得到了 58 个评价指标的隶属度,删除了隶属度低于 0.25 的 6 个评价指标:"园区写字楼空置率"、"政府出台支持性法规"、"千人拥有科技活动经费筹集总额"、"注册资本 500 万元以下新增科技型中小企业数占当年新注册企业数的比例"、"每千名科技活动人员发表的科技论文被国外主要检索工具收录数(篇/千人)"和"单位 GDP 固废产生量",保留了其中的 52 个评价指标构成了第二轮评价体系 $X^{(2)}$。

(二)评价指标的相关性分析

在第二轮评价指标 $X^{(2)}$ 中,各项指标通常还存在着一定的相关性,这种相关性会导致被评价对象信息的重复使用,从而降低评价的科学性和合理性。课题组以第二轮评价指标 $X^{(2)}$ 为工具,采用五点等距心理评定法,对 2014 年苏州、无锡、常州、南京、武进、江阴等十个高新园区创新性水平进行了实际测评,对第二轮评价指标 $X^{(2)}$ 进行相关性分析。

相关性分析通常包括以下三个基本过程:

(1)指标标准化处理。设 X_i 为评价指标的原始数据,$\bar{X}$ 为评价指标的均值,S_i 为评价指标的标准差,Z_i 为标准化值,则有:

$$Z_i = \frac{X_i - \bar{X}}{S_i}$$

(2)计算各个评价指标之间的简单相关系数 R_{ij}。计算公式为:

$$R_{ij} = \frac{\sum_{k=1}^{n}(Z_{ki} - \bar{Z}_i)(Z_{kj} - \bar{Z}_j)}{\sqrt{\sum_{k=1}^{n}(Z_{ki} - \bar{Z}_i)^2(Z_{kj} - \bar{Z}_j)^2}}$$

据此,规定一个临界值 $M(0 < M < 1)$,如果 $R_{ij} > M$,则可以删除其中的一个评价指标 X_i 或 X_j;如果 $R_{ij} < M$,则同时保留这两个评价指标。

根据上述原理,课题组运用 SPSS 统计软件包对第二轮评价指标 $X^{(2)}$ 中的 47 个客观评价指标进行相关分析,得到相关系数矩阵。给定临界值 M 为 0.6,在相关系数矩阵中共有 7 对评价指标的相关系数大于该临界值,删除了其中隶属度相对较低的 7 个评价指标:"每万人邮电业务量"、"风险投资机构比率"、"企业研发总投入占总销售收入的比重"、"万人拥有的产学研联盟企业数量"、"高技术新产品销售收入占主营业务收入的比重（%）"、"科技投入占 GDP 的比例"和"单位增加值综合能耗"，保留剩余的 40 个客观评价指标和 5 个主观评价指标构成第三轮评价体系 $X^{(3)}$。

（三）评价指标的鉴别力分析

评价指标的鉴别力是指评价指标区分评价对象特征差异的水平。在所构建的评价体系中，如果所有被评价的高新园区在某个评价指标上几乎一致地呈现很高或很低的得分，那么就可以认为这个评价指标几乎没有鉴别力，不能诊断出不同生态化高新园区创新性水平的差异。

在评价的指标反应理论（Index Response Theory）中，通常把指标特征曲线的斜率作为评价指标的鉴别力参数，斜率越大，其鉴别力也就越高。图 4-7 给出了三个评价指标的特征曲线，结果表明评价指标 A 的鉴别力就不如评价指标 B 和指标 C。

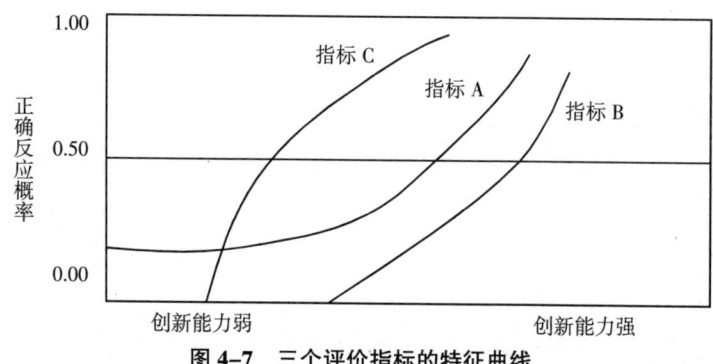

图 4-7 三个评价指标的特征曲线

但构造上述的特征曲线需要获取较多的实际资料，这是一件相当有难度的事情，在实际应用中，人们通常用变差系数来描述评价指标的鉴别力：

$$V_i = \frac{S_i}{\overline{X}}$$

其中，$\overline{X} = \frac{1}{n}\sum_{i=1}^{n} X_i$ 为平均值，$S_i = \sqrt{\frac{1}{n-1}\sum_{i=1}^{n}(X_i - \overline{X})^2}$ 为标准差。

变差系数越大，该指标的鉴别水平越强；反之，鉴别水平则越差。根据实际需要，可以删除变差系数相对较小即鉴别力较差的评价指标。

根据上述原理，运用 SPSS 19.0 统计软件包对这些评价指标进行方差分析，在方差分析基础上计算第三轮评价体系 $X^{(3)}$ 中的 40 个客观评价指标的变差系数，删除了变差系数相对较小的"政府雇员占就业人数的比例"、"科学家与工程师占科技活动人员比重"、"万人拥有的国家认定的技术中心数量"、"每万人获国家级科技成果奖数"、"高新技术产业占规模以上工业比重"和"园区绿化覆盖率"6个评价指标，保留了其中的34个客观评价指标和5个主观评价指标共39个评价指标构成第四轮评价体系 $X^{(4)}$，作为测评江苏生态化高新园区创新发展水平的正式评价指标体系。

指标体系结构如图4-8所示。

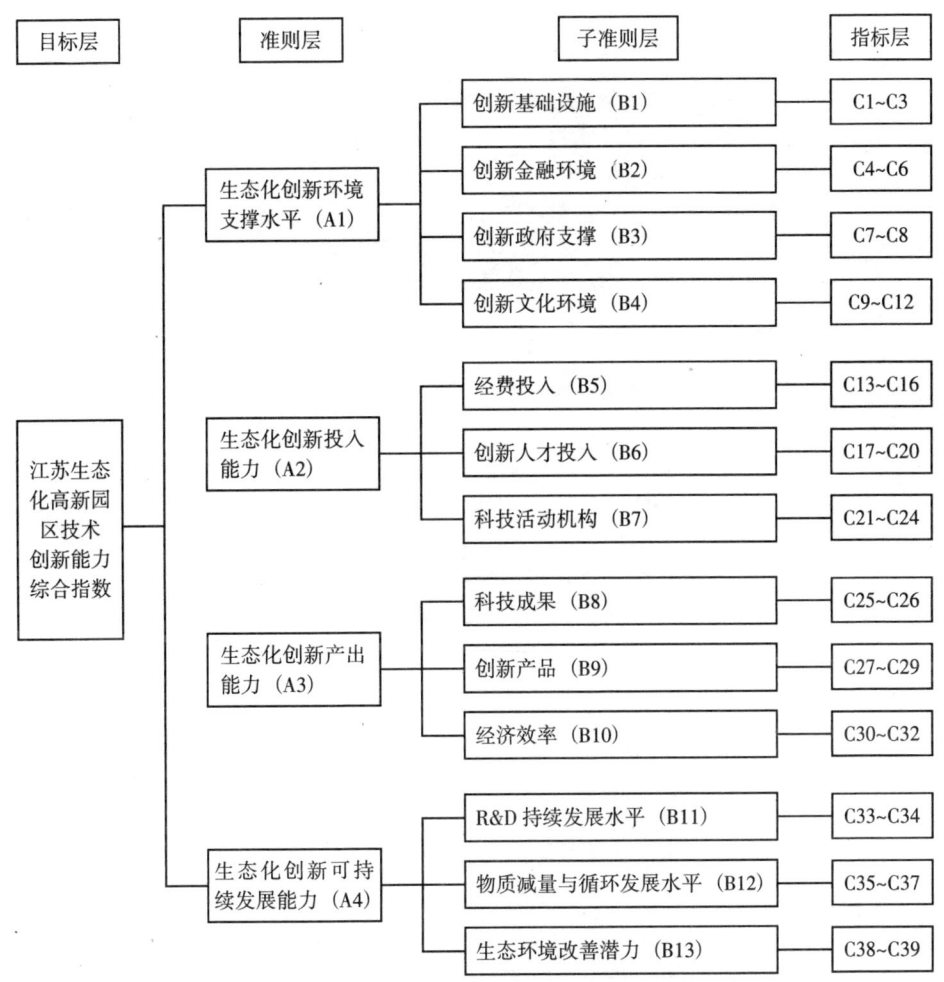

图4-8 江苏生态化高新园区创新发展水平评价指标体系结构

该指标体系设计主要体现了两个方面的特点：一是始终围绕着一个主线，即在生态资源约束下从生态化创新投入到创新产出以至涉及的生态化创新可持续发展,这样一个由点到线、由线到面的发散思路,同时将生态化高新园区创新发展的制度创新、金融创新等环境支撑作为重要支撑内容来构建评价指标体系。二是在指标体系设计时,充分考虑了江苏高新园区的特点。同时,为了减少数据评估的主观因素,增强指标的可度量性和结果的客观性,本书尽量设置有明确的统计资料支撑的量化指标来衡量相关结果。

图 4-8 中有关指标代码的实际含义如表 4-2 所示。

表 4-2　江苏生态化高新园区创新发展水平指标层评价指标代码

序号	代码	指标	单位
1	C1	宽带接入率	%
2	C2	科技情报和文献机构数	个/万人
3	C3	人居环境评价	定性
4	C4	商业银行数	个
5	C5	非银行金融机构数	个
6	C6	园区企业当年获得的风险投资额占 GDP 的比例	%
7	C7	园区财政科技拨款占园区全部财政支出比例	%
8	C8	企业的平均税负水平	%
9	C9	公民创新创业的欲望	定性
10	C10	创新组织水平	定性
11	C11	企业活力	定性
12	C12	高新园区文化的开放度和包容性	定性
13	C13	政府对科技创新的总投入	万元
14	C14	R&D 经费占 GDP 的比重	%
15	C15	产学研技术合作金额	万元
16	C16	技术引进与消化吸收投入比例	%
17	C17	大专以上从业人员比率	%
18	C18	硕士以上从业人员比率	%
19	C19	从事 R&D 人员总数占年末从业人数比例	%
20	C20	人员培训	有/无
21	C21	高新技术企业数	个
22	C22	高新技术企业数占企业总数的比重	%
23	C23	自主创新企业占企业总数的比重	%
24	C24	孵化企业占企业总数的比重	%
25	C25	专利申请及授权情况	个
26	C26	承接国家重大科技项目数	个
27	C27	高新技术产业总产值	万元
28	C28	高新技术产业总值占 GDP 的比重	%
29	C29	高新技术产业产品出口额占总出口额的比重	%

续表

序号	代码	指标	单位
30	C30	劳动生产率	%
31	C31	科技转化率	%
32	C32	科技进步对GDP贡献率	%
33	C33	R&D人员数量年递增率	%
34	C34	R&D经费强度年递增率	%
35	C35	单位GDP综合能耗	%
36	C36	工业"三废"综合利用率	%
37	C37	循环利用率	%
38	C38	环保投资占GDP比重	%
39	C39	清洁能源所占比例	%

三、评价指标诠释

(一) 生态化创新环境支撑水平 (A1)

高新园区建设，生态化创新环境是关键。从世界范围内科技园区发展的经验和教训来看，生态化创新环境是决定科技园区成败的关键。高新园区的发展，主要就得益于坚持不懈地改革管理体制和运行机制，为高新技术产业发展创造良好的环境和条件。高新园区的生态化创新环境支撑水平主要从创新的基础设施、金融、政府和文化支撑力四大方面进行分析，各个指标所代表的具体含义如下：

C1：高新园区内宽带的接入率是高新园区内宽带用户总数与这个区域内总人口数相比较后得到的结果。

C2：科技情报和文献结构数可以评测高新园区内的企业对竞争对手的动向进行监控和评估的水平，对可能出现的机遇和危险提供早期预警的水平，为企业的战略规划、竞争策略和决策策略的制定提供可靠的依据。

C3：人居环境评价反映了城市的支持系统质量。人居环境相当于整个城市系统环境，这一环境的功能是满足居民更高层次的社会需求和承担城市总体环境系统安全、高效运行的职能。

C4：商业银行已经成为了地区经济主要服务的主体，商业银行的灵活经营模式与有针对性的服务，能大力支持高新园区经济的发展。

C5：非银行金融机构不能办理结算业务，因而其放贷过程中，只会改变现有存款的结构，不会扩大货币供应量，与从紧的货币政策不相违背，相反会起到搞活微观金融的作用。

C6：园区企业当年获得的风险投资额占GDP的比例旨在反映一个园区风险投资的发展水平，反映风险资本、金融资本等资本市场的动力程度。

C7：园区财政科技拨款占园区全部财政支出比例是体现政府对高新园区创新创业的政策性支持，有好的政策支持能保证高新园区健康向上的发展。

C8：企业的平均税负水平反映园区企业对国家和社会的贡献，也反映了园区创造价值的效率，体现了政府对高新园区企业发展的支持。

C9：公民创新创业的欲望是反映高新园区公民整体创新创业意识，是生态化高新园区创新文化氛围的基础。

C10：生态化创新组织水平是以组织建设提升整体创新水平，在致力于创新型组织建设的过程中确立创新价值理念并予以制度化，是一个企业或科研机构的生存之道和发展之道，只有建立适于创新活动的资源分配原则、组织实施原则和评价原则，创新活动才能够顺利展开。

C11：高新园区企业活力是高新园区企业创新之源，是企业快速发展的核心动力。

C12：文化的开放度和包容性是体现高新园区整体文化氛围的强弱性，文化的开放度和包容性是高新园区经济发展和文化创新的关键。

（二）生态化创新投入能力（A2）

生态化创新投入是高新园区发展的内在动力，从经费投入、创新人才投入和科技活动机构三个方面，影响生态化高新园区创新投入的各因素指标的具体含义如下：

C13：政府对生态化科技创新的总投入和科技基础条件平台，是高新园区科技创新的物质基础，是科技持续发展的重要前提和根本保障。

C14：R&D是衡量高新园区科技发展水平的重要指标。以R&D经费支出占GDP的比重来说明这个区域的科技发展水平。

C15：产学研合作作为科技创新的骨干力量和突击队，推动了以企业为主体的生态化创新体系建设。产学研合作金额的多少是体现生态化高新园区创新投入的重要保障之一。

C16：技术引进与消化吸收投入比例是高新园区引进技术投资金额与消化吸收金额的比值，技术引进是加速技术传播和消除技术势差的有效途径，而引进技术的消化吸收是体现技术引进成功与否的途径。

C17：大专以上从业人员比率是指高新园区内大专学历以上从业人员的数量与总从业人员数量之间的比重，用来衡量高新园区内人力资源的普遍性智力水平。

C18：硕士以上从业人员比率是指高新园区内硕士学历以上从业人员数量与总从业人员数量之间的比重，用来衡量区内高学历人力资源的特殊性智力水平。

C19：从事 R&D 人员总数占年末从业人数比例是高新园区从事 R&D 事业人员与总人员的比值，同样反映了高新园区内生态化创新的人力资源结构。

C20：人员培训是迎接新技术挑战的需要，是调动员工积极性的有效方法。

C21：万人拥有的科技中介机构数的多少体现了高新园区从事高新技术转让、交易的活跃程度。

C22：高新技术企业数占企业总数的比重是高新园区从事高新技术的企业占总企业的比值。

C23：自主创新水平是区域竞争力核心，提升高新园区企业自主创新水平是实施区域创新战略着力点和突破口。自主创新企业数是高新园区企业生态化创新的关键之一。自主创新企业占企业总数的比重是高新园区自主创新企业占总企业的比值。

C24：孵化企业简称创业中心，国际上一般称之为企业孵化器，指一个集中的空间，能够在企业创办初期举步维艰时，提供资金、管理等多种便利，旨在对高新技术成果、科技型企业和创业企业进行孵化，以推动合作和交流，孵化企业数是高新园区企业生态化创新的关键之一。孵化企业占企业总数的比重是高新园区孵化企业占总企业的比值。

（三）生态化创新产出能力（A3）

生态化创新产出能力是指生态化创新产出的成果对一个地区或国家经济效益的贡献水平。以下从科技成果、创新产品和经济效率三个方面分析影响高新园区技术产出能力的因素指标，各个指标含义如下：

C25：专利申请和授权情况主要包括每百人专利的申请量及每百人专利授予量两个方面的内容。专利申请量是用高新园区内当年专利申请的总数量与当年从业人员总数量之比来表示；专利授权量是用高新园区内当年专利授予的总数量与当年从业人员总数量之比来表示。

C26：承接国家重大科技项目数多少是衡量高新园区科技成果产出的水平之一。

C27：高新技术产业通常是指那些以高新技术为基础，从事一种或多种高新技术及其产品的研究、开发、生产和技术服务的企业集合。

C28：高新技术产业总值占 GDP 的比重是高新技术总产值和高新园区 GDP 之比。

C29：高新技术产业产品出口额是生态化高新园区创新产出能力衡量标准之一。高新技术产业产品出口额占总出口额的比重是高新技术产业产品和高新园区 GDP 之比。

C30：劳动生产率就是劳动者的生产效果或水平，高新园区劳动生产率是体现高新园区总经济效益的手段之一。

C31：科技转化率是指最后转化为商品的科技成果与所有孵化成果的比率。高新园区科技转化率是体现高新园区总经济效益的手段之一。

C32：科技进步对 GDP 贡献率指科技进步对 GDP 增长速度的贡献，即在 GDP 增长速度中科技进步因素所占比重。

（四）生态化创新可持续发展能力（A4）

生态化创新可持续发展能力是指在生态资源的约束下，通过绿色生态化创新，推进区域经济结构调整优化、实现资源可持续利用、推动区域经济增长方式根本转变、促进人与自然的和谐发展。以下从 R&D 持续发展水平、物质减量与循环发展水平和生态环境改善潜力分析影响高新园区可持续发展的生态化创新因素指标，各个指标的含义如下：

C33：R&D 人员数量年递增率是指高新园区从事 R&D 事业的人员每年增加数量与原数量的比值。

C34：R&D 经费强度年递增率是指高新园区 R&D 投入每年的增加数量与原数量的比值。

C35：单位 GDP 综合能耗是指消耗能源数量/GDP 总数（吨/万元）。

C36：工业"三废"综合利用率 = $\sqrt[3]{a_1 \times a_2 \times a_3}$ （%），其中，a_1，a_2，a_3 分别为废气、废水、固体废弃物的综合利用率。

C37：循环利用率 = $\sqrt[3]{a_1 \times a_2 \times a_3}$ （%），其中，a_1，a_2，a_3 分别为水资源、原材料和能源的循环利用率。

C38：环保投资占 GDP 比重 = 环保投资额/GDP 总数（%）。

C39：清洁能源所占比例 = 清洁能源数量/能源总数量（%）。

四、指标的无量纲化方法

无量纲化,也叫数据的标准化、规格化,它是通过数学变换来消除原始变量(指标)量纲影响的方法。本研究的问题递阶层次多,指标结构稍显复杂,计算更是非常不易。所以层次分析法处理的问题都由 MATLAB 软件中的无纲量化程序来处理。本研究中用到的大量数据的计算功能都可以用这个软件来实现,结合要实现的目的,即求特征值和特征向量,经过简单的编程语句就可以实现。首先对数据进行归一化处理,主要调用程序"pn=(p-meanp)/stdp"。

五、权数的确定

这里运用改进的 Cov-AHP 法进行权数的确定。所得结果如表 4-3 至表 4-5 所示。

(一)指针层

表 4-3 指标层指标权重

序号	权重	序号	权重	序号	权重
C1	0.230	C14	0.241	C27	0.349
C2	0.332	C15	0.264	C28	0.380
C3	0.448	C16	0.207	C29	0.271
C4	0.387	C17	0.232	C30	0.267
C5	0.237	C18	0.250	C31	0.394
C6	0.376	C19	0.292	C32	0.339
C7	0.539	C20	0.216	C33	0.388
C8	0.361	C21	0.261	C34	0.612
C9	0.147	C22	0.256	C35	0.351
C10	0.361	C23	0.301	C36	0.307
C11	0.227	C24	0.182	C37	0.342
C12	0.265	C25	0.624	C38	0.589
C13	0.288	C26	0.376	C39	0.411

(二)子准则层

表 4-4 子准则层指标权重

序号	权重
B1	0.215
B2	0.272

续表

序号	权重
B3	0.264
B4	0.249
B5	0.386
B6	0.312
B7	0.302
B8	0.355
B9	0.321
B10	0.324
B11	0.367
B12	0.332
B13	0.301

（三）准则层

表 4-5　准则层指标权重

序号	权重
A1	0.184
A2	0.319
A3	0.302
A4	0.195

第五节　生态化园区发展实证：江苏案例

一、评价的目的、对象、方法和数据来源

（一）评价目的

通过运用上一节建立的指标体系，加入具体数据对江苏省生态化园区创新发展水平进行综合评价，将得出的评价结果与高新园区现实发展状况相比较，用比较结果的相符性来验证构建的指标体系的正确性和实用性。

（二）评价对象

江苏现有国家级高新园区 11 家，省级 12 家。省级高新园区成立时间大多较

晚,可以量化的产出还不是很多。一些国家级高新园区如武进、江阴等高新园区也是最近几年才升格上来,相关数据残缺。为了保证评价效果的客观性与公正性,本研究仅以其中数据资料较全、综合实力较强、对地方经济创新发展有重要影响,也最能代表江苏高新园区目前发展水平的五个国家级高新园区(苏州工业园区、常州高新区、无锡高新区、苏州高新区、南京高新区)为研究对象。

(三)评价方法和数据来源

(1)评价方法:层次分析法。

(2)评价模型:①$B1 = \sum (C_i - C_i 均值)/C_i 标准差 \times C_i 权数$,($i = 1, 2, 3,$),其中 C_i 为原始数据;②标准差:$s^2 = 1/n[(x_1 - m)^2 + (x_2 - m)^2 + \cdots + (x_n - m)^2]$。

(3)数据来源:《江苏统计年鉴》(2014)。

二、指标层评价结果

(一)生态化创新发展基础设施评价结果

2014年生态化高新园区创新发展基础设施(B1)评价结果如表4-6、图4-9所示。

表4-6 生态化高新园区创新发展基础设施数据整理

指标	苏州工业园区	常州高新区	无锡高新区	苏州高新区	南京高新区	均值	标准	权重
C1	69	45	38	32	24	41.6	17.16	0.230
C2	9	7	5	3	2	5.2	2.86	0.332
C3	12	4	6	8	2	6.4	3.92	0.448
B1值	1.50	−0.08	−0.29	−0.21	−1.01			

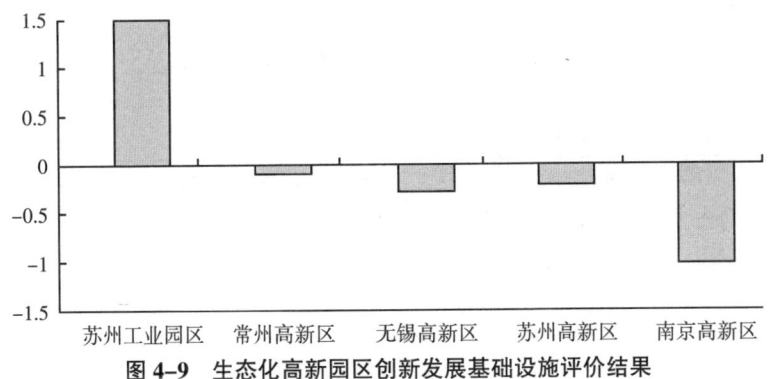

图4-9 生态化高新园区创新发展基础设施评价结果

由表4-6、图4-9分析结果可看出，苏州生态化工业园区创新发展基础设施明显优于其他四个高新园区，南京高新区创新基础设施较差。

（二）生态化创新发展金融环境评价结果

2014年高新园区生态化创新发展金融环境（B2）评价结果如表4-7、图4-10所示。

表4-7 高新园区创新金融环境数据整理

指标	苏州工业园区	常州高新区	无锡高新区	苏州高新区	南京高新区	均值	标准	权重
C4	28	19	21	13	9	18	7.35	0.387
C5	8	6	6	3	1	4.8	2.77	0.237
C6	11	6	7	9	3	7.2	8.95	0.376
B2值	0.96	0.1	0.25	−0.33	−0.98			

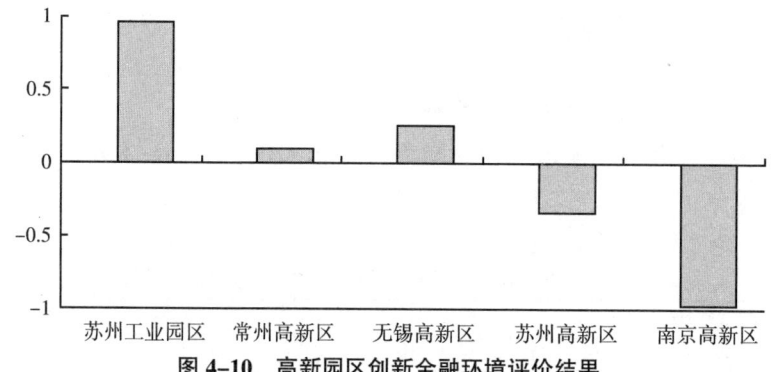

图4-10 高新园区创新金融环境评价结果

由表4-7、图4-10分析结果可看出，苏州工业园区、常州和无锡高新区创新金融环境都有不同优势，苏州、南京高新区创新金融环境较差。

（三）创新政府支撑评价结果

2014年高新园区创新政府支撑（B3）评价结果如表4-8、图4-11所示。

表4-8 高新园区创新政府支撑数据整理

指标	苏州工业园区	常州高新区	无锡高新区	苏州高新区	南京高新区	均值	标准	权重
C7	9	6	7	9	5	7.2	1.58	0.53
C8	10	8	8	7	6	7.8	1.92	0.36
B3值	1.13	−0.2	0.08	0.57	−0.01			

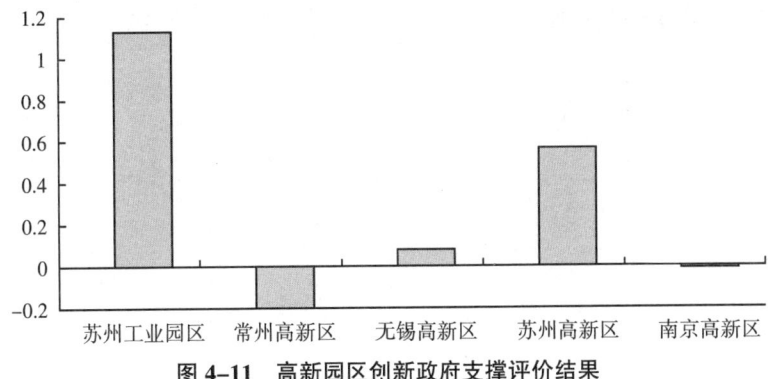

图 4-11 高新园区创新政府支撑评价结果

由表 4-8、图 4-11 分析结果可看出，政府对苏州工业园区生态化创新的支持有明显优势，其次为苏州高新区，体现出了苏州高新区在政府支持力度方面也明显地优于其他三个高新园区。

（四）创新文化环境评价结果

2014 年高新园区创新文化环境（B4）评价结果如表 4-9、图 4-12 所示。

表 4-9 高新园区创新文化环境数据整理

指标	苏州工业园区	常州高新区	无锡高新区	苏州高新区	南京高新区	均值	标准	权重
C9	9	4	5	8	4	6	2.35	0.14
C10	10	8	7	6	6	7.4	1.83	0.36
C11	9	6	6	8	4	6.6	1.95	0.22
C12	10	7	7	9	6	7.8	1.64	0.26
B4 值	1.44	−0.1	−0.3	0.2	−1.0			

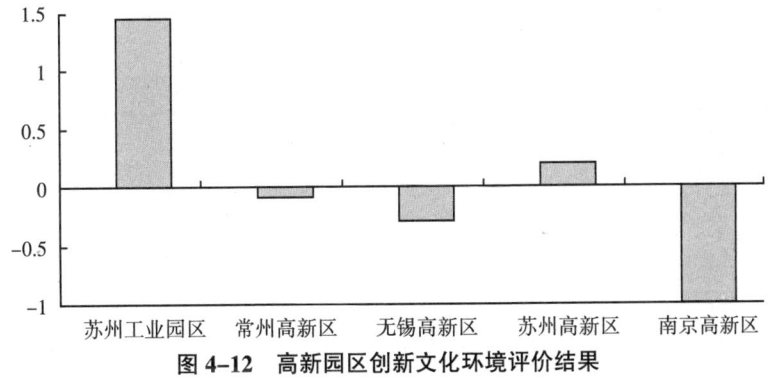

图 4-12 高新园区创新文化环境评价结果

可见，在高新园区创新文化环境方面，苏州工业园区、苏州高新区居于前列。

（五）经费投入评价结果

2014年高新园区经费投入（B5）评价结果如表4-10、图4-13所示。

表4-10　高新园区经费投入数据整理

指标	苏州工业园区	常州高新区	无锡高新区	苏州高新区	南京高新区	均值	标准	权重
C13	35122	62900	71728	3264	1782	34959.2	14515	0.288
C14	6.8	4	6	1	1	3.76	2.72	0.241
C15	18465	73600	92266	4663	3836	38566	74638	0.264
C16	21	16	18	17	13	17	2.92	0.207
B5值	1.54	−0.11	0.29	−0.67	−0.95			

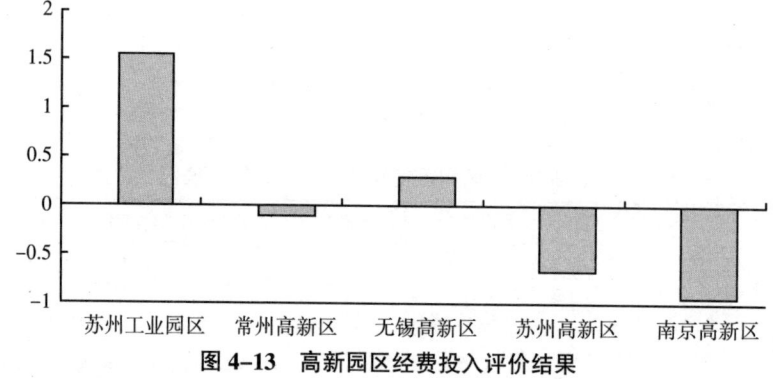

图4-13　高新园区经费投入评价结果

可见，在高新园区经费投入方面，苏州工业园区和无锡高新区名列前茅。

（六）创新人才投入评价结果

2014年高新园区创新人才投入（B6）评价结果如表4-11、图4-14所示。

表4-11　高新园区创新人才投入数据整理

指标	苏州工业园区	常州高新区	无锡高新区	苏州高新区	南京高新区	均值	标准	权重
C17	11900	6821	16285	4257	3638	8580.2	50010	0.232
C18	22	8	12	6	4	10.4	7.12	0.260
C19	8.7	11.6	9.5	3.8	6.6	8.04	2.97	0.292
C20	33	18	16	25	12	20.8	8.29	0.216
B6值	1.21	−0.10	−0.21	−0.81	−0.69			

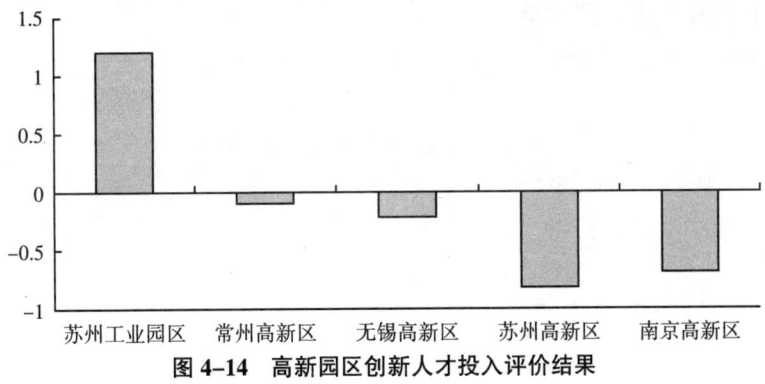

图 4-14 高新园区创新人才投入评价结果

由表 4-11、图 4-14 分析结果可看出，苏州工业园区作为国家重点建设高新园区之一，人才优势明显高于其他高新园区，常州高新区次之，苏州高新区较差。

（七）科技活动机构评价结果

2014 年高新园区科技活动机构（B7）评价结果如表 4-12、图 4-15 所示。

表 4-12　高新园区科技活动机构数据整理

指标	苏州工业园区	常州高新区	无锡高新区	苏州高新区	南京高新区	均值	标准	权重
C21	951	29	86	49	26	228.2	404.8	0.261
C22	13.7	10.9	52.1	55.6	34.7	33.4	17.98	0.256
C23	2.1	5.2	22.4	47.7	16.0	18.7	18.1	0.301
C24	1.8	3.6	16.2	38.5	14.4	14.9	14.65	0.182
B7 值	−0.28	−0.81	0.26	0.97	−0.16			

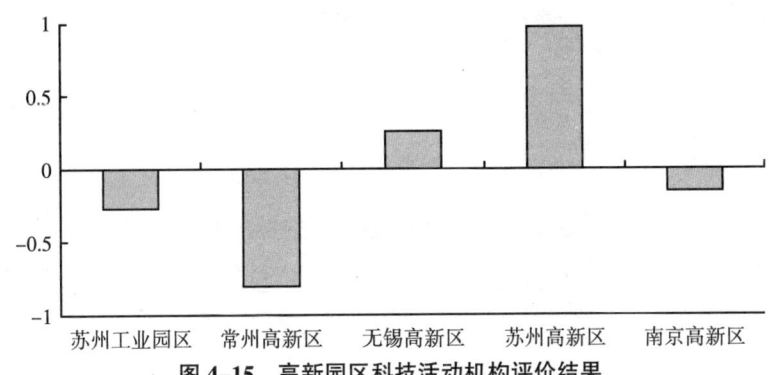

图 4-15 高新园区科技活动机构评价结果

可见，在科技活动机构数方面，苏州高新区和无锡高新区优于其他高新区。

（八）科技成果评价结果

2014年高新园区科技成果（B8）评价结果如表4-13、图4-16所示。

表 4-13　高新园区科技成果数据整理

指标	苏州工业园区	常州高新区	无锡高新区	苏州高新区	南京高新区	均值	标准	权重
C25	121	21	36	96	16	58	47.5	0.624
C26	8	2	4	18	0	6.4	6.98	0.376
B8值	0.92	−0.73	−0.42	1.12	−0.89			

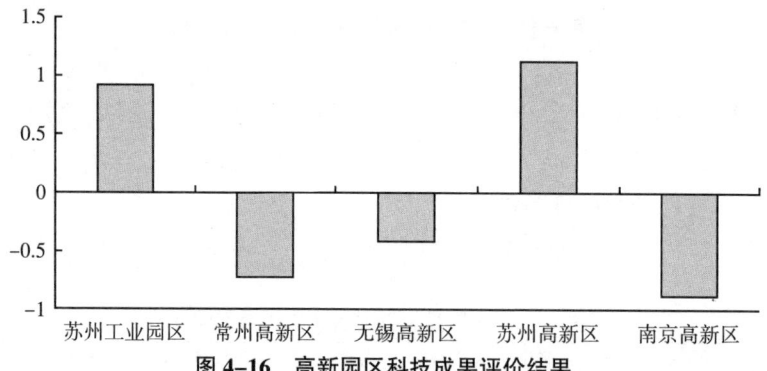

图 4-16　高新园区科技成果评价结果

可见，在高新园区科技成果方面，依然是苏州高新区和苏州工业园区排名在前。

（九）生态化创新产品评价结果

2014年生态化高新园区创新产品（B9）评价结果如表4-14、图4-17所示。

与前面各项指标相比，在高新园区创新产品方面，除了苏州工业园区依然排名第一外，无锡高新区和常州高新区则分列第二位和第三位。

表 4-14　高新园区创新产品数据整理

指标	苏州工业园区	常州高新区	无锡高新区	苏州高新区	南京高新区	均值	标准	权重
C27	31082	80893	64962	7227	24460	36832.8	12756	0.349
C28	61.0	46.5	55.7	3.0	17.8	36.8	25.2	0.380
C29	56.3	33.8	42.6	22.9	13.3	33.78	16.8	0.271
B9值	1.32	0.12	0.22	−0.94	−0.86			

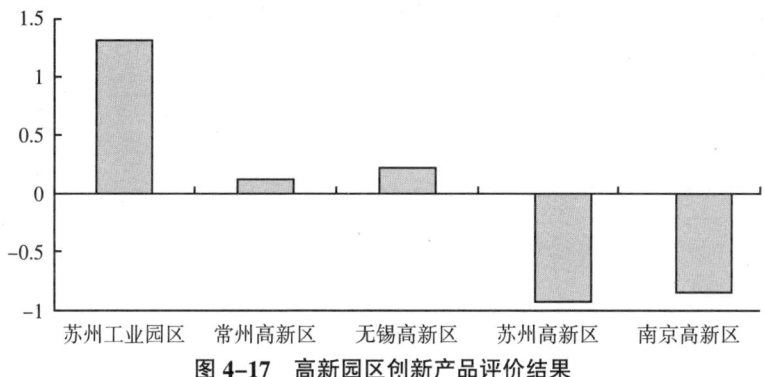

图 4-17 高新园区创新产品评价结果

（十）生态化创新经济效率评价结果

2014 年生态化高新园区创新经济效率（B10）评价结果如表 4-15、图 4-18 所示。

表 4-15 高新园区创新经济效率数据整理

指标	苏州工业园区	常州高新区	无锡高新区	苏州高新区	南京高新区	均值	标准	权重
C30	66	42	55	31	28	44.4	16.1	0.267
C31	8	4	6	7	2	5.4	2.41	0.394
C32	63	29	41	18	22	34.6	18.12	0.339
B10 值	1.32	−0.37	0.39	−0.27	−1.09			

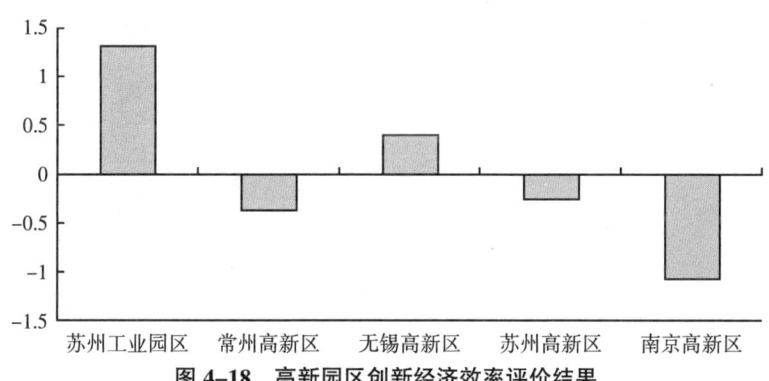

图 4-18 高新园区创新经济效率评价结果

可见，在生态化高新园区创新经济效率方面，其他高新区与苏州工业园区的差距仍较大。

（十一）R&D 持续发展水平评价结果

2014 年高新园区 R&D 持续发展水平（B11）评价结果如表 4-16、图 4-19 所示。

表 4-16 高新园区 R&D 持续发展水平数据整理

指标	苏州工业园区	常州高新区	无锡高新区	苏州高新区	南京高新区	均值	标准	权重
C33	61.4	177	129	16	25.8	81.84	69.2	0.388
C34	132	0	86.2	0	7	45.04	60.7	0.612
B11 值	0.76	0.08	0.68	−0.82	−0.69			

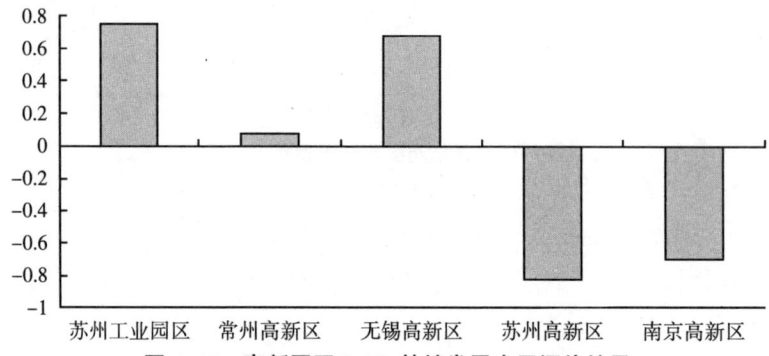

图 4-19 高新园区 R&D 持续发展水平评价结果

可见，在高新园区 R&D 持续发展水平方面，与苏州工业园区相比，同城的苏州高新区则相差较远。

(十二) 物质减量与循环发展水平评价结果

2014 年高新园区物质减量与循环发展水平 (B12) 评价结果如表 4-17、图 4-20 所示。

表 4-17 高新园区物质减量与循环发展水平数据整理

指标	苏州工业园区	常州高新区	无锡高新区	苏州高新区	南京高新区	均值	标准	权重
C35	11.7	0	29.1	28.6	50	23.88	18.9	0.351
C36	245	108	334	25.9	38.6	150.3	148.6	0.307
C37	37.5	55.6	27.4	27.2	96.7	48.88	29.1	0.342
B12 值	−0.05	−0.33	0.35	−0.31	0.93			

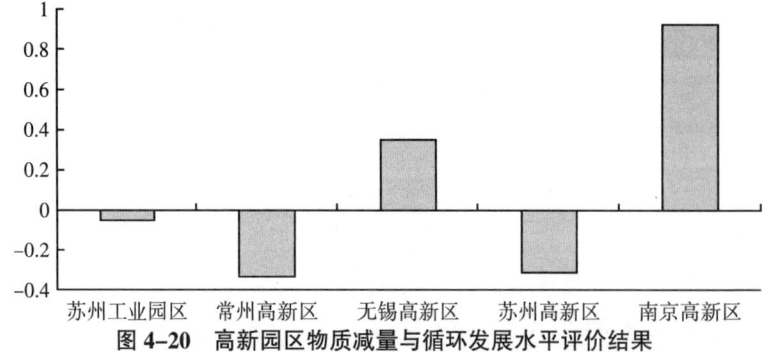

图 4-20 高新园区物质减量与循环发展水平评价结果

值得注意的是,一直在其他方面居于前列的苏州工业园区和苏州高新区,在高新园区物质减量与循环发展水平方面却落后于南京高新区,表现出了在这方面的不足。

(十三)生态环境改善潜力评价结果

2014年高新园区生态环境改善潜力(B13)评价结果如表4-18、图4-21所示。

表4-18 高新园区生态环境改善潜力数据整理

指标	苏州工业园区	常州高新区	无锡高新区	苏州高新区	南京高新区	均值	标准	权重
C38	87.6	0	134.5	10.6	77.7	62.08	56.1	0.589
C39	82.8	0	136.8	113	84.5	83.42	51.7	0.411
B13值	0.26	−1.31	1.18	−0.3	0.17			

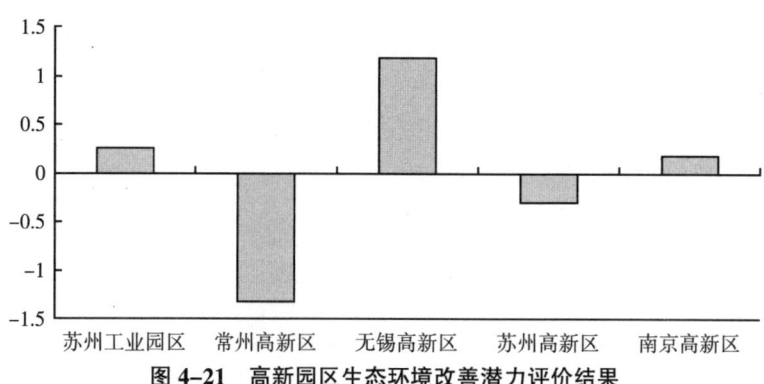

图4-21 高新园区生态环境改善潜力评价结果

可见,在高新园区生态环境改善潜力方面,南京高新区居于第三位,显示了一定的环境改善能力。

三、准则层评价结果

将每项指标层指数值经过上一节处理得出的 Bi 值,再乘以 Bi 的权数(公式为:Ai = ∑Bi × 权重)即为准则层(Ai)指数值。2014年子准则层各数值如表4-19所示。

2014年高新园区准则层评价数据如表4-20、图4-22、图4-23、图4-24和图4-25所示。

由以上图表可以看出,苏州生态化工业园区创新环境竞争力、生态化创新投

表 4-19 子准则层指数值（Bi）

Ai	Bi	苏州工业园区	常州高新区	无锡高新区	苏州高新区	南京高新区	权重
A1	B1	1.50	−0.08	−0.29	−0.21	−1.01	0.215
	B2	0.96	0.10	0.25	−0.33	−0.98	0.272
	B3	1.13	−0.26	−0.08	0.57	−0.98	0.264
	B4	1.44	−0.14	−0.34	0.20	−1.00	0.249
A2	B5	1.54	−0.11	0.29	−0.67	−0.95	0.386
	B6	1.21	−0.10	−0.21	−0.81	−0.69	0.312
	B7	−0.28	−0.81	0.26	0.97	−0.16	0.302
A3	B8	0.92	−0.73	−0.42	1.12	−0.89	0.355
	B9	1.32	0.12	0.22	−0.94	−0.86	0.321
	B10	1.32	−0.37	0.39	−0.27	−1.09	0.324
A4	B11	0.76	0.08	0.68	−0.82	−0.69	0.367
	B12	−0.05	−0.33	0.35	−0.31	0.93	0.332
	B13	0.26	−1.31	1.18	−0.3	0.17	0.301

表 4-20 准则层指数数据比较

	A1	排名	A2	排名	A3	排名	A4	排名
苏州工业园区	1.2405	1	0.8934	1	1.178	1	0.3406	2
常州高新区	−0.0935	4	−0.3183	4	−0.3405	4	−0.4745	4
无锡高新区	−0.0579	3	0.1249	2	0.0479	2	0.7209	1
苏州高新区	0.0654	2	−0.2184	3	0.0084	3	−0.4942	5
南京高新区	−0.9914	5	−0.6303	5	−0.9452	5	0.1067	3

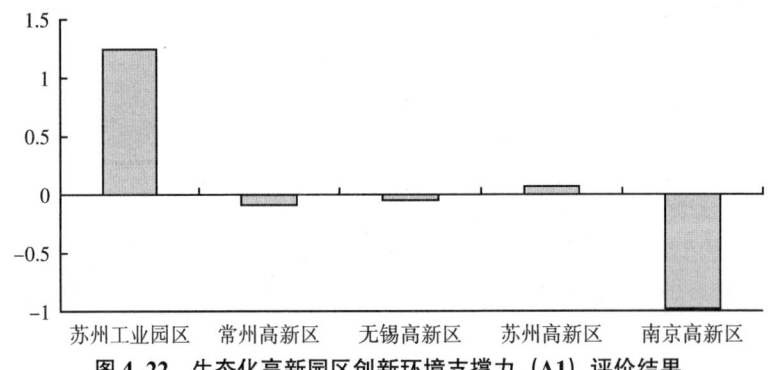

图 4-22 生态化高新园区创新环境支撑力（A1）评价结果

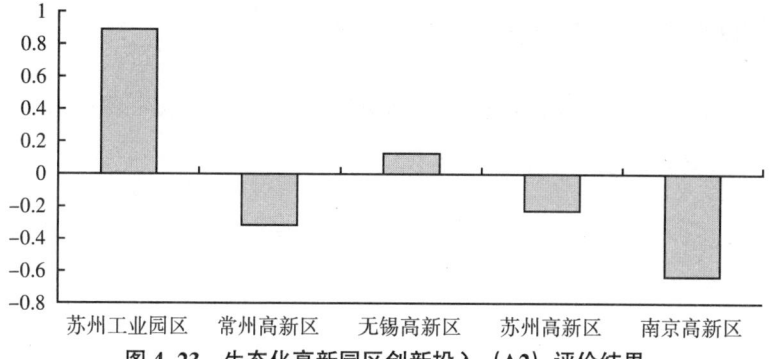

图 4-23　生态化高新园区创新投入（A2）评价结果

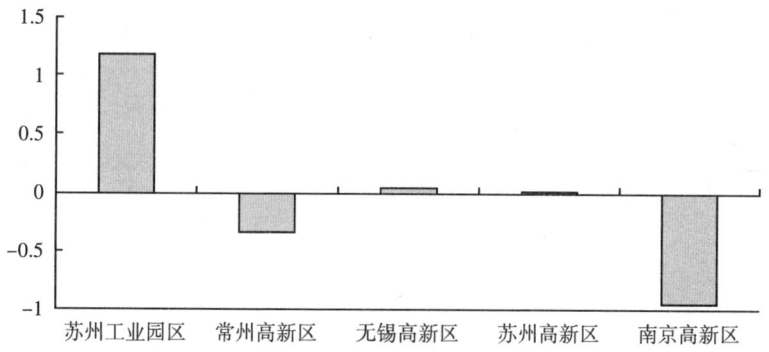

图 4-24　生态化高新园区创新产出能力（A3）评价结果

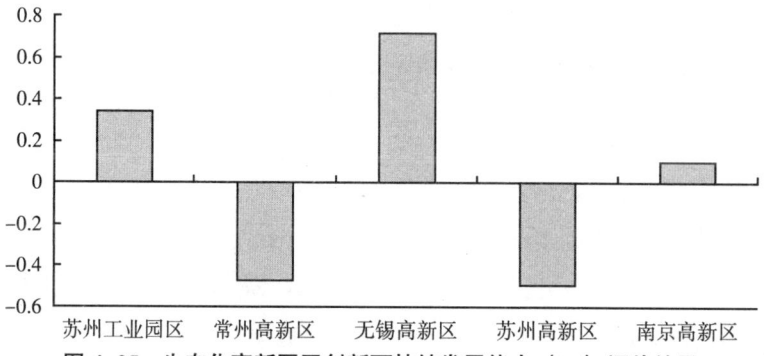

图 4-25　生态化高新园区创新可持续发展能力（A4）评价结果

入能力和产出能力都最强且领先其他高新园区的优势比较明显，南京高新区虽然发展也较早，但相对而言各方面的投入最少，发展规模最小，其创新产出也为最小，这些方面与其他四个高新园区的差距十分明显。

但就生态化创新可持续发展能力来说，无锡高新区潜力最大，苏州工业园区、南京高新区次之，常州、苏州高新区较弱，且可持续发展能力差距较大。

四、综合评价结果分析

将准则层得出的各个高新园区指数加权相加,得到五大生态化高新园区创新综合评价结果,如表 4-21、图 4-26 所示。

表 4-21 生态化高新园区创新水平综合评价结果排序

高新园区	综合指数	排名
苏州工业园区	0.9354	1
无锡高新区	0.1839	2
苏州高新区	−0.1515	3
常州高新区	−0.3141	4
南京高新区	−0.6481	5

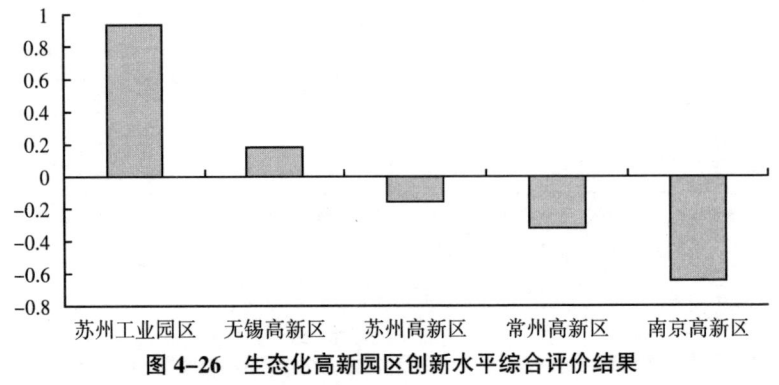

图 4-26 生态化高新园区创新水平综合评价结果

从以上一系列的综合分析可以看出,苏州工业园区的生态化创新水平具有明显的竞争优势,它在生态化创新的环境支撑力、生态化创新投入能力和产出能力方面具有明显的突出优势,遥遥领先。其中创新基础设施、创新政府支撑、创新文化支撑、科技经费投入、科技人才投入和创新产品评价等方面竞争优势更加明显。苏州工业园区由中方和新加坡共同建立,采用规范化管理,发展十分成熟,各项文化教育、信息、运输等基础设施比较完善,为生态化创新提供了良好的环境。苏州工业园区多年持续高速发展的经济,形成了巨大的市场空间,进一步促进了科技创新。苏州工业园区科技贷款额数量较大,为以企业为主体的创新主体提供了丰厚的资金支持,有力地促进了科技成果的推广与转化。苏州工业园区管理部门对生态化创新发展给予优惠政策支持,进一步刺激了高新技术企业进行生态化创新。苏州工业园区已经形成了一批国际水平的生态化创新中心和产业化基地，许多高新技术产业已经形成聚集优势和规模生产，技术市场较为活跃，带动了城市的经济发展。同时良好的经济发展形势，吸引了广泛的国内外直接投资，吸引了大批高技术人才，资金的注入、人才的优势进一步推动了苏州工业园区创新水平的提高。但苏州工业园区在生态化创新发展的同时也存在一定的不足，园区面积较大，人口众多，企业基数大，尤其是在物质减量与循环发展水平、生态环境改善潜力和产业升级水平方面还有待提高。苏州工业园区需要继续加强相关方面的投入和管理，以提升其生态化创新的整体竞争力。

无锡高新区位于整体排名第二的位置，生态化创新水平的竞争优势也比较明显，突出表现在生态化创新金融支撑水平、经费投入强度、科技活动机构、科技创新产品、经济效率和R&D持续发展水平等方面。最为突出的是经济发展水平，排名第一。无锡高新技术产业开发区的研发投入远远高于其他开发区，显示了无锡高新技术产业开发区创新投入大，创新资源可持续优势明显。无锡高新区生态效益排名也很靠前，无锡高新区在经历了无锡的太湖蓝藻事件后十分重视高新区在环境保护和污染治理等方面的工作，不仅重视经济、社会效益，而更注重生态环境效益的问题。

苏州高新区生态化创新综合水平排名第三，位于中间位置。苏州高新区是苏州地方政府独立建设的一个高新园区，位于苏州西部，与苏州工业园区隔市相望。苏州高新区在政府支撑力、科技成果产出力和科技活动机构方面具有较为明显的优势，但是根据苏州市的整体情况来看，是相对落后的，导致高技术人才不愿去那里就业，所以苏州在生态化创新人才投入、R&D持续发展水平和产业升级水平等方面较差，政府应该出台相应的人才激励政策，加大对R&D的投入力度以及调整苏州的产业链来提高苏州高新区的整体创新水平。苏州高新区和苏州工业园区在创新基础设施、文化环境、科技成果产出和科技活动机构几个方面能够相互补充，所以，这两个高新园区可以在加强这些方面的交流与学习的基础上，带动整个江苏省生态化创新水平的竞争力，从而推动整个江苏省经济的持续发展。

常州高新区明显处于相对较差的位置，一个高新园区的发展离不开它所在的城市的发展，城市的带动作用对它非常重要，根据本研究所构建的评价指标体系来看，常州高新区没有特别突出的优势，常州高新技术产业开发区的各项水平排名与综合水平排名相同，说明其经济、文化各方面发展都比较均衡，和其他高新区在各个评价指标下也没有太大的差距，但是它在物质减量与循环发展水平、生态环境改善潜力方面存在的问题却显得相当严重。常州高新区应该通过对其他高新园区的评价结果进行总结，根据自身的发展现状制定出适合其生态化创新水平提高的相应政策。

南京高新区总量规模最小，科技基础设施建设滞后，重大科技设施建设处于起步阶段；同时存在服务功能不强等问题，导致科技成果转化不畅，经济发展及社会发展低于全省的平均水平；科技人才投入不足，特别是具有创新转型水平的高层人才极其匮乏。R&D 人数、每万人口中科学家和工程师数均低于全省开发区的平均值，并且存在较大差距。同时创新人才的培养水平较差，创新人才引进数量偏低，这些都极大地制约了科技生态化创新工作的开展与提高，成为制约经济发展的一大瓶颈。南京高新区虽然多项指标均排在最后的位置，所有方面都需要提高和加强，但是它在物质减量与循环发展水平方面却排在第一的位置，可见其在产业可持续发展能力方面存在很大的发展潜力，值得期待。

第六节 生态化园区发展之路径

江苏高新园区是在 20 世纪 90 年代前后创建并发展起来的，江苏高新园区第一次创业阶段已经顺利完成，为了实现其"二次创业"的宏伟目标，需要培育它的可持续创新水平，形成注重生态效益和经济效益的有江苏特色的产业和主导产业，从而提高高新园区对整个江苏经济发展的带动作用，进而提升整个国家的核心竞争力。为了达到以上目标，本研究的政策建议主要从改善生态化创新环境、加强投入、提高科技成果转化、产业创新集群化和生态效益五大方面进行论述。

一、着力改善生态化园区创新环境

生态化创新体系是园区发展的重要支撑，想要生态化创新水平得到有效提高，必须要完善生态化创新的环境。

（一）政府加强宏观调控

政府要发挥好它的宏观调控的作用，应该以多种形式对生态化创新给予大力的支持，激励培育市场，建构良好的创新环境，建立良好的市场经济体制，并且发挥市场在生态化创新中的原动力作用，加强并促进创新。

（二）提升自主创新水平

要加强园区企业的自主创新水平。要加强以企业为首，包括高新科研机构在内的科技创新主体的创新意识和水平。首先要在大中型企业中建立生态化创新开发机构。建立企业的技术开发机构是提高企业创新水平的最有效方法之一。其次要强化企业的自主创新意识。虽然从短期来看，企业不自主创新也能获得短期利润，但是从长远角度来看，不进行创新的企业只能被动地接受市场的竞争而无法在市场竞争中处于主动有利的地位，最终只能被淘汰。

（三）完善金融支撑环境

完善创新的金融支撑环境。为了使园区更好地应对不同阶段所面临的风险，营造一个多元化完善的金融环境是园区生态化创新水平提高的必备条件。有以下几点建议：首先，构建专门为园区高新技术产业服务的科技开发银行。虽然高新技术产业的高风险与银行的经营原则相悖，但是，科技开发银行是针对生态化创新、技术开发、技术成果转化等的业务。所以，它可以弥补传统商业银行没有专门针对高新园区企业服务的业务缺点。这样的开发银行应该是科技资源和金融特点相结合的专业化科技银行。

二、加强对生态化园区创新的投入

（一）加大研究开发投入

要加大企业和政府对研究开发的投入。研究开发的人员与资金的强度投入，是影响企业生态化创新的一个重要方面，这也是生态化创新的物化基础。对江苏省而言，应该提高 R&D 经费在国民生产总值中的比重，也可以根据区域具体的发展水平，来制定相应提高 R&D 经费的措施，如建立发展基金，提供对有显著科研成果的企业的奖励，可以给予资金上的部分支持，这样可以刺激企业对研发的投入，使企业成为研发的真正主体，这样整个江苏省的研发机构才能更加的合理化。

（二）高新技术消化吸收

引进高新技术的消化吸收，通过对高新技术的消化和吸收，再进行机制创新。很多企业过分地依赖引进技术，只是靠引进技术来发展高科技，这样短期是可以的，但长此以往，企业不但将丧失创新的水平，更将丧失创新的动力，与别的先进技术水平的差距只会越来越大。因此企业在引进先进技术后一定要强化吸收，在吸收的基础上再进行创新。

(三) 完善创新人才支撑体系

完善创新人才支撑体系。高新技术的创新需要科学技术人才，高新技术的商品化、产业化更需要高素质的技术人才和管理人才，因而完善人才支持系统，对生态化高新园区创新水平的提高起着举足轻重的作用。因此，各高新园区应该尽力吸引、培养适合高新园区发展的人才，解决高新技术企业对人才资源的需求，推动高新园区持续、有规模的发展。完善创新人才的支撑体系有以下几点建议：首先，应建立符合高新技术需求的人才培养机制。建立产学研合作培育人才的新机制，通过企业与高校合作办学，选拔和培养一批懂科技、善经营、会管理的复合型人才。其次，应营造激励性的创新人才机制。要想有效调动高新技术人才的积极性，需要建立一套行之有效的激励机制。不能只靠根据员工业绩来给予一定的奖励这种传统单一的激励方式。可以采用让员工购买公司股权等激励方式，把员工的利益和公司利益紧密连接在一起，才能从根本上调动员工的积极性。

(四) 建立合理的高新技术人才的流动机制

建立合理的高新技术人才的流动机制。一是增强科研机构和大学的科技人员与企业之间的短期流动；二是企业的技术开发人员到研究机构和大学进行合作研究或者进修实习等；三是企业输送优秀人才到国外学习先进的管理理念和技术；四是通过制定各种人才优惠政策，吸引海外归来的各类高级人才以及国外的先进人才。

三、提高园区的技术成果转化水平

(一) 完善园区科技中介服务机构

完善园区科技中介服务机构。要大力完善园区中介服务体系，对以向社会公开提供公共的基础性服务为主的中介服务机构，经研究后可按国家的非营利性机构进行管理和监督。江苏要根据自身的资源和产业特点，健全和发展高新园区中介服务体系，使中介服务体系具有网络覆盖面广、社会化功能明显、成为一个特殊的产业等特点。这样，科技中介机构才能真正起到技术扩散组合者的作用。

(二) 充分发挥创新机构作用

充分发挥企业创业服务中心、大学科技园区以及生产力促进中心、科技孵化器等咨询服务机构和科技成果转化机构作用。

(三) 健全多样化的风险投资服务体系

健全多样化的风险投资服务体系。风险投资业既需要精通金融知识的专家来操作，又需要技术、管理、财务等各方面的专业人员参与。但是风险投资公司不可能过多地配置各种专业人员，否则会导致运行缓慢、成本加大。因此，建立和健全多样化的风险投资服务体系，可以在风险投资的各类出资者与资本管理者、风险企业之间起到沟通联系的作用。

四、推动园区产业生态化创新集群化发展

目前，江苏省高新技术产业规模的扩大极其迅速，已经成为国民经济增长和促进产业结构升级的重要推动力量。

（一）建立园区产业协同网络

将优惠政策向技术和产业倾斜，激发园区产业整体创新水平和竞争水平的提高，实现高新技术产业创新的集群化发展。

（二）完善产学研合作机制

产学研合作机制的完善与否是决定产业集群整体创新水平的重要因素，江苏高新技术产业化的一个重要问题就是生产与科研的脱节，解决这个问题必须构建适合江苏省高新技术产业化集群发展的产学研模式，可以由政府、研究院所、大学和企业结成联盟，共享成果，走配套、协作、联合之路，促进研究成果的转化，这是一种有效的生态化创新促进方式。

（三）加大风险投资在园区内的集聚程度

江苏风险投资的集群水平还未达到推动高新技术产业化发展的水平，需要政府制定一定的计划指导风险投资业的发展。各市政府应该从发展当地的高新技术产业出发，制定优惠政策，引导风险投资家将资金投向区域内具有市场潜力的新兴产业以及重点产业，这也会为集群的可持续发展以及集群的升级提供帮助。

（四）构建具有区域特色的高新技术产业化创新集群

首先，地方政府要根据本地区特有的资源结构、基础设施水平、原本的产业结构来确定本地高新技术产业化创新集群的主导产业。其次，要努力营造高新技术产业创新集群的特色区域文化环境，这能够为高新技术产业发展营造一种冒险创业精神和创新氛围，有利于促进具有区域特色的高新技术产业化创新集群的发展。

五、实现园区生态工业发展和经济发展的融合

（一）建立园区企业生态效益评估制度

园区生态效益评估制度包括准入企业的生态效益预评估制度、现有企业的生

态效益评估制度和园区企业生态效益评估不符企业的退出制度三大制度。对于进入高新园区生态工业园的企业，必须符合环保要求，具备一定的社会责任感和环保意识。通过建立企业生态效益评估体系对有意进入企业进行预评估，从源头上保证了园区企业整体生态利益的维护。通过对在位企业的生态效益评估，坚决要求园区内企业生态效益评估不符者进行整改或退出园区。

（二）加大环保和基础设施资金投入力度

充分发挥政府资金导向作用，采取财政补贴、税收优惠、贷款贴息等政策，吸引各类资金投资于生态工业，建立起多元化投资机制；政府可以采取扶持环保型企业、投入环保补助资金等政策和经济激励措施，鼓励园区和企业在环保方面的投入，积极推行清洁生产，将生态工业建设与经济建设相融合，实现二者的共同提升。

（三）建立完善的技术、信息共享系统

建立完善的技术、信息共享系统。通过完善的技术、信息共享系统，可以避免地理区域的限制，高新园区可以实施网上废弃物管理信息平台的建立与完善，为企业间副产品及废弃物的相互交换利用提供信息和渠道。同时，与区外合作建立跨区域的信息平台，为建立高新园区生态工业园和高新园区为龙头的特色产业带的虚拟型工业园提供基础。

（四）转变资源利用方式

转变资源利用方式，构建生态文明社会在工业生态学的指导下，使高新园区内形成一个模拟自然生态系统的封闭体系，令一个企业产生的废料成为另一个企业的原料，有步骤地回收和利用生产和消费过程中产生的废物和副产品，力图实现水、能源等的最大效用。同时开展清洁生产工作，从源头上控制污染，避免使用有毒有害原料及降低废物排放量与毒性。

六、以"互联网+"推进园区生态化发展

（一）树立互联网思维，推进业态创新

政府的互联网思维转型，对于推动产业互联网经济转型起至关重要的作用。当前各类园区要围绕信息技术与各领域融合推动产业创新，积极培育新技术、新产品、新业态和新商业模式，构建跨界创新服务体系，做强互联网跨界经济，带动园区产业转型升级。着力引进海内外互联网跨界融合创新型企业和技术项目入驻园区。推动企业开展融合技术的并购、引进和合作，通过消化吸收再创

新和技术整合提升产业竞争力。加大对跨界新技术、新产品、新模式、创新企业、重大合作项目、代表人物的宣传力度，营造全社会鼓励跨界融合创新的良好舆论氛围，努力形成支持跨界融合创新的广泛共识。

(二) 以服务为核心，推进园区服务体系生态化发展

通过微信等移动端 APP 服务平台，将服务功能进行整合，实现园区公共资源整合利用，进而构建商业线上交易、智能出行、高端圈层社交、智能办公、智能健康系统、智慧物业等功能的各类惠及大众的服务体系，构建完善、实时、便捷的智慧服务体系，推进园区服务体系生态化发展。

(三) 以生产为中心，推进园区生产体系生态化发展

结合 4G 移动通信网络、无线覆盖区域不断扩大、传感器网络建设的推进、基础部件联网与智能家居的兴起，在推动各智慧产业线发展的同时，培育一批新技术高端产业，打造新技术产业集群，并逐步积聚为智慧产业链，以园区"智慧制造"、"智慧应用"推进园区生产体系生态化发展。

(四) 以生态化产业体系为目标，推进园区生态化发展

产业的竞争从单一产品向产业生态体系竞争转变。园区产业发展可以借助电子商务、物流现代化、互联网金融、智慧能源、人工智能等新技术、新业态，在产业集群内，大力发展园区智能化装备，推动研发设计智能化，生产过程智能化，管理、营销和服务智能化，节能环保智能化。区域内的智能互联将整合整个产业，使之向产业生态体系发展，这将对推进园区生态化发展产生巨大的作用。

(五) 以低碳绿色为手段，推进园区生态化发展能力提升

园区发展可充分结合"互联网+"在融合、创新方面的优势，充分依托现有互联网、云计算平台，充分利用多维地理信息系统、智慧地图等技术，充分发挥园区具有的空间集聚、专业化、网络创新、规模经济等特征，推动系统性节能减排，加强对资源的高效利用和循环利用，以打造绿色生态化园区，推进园区生态化发展能力提升。

第五章 生态化技术创新发展

工业革命的爆发,从根本上改变了社会生产方式,引领了技术革命的到来,在第二次工业革命的进程中,科学技术的发展突飞猛进,技术创新水平成为衡量国家竞争力的关键因素。我国为了赶超发达国家,在技术创新的过程中不惜以资源的过度开发与消耗为代价,因此在经济获得较快发展的同时也产生了一系列的生态问题,包括资源枯竭、环境污染、物种灭绝等。这种短期性的经济行为造成了生态环境的急剧恶化,不利于我国实现可持续发展的目标。

美国著名经济学家杰里米·里夫金在2012年6月出版的《第三次工业革命》一书中指出,第三次工业革命是解决能源枯竭和严重生态问题的根本出路,而未来国家竞争力的基础在于能否占领第三次工业革命技术创新的制高点。因此,我国在大力开展经济建设的同时,亟须以生态化的技术创新为手段,提升国际竞争力。

第一节 生态化技术创新概述

一、内涵和特征

生态化技术创新发展的实质是技术创新生态化的发展。生态化技术创新是指技术创新不仅是研究开发与生产阶段的生态化,还是研究决策阶段、营销阶段和消费阶段的生态化。它摆脱了经济领域的局限,不再将经济增长作为唯一的目标,而是引入生态经济学的观念,由经济生态化、自然生态化、社会生态化和人的生态化四个不可分割的动态系统组成,在实现经济效益最优的同时,实现自然生态平衡发展、社会生态和谐有序以及人的全面协调发展。

第五章 生态化技术创新发展

将生态化技术创新发展内涵的构成用图的形式表示出来，如图5-1所示。

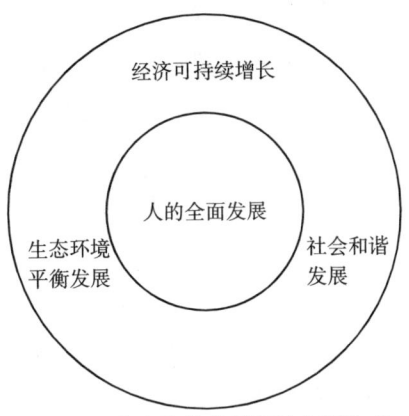

图5-1 生态化技术创新的内涵构成

国内、国外学者均认为生态化技术创新与传统的技术创新相比，在注重经济效益的同时，要更加注重资源的节约利用、环境的保护、社会的进步和人的全面有序发展，因此有着区别于传统技术创新的特征，差异如表5-1所示。

表5-1 生态化技术创新与传统技术创新的区别

区别	生态化技术创新	传统技术创新
生态性	生态化观念的融入	单纯以经济增长为中心
系统性	多层次	单一
效益性	经济效益、生态效益和社会效益统一	经济效益

从生态性方面来说，生态化技术创新摒弃了传统技术创新片面追求经济增长的弊端，在技术创新中融入生态化的观念，贯穿于研究开发、生产制造、销售和管理等各个环节，以实现经济、生态、社会的协调发展。生态化技术创新融合了技术创新与生态经济学的理念，以生态可持续发展为基础，在环境能够承载的范围内，促进经济的健康增长与人类生存环境的可持续发展。

从系统性方面来说，生态化技术创新是一个多层次的协调发展的系统，它包括技术层面的生态化和管理层面的生态化。技术层面的生态化包括产品的研发与生产工艺的创新等，在生产过程中最低限度地降低对环境的破坏，提高资源的利用率，节约能源的消耗，减少废弃物的排放，保持生态系统的平衡发展。管理层面的生态化则要求生态化技术创新不仅贯穿于技术创新过程，还要存在于各个管理环节。同时，伴随着经济的发展，生态化技术创新的系统性也体现在与其协调发展的动态过程中。

从效益性方面来说，生态化技术创新在遵循科学发展观的基础上，不再是仅仅获取经济效益的最优化，更重要的是兼顾与社会效益、生态效益的协调统一发展，实现其综合效益的最优化。作为一种新的技术创新观，生态化技术创新本质上反映的还是人与自然、人与社会、人与人之间的互动关系。通过提高社会生态效益，提高人类的生活质量、生存与就业环境、人口素质等方面与经济增长的协调度；同时在生态化技术创新过程中，进一步发挥人的主观能动性，实现人的全面综合发展。

生态化技术创新的内涵随着时代的发展日益丰富，中共十八大也将生态文明作为我国特色社会主义建设的重要内容，新时代需要有新的技术创新观念来指导经济的可持续增长，减少环境带来的负面效应。生态技术创新这一以人为本的发展观正是通过在技术创新过程中融入生态理念而形成的，摒弃了传统技术创新中高能耗、高污染、低效率的弊端，促进经济生态、自然生态和社会生态的和谐发展，最终为人类及其后代构建起美好的家园。

二、研究现状

（一）技术创新的国内外研究现状

1. 国外研究现状

技术创新作为生态化技术创新的基础，它的发展伴随着生态化的转向，也孕育出生态化技术创新。最早提出和研究创新理论的学者是美籍奥地利经济学家约瑟夫·熊彼特（J.A.Suhumper），他在其1912年的著作——《经济发展理论》中首次使用了创新（Innovation）一词，尽管没有直接对其进行严格的定义，但熊彼特把创新界定为"建立一种新的生产函数或供应函数"，即把生产要素和生产条件的新组合引入生产体系。他所研究的创新是具有广泛含义的，不仅包括了技术性变化的创新，也包括了非技术性变化的创新。索罗（S.C.Solo）在熊彼特创新理论的基础上，对技术创新理论进行了全面系统的研究，他提出了技术创新产生的两个必要条件是新思想来源及其后续具体实施阶段。随后，曼斯菲尔德、弗里曼等学者对技术创新也进行了进一步的理论研究。20世纪50年代，伴随着科学技术带来的巨大变革，人们意识到技术对于经济发展的重要性，学者们也开始从经济与技术相结合的角度来进行各类研究，因此逐渐将技术创新这一理论归属于经济学领域。综观国外关于技术创新的研究，大致可分为以下四个发展阶段：

第一阶段（20世纪50~60年代）为技术创新研究开发阶段，是技术创新概念不断丰富的时期。在工业革命的影响下,推动了技术创新研究领域的突破。索罗提出的两个必要条件成为技术创新概念研究的一个重要标志。60年代,美国国家科学基金会(NSF)对于技术创新的定义发生了较大的变化,之前认为技术创新是一个复杂的活动过程,在新思想的引导下不断地解决各类问题,使具有社会和经济价值的新项目能够得到成功运用;之后将技术创新的定义改为"将新的或改进的产品、过程或服务引入市场"。在此阶段,逐步形成了细分化的专门技术创新研究领域,围绕创新主体的行为、组织结构,包括内部过程、效应等领域均形成了相应的研究成果,但是并没有形成系统完善的理论研究框架。同时,对于技术创新过程中的环境以及信息交流的研究已经显现出来,特别是埃德温(Edwin)对技术创新与工业的关系,以及创新环境等方面也进行了研究。

第二阶段(20世纪七八十年代)为技术创新研究高速发展的阶段,大量学者开始重视技术创新相关理论的研究,基于不同的研究对象,对技术创新以及与其相关的工业、经济发展等领域进行了研究,使技术创新的理论体系初步形成。同时,在研究方法上也呈现出多元化的局面,形成理论与方法相结合的形式。谬尔森(R.Mueser)通过大量的比较与系统的分析,认为技术创新是"以其构思新颖性和成功实现为特征的有意义的非连续事件"。但是对于技术创新后续具体实施阶段的研究较为匮乏,这是由于熊彼特的创新理论是基于完全竞争市场的假设下展开研究的,对于现实的指导意义并不全面。直至70年代,莫尔顿等才开始对不同市场类型与技术创新的关系进行研究,开始了理论向现实的转变。

第三阶段(20世纪80年代至20世纪末)为技术创新研究综合发展阶段,在此阶段的技术创新研究朝着全面性、综合性、实用性的趋势发展,已经形成了系统的研究理论,同时相关研究成果对于工业企业的经营活动、决策行为以及政府部门政策的制定也具有影响。其中最为突出的是,经济合作与发展组织在分析各国技术创新的实践经验上,统计汇编了《技术创新统计手册》,并对技术创新调查的内涵、意义以及指标进行了说明,这有助于研究的权威性以及连续性。

第四阶段(21世纪至今)为技术创新研究多样化发展阶段,不仅出现了技术集成创新的观点,还形成了系统创新的观点,将技术创新看作复杂自适应系统(CAS),因此这个阶段的创新理论愈加系统化与成熟化。同时,由于全球化进程的加速以及可持续发展理念的传播,人们开始反思技术创新带来的消极影响,包括出现的生态环境问题。因此,学者们的研究角度开始转向生态化理论等外来学科与技术创新的结合处，呈现多学科融合发展的新局面。

2. 国内研究现状

相对于国外学者而言，我国对于技术创新的研究起步较晚，最早关于熊彼特创新理论的介绍出现在《国外经济学动态》这一北京大学的内部刊物上，1981年，张培刚、厉以宁对创新理论及其发展进行了说明，技术创新理论才受到学术界的普遍关注。

在研究初期，我国学术界以介绍国外关于技术创新理论及其应用的研究成果为主，对技术创新理论的一系列著作进行了翻译与解读。王慎之和邱兆祥（1985）指出现代化实质上不外是一个技术进步的过程，为了提高认识，有必要对资产阶级经济学的"技术创新理论"进行介绍，并指出相关的研究对于我国的经济发展也有借鉴作用。同时翻译的关于技术创新的著作有R.库姆斯的《经济学与技术进步》、本·斯坦尔的《技术创新与经济绩效》等。

随着技术创新研究的不断深入，我国学者开始进一步将基础理论与我国的实际相结合，并初步形成了具有中国特色的技术创新理论研究框架，对技术创新的含义进行了界定。许庆瑞教授在研究国外学者关于技术创新理论的基础上，指出技术创新是指一种新思想的形成，得到、利用并生产出市场及其客户需要的产品的过程。科技管理方面的学者汤世国则将技术创新看作是融合经济与科技为一体的系统概念，认为它不仅关注技术的创造性和技术水平的进步，更关注技术在经济活动中的应用。随着研究的不断深入，学者们开始转向对我国企业技术创新的实证分析上，傅家骥教授经过探索，认为技术创新就是企业家抓住市场潜在的获利机会，重新组织生产条件和要素等，建立起效能更强、效率更高和费用更低的生产经营系统的综合活动过程。

基于不同的专业领域，学术界也从不同的研究角度对技术创新进行了较为全面的分析，主要可以概括为以下几个方面：

（1）经济学与管理学角度的技术创新。洪后其等（1991）对技术创新的理论研究主要是从企业角度展开，他指出企业是技术创新的主体，技术创新是企业生存与发展的根本途径，并在分析企业发展阻力的基础上，提出技术创新是其前进的动力；同时，他认为整个工业生产率的提高不能仅仅依靠技术创新，而必须通过创新的扩散来实现，因此对技术创新的扩散机制及其影响因素也进行了研究。他的著作《技术创新学》在一定程度上推动了技术创新领域的研究。柳卸林（1993）认为技术创新研究已经出现两个分支，分别为技术创新经济学与技术创新管理学,并就技术创新经济学的创立,技术创新和市场结构、产业演化的关系,技术创新理论与过程等方面进行了重点论述,勾勒出技术创新经济学重要领域的研究状况。同时,他还对中国技术创新系统的管理进行了研究。葛新权(2005)在其著作《技术创新与管理》中,阐述了技术创新管理的意义、战略,成果管理,组织与激励,风险管理和能力评价等方面。

(2) 哲学角度的技术创新。陈其荣(2000)从哲学的角度探索技术创新的本质,即创新主体在创新环境下,基于相应的媒介,促使创新客体转换形态、实现市场价值的实践活动;同时揭示了技术创新的五大特征:创新型、实践性、社会性、历史性和不确定性。胡俊成、侯峻(2007)从哲学视野反思技术创新,从逻辑实证主义哲学、结构主义哲学以及生态进化哲学背景下,阐述了技术创新的动态化演进。技术创新的哲学思考也应用到了各个领域,比如程杰、段鑫星(2011)认为现代农业的发展伴随着科技的发展,而技术创新又必须以价值理性为引导,才能实现可持续发展。

(3) 社会学角度的技术创新。作为社会行为的一种,技术创新同样具有社会属性。最具代表性的是冯鹏志(2001),他认为,由于技术创新与社会发展之间频繁的互动,有必要对它们的关系进行研究,从而促进技术创新被当代社会发展所整合,使社会发展步入创新性的发展轨道;同时他还提出技术创新的社会整合机制与步骤。

尽管我国关于技术创新的理论研究成果已经初具规模,以经济学与管理学角度的研究最为丰富,但还是具有一定的局限性,缺乏原始创新、实用化与指导作用。因此,本研究将在现有技术创新理论研究的基础上,从经济学与管理学的角度继续开展实证研究,对江苏省生态化技术创新的水平作进一步的评价。

(二) 生态化技术创新发展的国内外研究现状

以透支自然资源、环境资源等为代价的经济增长模式,已经越来越不适应我国的实际情况,甚至严重限制和阻碍了经济的可持续发展。江苏省出现的"太湖蓝藻事件"就是典型的以牺牲自然环境而造成的悲剧,主要是由于太湖周围的工业企业大量排放污水导致的,这不得不引起人们的反思。因此需要变革不利于可持续发展的传统方式,以一种新的技术创新方式取而代之,即生态化技术创新(ETI)。

生态化技术创新不仅是技术创新发展的产物,同时也蕴含着生态经济学的理论知识。麦肯齐在《一门科学:生态经济学》中首次并正式提出生态经济学的概念,并将资源利用、人口控制、环境污染及国民经济与福利核算作为其研究对象。将经济问题与生态学结合起来研究的则是美国海洋生物学家卡逊,她的著作《寂寞的春天》解释了工业对自然生态环境的危害,从而促进一大批关于生态经济的著作诞生,最终形成新的边缘学科,即生态经济学。

国内学者关于生态经济学的研究也开始层出不穷,主要是从20世纪70年代开始,许洗涤编著的《生态经济学》等标志着生态经济学在国内的产生。此后由于我国经济的快速发展以及工业化进程的加速,出现的环境问题也逐渐得到重视,马传栋编著的《工业生态经济学与循环经济》一书,包括其他学者对生态经济的研究,对我国经济、社会和生态的可持续发展均有着间接的促进作用。经过多年的理论与实证研究,生态经济学可以被看作是经济系统和生态系统间不断互动形成的复合系统,通过其互动促进经济的可持续发展。

结合技术创新理论与生态经济理论,生态化技术创新旨在最大限度地提高资源利用率,运用技术不断改进生产工艺,降低能耗的使用,从源头上减少废弃物的产生,从而促进经济、社会、生态的可持续发展,实现三者效益的最大化,实现人与自然的和谐发展。

1. 国外研究现状

20世纪50年代,传统技术创新导致的一系列生态环境问题使人们开始反思,Rechel Carson(1958)在《寂寞的春天》一书中,较为详尽地阐述了杀虫剂的广泛应用给环境带来的不可挽回的伤害,呼吁人类重视大自然及其保护。1972年罗马俱乐部的一份报告《增长的极限》,标志着人们真正开始对传统技术创新带来的后果进行深刻的反省。

80年代之后,生态化技术创新已经受到越来越多的关注。Reed Thomas提出技术创新的生态观念,认为应该从经济、生态、社会的可持续发展这一角度来探讨技术创新。Kuse(1991)提出了一种生态技术创新过程的模型,并把环境原则应用到创新过程的每一个阶段,包括认知、剖析、界定、选取、提炼、开发实施、生产、扩散以及市场化等,最终形成一个生态经营链。Freeman等(1988)从技术范式变迁的角度提出,可持续发展不仅与资源的运用相关,而且还伴随着与人类行为相关的组织机制、制度环境、技术创新等方面的变迁,这样才能达到生态化的技术创新范式。

当然,鉴于上述研究的成果,发达国家对生态化技术创新也越来越重视,均从战略高度给予生态化技术创新的政策支持,建立有利于其发展的政策环境。如欧盟于 1984 年实施《第一个科技发展和研究框架计划》，至今已经落实了七个框架计划，在生态化技术创新领域取得了较快的发展；作为亚洲国家的日本，民营企业是其生态化技术创新的主体，政府以提供政策性贷款等方式鼓励企业进行生态化技术创新，并取得了一定的成效。因此，本研究在对江苏省生态化技术创新水平进行评价的基础上，也将从战略层面提出可供政府参考的政策措施。

2. 国内研究现状

我国关于生态化技术创新的研究，开始于彭福扬教授（2002）的国家社科基金项目"技术创新经济生态化发展转向研究"以及一系列的后续研究，他首次提出生态化转向理论，并从科技哲学的角度进行了研究，认为生态化技术创新是对技术创新理论的延伸与拓展，可以克服传统技术创新的不足，实现以人为本的可持续发展目标。

学者们开始从不同的角度对生态化技术创新进行探讨，主要可以概括为以下几个方面：

（1）生态化技术创新主体。从生态化技术创新主体角度，即企业、政府、高校和中介机构等。肖智润（2007）主要以中小企业为研究对象，在分析环境保护与中小企业生存发展矛盾的基础上，提出实施生态化技术创新的必要性以及具体措施。张玉卓（2008）指出发展循环经济的微观基础是企业生态化技术创新，在界定企业生态技术创新定义的基础上，分析其发展的障碍并建议政府采取适当的经济和法律手段使外部性"内部化"。肖蕊和史宝娟（2012）突破传统技术创新的线性模型，构建了企业的生态化技术创新过程模型，能够同时实现经济、社会和生态效益，并注重产学研的合作。

（2）生态化技术创新体系构建。从生态化技术创新体系（模式）构建角度，尹艳冰和赵宏（2010）从创新主体（政府、企业、高校及科研机构、公众）、创新运行机制以及创新共生网络三个方面构建区域生态化技术创新体系的研究框架，并指出区域层面的生态化技术创新是国家创新体系中较为重要的部分。边云岗和刘国建（2011）为了解决技术与环境悖论，在分析技术的自然属性与社会属性的基础上，提出生态化技术创新的必然性，并依据绿色系统观的理论，提出多元主体协同发展的技术创新模式。李广培和李少凤（2011）提出了从五个方面构建生态化技术创新的制度分析框架，在此基础上，进一步分析出创新制度—功能的理论框架。

（3）生态化技术创新机制。从生态化技术创新机制角度，杨玉文和张巨勇

(2007)从三个层面,即企业层面、项目层面和国家层面来分析生态化技术创新机制。在企业层面,指出企业生态化技术创新的目标导向是"极小化"和"最大化"的同时实现,基础是使企业的核心能力转化为核心产品,发起者是企业家;在项目层面,需要构建完善的项目管理体系,并注重知识积累的作用;在国家层面,需要制定宏观政策和公众参与制度,保障公平的生态化技术市场运行机制。刘巧绒和杨冬民(2010)分析了现阶段中国生态化技术创新的阻碍因素,提出相关生态化技术创新机制,包括市场拉动机制、企业创新机制、政府推动机制、科研机构助推机制、公众参与机制以及国际合作机制。

(4)生态化技术创新测度。从生态化技术创新测度角度,尹艳冰(2009)从创新主体、能力、过程和效益四个方面对生态化技术创新测度的指标体系进行了构建,并为了解决指标间不完全独立这一问题,选择了改进的基于模糊积分的模糊测度方法来进行实证分析。李杰中(2009)在对制浆造纸企业的绿色技术创新能力结构进行分析的基础上,构建了评价指标体系,并运用模糊综合评价法以及AHP方法来评价其绿色技术创新能力。范群林(2012)选择具有拉动作用的中心化效率和投入产出效率来测度环境技术创新效率,并选取了西南地区的五个省市进行对比分析,得出各自所处的水平以及特征。

总体来说,现有的对生态化技术创新的研究以创新主体、体系构建以及运行机制等理论研究为主,而立足于区域层面,构建生态化技术创新水平评价模型的实证研究还比较缺乏,即使综合对绿色技术创新、环境技术创新等的测度,也还未形成统一的测度框架,这是值得进一步探讨的方面。

第二节 生态化技术创新发展的实践:江苏经验

就区域层面而言,江苏省作为全国的工业大省,2013年规模以上工业总产值达到129870.13亿元,居全国首位。"十一五"期间,全省工业技术创新投入明显加大,以新兴产业和高新技术产业为代表的先进制造业加速发展,但是能源消耗量大、资源自给率低、环境承载力弱、单位国土污染物排放强度高依然是江苏特殊的基本省情,江苏省政府也出台了《江苏省"十二五"工业经济发展规划》以及《江苏省工业循环经济"十二五"规划》,指出要坚持创新驱动战略,加大技术改造和技术创新投入，并辅以相关环境保护政策的支持。因此可以看出，在江苏省大力发展经济的同时，实行生态化技术创新的举措显得尤为重要。江苏省应该围绕中共十八大报告中提出的"大力推进生态文明建设"，在经济发展过程中引入生态观念，从而使技术创新朝着生态化的方向转变。在现有技术创新的基础上，江苏省生态化技术创新的水平到底如何？主要存在哪些不足之处？只有弄清这些问题，才能提出相应的对策建议，从而扭转生态环境恶化的趋势。

一、江苏省技术创新的实践

技术创新是经济增长的重要驱动力。对于江苏省技术创新现状的分析，本节将从投入与产出两个角度入手，收集整理相关数据资料辅助研究，以期能够全面且具体地反映江苏省技术创新的基本状况。

（一）技术创新投入成效明显

由于采用的方法是比较法，以浙江、山东和上海为比较对象，来说明江苏的技术创新投入情况，因此更适宜用强度指标来描述，四省（直辖市）的强度指标如表 5-2 所示。其中，R&D 人员占从业人员比重这一指标中的从业人数由于缺少 2012 年的数据，由 2010 年和 2011 年的平均数据代替。可以看出，江苏省技术创新投入强度较高。

表 5-2 技术创新投入强度指标　　　　　　　　单位：%

指标	江苏省	浙江省	山东省	上海市
R&D 经费投入强度	2.38	2.08	2.04	3.37
R&D 经费占主营业务收入比重	1.08	1.25	0.86	1.99
基础研究占 R&D 经费支出比重	2.58	2.42	2.20	7.24
规模以上企业 R&D 人员占从业人员比重	3.05	2.90	2.28	2.94
博士毕业占 R&D 人员的比重	4.08	3.29	3.49	9.83

资料来源：国家数据库和《中国统计年鉴》(2013)。

1. 财力投入强度较高

R&D 经费投入强度由高到低的顺序为：上海、江苏、浙江、山东，江苏落后上海近 1 个百分点；R&D 经费占主营业务收入比重同样是上海最高，为 1.99%，江苏与上海相差不到 1 个百分点，与浙江相差 0.17 个百分点，但超过了全国 1.98% 的平均水平（依据《2012 年全国科技经费投入统计公报》)，但还远低于发达国家 3% 的水平；再者，研究与试验开发中最关键的基础研究占比排名依次是：上海、江苏、浙江、山东，与R&D经费投入强度一致，即使是占比最高的上海，也仅为7.24%，而世界上多数发达国家该比例都在10%以上，一些甚至在20%以上。正是近年来江苏省财政不断优化支出结构，优先支持科技创新，使江苏省技术创新有了新进展。但也应该看到，在基础研究方面的不足依旧阻碍了技术创新乃至创新城市的发展步伐，总体而言，江苏省的技术创新尚处于改进技术的阶段，需要继续加大财力投入，更加重视技术的自主研发。

2. 人力投入力度较强

江苏省规模以上企业R&D人员占从业人员的比重为3.05%，高于上海的2.94%、浙江的2.90%和山东的2.28%，说明江苏省在研究与开发人员的投入方面具有了相对优势。进一步地，从R&D人员中博士学历的研究员占比这一指标可以发现，尽管与上海相比差距也很大（上海的博士占比为9.83%，是江苏4.08%的两倍多），但江苏的数值依然高于山东和浙江，这与江苏重视人才，尤其是高层次人才不无关联。江苏与上海紧密相邻，江苏一方面要学习上海利用得天独厚的创新环境吸引人才的成功经验，但更重要的是要学习上海善于利用这一优势，真正把人才引进政策落到实处，构建起更加牢固的技术创新奠基石的创新做法。江苏省近年来出台了包括《江苏省高层次创业创新人才引进计划实施办法》在内的多项引进人才的具体措施，各工业园区也大力引进各类技术创新人才，取得了一定的成效，但还是亟须提高政策落实力度与效率，努力营造良好的创新环境。

（二）技术创新产出效益显著

创新产出是通过创新活动所产生的各种形式的结果，是反映企业创新能力的重要标志。在某种程度上，一个地区的创新能力重点反映在企业的创新产出上，而体现创新产出的有新产品和专利量两大指标。

1. 新产品销售强度超出全国平均水平

新产品销售强度可采用规模以上企业新产品销售收入占主营业务收入的比重来反映，具体如图5-2所示。江苏2012年新产品销售收入占比为14.96%，超出了全国11.89%的平均水平，也高于山东。但与上海的21.70%相差6.74%，与浙江的19.23%相差4.27%，可见，在提升新产品销售强度方面还需进一步的努力。企业作为市场经济最重要的主体之一，若想要在竞争中占据优势地位，就需要不断地推陈出新，做好新产品的开发与技术创新，创造出符合市场要求与消费者需求的产品，保持企业的市场竞争力。

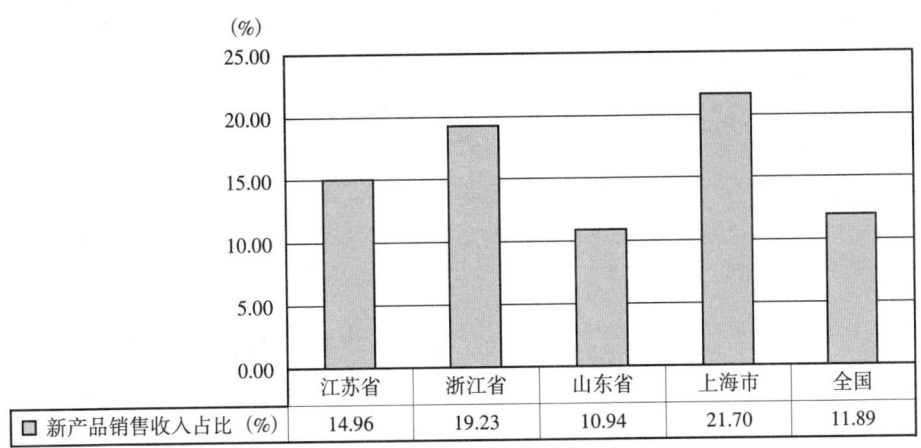

图 5-2　2012 年江苏省新产品销售收入占主营业务收入的比重

2. 发明专利申请拥有全国领先

江苏省及其余三个省（直辖市）2012 年专利申请及拥有专利情况分别用国内发明专利申请受理量、国内发明专利申请授权量和规模以上工业企业有效发明专利数，以及它们占全国的比重来表示，详细内容见表 5-3 和图 5-3，可以看出江苏省发明专利的申请及拥有情况领先于其余三个省（直辖市）。具体分析，江苏国内发明专利申请受理量为 110091 项，是浙江的 3.3 倍，山东的 2.7 倍，上海的 3 倍，占全国的比重也高达 20.57%。江苏国内发明专利申请授权量为 16242 项，浙江的 11571 项最为接近，上海的相差 4863 项，山东仅为江苏的不及 1/2；占全国的比重为 11.29%，比绝对值最接近的浙江高出 3 个百分点。

表 5-3　发明专利申请与拥有情况

指标	江苏省	浙江省	山东省	上海市	全国
国内发明专利申请受理量（项）	110091	33265	40381	37139	535313
国内发明专利申请授权量（项）	16242	11571	7453	11379	143847
规模以上工业企业有效发明专利数（件）	45120	20553	15104	16805	277196

据国家知识产权局统计，2012 年，我国发明专利授权量排名前 10 位的省（直辖市）分别是广东（22153）、北京（20140）、江苏（16242）、浙江（11571）、上海（11379）、山东（7453）、四川（4460）、湖北（4050）、陕西（4018）和辽宁（3973），江苏省排名第三；同时，排名前 10 位的城市分别是深圳（13139）、杭州（5513）、南京（4408）、苏州（4382）、广州（4026）、西安（3475）、武汉（3233）、成都（3112）、无锡（2513）和长沙（2182），江苏省有三个城市位列其

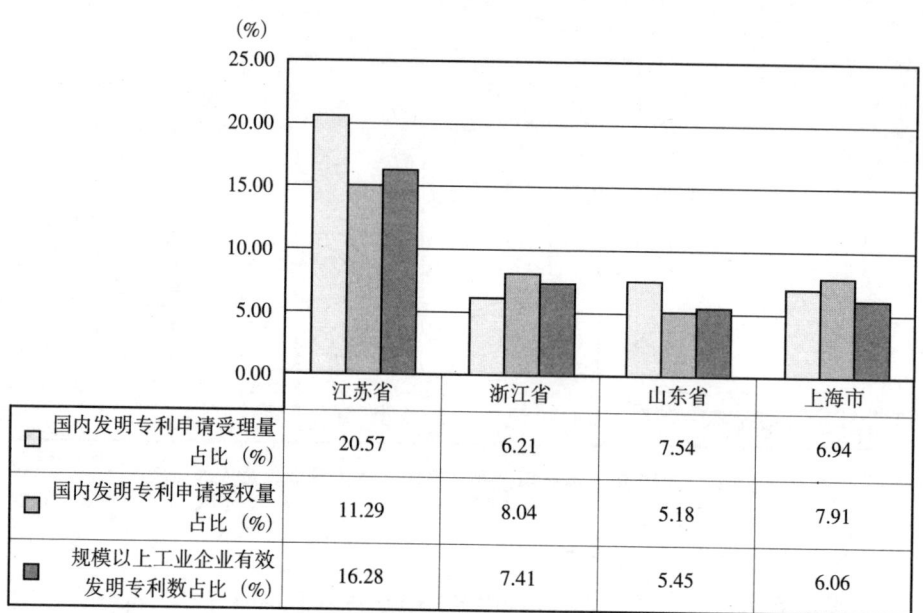

图 5-3 发明专利申请及拥有情况

中,可见江苏省的技术创新能力已经处于全国领先水平。

再者,对于工业企业而言,江苏有效发明专利数为 45120 件,尽管远远超出浙江、上海和山东,但对于江苏 45859 家规模以上企业来说,平均每家拥有的有效发明专利数不足 1 件,体现出江苏技术创新产出效果的提升空间还很大;占全国的比重为 16.28%,是浙江和上海的 2 倍多,山东的 3 倍多,可见对全国技术创新的贡献率较大。

二、江苏省生态化技术创新发展的实践

生态文明建设已经成为我国建设社会主义的重要组成部分,在大力发展经济的同时,更要关注生态环境的负荷能力,坚持走可持续发展的道路。江苏省积极响应国家的号召与指示,省政府于 2012 年印发了《江苏省"十二五"环境保护和生态建设规划》的通知,于 2013 年明确了生态文明建设的"七大行动"和 46 项可观测指标,进一步要求全省统一思想,认真落实各项任务,完成相关指标,努力提升生态文明建设的水平。近年来,江苏省生态化技术创新发展的生态化基础更加坚实,生态化保障更加坚固,生态化行动更加坚决,取得了可喜的成就。

(一) 生态化基础更加坚实

产业结构代表着一个地区经济增长对于各产业的依赖程度，因此只有既符合国民经济发展规律，同时又偏重资源消耗低、环境污染小、科技含量高以及就业弹性高的产业结构才是最优化的产业结构。随着江苏省工业化、城镇化进程的不断加速，环境压力也与日俱增，如何调整和优化产业结构，使之更加符合生态化发展的要求，也就成为江苏省生态化技术创新发展首先要思考的问题。通过多年的改革创新和开放发展，江苏省的产业结构获得了调整和优化，为江苏省生态化技术创新的发展奠定了更加坚实的生态化基础。

为了便于分析，本研究选取同处于沿海地区以及长三角地区的上海、浙江以及山东作为比较对象，由于这三个地区与江苏毗邻，不管从经济发展还是生态化发展角度来看都有着共通之处，因此具有可比性，具体指标如表5-4所示。

表 5-4 产业结构及重污染行业比较

指标	江苏省	浙江省	山东省	上海市
三次产业结构	6.3:50.2:43.5	14.1:51:34.9	8.6:51.4:40	0.6:39:60.4
重污染行业占比（%）	44.79	34.56	45.93	41.19

资料来源：通过各省（直辖市）统计年鉴（2013）的原始数据整理而来。

1. 三次产业结构更加优化

从三次产业结构可以看出，四个省（直辖市）中只有上海第三产业占比较大，其余三个省均是第二产业的比重大，并且上海第三产业的比重大于其余省第二产业的比重，由此可以看出上海的三次产业结构是明显优于其他三省的。同时与浙江、山东作对比，江苏第二产业比重最低，第三产业比重最高，说明经济发展正向资源消耗低、环境污染少、附加值高的第三产业转变，因此具有较优的产业结构，有利于生态化技术创新的发展。

2. 重污染行业占制造业的比重得以进一步调整

环保部于2010年将火电、钢铁、水泥、电解铝、煤炭、冶金、化工、石化、建材、造纸、酿造、制药、发酵、纺织、制革和采矿业共16类行业列为重污染行业。显然，这些行业是生态化技术创新发展的首选目标，其水平高低直接决定着整个国民经济生态化技术创新乃至生态化发展水平的高低。鉴于此，从制造业中选取了纺织业，造纸和纸制品业，农副食品加工业，石油加工、炼焦和核燃料加工业，化学原料和化学制品制造业，黑色金属冶炼和压延加工业以及计算机、通信和其他电子设备制造业七个重污染行业，计算重污染行业占制造业的比重。

从重污染行业产值占制造业产值的比重来看，最高的是山东，为45.93%，其次是江苏，为44.79%，最低的是浙江，为34.56%，即使是上海，也高达41.19%，可见形势并不乐观。但用发展的眼光看，这正是生态化技术创新进入到这些重污染行业所形成的成果。如果没有生态化技术创新的发展，这一比重则会更高。可以相信，随着创新、协调、绿色、开放、共享五大发展理念的贯彻，随着生态化技术创新发展的深入，40%左右水平的历史将不会很久。

（二）生态化保障更加坚固

在江苏省生态化发展的过程中，需要有相应的监督管理措施来保障生态化进程的顺利进行。从1993年获批进行环境监理试点省工作开始，经过20多年的发展，江苏省已经形成了具有一定规模的环境监察体系，在多个方面率先进行了积极的探索；同时也在为解决影响人民健康生存的严重的环境问题而努力。江苏省的环境监察体系以"1局1总队6中心1办"为标志，1局即环保局，1总队即环境监理总队，6中心分别为省环境应急与事故调查中心、苏南环保督查中心、苏中环保督查中心、苏北环保督查中心、省生态环境监控中心和环境举报中心，1办为厅信访办，这些部门协调统一，互相配合，使环境监管的力量凝聚。

排污收费举措加强了生态化保障。在保护环境的过程中，江苏省在全国首先推行了排污收费工作，已经逐渐发展成环境执法的重要手段，2001~2012年的排污费征收总额连续12年名列全国第一。由此可见，江苏省在减少污染物对环境的伤害，提高污染治理设施的运转率方面付出了较大的努力。同时，排污收费的举措也有利于企业的长足发展，提高企业的技术创新能力，更重要的是，对江苏省的环保事业起着基础性的作用，在很大程度上推动环保工作的进行，从而进一步优化产业结构。

区域环境督查加紧了生态化保障。随着经济的不断发展，江苏省逐步形成了区域的划分——苏南、苏中、苏北，而环境的监管也随之有了新的形式，于2011年分别成立了苏南、苏中、苏北环保督查中心，以此来提高监管的效能。通过三年的发展，这种创新型的监管方式不仅协调了区域间的环境保护工作，还能够促进省与各区域环保信息的互通，加强了交流，有效地解决了突出的环境问题。特别是对于跨界污染的问题，通过三个中心的直接沟通，能够很快达成共识，不断督促企业进行整改，已经成为省级与基层之间交流沟通的纽带与桥梁。

经过20多年的发展，江苏省已经形成了督政、监管、协调、服务四位一体的监管体系，也拥有了专业的执法队伍，成为环境监督执法体系的核心力量，有力促进了污染治理减排和产业结构调整优化。江苏省政府不断突破创新，在生态化发展的进程中，结合实际情况制定相关保障措施，加强监督管理的水平；同时组织各项重点专项督查工作，保障了江苏省的环境安全，突出解决了一些难点、重点环境问题。

当然，江苏省还需要不断健全环境监管机制，全面提高监察人员的综合素质。江苏省环境监察队伍有 3300 余名环境监察人员，从全国来看，无论是从人均监管污染源的数量、密度、强度还是排污收费的难度、力度分析，江苏现有的环境监察人员数量都是靠后的，这就不仅要增加编制和人数，还要全面提升江苏的环境监察效能。

(三) 生态化行动更加坚决

江苏省将生态文明建设作为"十二五"规划期间的八项重大任务之一，2012 年出台了《生态文明建设工程行动计划》，首次将生态文明建设工程五年目标任务书下达给全省的 13 个市，并于 2013 年继续明确了时间表和规划图，对目标细化、量化，落实到基层，生态化行动更加坚决。

生态工业园行动更加坚决。江苏省近些年来大力发展生态工业，建设各类生态工业园。2004 年，江苏省在全国率先启动了省级生态工业园区创建工作，现有 46 家园区被批准创建省级生态工业园区，包括常州钟楼经济开发区、江阴经济开发区、昆山高新区、江宁经济开发区、徐州经济技术开发区、南京高新区和太仓港经济技术开发区（新区）等。截至目前，已命名的国家级生态工业园区有 7 家，占全国的近 50%。不仅如此，江苏正加快生态化行动步伐，通过大力推进节能减排、注重保护环境、降低各类污染物排放、促进生态化技术创新发展等措施，正着力加快生态化改造与产业升级，努力朝着生态城市的目标前进。

环保行动更加坚决。环保支出占比，即地方财政一般预算支出中环境保护支出所占的比重。这一指标的高低体现着政府环境保护行动的坚决与否。从表 5-5 显示的数据可以看出，江苏省的环保支出占比最高，为 2.76%，相当于上海的 2 倍，比浙江高 0.89%，比山东高 0.14%。这充分展示了江苏省政府加强环境保护的决心、推进环保行动的坚强意志和加快生态化发展的坚决措施。

节能减排行动更加坚决。江苏省的经济发展，特别是重工业的发展，主要依靠的是能源的消耗，而其能源又依赖于省外或国外进口，因此减少能源的消耗不仅有利于生态环境的发展，更重要的是降低江苏省能源的依赖性，从而付出较少

表 5-5 2012 年环保投入与成效

指标	江苏省	浙江省	山东省	上海市
环保支出占比（%）	2.76	1.87	2.62	1.32
单位 GDP 能耗（吨/万元）	0.53	0.52	0.82	0.57
单位 GDP 废水排放量（万吨/亿元）	11.07	12.43	9.58	10.86
单位 GDP 二氧化硫排放量（吨/亿元）	18.35	18.05	34.97	11.31

资料来源：通过国家数据库与各省（直辖市）统计年鉴（2013）的原始数据整理而来。

的代价来换取较高的经济增速。因此，单位 GDP 能耗是反映节能状况的一个代表性的指标。指标高，说明节能效果不佳；反之，则说明有成效。由表 5-5 可知，江苏省的单位 GDP 能耗与浙江省的 0.52 吨/万元相差不大，为 0.53 吨/万元，低于上海的 0.57 吨/万元，并远低于山东的 0.82 吨/万元，说明江苏省已经深刻意识到了减少能源消耗的重要性，开始从源头抓起，优化能源结构，探索创新的生产方式，以及开发新的可再生资源来改变高消耗的发展格局。

工业污染的过量排放不仅对环境造成破坏，更重要的是不利于人类的生存，大力削减污染物的排放已经成为江苏省坚持生态化发展道路的必然选择。从表 5-5 可以看出，尽管江苏在减排方面采取了坚决的行动，但与其他兄弟省份相比，力度还不是足够的大，单位 GDP 废水排放量仅低于浙江省，与山东省相差 1.49 万吨/亿元，而单位 GDP 二氧化硫排放量仅低于山东省，与上海市相差 7.04 吨/亿元。因此，这就要求江苏在减排方面还要加大行动的力度，在"十三五"期间将减排工作再上新台阶，有效地促进其生态化发展。

第三节 生态化技术创新评价体系构建

一、评价指标的选定

根据指标体系设置原则，结合生态化技术创新的本质要求，即实现经济、社会、生态环境三者的和谐统一，并通过深入研究综述中多位学者关于生态化技术创新测度时所建立的评价模型，本研究将构建出符合江苏省实际情况的生态化技术创新水平评价指标体系，选取经济社会基础、投入水平和产出水平作为二级指标。

第一，生态化技术创新既需要经济基础的支撑，也是经济社会发展到一定阶段的必然产物，可以体现经济效益与社会效益的结合，因此需要衡量经济社会发展水平，测度其对生态化技术创新的推动作用。第二，生态化技术创新的过程伴随着全社会，包括政府、企业的大量投入，可以反映出各创新主体对其重视程度，并且基于技术创新的生态化转向，对研发水平的要求更为严格，亟须加强各类创新资源的投入，因此有必要对生态化技术创新的投入水平进行测度。第三，在经济社会发展的基础上，生态化技术创新的产出是否能够与投入成正比，企业通过投入产出，自我创新能力是否得到提高，以及社会的整体发展现状是否有利于生态化技术创新，这些都需要通过产出水平来进行衡量。

生态化技术创新的经济社会基础、投入水平和产出水平是相互联系的统一整体，能够对其创新水平进行综合而全面的评价。同时，还需要进一步将这些二级指标细化为三级指标，更为具体地体现生态化技术创新水平，具体阐述如下：

（一）经济社会基础角度

从经济社会基础的角度，选择了人均 GDP（X_1）、城镇居民人均可支配收入（X_2）、农村居民人均纯收入（X_3）和城镇登记失业率（X_4）四个三级指标。

前三个指标都是正向指标，指标数值越大越好，既代表了经济发展的水平，也分别从总体、城镇、农村不同角度体现出人民生活的水平；城镇登记失业率是逆向指标，指标数值越小越好，它是反映就业状况的重要指标，与社会保障有着密切的联系。综合来看，这四个指标可以充分代表生态化技术创新的经济社会基础，也从侧面体现了其对社会发展的贡献度。

（二）生态化技术创新投入水平角度

从生态化技术创新投入水平的角度，选取了 R&D 经费投入强度（X_5）、政府资金占 R&D 经费内部支出比重（X_6）、企业 R&D 人员数占就业人数比重（X_7）和单位 GDP 能耗（X_8）四个三级指标。

全社会 R&D 经费投入强度和企业 R&D 人员数占就业人数比重反映的是科技创新的财力投入、人力投入，数值越大，代表各创新主体在生态化过程中不断改进技术、改善生产经营方式的重视程度越高；政府资金占 R&D 经费内部支出比重表明各地方政府对于技术创新的重视程度与支持力度，不仅加快推进相关有利政策，同时加大对其的直接投入；单位 GDP 能耗是典型的反映资源消耗水平的指标，属于逆向指标，工业生产过程需要投入并消耗大量能源，而生态化技术创新则通过从源头改变生产方式来有效地降低能耗。

(三) 生态化技术创新产出水平角度

从生态化技术创新产出水平的角度,选取了国内发明专利申请授权量(X_9)、新产品销售收入占主营业务收入比重(X_{10})、单位 GDP 废水排放总量(X_{11})、单位 GDP 二氧化硫排放量(X_{12})、工业固体废物综合利用率(X_{13})、生活垃圾无害化处理率(X_{14})六个三级指标。

国内发明专利申请授权量和新产品销售收入占主营业务收入比重这两个指标是反映生态化技术创新经济效益的产出指标,前者是体现社会研究与开发管理水平的有效指标,后者则衡量了各地区工业企业的创新能力和趋势,均能很好地诠释生态化技术创新的产出水平;单位 GDP 废水排放总量和单位 GDP 二氧化硫排放量同样是两个逆向指标,衡量的是污染排放水平,其数值的大小反映了各地区生态环境的改善情况,符合生态效益的要求;工业固体废物综合利用率和生活垃圾无害化处理率是正向指标,是循环经济中资源循环利用水平的代表性指标,分别从工业企业和全社会的角度来选取,同样符合生态化技术创新过程中资源利用率最大化的要求,有利于人民生活品质的提高。

二、 指标体系的构建

通过上述分析可以建立生态化技术创新水平的评价指标体系,以便于实证研究,具体如表 5-6 所示。

表 5-6 生态化技术创新水平评价指标体系

一级指标	二级指标	三级指标		
		名称	单位	代码
生态化技术创新水平	经济社会基础	人均 GDP	元	X_1
		城镇居民人均可支配收入	元	X_2
		农村居民人均纯收入	元	X_3
		城镇登记失业率	%	X_4
	投入水平	R&D 经费投入强度	%	X_5
		政府资金占 R&D 经费内部支出比重	%	X_6
		R&D 人员数占就业人数比重	%	X_7
		单位 GDP 能耗	吨/万元	X_8
	产出水平	国内发明专利申请授权量	项	X_9
		新产品销售收入占主营业务收入比重	%	X_{10}
		单位 GDP 废水排放总量	万吨/亿元	X_{11}
		单位 GDP 二氧化硫排放量	吨/亿元	X_{12}

续表

一级指标	二级指标	三级指标		
		名称	单位	代码
生态化技术创新水平	产出水平	工业固体废物综合利用率	%	X_{13}
		生活垃圾无害化处理率	%	X_{14}

第四节 生态化技术创新发展的实证：江苏案例

为全面客观地反映江苏省生态化技术创新水平，本研究分别运用横向比较与纵向比较的方式，不仅立足于江苏省在全国的相对地位，同时结合自身的创新发展过程进行动态实证研究，以期能够充分发现其存在的优势与差距，为下文的对策研究夯实基础。首先对江苏省与全国其他各省的生态化技术创新水平进行横向比对。

一、横向比较：30个省份

（一）数据的收集和预处理

1. 数据的收集与来源

为了研究江苏省生态化技术创新水平在全国的地位，从静态分析的角度采用横向对比的方式，排除部分数据缺失的西藏，收集整理全国30个省（直辖市、自治区）指标体系中各个指标的数据。同时，鉴于本研究审稿前部分省份2012年的相关数据还没有及时披露，因此为了保证指标的一致性与可比性，分别从权威网站中华人民共和国国家统计局、《中国统计年鉴》(2012)、2012年各省份统计年鉴以及《中国科技统计年鉴》(2012)中获取2011年同一年份所需数据进行对比分析。

2. 数据的预处理

在进行因子分析之前，有必要对原始数据进行无量纲化，将实际值转化为评价值，包括指标的同趋势化和标准化。首先，由于指标体系中不仅存在正向指标，也存在逆向指标，因此为了保证指标作用的趋向相同，需要将其中的城镇失业率、单位GDP能耗、单位GDP废水排放总量、单位GDP二氧化硫排放量四个逆向指标转化为正向指标。

$$x'_{ij} = \frac{1}{x''_{ij}} \, (i = 1, 2, \cdots, 30; \, j = 1, 2, \cdots, 14) \tag{5-1}$$

式（5-1）中，x''_{ij} 表示第 i 个省第 j 个指标的原始数据；x'_{ij} 表示同趋势化后的数据。

其次，由于本研究的指标体系中各指标的形式不同，存在着总量指标、相对指标和平均值，会使评价指标在数量级上有差异，因此有必要对指标进行标准化处理。

$$x_{ij} = (x'_{ij} - \bar{x}_j)/S_j \tag{5-2}$$

式（5-2）中，x_{ij} 表示标准化后的数据；$\bar{x}_j$ 表示各省份第 j 个指标的均值；S_j 表示第 j 个指标的标准差，$S_j^2 = \sum_{i=1}^{n}(x_{ij} - \bar{x}_j)^2/(n-1)$。

因此，原始数据在通过上述预处理过程后形成了标准化的数据，为下文的因子分析做铺垫。

（二）江苏省生态化技术创新水平的横向比较

1. 适度性检验

在进行因子分析之前，需要对各变量的适度性进行检验，运用计量软件 SPSS19.0 的检验结果如表 5-7 所示。表中 KMO 的值为 0.789 > 0.5，并且接近于 1，说明所选变量间的相关性强，因子分析的效度较高；再者，Bartlett 球形度检验的近似卡方值为 436.527，P 值<0.001，高度显著，拒绝了相关系数矩阵是单位阵的假设，更加肯定了所选指标对于因子分析的适用性。

表 5-7　KMO 和 Bartlett 的适度性检验

取样足够度的 Kaiser-Meyer-Olkin 度量		0.789
Bartlett 球形度检验	近似卡方	436.527
	df	91
	Sig.	0.000

2. 公因子的提取

在适度性检验通过后，继续对各省生态化技术创新水平进行实证分析，将预处理后的数据建立相关系数矩阵 R，得到特征值及其特征向量，并运用主成分分析法，根据累计方差贡献率≥85%且特征值>1 这两个准则来确定提取的公因子及其数目，形成的具体结果如表 5-8 所示。

第五章 生态化技术创新发展

表 5-8 特征值与方差贡献率

成分	初始特征值			提取平方和载入			旋转平方和载入		
	合计	方差的百分比(%)	累计百分比(%)	合计	方差的百分比(%)	累计百分比(%)	合计	方差的百分比(%)	累计百分比(%)
1	7.819	55.851	55.851	7.819	55.851	55.851	7.099	50.709	50.709
2	1.864	13.312	69.162	1.864	13.312	69.162	1.970	14.070	64.779
3	1.281	9.151	78.314	1.281	9.151	78.314	1.636	11.683	76.462
4	1.008	7.198	85.512	1.008	7.198	85.512	1.267	9.050	85.512
5	0.570	4.074	89.586						
6	0.392	2.797	92.383						
7	0.340	2.429	94.812						
8	0.254	1.811	96.623						
9	0.218	1.554	98.177						
10	0.133	0.953	99.130						
11	0.037	0.262	99.391						
12	0.033	0.237	99.628						
13	0.029	0.205	99.833						
14	0.023	0.167	100.000						

提取方法：主成分分析

由表 5-8 可以看出，前四个因子的特征值均大于 1，分别为 7.819、1.864、1.281 和 1.008，累计方差贡献率达到了 85.512%，表示变量 85.512% 的信息被四个因子说明了，特别是第一个因子的贡献率高达 50.709%；同时，根据图 5-4 可知，前四个成分数所对应的特征值曲线呈现陡峭的态势，之后则趋于平缓，因此结合图 5-4 可以确定能够提取的公因子数目 m=4，即取前四个特征值建立因子载

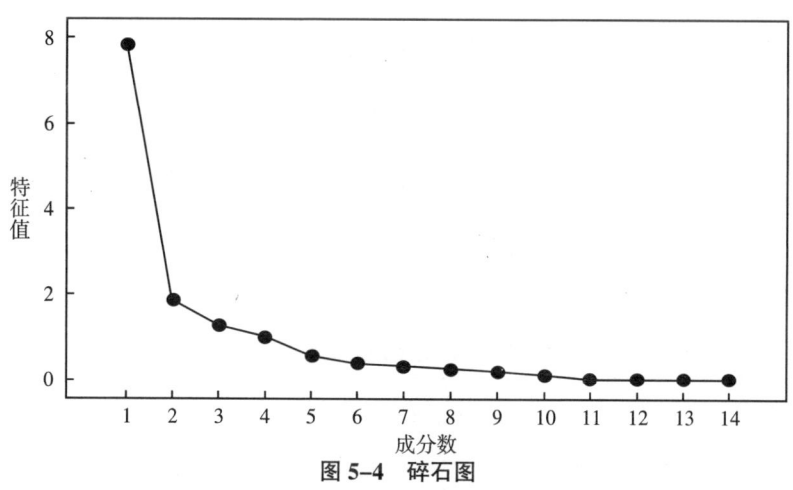

图 5-4 碎石图

荷矩阵，它们充分涵盖了反映生态化技术创新水平的信息。

3. 因子载荷阵及其旋转载荷阵的建立

建立因子模型的关键是估计出因子载荷矩阵，其中的数值 a_{ij} 表示第 i 个指标 x_i 与第 j 个公因子 F_j 的相关系数，数值越大说明依赖程度越高，如表5-9所示。为了有利于各个公因子的命名与解释，有必要对初始因子载荷阵进行进一步的处理，现今普遍采用的是 Kaiser 于 1959 年提出的方差最大化的正交旋转法，它是指以总方差最大为准则，使载荷阵中数值的绝对值在各公因子上的载荷尽可能地向 0 和 1 这两极分化。因此，旋转后的正交载荷阵如表5-10所示，各指标按照系数的大小顺序排列，比较容易对各公因子做出分类与解释。当然，为了避免进行综合评价时存在多重共线性，还需要验证各公因子的相关性，如表5-11所示的因子得分相关系数矩阵，四个因子的相关系数均为 0，没有相关关系，可见它们能够很好地代表不同的维度。

表 5-9 初始因子载荷阵

指标	因子			
	1	2	3	4
X_3	0.929	−0.139	0.098	−0.085
X_2	0.928	−0.164	−0.033	−0.011
X_1	0.872	−0.197	0.345	0.088
X_7	0.865	−0.016	0.165	−0.151
X_9	0.824	0.038	−0.201	−0.194
X_{10}	0.778	−0.163	−0.170	−0.102
X_6	0.022	0.844	0.269	−0.116
X_4	0.567	0.663	−0.174	0.179
X_5	0.505	0.611	0.150	−0.025
X_8	0.159	−0.098	0.856	−0.313
X_{11}	0.365	−0.105	0.825	0.342
X_{12}	0.478	0.107	0.605	−0.009
X_{14}	0.307	−0.086	−0.323	0.860
X_{13}	−0.216	−0.599	−0.087	0.741

提取方法：主成分

注：已提取了4个成分。

表 5-10 正交因子旋转载荷矩阵

指标	因子			
	1	2	3	4
X_2	0.903	−0.037	0.212	0.170

续表

指标	因子			
	1	2	3	4
X_3	0.897	−0.001	0.301	0.052
X_9	0.859	0.124	−0.054	0.050
X_7	0.830	0.117	0.307	−0.046
X_{10}	0.807	−0.074	0.022	0.114
X_1	0.763	−0.034	0.576	0.104
X_6	−0.085	0.860	0.089	−0.213
X_5	0.413	0.748	0.313	0.079
X_4	0.448	0.717	−0.054	0.324
X_{11}	0.126	0.045	0.960	0.056
X_{12}	0.503	0.011	0.858	0.195
X_8	0.448	−0.124	0.673	0.300
X_{14}	0.130	−0.051	0.085	0.958
X_{13}	0.245	−0.611	0.019	0.731

提取方法：主成分
旋转法：具有 Kaiser 标准化的正交旋转法

注：旋转在 6 次迭代后收敛。

表 5-11　因子得分相关系数矩阵

因子	1	2	3	4
1	1.000	0.000	0.000	0.000
2	0.000	1.000	0.000	0.000
3	0.000	0.000	1.000	0.000
4	0.000	0.000	0.000	1.000

4. 因子命名与解释

根据正交因子载荷阵中各指标的排列顺序以及在四个公因子上的载荷可以看出，每个公因子在各指标上的载荷呈现出较大的差异性，有利于各指标的归类。同时联系生态化技术创新的实际情况，对四个因子进行命名，具体的分布情况如表 5-12 所示。

表 5-12　公因子命名及分类

公因子	高载荷指标	因子命名
F_1	城镇居民人均可支配收入（X_2） 农村居民人均纯收入（X_3） 国内发明专利申请授权量（X_9）	技术创新因子

续表

公因子	高载荷指标	因子命名
F_1	R&D 人员数占就业人数比重 (X_7)	技术创新因子
	新产品销售收入占主营业务收入比重 (X_{10})	
	人均 GDP (X_1)	
F_2	政府资金占 R&D 经费内部支出比重 (X_6)	社会创新因子
	R&D 经费投入强度 (X_5)	
	城镇登记失业率 (X_4)	
F_3	单位 GDP 废水排放总量 (X_{11})	节能减排因子
	单位 GDP 二氧化硫排放量 (X_{12})	
	单位 GDP 能耗 (X_8)	
F4	生活垃圾无害化处理率 (X_{14})	资源循环利用因子
	工业固体废物综合利用率 (X_{13})	

(1) F_1: 技术创新因子。公因子 F_1 的载荷按照大小顺序，主要分布在 X_2、X_3、X_9、X_7、X_{10} 和 X_1 上，其中，人均 GDP (X_1)、城镇居民人均可支配收入 (X_2) 和农村居民人均纯收入 (X_3) 可以看作是生态化技术创新的经济基础；R&D 人员数占就业人数比重 (X_7) 可以看作是企业生态化技术创新的投入，反映了创新主体对于技术创新的重视度；国内发明专利申请授权量 (X_9) 和新产品销售收入占主营业务收入比重 (X_{10}) 可以看作是社会和企业技术创新的产出效果。因此，综合来看，可以将这六个指标归为第 1 个公因子，命名为"技术创新因子"，反映江苏省生态化技术创新的社会推动力以及企业自身的创新能力。

(2) F_2: 社会创新因子。公因子 F_2 的载荷按照大小顺序，主要分布在 X_6、X_5 和 X_4 上，其中，政府资金占 R&D 经费内部支出比重 (X_6) 和 R&D 经费投入强度 (X_5) 反映出全社会（包括政府、企业以及科研院所等）对于科学研究与开发的投入水平；城镇登记失业率 (X_4) 则充分体现了生态化技术创新中社会效益的内涵，从侧面反映出人民生活是否能够得到保障，以及社会整体的创业氛围。因此，将这三个指标归为第 2 个公因子，命名为"社会创新因子"，反映江苏省生态化技术创新的社会创新水平。

(3) F_3: 节能减排因子。公因子 F_3 的载荷按照大小顺序，主要分布在 X_{11}、X_{12} 和 X_8 上，其中，单位 GDP 能耗 (X_8) 是最普遍的用以反映能耗水平的指标；单位 GDP 废水排放总量 (X_{11}) 和单位 GDP 二氧化硫排放量 (X_{12}) 说明了社会生产过程中有害物质对于生态环境的破坏程度，以及江苏省在减少污染排放方面的力度。因此，将这三个指标归为第 3 个因子，命名为"节能减排因子"，代表江苏省生态化技术创新从源头进行生态化的水平。

（4）F_4：资源循环利用因子。公因子 F_4 的载荷按照大小顺序，主要分布在 X_{14} 和 X_{13} 这两个指标上，生活垃圾无害化处理率（X_{14}）代表了对人类日常生活产生的废弃物进行减量化和无害化处置的程度；工业固体废物综合利用率（X_{13}）反映出工业运行过程中产生的有害废物循环再利用的水平。因此可以将这两个指标归为第 4 个因子，命名为"资源循环利用因子"，它们都是通过改进工艺技术、管理手段等方式促进资源的循环利用，不仅避免了二次污染，而且能够有效解决资源短缺的问题，有利于生态的可持续发展。

5. 因子得分

运行 SPSS 软件得出因子得分系数矩阵，如表 5-13 所示。

表 5-13　因子得分系数矩阵

指标	因子			
	1	2	3	4
X_1	0.048	−0.057	0.313	−0.005
X_2	0.129	−0.073	0.014	0.022
X_3	0.129	−0.051	0.079	−0.084
X_4	0.007	0.351	−0.095	0.222
X_5	0.084	0.139	0.109	−0.048
X_6	−0.051	0.465	0.087	−0.189
X_7	0.123	0.016	0.093	−0.166
X_8	0.141	0.038	−0.227	0.138
X_9	0.174	0.012	−0.183	−0.094
X_{10}	0.152	−0.090	−0.117	−0.022
X_{11}	−0.148	0.030	0.713	0.066
X_{12}	0.096	0.222	−0.078	0.051
X_{13}	0.163	−0.316	−0.042	−0.082
X_{14}	−0.138	−0.042	0.076	0.876

由系数矩阵可以将 4 个公因子表示为 14 个变量的线性组合，即：

$F_1 = 0.048X_1 + 0.129X_2 + 0.129X_3 + 0.007X_4 + 0.084X_5 − 0.051X_6 + 0.123X_7 + 0.141X_8 + 0.174X_9 + 0.152X_{10} − 0.148X_{11} + 0.096X_{12} + 0.163X_{13} − 0.138X_{14}$

$F_2 = −0.057X_1 − 0.073X_2 − 0.051X_3 + 0.351X_4 + 0.139X_5 + 0.465X_6 + 0.016X_7 + 0.038X_8 + 0.012X_9 − 0.09X_{10} + 0.030X_{11} + 0.222X_{12} − 0.316X_{13} − 0.042X_{14}$

$F_3 = 0.313X_1 + 0.014X_2 + 0.079X_3 − 0.095X_4 + 0.109X_5 + 0.087X_6 + 0.093X_7 −$

$0.227X_8 - 0.183X_9 - 0.117X_{10} + 0.713X_{11} - 0.078X_{12} - 0.042X_{13} + 0.076X_{14}$

$F_4 = -0.005X_1 + 0.022X_2 - 0.084X_3 + 0.222X_4 - 0.048X_5 - 0.189X_6 - 0.166X_7 + 0.138X_8 - 0.094X_9 - 0.022X_{10} + 0.066X_{11} + 0.051X_{12} - 0.082X_{13} + 0.876X_{14}$

通过上述四个表达式的计算分别得出每个省份四个公因子的分数,并做了相应的排序,可以较为直观地比较出江苏省的每个因子在 30 个省(市、区)中的地位;再者,根据公式:

$$F = \sum_{j=1}^{m} a_j F_j \quad (j = 1, 2, 3, \cdots, m)$$

以及前文表 5-8 中旋转后的方差贡献率,评价各省(直辖市、自治区)生态化技术创新水平的综合表达式(5-3),由此可得出江苏省及其他省份的综合分数及排名,详见表 5-14。

$$F = (50.709F_1 + 14.07F_2 + 11.683F_3 + 9.05F_4)/85.512 \quad (5-3)$$

表 5-14　30 个省(市、区)生态化技术创新水平综合得分及排名

地区	F_1 得分	F_1 排名	F_2 得分	F_2 排名	F_3 得分	F_3 排名	F_4 得分	F_4 排名	F 得分	F 排名
北京市	2.515	1	3.527	1	0.785	5	0.874	6	2.271	1
天津市	0.774	6	-0.995	28	3.339	1	0.749	7	0.830	3
河北省	-0.743	24	-0.025	13	0.338	9	-0.245	21	-0.425	23
山西省	-0.853	26	-0.343	16	0.595	6	0.030	20	-0.477	24
内蒙古自治区	-1.099	29	-0.515	22	2.362	2	0.522	13	-0.358	22
辽宁省	-0.536	19	0.292	7	0.852	3	0.081	19	-0.145	14
吉林省	-0.157	14	0.431	6	0.111	12	-1.735	28	-0.191	16
黑龙江省	0.000	12	0.050	11	0.120	11	-2.372	30	-0.226	17
上海市	1.856	2	-0.381	17	0.515	8	-1.668	27	0.932	2
江苏省	1.115	5	-0.945	27	-0.165	16	0.567	11	0.543	6
浙江省	1.393	4	-1.119	29	-0.362	17	0.748	8	0.671	5
安徽省	0.105	11	-0.443	21	-0.871	25	0.191	16	-0.109	13
福建省	0.398	8	-0.784	25	-0.881	26	1.023	3	0.095	9
江西省	-0.449	16	0.119	10	-1.021	26	0.902	5	-0.291	20
山东省	0.372	9	-1.121	30	0.570	7	0.607	9	0.178	7
河南省	-0.245	15	-0.599	23	-0.523	22	0.364	14	-0.277	19
湖北省	0.402	7	-0.389	18	-0.523	21	-1.425	26	-0.048	11
湖南省	-0.001	13	-0.674	24	-0.575	23	0.286	15	-0.159	15
广东省	1.731	3	-0.398	20	-1.480	30	-0.334	22	0.724	4
广西壮族自治区	-0.463	18	-0.130	14	-1.149	29	1.059	2	-0.341	21

续表

地区	F₁ 得分	F₁ 排名	F₂ 得分	F₂ 排名	F₃ 得分	F₃ 排名	F₄ 得分	F₄ 排名	F 得分	F 排名
海南省	-0.462	17	2.177	2	-0.910	27	1.434	1	0.112	8
重庆市	0.214	10	-0.937	26	-0.440	19	0.946	4	0.013	10
四川省	-0.754	25	1.096	4	-0.110	14	0.112	17	-0.270	18
贵州省	-1.038	28	-0.141	15	-0.385	18	0.600	10	-0.628	29
云南省	-0.720	23	0.270	8	-0.706	24	-0.413	23	-0.523	26
陕西省	-0.652	21	1.267	3	0.844	4	0.105	18	-0.053	12
甘肃省	-0.665	22	0.807	5	-0.110	15	-2.084	29	-0.497	25
青海省	-1.261	30	0.044	12	0.259	9	0.536	12	-0.648	30
宁夏回族自治区	-0.612	20	-0.391	19	-0.498	20	-0.908	25	-0.592	28
新疆维吾尔自治区	-0.957	27	0.251	9	0.017	13	-0.551	24	-0.582	27

6. 综合评价

根据综合评价值 F 的得分及排名，将 30 个地区分为三个层次，排名前 10 名的属于第一层次，即北京、上海、天津、广东、浙江、江苏、山东、海南、福建和重庆；排名 11~20 名的属于第二层次，即湖北、陕西、安徽、辽宁、湖南、吉林、黑龙江、四川、河南和江西；排名最后 10 名的属于第三层次，即广西、内蒙古、河北、山西、甘肃、云南、新疆、宁夏、贵州和青海。

因此可以看出，2011 年江苏省的生态化技术创新水平处于占有绝对优势的第一层次，并位于全国的第 6 位，仅次于北京、上海、天津、广东和浙江五个地区。同时，评价江苏省生态化技术创新水平的综合得分为 0.543，尽管与北京的 2.271 差距较大，但其数值大于 0，说明超出了全国的平均水平，与排名第 5 位的浙江也仅相差 0.128。这可以显示出江苏省近年来在生态化技术创新方面所做的努力以及取得的成果，不过值得注意的是，江苏省在各个公因子上的表现差异较大，根据表 5-14 作如下的具体分析：

（1）在反映技术创新水平的公因子 F_1 上，江苏省排名第 5 位，值为 1.115，尽管落后于北京的 2.515、上海的 1.856、广东的 1.731 和浙江的 1.393，但优于综合排名较前的天津。这主要是由于北京、上海、广东、浙江和江苏以其强大的经济发展水平为支撑，带动了人均 GDP、城镇居民人均可支配收入和农村居民人均纯收入的提高，夯实了生态化技术创新的基础。当然，社会整体的推动力与中间机构所做出的努力也是分不开的，可以从国内发明专利申请授权量看出，这一指标对技术创新公因子的贡献率较高。同时,从R&D人员数占比与新产品销售收入占比分别代表企业投入与产出的指标可以看出,企业作为最重要的创新主体,也逐渐意识到生态化技术创新对于产业层次、企业竞争优势的提升以及生态环境可持续发展的重要作用,使企业的自主创新能力得到了提升。综合而言,江苏省与前四个省(市、区)的差距并不明显,创新水平远高于全国的平均水平,又由于技术创新水平这一公因子在综合得分中所占比重较大,因此奠定了江苏省生态化技术创新水平良好的态势。

(2)在反映社会创新水平的公因子F_2上,江苏省排名第27位,值为-0.945,远远落后于全国平均水平。其中,排在前5位的分别是北京、海南、陕西、四川和甘肃,其社会创新水平具有绝对的优势;相反地,上海、天津、浙江和山东等技术创新水平较高的省份,与江苏省的情况雷同,均处于全国的中下等水平。究其原因,尽管江苏省对于社会创新水平一直较为重视,R&D经费投入强度较高,但其他省份近年来也逐渐意识到创新的重要性,各政府不断加大对科学研究与开发的投入力度,使江苏省的政府资金占R&D经费内部支出的比重不再具有优势,而本研究选取的这一指标涵盖了社会创新水平近50%的内容,直接导致了江苏省社会创新水平偏低。再者,江苏省的城镇登记失业率处于中等水平,所体现出的生态化技术创新中的社会效益并不显著,没有形成能够有效提升社会创新水平这一公因子的动力,因此江苏省各级政府对于生态化技术创新的投入力度应加大,同时鼓励全民自主创业,特别是具备创新理念的大学生群体,从而带动江苏省社会就业率的提高,有效降低就业难、失业率高的现状。

(3)在反映节能减排水平的公因子F_3上,江苏省排名第16位,处于全国的平均水平,这是企业自主创新能力与社会创新能力综合作用的结果。其中,天津和内蒙古自治区分别以3.339和2.362的水平占据了绝对优势,分别约是排名第3位的辽宁省的4倍和2.8倍,这主要是由于它们的单位GDP废水排放总量较低,而这一指标在节能减排这一因子中占了71.3%的比重,体现了这两个省份在减少污水排放方面所做的努力。特别是天津市,出台了《天津市节能减排工作实施方案》等政策措施,不仅加快了污水处理基本设施的建设,实施部分工业项目脱硫工程,而且推进能源结构调整,严格控制高污染、高耗能项目,从创新模式出发,不断调整产业结构,提升产业层次,大力发展循环经济。这一系列的举措使天津市从源头上降低了"三废"的排放量,提升了节能减排的水平,推动了经济社会新格局的形成。作为工业大省的江苏,环境污染问题一直困扰并阻碍其健

（4）在反映资源循环利用水平的公因子 F_4 上，江苏省排名第 11 位，值为 0.567，处于全国中等偏上水平，落后于海南、广西、福建、重庆、江西、北京、天津、浙江、山东和贵州，这主要是由于江苏省生活垃圾无害化处理率偏低造成的，这一指标代表了资源循环利用水平 87.6%的内涵，反映出江苏省在对废弃物进行减量化和无害化处置方面有所欠缺。当然，由于江苏省经济较为发达，人员不断流入且流动较为频繁，这在一定程度上增加了生活垃圾的产量，加大了无害化处理的难度。值得一提的是，江苏省工业固体废物的综合利用率较高，处于全国领先水平，这与近些年来不断改进先进的适用技术，提升循环利用水平，加快转型升级的步伐一致。因此，江苏省应向先进省份学习，建立并完善资源循环利用体系，运用先进的技术合理利用资源，并加强废弃物的无害化处理，提高其循环利用水平，保证产业的可持续发展，促进生态化技术创新综合水平的提高。

二、纵向比较：2004~2012 年

考察了 2011 年江苏省生态化技术创新水平在全国的地位后，发现尽管总体排名处于第一梯队，但还存在诸多不足之处。因此，有必要对近些年江苏省生态化技术创新水平的发展趋势作进一步的研究，从而全面把握其发展水平。

为了使本研究具有延续性与可解释性，江苏省生态化技术创新水平的纵向比较采用与横向比较相同的指标；同时沿用上述因子分析所形成的公因子及其权重，计算江苏省 2004~2012 年近九年生态化技术创新的水平，具体过程如下：

（一）数据的收集和预处理

1. 数据的收集与来源

为了研究江苏省生态化技术创新水平的发展态势，从动态分析的角度采用纵向对比的方式，通过权威网站中华人民共和国国家统计局和江苏省统计局、《中国统计年鉴》（2005~2013）、《中国科技统计年鉴》（2005~2013）以及《江苏省统计年鉴》（2005~2013）获取 2004~2012 年所需的江苏省各个指标的数据，经过整理后的原始数据如表 5-15 所示。

2. 数据的预处理

与横向比较的步骤相同，在进行分析之前需要对原始数据进行无量纲化处

表 5-15　江苏省各年份原始数据

代码	2012年	2011年	2010年	2009年	2008年	2007年	2006年	2005年	2004年
X_1 (元)	68347.00	62290.00	52840.00	44253.00	40014.00	33837.00	28526.00	24616.00	20031.00
X_2 (元)	29677.00	26340.70	22944.30	20551.70	18679.50	16378.00	14084.30	12318.60	10481.90
X_3 (元)	12202.00	10805.00	9118.20	8003.50	7356.50	6561.00	5813.20	5276.30	4753.90
X_4 (%)	3.10	3.20	3.20	3.20	3.30	3.20	3.40	3.60	3.80
X_5 (%)	2.38	2.17	2.07	2.04	1.88	1.65	1.59	1.79	1.82
X_6 (%)	3.96	3.32	2.07	2.85	2.66	1.86	1.79	1.82	1.77
X_7 (%)	0.78	11.04	13.35	12.88	11.74	11.57	10.48	10.78	9.76
X_8 (吨/万元)	0.60	0.60	0.73	0.76	0.80	0.85	0.89	0.92	0.88
X_9 (项)	16242.00	11043.00	7210.00	5322.00	3508.00	2220.00	1631.00	1241.00	1026.00
X_{10} (%)	14.96	13.87	12.83	11.88	10.90	11.40	10.56	9.74	10.64
X_{11} (万吨/亿元)	11.07	12.07	13.41	15.16	16.45	19.43	23.40	27.93	31.07
X_{12} (吨/亿元)	18.35	21.46	25.36	31.17	36.47	46.82	59.98	73.82	82.65
X_{13} (%)	91.37	95.43	96.66	97.94	98.72	96.08	94.07	94.85	92.30
X_{14} (%)	95.90	93.80	93.60	91.00	90.80	86.90	83.80	82.90	91.00

注：由于2010年新产品销售收入这一指标数值缺失，本研究取2011年和2009年的均值作替代。

理，将实际值转化为评价值，分别将各评价指标进行趋势化和标准化，具体的原理和计算方法见上文的公式（5-1）和公式（5-2），只需将各省份改为各年份即可。江苏省2004~2012年各指标经过预处理后的结果，即评价江苏省近九年来生态化技术创新水平的标准化数据如表5-16所示。

表 5-16　江苏省各年份标准化后的数据

江苏省	2012年	2011年	2010年	2009年	2008年	2007年	2006年	2005年	2004年
X_1	1.59	1.23	0.67	0.16	−0.10	−0.46	−0.78	−0.85	−1.28
X_2	1.64	1.13	0.60	0.23	−0.06	−0.41	−0.77	−1.04	−1.33
X_3	1.75	1.20	0.53	0.09	−0.16	−0.47	−0.77	−0.52	−1.19
X_4	1.10	0.58	0.58	0.58	0.10	0.58	−0.36	−1.21	−1.96
X_5	1.77	0.93	0.54	0.41	−0.23	−1.10	−1.34	−0.08	−0.45
X_6	−0.52	−0.29	1.72	1.31	0.31	0.17	−0.78	−0.06	−1.41
X_7	1.90	1.09	−0.48	0.49	0.26	−0.75	−0.84	−0.81	−0.86
X_8	1.61	1.61	0.27	0.02	−0.27	−0.60	−0.84	−1.01	−0.78
X_9	2.06	1.07	0.33	−0.03	−0.38	−0.63	−0.74	−4.14	−0.86
X_{10}	1.81	1.17	0.56	0.01	−0.57	−0.27	−0.76	−1.24	−0.72
X_{11}	1.49	1.12	0.72	0.31	0.06	−0.40	−0.82	−0.74	−1.33

续表

江苏省	2012年	2011年	2010年	2009年	2008年	2007年	2006年	2005年	2004年
X_{12}	1.67	1.15	0.67	0.18	-0.13	-0.53	-0.84	-1.05	-1.14
X_{13}	-1.61	0.07	0.57	1.10	1.42	0.33	-0.49	0.00	-1.22
X_{14}	1.31	0.85	0.80	0.23	0.18	-0.68	-1.36	-1.56	0.23

(二) 江苏省生态化技术创新水平的纵向比较

江苏省在经济增幅领先全国平均水平的同时，具备了人均环境容量小、单位国土面积工业污染负荷高等特殊的省情，这使各级地方政府不断加大技术创新的生态化转向，已经形成了从思想向行动转变的过程。

1. 各因子的计算

根据上文提取的四个公因子，包括技术创新因子 F_1、社会创新因子 F_2、节能减排因子 F_3 和资源循环利用因子 F_4，它们的计算公式如下：

$F_1 = 0.048X_1 + 0.129X_2 + 0.129X_3 + 0.007X_4 + 0.084X_5 - 0.051X_6 + 0.123X_7 + 0.141X_8 + 0.174X_9 + 0.152X_{10} - 0.148X_{11} + 0.096X_{12} + 0.163X_{13} - 0.138X_{14}$

$F_2 = -0.057X_1 - 0.073X_2 - 0.051X_3 + 0.351X_4 + 0.139X_5 + 0.465X_6 + 0.016X_7 + 0.038X_8 + 0.012X_9 - 0.09X_{10} + 0.030X_{11} + 0.222X_{12} - 0.316X_{13} - 0.042X_{14}$

$F_3 = 0.313X_1 + 0.014X_2 + 0.079X_3 - 0.095X_4 + 0.109X_5 + 0.087X_6 + 0.093X_7 - 0.227X_8 - 0.183X_9 - 0.117X_{10} + 0.713X_{11} - 0.078X_{12} - 0.042X_{13} + 0.076X_{14}$

$F_4 = -0.005X_1 + 0.022X_2 - 0.084X_3 + 0.222X_4 - 0.048X_5 - 0.189X_6 - 0.166X_7 + 0.138X_8 - 0.094X_9 - 0.022X_{10} + 0.066X_{11} + 0.051X_{12} - 0.082X_{13} + 0.876X_{14}$

因此可以分别得到代表江苏省生态化技术创新水平的四个因子 2004~2012 年九年的得分与排名，如表 5-17 所示。

表 5-17 江苏省各年份生态化技术创新水平综合得分及排名

年份	F_1 得分	F_1 排名	F_2 得分	F_2 排名	F_3 得分	F_3 排名	F_4 得分	F_4 排名	F 得分	F 排名	差距
2012	1.289	1	0.913	1	1.020	1	1.277	1	1.189	1	0.368
2011	1.019	2	0.202	4	0.693	2	0.843	2	0.821	2	0.404
2010	0.202	3	0.882	2	0.680	3	0.557	3	0.417	3	0.165
2009	0.201	4	0.541	3	0.383	4	-0.077	6	0.252	4	0.298
2008	-0.041	5	-0.276	6	0.175	6	-0.004	5	-0.046	5	0.297
2007	-0.405	6	-0.011	5	-0.440	7	-0.386	7	-0.343	6	0.320
2006	-0.629	7	-0.518	8	-0.757	8	-0.961	8	-0.663	7	0.217

续表

年份	F_1 得分	排名	F_2 得分	排名	F_3 得分	排名	F_4 得分	排名	F 得分	排名	差距
2005	-1.181	9	-0.487	7	0.271	5	-1.287	9	-0.880	9	-0.012
2004	-0.984	8	-1.081	9	-0.950	9	0.216	4	-0.868	8	—

2. 综合得分计算

通过上述各公因子的计算结果，再结合下述综合评分的公式，可以获得江苏省各年份生态化技术创新水平的最终得分，反映其经济效益、社会效益与生态效益和谐统一的程度及发展趋势，计算结果同样如表5-17所示，各因子及总得分的变动趋势如图5-5和图5-6所示。

$$F = (50.709F_1 + 14.07F_2 + 11.683F_3 + 9.05F_4)/85.512$$

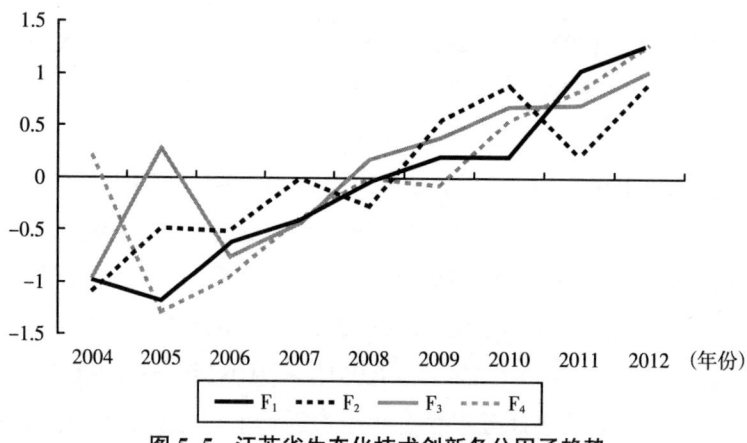

图5-5 江苏省生态化技术创新各公因子趋势

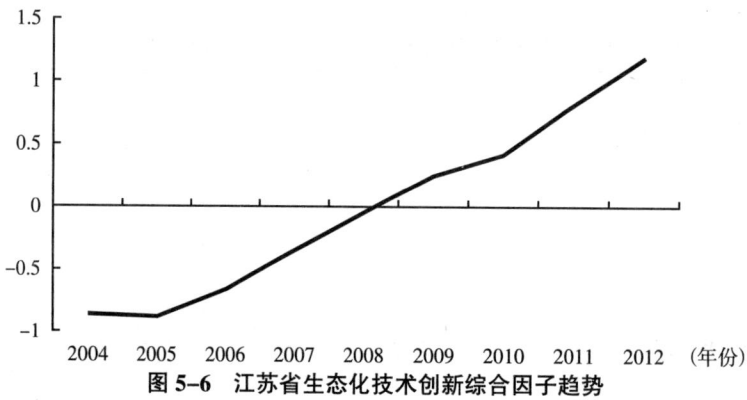

图5-6 江苏省生态化技术创新综合因子趋势

第五章　生态化技术创新发展

3. 综合评价

根据表 5-17 以及图 5-6 显示的 F 的结果及各年份的排名可以看出，江苏省的生态化技术创新水平除 2005 年有轻微下降外，一直处于较为稳定的增长态势。从前一年与后一年的差距比较得出，差距最小的年份是 2004 年与 2005 年，仅为 0.012。从 2006 年至 2010 年的"十一五"规划期间，江苏省生态化技术创新水平保持着近 0.3 的增速，这与江苏省响应国家的号召，积极推进生态文明建设，推进可持续发展有着必然的联系。此外，差距最大的年份是 2010 年与 2011 年，为 0.404，而 2011 年正是"十二五"规划的开局之年，这一数值更好地证明了江苏省在技术创新及其生态化方面所做的努力；同时 2011 年与 2012 年 0.368 的差距也延续了之前的高增速，并超越了"十一五"规划所取得的成绩，这与国家各项政策举措的引领及江苏省的具体落实情况息息相关，"十一五"时期的积累也奠定了 2011 年与 2012 年生态化技术创新水平的节节攀升。为了更为全面具体地了解江苏省生态化技术创新水平不断增长的原因，与横向比较相一致，本研究同样从各个公因子着手，结合图 5-5 以及江苏省各年份的原始数据，分别从四个方面加以阐述。

（1）在反映技术创新水平的公因子 F_1 上，2004~2012 年的排名情况与 F 相同，因为此公因子不仅包含了生态化技术创新的经济基础、创新主体（主要是工业企业）的投入强度，还反映了技术创新的产出效果，所以 F_1 是 F 最重要的影响因素。

江苏省近年来的经济发展水平一直处于全国的前列，领跑平均水平，人均 GDP 从 2004 年的 20031 元增长到 2012 年的 68347 元，年均增速高达 16.58%；人民的生活水平也有了显著的提高，城镇居民人均可支配收入从 10481.9 元增长到 29677 元，年均增速 13.89%，农村居民人均纯收入也从 4753.9 元增长到 12202 元，年均增速达 12.51%，与城镇居民仅相差 1 个百分点，这些为江苏省生态化技术创新创造了有利的经济环境与物质条件。

由于生态化技术创新是在技术创新基础上实现的生态化转向，因此从各创新主体对技术创新的投入及产出情况可以考察江苏省技术创新的能力，这也是生态化技术创新的技术支撑。从投入方面来说，以人员投入为例，江苏省企业 R&D 人员数占就业人数比重自 2004 年的 1.77% 增长至 2014 年的 3.96%，年均增速 10.59%，也就意味着近年来工业企业每增长 10 个就业人员就有 1 个是从事研究与开发工作的，这一比例也在逐年增长中。从产出效益方面来说，企业新产品销售收入占主营业务收入比重在2004年之后的五年内保持平稳,直至2010年后才出现1%的增长率,并依年递增。因此综合而言,江苏省工业企业的自主创新水平的提升幅度不大,技术投入后的产品的产出效益还有待提高,在加大研发投入的基础上,应更加重视产品生产、销售各个环节创新,朝着生态化方向转变,不断适应消费者多层次的需求;再者,国内发明专利申请授权量作为衡量技术创新产出较为普遍的指标,自2004年的1026项增至2012年的16242项,年均增长41.23%,尤其是2012年和2011年较之上一年的增速,分别为47.08%、53.16%,远远超过2012年全国28%的增长幅度。因此,江苏省应继续保持与政府、企业与中间机构的协同合作,加快提升各项专利研发能力。

(2)在反映社会创新水平的公因子F_2上,江苏省2009年社会创新水平为0.541,大于0,超出了近九年的平均水平,自此出现了一定程度的提高,一度增长至2012年的0.913,但由于2011年创新水平的回落使三年的年均增幅仅达到6.76%,还有较大的上升空间。究其原因,主要是由于政府资金占R&D经费内部支出比重没有形成大幅提升的态势,从2004年起以低于1%的增速增长至2010年,并达到了13.35%的最高比重,但随后两年即出现了连续的下滑。尽管反映全社会对于科学研究与开发投入能力的另一指标,即R&D经费投入强度逐年增加,但以其年均3.4%的增速还是无力挽回整体的状况。

再者,反映江苏省社会创新水平的还有城镇登记失业率这一指标,它正是生态化技术创新中社会效益的体现,与人民的生活保障息息相关。江苏省城镇登记失业率除了受2008年的金融危机影响出现小幅上涨外,其余均逐年下降,并由2004年的3.8%下降到2012年的3.1%,低于全国2012年4.1%的失业率。但是,近九年来的年均降幅仅为2.58%,这与江苏省相对发达的经济水平,提供较多的工作机会有所不符。分析其产生的原因,可能正是由于江苏省地处长三角地区,良好的区域创新环境吸引着各类人才和务工人员的不断加入,同时也就意味着高的竞争性与不稳定性,加剧了本地居民的就业压力,导致了城镇居民失业的情况。值得补充的是,鉴于长三角地区较快的经济发展速度,江苏省部分居民在长期的生活过程中,逐渐形成了不愿选择外省就业的倾向,因此人员的不断流入与少的输出产生了矛盾,加剧了城镇居民失业的状况。这与横向比较的结果相呼应,说明江苏省社会创新能力的提升离不开全民的参与,应充分利用政府的优惠政策,积极响应自主创业的号召,加入创新创业的队伍中。

(3)在反映节能减排水平的公因子F_3上,江苏省近九年的节能减排水平整体呈现较快上涨的趋势,年平均增速达到 78.34%,2012 年的得分达到 1.020。其中,2005 年较 2014 年出现了 128.52% 的高增速,2010 年至 2011 年则是 1.91% 的最低增速,波动幅度较大。总体而言,在节能减排方面,江苏省认真贯彻落实了国务院印发的多项关于节能减排工作的方案,并出台了省级层面的具体措施,才使工业经济增长与环境可持续发展齐头并进,一定程度上控制住了江苏省工业环境的日益恶化,取得了一定的成效。

首先从最普遍的能够反映能耗水平的指标,即单位 GDP 能耗来分析,根据原始数据可以得出它的年均降幅为 4.48%,除 2012 年维持前一年水平,2005 年有所上升外,其余年份都有着不同程度的下降,以 2010 年到 2011 年 17.81% 的下降幅度最明显。江苏省是工业大省,早期以高能耗换取快发展的传统生产方式已经越来越不能适应社会的要求,如何降低单位能耗也成为困扰其发展的严峻问题。从上述数据可以看出,江苏省正逐步摆脱这种生产方式,主要是通过不断调整产业结构,降低传统制造业的比重,向先进制造业、高新技术产业及现代服务业转变。从江苏科技统计网站获取的信息可知,江苏省 2013 年前三季度的高新技术产业产值较 2012 年增长 15.65%,占规模以上工业产值的 38.3%;2012 年实现服务业增加值 23676.0 亿元,增长 9.6%,占 GDP 比重为 43.8%,同时战略新兴产业也蓬勃发展。因此,江苏省近几年的产业结构持续优化,在很大程度上降低了单位 GDP 能耗。

其次是对工业生产过程中有害物质的排放进行分析,以单位 GDP 废水排放总量和单位 GDP 二氧化硫排放量来说明其对生态环境的破坏程度。两者都呈现逐年降低的趋势,其中单位 GDP 废水排放总量的年均降幅为 12.04%,以 2006 年至 2007 年 16.97% 的降幅最高,最低的降幅为 2008 年至 2009 年的 7.84%,同样较为显著。单位 GDP 二氧化硫排放量的年均降幅为 17.07%,高于前者,以 2007 年至 2008 年 22.11% 的降幅最高,最低的降幅为 2004 年至 2005 年的 10.68%。可见从废水、废气排放的角度来看,江苏省正在努力摆脱单位国土面积环境污染负荷高的困境,从对生态环境有害的排放物着手,降低其对生态的破坏程度。同时,江苏省环保厅也加强了对污染源排放情况的监督以及环保基础设施的建设,减轻江苏省工业发展的后遗症。

(4) 在反映资源循环利用水平的公因子 F_4 上,与节能减排因子类似,基本态势也是大幅增长的,这与江苏省在节能减排方面所做的努力是相辅相成的。资源循环利用水平影响着生态化技术创新中生态化的转向是否有价值,是否对人类生产、生活有益。具体可以从两个角度来考察，即从日常生活和工业生产两个方面来进行分析。

首先是日常生活方面的资源循环利用，人类生存不可避免地会产生各类垃圾，若不及时有效地加以处置，则会积累出更为严重的环境问题，严重影响人类的生存。因此对这些废弃物进行无害化处置也就显得尤为必要，通过分析生活垃圾无害化处理情况可以了解江苏省在日常生活中对资源循环利用的重视程度与实践状况。江苏省的生活垃圾无害化处理率均处于82%~96%，增幅较稳定，除2004年降低8.9%以外逐年增加，其余八个年份的年均增幅为2.12%。最高的增幅是2007年至2008年的4.49%，最低增幅是2010年至2011年的0.21%，可以看出增幅的差距并不明显。2012年江苏省生活垃圾无害化处理率已经达到了95.9%，2013年更是出台了《江苏省"十二五"城乡生活垃圾无害化处理设施建设规划》，因此需要认真贯彻落实该项规划并保持稳定的增长态势，最终争取实现生活垃圾的完全无害化处理，给人民营造良好的生活环境。

其次是工业生产方面的资源循环利用，此过程中不仅存在着资源的消耗，还存在着资源利用后的循环问题，如何避免有害物质的二次污染，实现其循环利用是值得讨论的话题。实现资源的循环利用不仅能够为工业企业节约资源，提高生产效率，吸引消费者，从而占据有利的市场战略地位，还能够从源头上解决资源短缺的问题，最终实现生态经济的可持续发展。这里选取工业固体废物综合利用率这一指标来代表工业生产的循环利用水平，来反映江苏省生态化技术创新的生态效益。从其原始数据可以看出，自2004年以来，江苏省工业固体废物综合利用率均处于91%~99%的高水平状态，其中以2008年的98.71%最高，以2012年的91.37%最低，每个年份较之前一年的情况均参差不齐，利用率呈现正态分布的特征。这说明江苏省从2004年以来对于工业资源的循环再利用以及危险物品的回收利用是比较重视的，也相应出台了一系列具有引导作用的政策。但值得注意的是，政策的实施力度与效果还有待提高，以2012年的近十年最低利用率为警示，从多角度真正实现江苏省生态化技术创新的生态效益，也为工业经济的发展提供资源保障。

第五节 生态化技术创新发展之路径

生态化技术创新的本质内涵是追求经济效益、社会效益和生态效益的统一，使技术创新朝着有利于保护环境资源的方向发展，达到和谐有序、协同共生的状态。根据前文实证评价的结论，江苏省需要认清生态化技术创新过程中的不足之处。就创新主体而言，政府应完善并发挥财政政策的激励作用，企业需加强生态化的自主创新能力，中间机构也可利用自身研发优势与企业进行合作，并做好相关配套服务工作。当然，江苏省生态化技术创新的不足与其外部环境，包括政策体系、金融服务体系等的不完善也有着无法分割的关系。因此，本研究从创新主体与外部支撑体系两个角度作对策设计，如图5-7所示。

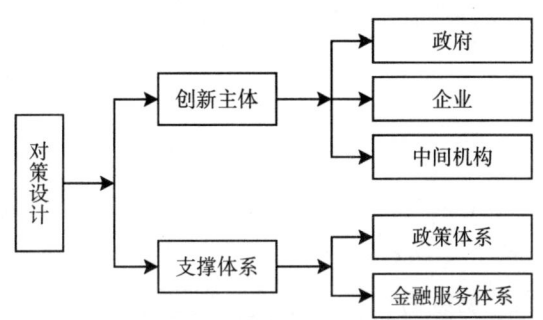

图 5-7 提高江苏省生态化技术创新水平的对策设计

一、完善政府财政激励政策

江苏省政府投入的不足以及增幅的不明显，严重影响了生态化技术创新的水平，因此可以看出其水平受政府机构行为的影响较大，有必要从政府的激励机制角度探索如何使政府资金倾向生态化技术创新活动，切实提高生态化技术创新的水平，促进江苏省产业结构的转型升级。在政府的激励和推动机制中，财政政策是最为有效的政策之一，本研究分别从财政支出政策与财政收入政策两个方面来着手讨论。

（一）完善财政支出政策

财政支出是一种直接促进科技进步与发展的公共政策手段，包括拨款、采购等方式。

1. 拨款

财政拨款看似是最直接的方式，但由于需要经过预算的相关程序，而且预算的资金一般有着较为稳定的比例，所以不能够及时随着企业对生态化技术创新的需求量而作动态变化。因此江苏省应从预算的制度出发，重新规划预算的审核、支出、使用等流程，建立符合生态文明建设的科学的预算机制，从而使政府的投入能够真正落到实处。

2. 采购

鉴于生态化技术创新活动的成本高、风险相对大等特点，政府采购以其针对性强、作用直接的优势，成为促进生态化技术创新的主要手段。江苏省政府应加大这类绿色采购行为，直接从企业采购合格的生态化创新产品，并将其运用到各项公共事业中。从浅层次来讲，江苏省政府可以通过财政支出来补贴企业在生态化技术创新产品开发中所付出的高额费用，激励企业持续进行生态化创新的行为；更深层次的含义是，政府对相关产品的采购引导，在满足政府部门及消费者需求的同时，可以将生态化技术创新的意识传递给群众，有利于充分发挥其生态效益与社会效益。

（二）完善财政收入政策

财政收入政策主要是通过税收政策来体现的，它间接引导并促进了生态化技术创新行为。

1. 转移税收政策实施方向

与发达国家采取税收抵免方式不同的是，江苏省遵循的是我国现行的税收政策，即所得税减免。这种方式的弊端在于，它主要是对生态化技术创新产品的收入，即成果给予税收优惠，但企业新产品研发及生产初期却是需要大量资金的关键阶段，使税收优惠的政策没有发挥实质性的作用。因此，江苏省应将税收政策的实施方向转移到生态化技术创新产品的研究开发、生产初期等阶段，这样才能够有效降低企业进行生态化技术创新的成本，大大提高其创新的主动性。

2. 加强排污收费成效

从为了控制和治理污染而征税的角度出发，江苏省在全国首先推行了排污收费的工作，这也是财政收入机制的重要体现。经过近年来的发展，江苏省已经取得了一定的成效，但污染排放不达标现象还是存在，这就需要政府严格执行排污征税的工作，加大调查与监督的力度，继续强化区域间的合作与交流，切实减少污染物的排放,还居民一片纯净的蓝天。

3. 加强税收政策立法

为了激励生态化技术创新活动,江苏省政府还应结合实际的省情,加强税收政策的立法,使其具有强制性,并建立起全方位、多层次、区域间可协调的生态化技术创新税收优惠政策。在实施的过程中,综合运用多种税收优惠手段,比如科研活动的税前扣减、税收信贷支持等方式,既要支持周期短的创新活动,更要关注见效慢,但具备长期效益的项目,保持生态化技术创新的连续性。当然,企业在享受税收优惠政策的同时,政府部门还需要建立起相关的审查与监督机制,保证政策实施的公正与公平。

二、提升企业生态化自主创新能力

从实证分析中可以看出,江苏省企业的生态化自主创新能力得到了提升,但提升幅度较小,而企业作为生态化技术创新的主体,在各类创新活动中起着主导的作用,因而企业应树立生态化意识,认识到生态化技术创新投入对于企业的长远意义。再者,由于研发周期长,前期需要投入的资金多,使一些企业缺乏自主创新动力,产出效益也不明显,因此,如何提高企业生态化自主创新水平,改变江苏省污染排放现象严重、排放量降幅不稳定等现状也就成为亟须解决的问题。

(一) 树立企业生态文化

企业文化是企业战略决策的指导思想,无时无刻不影响着企业的经营,而好的企业文化在关注经济效益的同时,还注重社会效益、生态效益的统一,真正实现生态化发展。

江苏省的各类企业,尤其是传统的工业企业,对于企业的生态文化还比较生疏,因此需要各企业加强对生态文明建设的学习,切实关注与企业相关的各项生态化政策,把握转型的趋势与机遇。同时,应加强生态化经营的学习,以高新技术产业、新兴产业的发展模式作为学习对象,通过牢固树立企业生态化自主创新文化来巩固自身的市场地位。再者,在生态文化的引领下,企业还需进一步制定生态化自主创新的营销策略,通过实施生态化的营销策略来引导生态化的消费,将生态化技术创新的内涵延续到实际的运营中,从而使生态化的思想真正转化为现实生产力。因此,企业树立生态文化不仅可以使其在生态产品市场中占据有利位置,争取利润的最大化,同时还能够提升生态化自主创新能力,实现企业的可持续发展,提升公众对企业形象的认知。

（二）加强企业创新资源的投入

相比较模仿与引进先进技术，企业生态化的自主创新往往需要投入更多的财力、物力和人力资源，才能保持企业长期的竞争优势与市场地位，实现产品持续的经济效益与社会效益。因此，本研究主要从创新资金和人力资源两个方面来阐述如何加强生态化创新资源的投入。

1. 增加资金投入

资金的缺乏一直是阻碍企业进行生态化技术创新的重要原因，企业可以利用政府支持、金融机构融资等多种渠道获取所需资金，同时，近年来风险投资公司的盛行为江苏省具备创新能力的科技型公司带来了更为广泛的资金来源。再者，江苏省的外商投资企业已有近4万家，外商企业创造的GDP占全省的30%以上，[①] 可见外商的直接投资已经成为企业的创新资源，因此江苏省可以充分利用这一环境集聚优势来吸收大量的资金，从而减少自身投入的成本。

2. 改善人力资源结构

企业对于人力资源的投入，更重要的应该考虑人力资源的综合素质，这是关系到企业生态化技术创新活动有效与否的重要因素。江苏省的经济发展较快，具备较为优越的创新环境，特别是苏南地区，不断吸引各类优秀人才。但部分中小企业由于不具备完善的人才选拔与培养机制，导致人才不断流失，阻碍了企业创新活动的持续性。人力资源是创新活动重要的载体，企业应结合生态化技术创新的内涵来改善人力资源的结构。

具备生态化技术创新本质的人力资源可以大致概括为三类：一是拥有生态化发展意识的企业家，以江苏省民营企业居多，需要有这类有长远发展眼光的核心人物，不能只关注企业当前的利益而放弃生态环境，当然这也需要政府或非政府服务机构的协助，例如定期举行企业家培训讲座来引导并提升企业家的生态化意识；二是具有环境保护与技术创新背景的研发人员，这是企业进行生态化技术创新活动的中坚力量，他们的综合素质就代表着整个企业的发展方向，因此企业应建立起此类人才的选拔与培养机制，不仅能够吸引人才，还需要留住人才；三是参与创新活动具体实施的技术人员，他们见证了创新成果的产生，并且能够在一线操作中有效控制能源的消耗与污染物的排放，因而需要企业加强技术人员的生态化培训机制与操作水平，切实完成企业设定的各项指标。

[①] 数据来源于中华人民共和国商务部。

（三）保障企业创新产出的效益

实证研究表明，江苏省工业企业创新产出效益的提升幅度不明显，生态化技术创新成果的转化效率有待提高，因此，企业除了需要加大投入外，还应提高成果的产出效益，切实提高江苏省工业企业生态化的自主创新能力。

1. 改善销售状况

企业需要利用自身的营销团队，改善生态化自主创新产品的销售情况。企业应进行针对性宣传，借助网络、电视、报纸、移动设备以及海报等媒介，认准目标消费市场，充分展示企业新产品、新服务的优势地位与独特之处，并突出生态环保的创新理念，从而吸引消费群体，提高新产品的销售收入，有利于自主创新的继续开展。

2. 具备持续创新意识和动力

企业需要有持续创新的意识与动力。鉴于消费者消费需求的多样化与个性化，以及对生态化产品的偏好，企业自主生产的生态化创新产品易被消费者接受，带动企业暂时的经济效益。经过一段时间的发展，企业的竞争者也会争相模仿，抢占市场份额，瓜分消费群体。这就需要企业在突出自主创新优势的基础上，加强持续生态化创新的意识，延续产品与服务的产出效应，从而长期占据市场的有利地位，保持竞争优势。

3. 树立自主知识产权保护意识

企业自身需要树立起自主知识产权保护的意识，切实了解知识产权保护相关法律法规，建立起企业内部的自主知识产权保护制度。江苏省近些年加强了对知识产权的保护力度，出台了相关处理专利侵权的规章条例，加强专利申请、保护、维权等方面的宣传以及案件的通报。因此，企业应遵循政府的相关规章制度，建立专门的产权保护部门，使企业的自主创新没有后顾之忧，保障企业生态化自主创新持续的产出效益。

4. 加强节能减排机制运作

企业需要加强节能减排机制的运行，真正落实政府的各项规章，保障生态化产品的效益。企业应该响应江苏省政府的号召，成立节能减排专项小组，这既是企业部门的组成部分，也与政府的相关部门保持交流，配合政府的各项工作，提出改善建议。企业节能减排专项小组的职能包括：根据现行政策，制定符合企业发展的节能减排规划；做好规划的实施工作，并检查监督生产部门的运作；与企业研发部门经常交流沟通，保持信息的通畅，使生态化与技术创新同产品的研发阶段相结合；定期向上一级部门汇报实施进度与计划等。

三、发挥中间机构的促进作用

由江苏省拥有的发明专利申请授权量可以看出，江苏省具备了较强的创新能力，这与科研机构的试验与开发水平是分不开的。但值得注意的是，尽管政府鼓励企业设立自己的研发机构，但江苏省内企业设立科研机构的数量有限，并且研发水平还有待提高，因此应积极发挥中间机构的促进作用。

（一）加强产学研合作与联盟

江苏省科教资源丰富，科研机构、高校院所等研究人员的综合素质较高，拥有相当扎实的基本功与灵活的实践调研经验。同时，随着科研机构体制的不断改革，独立于市场的研发机构、高等院所等中间机构已经无法适应发展的需要，越来越多的政府科研机构趋于市场化。因此，江苏省大量具备创新精神的企业应积极与政府科研机构以及高校院所合作，加强产学研的合作与联盟。

再者，企业在生态化技术创新过程中，需要这类对政府的生态文明建设战略思想、环境保护和生态化技术创新政策熟悉的中间机构，这样不仅能够对政府的宏观政策目标在产品、服务的研发中加以考虑，还能够满足企业发展的需求，联合开发出更具市场竞争力的新产品和新服务。

（二）建立配套服务设施

科研机构、高校院所等中间机构为了配合政府、企业的要求，需要进一步完善相关配套设施，增强自身的综合能力，才能更好地服务于各类企业。

首先，此类中间机构应定期组织关于生态化技术创新的培训，及时传达政府各部门最新的政策、法律法规与研究成果，提高研发人员的综合素质，使之能够与时俱进。

其次，科研机构、高校院所可以利用自身的资源，成立企业生态化技术创新咨询服务中心，不仅可以接待企业的来访，而且能够定期开展交流与指导活动，同时还可以促进企业间的互通与合作。

最后，由于科研机构、高校院所等一般拥有自己的实验基地、生态技术信息中心、绿色环保技术数据以及大型服务网络等，可以与江苏省的各类科技工业园区加强交流，实现资源的共享，与企业成为利益共同体。通过以上机制的运行可以充分发挥中间机构的作用，使江苏省的生态化技术创新水平随着合作深度与广度的拓展而不断提高。

四、完善生态化技术创新政策体系

从江苏省废弃物（尤其是废水）的排放量偏高以及循环利用水平增幅不明显等问题可以看出，要想切实提高生态化技术创新水平，不仅需要各创新主体的协同作用，还需要进一步完善相关政策体系。

（一）完善创新政策体系

2013年，国家科技部批准同意了江苏创新型省份建设的试点工作，江苏省为了加快推进创新工程，制定并出台了《2013~2015年创新型省份建设推进计划》，着力打造创新型企业集群，以创新促进产业转型升级，同时完善区域创新布局，优化创新环境。这些目标的实现离不开政策体系的支撑，江苏省应着眼于生态文明建设的大局，将宏观的创新驱动战略具体化，从以下两个方面进行完善：

1. 制定具体的实施措施

根据《江苏省"十二五"规划》的要求，在建设创新型省份的同时应坚持不懈地抓好生态省和"绿色江苏"的建设，因此关于创新发展的政策体系应该细化到兼顾生态环境建设的内容，并进一步落实相关配套措施。

江苏省的科教资源相对丰富，经济基础厚实，有良好的创新环境，但区域间（苏南、苏中、苏北）的差异较大，政府可以在已设立的区域环境保护中心的基础上，建立生态创新小组，兼顾生态环境与科技创新，按照政府的规章政策执行区域协调工作，使江苏省整体的生态化技术创新水平得到提升。再者，对占据江苏省大半壁江山的民营企业，特别是中小型科技企业，实行政策倾斜制度，出台具体的鼓励其生态化创新的措施。以江苏省于2012年拟定的《关于鼓励和引导天使投资支持科技型中小企业发展的意见》来说明，为了解决科技型中小企业资金难的问题，江苏省设立天使投资引导资金，通过偿还性资助等方式给予扶持，引导天使投资机构对种子期、初创期小企业进行股权投资，不仅可以解决创新型中小企业融资难的问题，还能够引导资金流向有利于创新城市发展的方向。因此，江苏省应继续鼓励和支持地方设立此类投资引导资金的形式，逐步形成上下联动、相互配套的投资引导资金体系，吸引更多社会资本开展对创新型民营企业的投资，提升企业创新的原动力。

2. 明确创新主体的权责

为了保障政策法规的实施，需要明确各创新主体的权利和义务。江苏省应不断加强政府与企业等创新主体的权责制，只有明确了责任和义务，才能够促进政策法规的有序运行，调动各创新主体的积极性，保证创新型省份建设目标的达成。

从政府方面来说明，江苏省制定各项关于生态化技术创新政策的权利，但同时也有执行的义务。政府不应仅仅标注负有义务的部门机构，还应该进行详细有效的分工，明确责任单位，建立绩效考核评价体系，从而使政策的执行有据可循。

从企业来说明，得到政府扶持的创新型企业在享受优惠政策的同时，还应该履行相应的义务，即切实加大生态化技术创新的投入，注重新技术、新产品的研究与开发；不断改进落后的生产工艺，转而发展环保的清洁型生产工艺，按照政府制定的污染排放标准进行排放；定期对研发人员进行培训等，使企业的行为符合政府生态文明建设的主旨。这些均是企业在享受权利时需要承担的责任。

(二) 完善环境保护政策体系

江苏省正处于工业经济发展的中期阶段，也是污染较为严重的时期。江苏省根据国家相关环境保护法的总体要求，以可持续发展观为基本思想，制定了相应的地方政策，主要有《江苏省环境保护条例》、《江苏省循环经济发展规划》以及《江苏省固体废物污染环境防治条例》、《江苏省太湖水污染防治条例》、《江苏省污水集中处理设施环境监督管理办法》等单项条例。同时，由于太湖污染问题，无锡市于2008年已经成立了"环保法庭"，徐州于2013年也加入了试点工作，全省不断加强环境司法保护。

可以看出，江苏省正不遗余力地制定各项环境保护政策法规，期望借助其发挥的效力来达到改善生态环境的作用。但由于缺乏具体的责任追究制度和宣传力度，使政策的实施效果不显著，江苏省的污染源排放量不能够大幅降低，因此需要加强执法与宣传力度，双管齐下，降低污染排放水平，提高资源循环利用率。

1. 加强环境保护执法与监督力度

全面落实目标责任管理制度，对未完成年度执法工作目标的市级环保局实行评先创优"一票否决"制，加强对江苏省重点污染行业（如纺织业、造纸和纸制品业、化学原料和化学制品制造业、黑色金属冶炼和压延加工业与污水处理厂）的监督管理，对违法行为进行及时的处罚并对全社会作通报，特别对于关乎人民群众切身利益的环境违法行为，必须加大执法力度，并做好后续的督促整改行动。

2. 加强宣传环保宣传力度

从江苏省无锡市成立环保法庭后平均每年接受的案件不超 200 起可以看出，群众对破坏环境等违法行为的认识不足，因此需要加强宣传力度，努力营造良好的环保氛围。政府的环保机构、非政府组织的环保服务机构以及各类环保宣传志愿团体需要配合起来，以电视、网络、报纸、移动设备等媒介作为载体，曝光各类环境违法行为的同时，将人人有责的思想传递给广大群众，提高环保违法行为的监督意识与举报意识。

五、健全生态化技术创新金融服务体系

（一）健全金融服务体系的法律法规

金融服务能否为生态化技术创新提供支持，主要依赖于金融法律法规的倾向性以及是否拥有宽松的金融制度环境。生态化技术创新是以无形资产的形式存在的，而我国现行的金融法律法规则倾向于实体经济的运行，因此在鼓励支持生态化技术创新的形势下，需要补充非实体经济的金融法规，并与实体经济作区分。同时，现行金融机构遵循的《商业银行法》、《公司法》、《证券法》等限制了能够开展的金融业务的类型与形式，在很大程度上阻碍了服务生态化技术创新的金融体系的构建。综上所述，江苏省需要积极探索改革方案，进一步完善现行金融服务法律法规，运用适合于生态化技术创新的评判标准，不断创新金融服务与金融产品，为提高生态化技术创新水平构建宽松有序的政策环境。

（二）健全金融服务配套体系

健全的金融法律法规还必须配以完善的服务体系，江苏省金融服务机构的种类较多，主要包括商业银行、证券公司、投资信托公司、投资咨询公司、基金管理公司以及会计师事务所等，但现有的金融服务机构的服务项目单一，不能够满足企业的需要，机构间信息的交流也存在不对称等问题，不利于企业的生态化技术创新。江苏省内的其他各市应学习苏州的创新举措，成立专门的科技金融服务中心，整合银行、创投、担保、科技保险等金融机构的业务，充分利用网络资源，采取"金融服务超市"等金融服务形式，改变企业与金融机构、金融机构间信息不对称的问题。

金融服务机构在为企业提供融资、担保等业务时，需要对企业的信用进行评级，而多数中小企业由于缺乏信用体系与信用咨询意识，导致生态化技术创新活动受到阻碍，甚至无法进行，也增加了金融机构的服务成本。因此，政府可以引

导金融服务机构建立企业的信用体系,机构间共享企业的信用信息,这样不仅有利于企业自觉遵守行业规范,提高自身风险防范的意识,促进生态化技术创新水平的不断提高,还可以及时发现企业的不良行为,维护银行的债权,有利于制裁失信违法者。

第六章 生态化县域经济发展

自秦始皇统一中国,建立"郡县制"起,"县"便作为我国的行政区划单位,一直沿用至今。2002年中共十六大报告提出要"发展农产品加工业,壮大县域经济"。中共十六届三中全会又进一步强调"要大力发展县域经济"。自此,"县域经济"一词真正被国家成文提出和重视。《国民经济和社会发展第十三个五年规划纲要(草案)》进一步提出:"发展特色县域经济,加快建设美丽宜居乡村,促进城乡公共资源均衡配置。"正是在这样的大背景下,作为国家经济发展和社会稳定重要基础的县域,在工业化、城镇化进程中,如何走出一条生产发展、生活富裕、生态良好的文明发展之路,对于整个国家转变经济发展方式,全面实现现代化具有重大的现实意义。

第一节 生态化县域经济概述

一、概况

自2002年以来,中央、省等层面出台了一系列政策措施,引导县域经济加快发展,县域经济呈现速度加快、实力增强、结构优化、动力强劲、效益提高的良好发展局面。

县域名义GDP从2002年的5.67万亿元增加到2011年的24.14万亿元,2013年达到27.8万亿元,年均增幅达到15.5%,远高于国民经济整体的增速。自2009年起,县域经济就开始占到国民经济的"半壁江山"。县域GDP占国民经济整体比重由2002年的47.10%上升到2011年的51.04%,2013年达53.5%,贡献了我国一半以上的国民生产总值,上升趋势明显。

从中国县域人均GDP增长趋势看，2002年之后呈加速上升趋势。2004年之后，中国县域人均GDP连续突破10000元、15000元，直奔20000元，2010年人均GDP为2002年的近三倍，发展速度很快。

从产业结构发展态势来看，中国县域产业结构在2002~2010年的变动主要体现为第一产业比重的下降及第二产业比重的上升。2002年县域经济第一产业占比为25.26%，第二产业占比为42.41%；2010年第一产业与第二产业占比分别达到了16.40%及51.65%，第一产业比重下降了近9个百分点，第二产业比重增长了9个百分点；九年间第三产业比重稳定在32%上下，产业结构进一步优化。

2013年，我国县域内人口总数达8.85亿人，占全国总人口的66%左右，全国县级行政区划单位（包括市辖区）2853个，全国县域国土面积约896万平方公里，约占全国国土面积的93%。既是蕴含巨大潜力的内需市场，更是工业化和城镇化浪潮扑面而来的实现基础。工业化、城镇化已经成为各县域经济发展的主题和方向。

但同时也面临着许多挑战：一是地区差异的挑战。随着中国县域人均GDP的不断增长，县域间的相对水平差异也在不断变化，县域人均GDP的标准差由2002年的4808.33增长为2010年的14499.96。从东、中、西三个区域的县域经济水平看，2002年东部县域县均名义GDP规模达到了54.78亿元，远高于中部县域的24.17亿元及西部县域的13.78亿元；2010年，东部县域达到了197.02亿元，比中部、西部县域分别高出102.60亿元及148.34亿元，区域间的县域发展水平绝对差异在逐步扩大。在产业结构方面，也是东部县域产业结构水平较高，2010年第二、第三产业比重为87.84%，同期西部县域的非农产业比重为77.85%，东部县域的第三产业比重在三个区域中也是最高。二是县域新型城镇化发展滞后的挑战。县城及中心镇普遍规模偏小，聚集和吸纳人口、产业的能力相对不足，教育、医疗、科研资源特别是优质资源缺乏，缺乏足够的承载力，很难吸引人才、资本等高端要素集聚，还往往容易导致大量人口外流，而要素聚集程度不高又导致各项社会事业、基础设施和公共设施投资成本高、使用效率低，使城镇的集聚效应更难发挥，容易形成城镇化滞后的累积因果循环。三是县域资源环境约束的挑战。目前，尽管园区化承载、集群式推进成为县域经济发展的主要形态。然而，由于前期高速发展的先破坏、后治理，重利用、轻保护，对区域自然环境有很多"透支"，导致县域出现资源趋紧、环境污染、生态退化等问题。长远来看，很多县域环境承载能力已经达到或接近上限，原有县域经济发展模式对资源环境的压力快速凸显，县域发展面临着既要进一步加强生态建设和自然保护补"欠账"，又要在资源环境约束强化条件下为转型发展增容量的严峻挑战。

因此，在未来一段时间内，随着县域工业化、城镇化的进程将进一步加快，如何避免在工业化和城镇化推进过程中存在盲目性，防止各县域在发展中脱离实际，一哄而上，单纯地把工业化理解为上项目、建工厂、建开发区，把城镇化理解为上广场、建楼房，从而造成资源浪费、生态破坏以及对"三农"利益的损害，如何更多地争取县域工业化中期和城镇化加速期可能需要的更多资源、能源消耗支持，有效地解决县域经济发展面临的资源、资金、市场、人才、技术、观念、体制等方面的突出矛盾和深层次的问题，就成为县域经济发展的关键所在。显然，在这样的历史节点和形势下，只有加快县域发展模式和经济发展方式的转变，切实实现可持续发展，走生态发展之路，才是县域经济的生存之道，更是发展之道。

二、本质

生态化县域经济发展的本质特点在于大力推进县域新型循环化工业、农业与服务业，推进新型循环化城镇，实现县域经济可持续发展。通过推进县域新型循环化工业、农业与服务业，全方位解放生产力要素，找到新的快速增长方式，转型升级产业结构，提高产业竞争力，大力调整县域经济结构，尤其是要在较高的起点上谋求工业化，力求走出一条科技含量高、经济效益好、资源消耗低、环境污染少、人力资源优势得到充分发挥的县域经济发展之路；通过推进县域新型循环化城镇，用科学发展观总揽县域发展的全局，坚持以经济建设为中心，建立统筹城乡发展、统筹区域发展、统筹经济社会发展、统筹人与自然和谐发展的有效体制机制，凝聚发展县域经济的强大合力，实现县域资源节约、环境友好，经济发展、功能完善，生活方便、适宜人居，公平正义、社会和谐等。

县域是一个功能相对完备和健全的经济单元、自然单元、文化单元、政治单元和社会单元，在县域全社会发展中，经济是中心，但同时经济、自然、社会活动（包括文化、政治活动）是一个不可分割的整体。县域新型循环化工业、农业与服务业，以及新型循环化城镇的发展程度是衡量一个国家和地区经济、社会、文化、科技水平的重要标志，在工业化、城镇化进程中，县经济应该走生态化发展之路，努力降低经济发展的资源成本、生态环境成本和社会成本，走经济与资源、人口、社会、环境及生态相互协调的发展道路。

县域经济走生态化发展之路，就不能沿袭过去那种片面的、忽视县域经济内外部协调与平衡的、只顾眼前不顾长远的发展思路，就不能继续采取片面追求经济规模和发展速度、只顾扩大投入不顾厉行节约、只要GDP而不顾生态环境的做法，这就要求创新县域经济发展思路，从单一注重经济增长规模和速度转向注重经济增长质量与效益，从单一注重经济增长转到注重经济、社会、政治、文化、生态等共同进步上来。

由于中国地域广阔，地域差异性大，2800多个县（市）由于经济发展水平不同，经济环境不同，由此产生了农业主导型、工业主导型、服务经济主导型和综合发展型等不同的产业带动发展模式，要想通过某一种生态化县域经济发展方式全面推广肯定是行不通的。因此，某些高度发展的生态化县域经济发展模式值得我们借鉴，但不能完全复制。

大力推进县域新型循环化工业、农业与服务业，推进新型循环化城镇，实现县域经济可持续发展，除了依靠国家的政策引导和生态环境法律法规的硬性规定，更需要对县域经济发展模式进行创新，寻求合适的发展路径，使县域经济逐渐走上循环可持续之路。

三、重点

中共十八届五中全会提出，坚持绿色发展，必须坚持可持续发展，推进美丽中国建设，为全球生态安全做出新贡献。当前，生态化县域经济发展的重点可概括为"格局"、"体系"和"工程"。

（一）构建科学合理的县域城市化格局、农业发展格局、生态安全格局、自然岸线格局

（1）县域城市化格局。加快培育特色小城镇，推进以人为核心的新型城镇化。促进有能力在城镇稳定就业和生活的农业转移人口举家进城落户，并与城镇居民享有同等权利和义务。深化住房制度改革，加大城镇棚户区和城乡危房改造力度。根据资源环境承载力调节城镇规模，依托山水地貌优化城镇形态和功能，实行绿色规划、设计、施工标准。

（2）县域农业发展格局。构建科学合理的农业发展格局，首先，必须合理划定各种农业产业发展的地域空间，构建具有自身特点的现代农业产业体系。一是合理规划粮食生产基地，确保粮食播种面积；二是加快发展特色高效农业。其次，必须以粮食生产核心区建设为重点，全面提高农业综合生产能力。最后，必须深入推进农业结构调整,大幅度提高农业生产的质量和效益。

(3)县域生态安全格局。划定生态空间保护红线,可从以下区域中评价确定:一是禁止开发区(自然保护区、世界文化自然遗产、风景名胜区、重要湿地、森林公园、地质公园、重要水源保护地)中的核心区、缓冲区或重要保护区域。二是在重点生态功能保护区(水源涵养生态功能保护区、水土保持生态功能保护区、防风固沙生态功能保护区、生物多样性保护生态功能保护区)等其他重点生态功能保护区中,按照生态重要性、敏感性、脆弱性评价确定应进行严格保护的区域。三是增设的其他生态红线区域。

(4)县域自然岸线格局。岸线是水体与陆地接触的分界线。自然岸线是没有经过人为干扰的水体与陆地的分界线,是潮涨潮落的变动位置。构建自然岸线格局:一要严格实施水域功能区划、水域使用权属和水域有偿使用制度;二要划定自然岸线保护红线,实行最严格的岸线保护措施。

(二)推动建立绿色低碳循环发展产业体系

(1)构建绿色低碳循环工业体系。在工业领域全面推行循环型生产方式,促进清洁生产、源头减量,实现能源梯级利用、水资源循环利用、废物交换利用、土地节约集约利用。

(2)构建绿色低碳循环农业体系。在农业领域推动资源利用节约化、生产过程清洁化、产业链接循环化、废物处理资源化,形成农林牧渔多业共生的循环型农业生产方式,改善农村生态环境,提高农业综合效益。

(3)构建绿色低碳循环服务业体系。充分发挥服务业在引导树立绿色低碳循环消费理念、转变消费模式方面的作用。

(4)推进社会层面循环经济发展,完善回收体系,推动再生资源利用产业化,发展再制造,推进餐厨废弃物资源化利用,实施绿色建筑行动和绿色交通行动,推行绿色消费,实施大循环战略,加快建设循环型社会。

(5)推动低碳循环发展,建设清洁低碳、安全高效的现代能源体系。

(三)实施生态化县域经济发展工程

(1)开展循环经济示范行动,培育示范企业、园区、社区和家庭。

(2)实施近零碳排放区示范工程。

第二节 生态化县域经济发展系统

生态化县域经济发展系统是指从现实的生态化县域经济发展需要出发，在县域工业化、城镇化进程中，由传统的工业化、城镇化"两化驱动"转向工业化、城镇化、生态化"三化驱动"，通过建立现代产业生态体系，构建产业生态圈；优化城市、人口、产业、生态、自然岸线等发展空间布局，构建空间生态圈；融高效的经济生态、相融的自然生态、开放的文化生态、协同的政治生态、和谐的社会生态于一体，构建县域生态圈，从而不断提高县域经济质量和效益，协调经济活动、自然环境与社会进步的大生态、大循环、大和谐的生态文明城市系统。

一、系统结构

生态化县域经济发展系统是一个层次分明的大系统，在这个系统上，以循环为主导，以三个生态发展圈为支撑，创新驱动，城乡协调，绿色发展，开放融合，共享成果。

（一）循环的县域产业生态圈

生态化县域经济发展系统的第一个结构层是循环的产业生态圈，建立一个生态产业体系——全球价值链复合生态循环产业体系。在产业结构上，由传统的第一产业、第二产业、第三产业的梯度演变型升级转向全球价值链的复合循环联动型升级。区域全球价值链复合生态循环产业体系是指在低碳时代背景下，对区域空间内的产业进行全球分工定位、全球资源配置，运用产业生态、产业融合原理，按照产业边界模糊化的要求，打破传统的第一、第二、第三产业的界限，通过资金、技术等要素融合和经营形态等深层次结合，推进县域内外不同产业或同一产业的不同行业之间相互渗透、融合关联、承接衍生，逐步形成整合资源、转型升级、多业联动发展的新格局；聚合提升区域原有的优势产业，衍生承续性产业，培育战略性新兴产业，构建低消耗、低污染、高产出、再循环的产业生态化的现代复合循环产业体系，充分利用有限资源，严格控制环境，实现经济系统、自然系统与社会系统之间的协调发展。

(二）循环的县域空间生态圈

生态化县域经济发展系统的第二个结构层是循环的空间生态圈，构建一个县域生态空间发展模式。在空间布局上，由传统的区域内同质化的无序布局转向功能化的有序布局，对内划分主体功能区，达到保护自然、优化布局、统筹发展的目的；对外加入战略联盟，形成开放式的循环发展新格局。由于县域是农业的主要承担者，因此，在空间循环生态圈中，要特别注重农业发展格局的构建；由于县域也是生态安全、自然岸线的重要维护者，因此，在空间循环生态圈中，也要十分关注生态安全格局和自然岸线格局的构建。

（三）循环的县域综合生态圈

生态化县域经济发展系统的第三个结构层是循环的县域综合生态圈。这是一个基于生态经济的三次主导产业选择与发展，围绕国家经济、政治、文化、社会、自然五位一体的战略布局，集经济高效、政治和谐、文化开放、社会和谐、自然相融等各要素为一体的大生态、大循环、大和谐的县域生态化综合发展模式（见图6-1）。

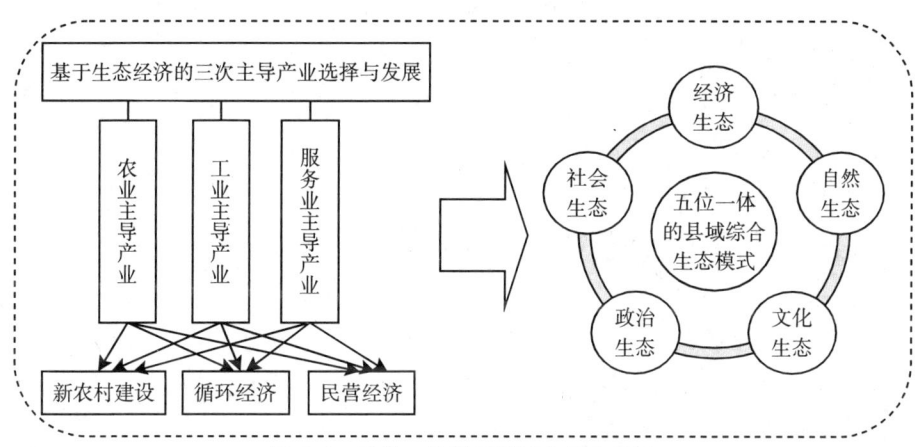

图6-1 五位一体的县域综合生态模式

高效的经济生态：经济效益和生态效益的双重高效。优化空间发展布局，保护生态环境，节约和有效利用资源，促进人口、产业、城镇分类布局，开放合作空间。构建高效生态产业体系，由主要依靠第二产业带动向依靠第一、第二、第三产业协同带动转变，做精生态高效农业，大力改造传统产业，培育战略性新兴产业和加快发展现代服务业。促进经济增长方式转变，由主要依靠增加物质资源消耗向主要依靠科技进步、劳动者素质提高、管理创新转变。建立具有生态系统特征的经济发展模式，走高效、集约、低碳、环保、可持续的生态发展之路，实现经济体系高效运转，经济、社会、生态协调发展，全面增强县域可持续发展能力。

相融的自然生态：保护生态环境。经济社会发展以保护自然为基础，与生态环境的承载能力相协调，合理利用一切自然资源和一切生命保护支持系统。强化森林植被"润肺"功能、湿地"强肾"功能和生物多样性"免疫"功能；积极发展绿色经济、低碳经济、循环经济；治理工业污染、生活污染和农业面源污染，让建设活动始终限制在环境可承载的限度之内，使青山绿水、自然植被、河湖水系、比较完整的森林绿地系统等得到保护，努力实现人与自然和谐相处。

开放的文化生态：打造县域软实力。主要包括县域文化、公共服务和人力素质三方面内容。所谓县域软实力就是在区域竞争中，建立在县域文化、公共服务和人力素质等非物质要素之上的特色文化感召力、政府公信力、居民创造力和对区域外吸引力等力量的总和。具体说，就是要依靠对内激励民众的士气，整合民众的力量，支持民众的聪明才智，对外吸引人才、资金和技术，以提升区域经济社会发展的能力，这些软实力的建设都是文化管理的重要体现。

协同的政治生态：营造干事创业氛围。以远谋近施的发展愿景鼓舞人，以不拘一格的用人理念激励人，以协作共事的工作氛围感染人，真正让发展的战略思路和决策部署成为广大干部和全体人民的普遍共识，进而形成共力共为的浓厚氛围和强大合力。

和谐的社会生态：提升人民幸福指数。和谐的社会生态既是经济生态、自然生态、文化生态和政治生态的坚实保障，也是建设生态文明城市的最终追求。社会生态就是以满足人的全面需求为第一目标的，加强社会建设、管理和保障，让全体人民共享改革发展成果，实现人们的自身发展与社会进步、经济发展相适应，不断提高市民的幸福指数。

二、系统各要素间的关系

五大生态体系是一个系统工程，彼此之间相互支撑、相互联系，缺一不可。第一，相融的自然生态是基础。人类与自然的关系，是相互依存又相互影响、相互制约的对立统一的辩证关系。人类的任何行为都会对自然产生影响；反之，自然的任何改变也直接影响到人类的生存与发展。人类与自然应和谐共处。第二，高效的经济生态是核心。经济生态是实现经济腾飞与环境保护、物质文明与精神文明、自然生态与人类生态的高度统一和可持续发展的经济形态。现有的经济发展方式已经严重地威胁到人类的生存和发展，而当前形势下，加快经济发展是毋庸置疑的。在此前提下，如何处理好经济发展和自然保护之间的矛盾既是社会持续发展所面临的巨大难题，也是建设生态文明城市最核心、最突出的问题。因此转变经济发展方式，建立良好的经济生态是实现人类社会可持续发展的必然选择，同时也是建设生态文明城市的必然选择。第三，开放的文化生态是灵魂。文化是一个群体（可以是国家、地区，也可以是民族、企业、家庭）在一定时期内形成的思想、理念、行为、风俗、习惯、代表人物，以及由这个群体整体意识所辐射出来的一切活动。一种文化一旦形成，它会对人在经济社会中的活动发挥巨大的指引作用，对经济社会的发展方式产生巨大的影响。文化生态就是人与自然界之间、人与人之间、人与社会之间和谐相处的文化，这也是生态文明建设的必要方式和重要内容。第四，协同的政治生态是保证。政治生态是一个地方政治生活现状以及政治发展环境的集中反映，是党风、政风、社会风气的综合体现，核心是领导干部的党性问题、觉悟问题、作风问题。良好的政治生态，可以内聚人心、外树形象，可以抓好班子、带好队伍，形成干事创业的合力。中国共产党既是广大人民群众利益的代表，又是我国社会主义事业的领导者和决策者，因此良好的政治生态是建设生态文明社会的重要保证。第五，和谐的社会生态是目标。和谐的社会生态具体表现为人与自然、人与人、人与社会和谐共生、良性循环、全面发展、持续繁荣。这既是生态文明的终极目标，又是我国建设社会主义现代化国家的历史使命。

五大生态体系构建了一种系统的循环生态体系，总结了一种建设生态文明城市的范本，体现了生态文明社会模式建设的具体要求，追求经济、自然和社会的协调发展。构建五大生态体系，建设生态文明城市，是城市文明模式的创新，是转变经济发展方式的创新，是统筹城乡发展的创新，体现了科学发展和以人为本的思路，符合城市发展的时代潮流和未来方向。

第三节 生态化县域经济发展：溧阳经验

溧阳市隶属于江苏省常州市，地处江苏省南部，苏浙皖三省交界处，面积为

1535.87平方公里，辖10个镇，总人口79.01万人（截至2013年底）。溧阳地区属亚热带季风气候，温和湿润，四季分明，雨量丰沛，日照充足，夏冬季历时长，春秋季短，境内多山水及人文景观，旅游资源较为丰富。

过去，钢铁和水泥一直是溧阳市的重要支柱产业，近年来因为全行业产能相对过剩而导致效益滑坡非常明显。但是从"十一五"期末开始，这两大产业中的规模以上企业都已开始新增技改项目，推行循环经济模式。

近年来溧阳市经济增长迅速，各项社会事业发展较为均衡，连续多年名列全国最发达百强县（市）及全国县域经济基本竞争力百强县（市）行列。并曾荣获"国家卫生城市"、"国家环保模范城市"、"全国科普示范市"、"江苏省文明城市"、"长寿之乡"等荣誉称号。

2013年，溧阳市被命名为国家生态市，并列入江苏省第五批生态文明建设试点单位，圆满完成了国家、江苏省和常州市级生态村、绿色学校和绿色社区的年度创建任务。

一、生态化经济发展体系

（一）特色生态农业发展循环体系

农业作为基础产业部门，在保护自然、稳定生态、实现人与自然的和谐相处等方面起着十分重要的作用。发展农业循环经济，既是现代农业发展的潮流和趋势，也是农业发展战略的必然选择。

在农业领域应着重推动资源利用节约化、生产过程清洁化、产业链接循环化、废物处理资源化，按照"减量化、再利用、资源化"的理念，推进种养结合、农牧结合，形成农、林、牧、渔多业共生的循环型农业生产方式。改善农村生态环境，提高农业综合效益。以"减量化、再利用、再循环"为原则，减少资源、物质的投入量和废弃物的产生排放量，确实保护好耕地、森林、草地、水体及动植物等自然资源，充分发掘农业生产及其加工废弃物和副产品的利用价值，延长农产品产业链，发展精深加工，提高农业废弃物资源综合利用率，实现物质和能量在种植、养殖、加工各环节间的循环，打造农业循环经济发展体系，实现农业经济和生态环境效益的"双赢"。

在种植业领域，结合各地区的自然与地理环境特点，发挥地域优势，加快区域优势农产品的选择与培育，提高粮油、果品、茶叶等的产量。科学使用化肥、农药、地膜和其他农用资料，降低种植业对土壤及环境的危害。加大生物有机肥的使用比例，大力实施测土配方施肥技术，多途径实施秸秆综合利用，加大秸秆还田力度，改善土壤结构和肥力。

在养殖业领域，推广生态养殖技术，走生态化养殖道路。不断提高优良畜禽品种的养殖比例。积极建设沼气利用及养殖废水处理设施，降低养殖废弃物对周边环境的污染。利用生物物种的共生互利性，实行农林牧渔结合的养殖方式。

在农产品加工领域，延伸农产品产业链。通过粮油多样化和专用化加工技术、畜牧产品分割化加工技术、水产品保鲜冷链化和精细化加工技术、林产品多用途化加工技术等深度开发，建立各种农产品深加工、精加工技术体系，提高产品附加值。

结合新农村建设的发展，大力发展以沼气利用为核心的资源综合利用。充分利用种植业、养殖业及农产品加工业产生的秸秆、粪便、加工废料等有机质含量丰富的废弃物，在养殖场、村镇建设规模适度的沼气发生和利用设施，用于生活用热及发电，并将产生的沼液、沼渣用作种植业的有机肥，实现不同产业间物质与能量的循环。

（二）循环型生态工业体系

不断优化工业结构，积极整合提升传统支柱产业，大力发展战略性新兴产业，全面开展企业清洁生产，推进企业生态化改造，上下延伸产业链条，构建工业循环产业链，加快生态化园区改造，提高集约化程度，实现能源梯级利用、水资源循环利用、废物交换利用、土地节约集约利用，形成具有溧阳市特色的高效率、低消耗、低排放的循环型工业体系。

1. 促进企业实现清洁生产

积极落实《清洁生产促进法》（2012年修正案），加快制定清洁生产实施方案，实施清洁生产审核制度。在重点行业规模以上企业中全面推行清洁生产审核，培育一批资源利用率高、污染排放少、经济效益好的清洁生产示范企业。对污染物超标排放或者污染物排放总量超过规定限额的污染严重企业和生产中使用或排放有毒有害物质的企业，强制实施清洁生产审核。建立起循环经济和清洁生产的日常管理与长效监督机制。制定清洁生产扶持政策，促进企业清洁生产技术创新。规划期内，规模以上企业全部完成清洁生产建设，实施强制性清洁生产企业的比例达到100%。通过审核验收的企业，有60%达到清洁生产三级指标水平（国内平均水平），有30%达到清洁生产二级指标水平（国内先进水平），另10%达到清洁生产一级指标水平（国际先进水平），实现全市清洁生产新突破。

2. 推进企业生态化转型

对传统行业进行生态改造，促进企业生产流程和管理方式的生态化转型。加强工业节能改造，加快淘汰落后工艺技术和用能设备，积极运用高新技术和先进装备改造提升传统优势产业，着力提升钢铁、水泥、化工等传统高能耗、重污染行业的发展水平，加强节能监测，提高劳动生产率，降低资源消耗水平。在化工、钢铁、建材行业建立一批工业循环经济示范工程，构建物质能力充分循环利用的生态工业系统，建立循环经济链条，降低废水、废气和固体废弃物的排放水平。通过进行产品生态设计，研究与开发环境友好型产品，促进产品结构的绿色升级换代，实现产品生态化。鼓励以行业重组、扩大对外投资合作等方式，消化一批过剩产能。严格控制高耗能行业的新上或者扩能项目。引导企业开展ISO14000环境管理体系、环境标志产品和其他绿色认证，将生态管理纳入企业日常经营管理之中，推行企业生态化标准和标志管理，实现管理生态化。到2015年，规模以上企业通过ISO14000认证率超过30%，规划期内达到50%以上。

3. 构建和完善循环经济产业链

合理调整区域产业布局，发挥产业集聚和工业生态效应，以构建上下游完善的产业链为根本，追求经济和环境效益的统一，加强不同产业间的协作，实现资源在产业内自上而下的流动和在产业间的转移，有效提升废气、废水、固体废弃物的综合利用率，构建以产业协作消除污染物的循环型工业发展模式。重点构建钢铁产业链、家电电子产业链、绿色能源产业链、先进装备制造产业链、建材产业链等。

4. 大力发展再制造产业

以汽车零部件、工程机械、工业设备、电机、电子办公设备等为主体，加快产品的回收和利用，研究各类再制造关键技术，开展再制造产品认定、质量检测、电子商务、物流配送、拆解清洗、固废收集等，研究制定再制造相关的鼓励政策，推进逆向物流体系建设，促进再制造产业的规模化、规范化发展。培育具备成套处理装备研发、设计、制造能力并具有一定规模的装备制造企业。以中关村科技产业园为重点，打造废旧有色金属再生利用产业基地。

5. 推进生态化园区建设

按照"功能分区合理、物质循环利用、企业集聚共生、产业链条延伸"的原则，全面推进循环型工业园区建设，通过信息化带动工业化，通过高新技术改造传统产业，逐步实现园区发展生态化、低碳化、循环化。以溧阳市中关村科技园等为重点，实现园区循环经济产业链合理化、一体化；园区资源利用高值化、循环化；园区基础设施利用高效化、低碳化。积极推进企业内部循环经济发展，推进企业间建立循环链接关系，根据园区物流、能源等需要，引入补链、延链企业，加强与外部企业、园区、产业实现功能上错位耦合链接，鼓励园区基础设施、物流设施、信息服务设施的共享，企业间副产物交换利用、能量梯级利用、工业废物的资源化利用和土地集约利用，串联用水和循环用水以及废水再生利用，提高企业清洁生产程度，着力形成多元化、多层次的循环经济园区。

（三）循环型生态服务业体系

大力推进服务业生态化发展，在旅游、物流、餐饮住宿、信息、金融等服务领域加快构建循环型服务业体系，推进服务主体绿色化、服务过程清洁化，促进生产性服务业高端化发展，消费性服务业低碳化发展。

1. 生态旅游业

依托"天目湖"、"南山竹海"等优质自然旅游资源，积极推行生态旅游。加强对自然旅游资源的保护，减少环境污染和生态破坏，建立特色突出、多元化的旅游产品体系。再造旅游资源开发流程，提升旅游产品质量，将传统的直线型旅游资源开发过程，转换成循环型的开发过程，实现旅游线路的生态化和多元化。加大历史文化名城（镇）、城镇历史文化街区的改造与开发，大力挖掘乡村旅游；对旅游设施、景区、场所实行生态化管理，加强景区生态建设和环境整治，绿化、美化旅游区环境。延伸旅游产业链，通过加大对旅游产品、副产品的开发深度与力度，增加旅游产品的有效使用，实现再循环和资源化。

在旅游资源开发及景区建设中，严格执行环境影响评价制度，科学测定环境容量，建立环境监测系统，加强环境管理；遵循自然生态系统演化规律，加强旅游地的生态保护和培育。在酒店的建设和经营中，减少对环境和景观的破坏，减少一次性用品的使用。在景区内要尽可能使用太阳能或电能驱动的清洁交通工具，不使用或尽量少使用有害于环境和干扰生物栖息的交通设施。

2. 生态物流业

大力发展综合物流中心、专业物流中心和配送中心，积极构建以产业物流、专业物流和商贸物流为主体的现代物流体系。加快溧阳市经济开发区物流园区建设，积极发展商业连锁物流、城市配送物流和电子商务物流，促进现代物流业态提升。推动物流企业采用现代物流管理技术和装备，提高物流业社会化、规模化、信息化程度，大力发展第三方物流，实现物流过程中的资源消耗和废弃物排放最小化。加强生态物流标准建设，推进物流经营者物流运作的绿色化。

积极推广无毒、无害、轻量、薄壁的包装材料，减少包装材料的使用；建立包装废弃物回收利用制度，提高包装废弃物的回收再利用率。推进新型绿色交通工具的使用，节约能源，减少污染物排放量。加大冷链建设力度，降低生鲜产品的运输损耗。开展绿色流通加工，在提高加工效率和材料使用率的同时减少对环境的二次污染。结合溧阳市再生资源回收体系建设，探索在更大范围、更多领域实施逆向物流，提高对废旧物资和废弃物的回收利用率。

引进知名物流企业，提升物流产业规模。通过技术和政策扶持，做大做强一批骨干企业，通过提升企业的服务增值能力、系统集成能力和集约化经营程度，达到提高企业经营效率、盈利水平和服务功能质量的目的，增强企业的核心竞争力。引进先进物流与管理技术，带动本地物流业逐步走向高端化、规模化，减少物流业的资源消耗，降低物流业的成本。

提高物流业的信息化水平。完善物流园区公共信息平台建设，提高物流信息的收集、处理和服务能力，构筑现代化全程物流网络；利用先进的物流技术和信息平台，提高物流活动中包括运输、储存保管、物资集散、物流中转、仓储、包装、装卸、加工配送等各个环节的运作水平，突出配送、中转和采购功能。

3. 生态餐饮住宿业

加强对餐饮市场的规划与集中管理，逐步引导分散摊点向美食街、美食城等规范市场进驻与聚集。改善餐饮集中区域交通和运营环境，有计划、有步骤地对主城区中心商务区和商业街、马路市场和集贸市场、大型饭店和宾馆、路边饮食摊点等餐饮服务环境问题集中的区域，进行节能、节水、节材改造和煤烟污染、油烟污染、噪声污染和废旧包装物污染的综合整治，强化对餐饮服务业市场的环境管理。减轻餐饮服务业面源污染，降低能源和资源消耗。推广节能、节水器具使用，加强污染防控与监管，严格控制一次性用品的使用和销售。支持品牌餐饮业发展。

以星级宾馆饭店为切入点，创建绿色饭店。树立绿色经营管理理念，开展绿色经营管理，实施清洁生产，推广使用节能、环保技术和产品，加强环境基础设施建设，实现中水、能源及物料使用流程合理化，以及用品用具的全生命周期环境友好化。大力推进旅游星级饭店节能减排工作，逐步取消"六小件"等一次性消费品的使用。到2020年，将星级以上宾馆饭店全部创建为绿色旅游宾馆饭店。

4. 信息服务业

推进信息技术的广泛应用，包括数字视听、遥感与空间信息技术、汽车电子、芯片设计及封装、移动互联等。加快信息技术在社会经济各个领域的广泛应用；以信息服务业改造、提升传统产业，以信息化带动工业化；加快软件服务业和系统集成服务业的发展，加快建设信息化带动工业化的应用系统平台，推动电子商务的发展；完善信息基础设施建设，大力发展物联网、云计算、互联网等信息服务业，力争打造产业化示范基地。

推进信息资源开发利用。重点推进政务信息共享平台和政务信息资源开发利用；加快推进农业、科技、教育、文化、卫生、社会保障和宣传等重点领域信息资源的开发利用，形成基础信息资源完备、重要信息齐全、信息利用高效的信息资源格局。

5. 金融服务业

建立和完善产业金融、地方金融、银行机构、金融市场、民生金融、金融安全等金融体系。积极发展国际商务、投资、证券、信托、资本信息、融资租赁、金融控股、基金管理等项目服务。加快组建地方金融控股集团，加快培育与发展金融功能性机构。大力发展创业投资企业、股权投资企业、融资租赁公司、融资性担保公司、小额贷款公司、科技金融公司等新型金融机构，扩大债券融资规模，发展股权和产权交易市场。鼓励发展产业投资基金，加快建立中小企业"信用担保、小额贷款、创业投资"融资服务型投资基金和对接平台。

（四）循环型生态社会体系

在全社会倡导资源节约型价值观和消费观，引导居民在生产、流通、消费诸环节逐步养成合理生产、高效利用、提倡节约、杜绝浪费的习惯，使循环经济的理念深入人心，为全面推行循环经济模式提供必要的社会环境条件和支撑体系。

1. 再生资源回收体系

通过构建再生资源回收体系，完善再生资源回收的政策、措施。到2020年，建立起比较完善的覆盖城乡、多品种的再生资源回收体系，逐步实现再生资源回收的产业化发展。

（1）规范建设回收站点。回收站点由回收点、回收亭和中转站组成，负责收集居民交售和生活垃圾中的可再生资源。按照统一规划、合理布局、交售方便、绿色环保的原则，结合街道管理、社区管理、小区物业管理和垃圾分类投放管理的实际，按1500~2500户居民为标准，设置一个回收站点。对"散兵游勇"式的走街串巷回收方式进行引导、整合和规范。实行"七统一、一规范"（统一规划、标识、着装、价格、计量、车辆、管理及经营规范）管理，并对从业人员进行上岗培训。回收站点与分拣中心紧密衔接，回收物日收日清，不留库存。对企事业单位的再生资源，实行回收企业定时、定点上门回收，由统一标识、封闭回收车辆运输至分拣中心或集散市场。

（2）建设分拣中心。分拣中心是对除危险废物、医疗废物和严控废物以外的再生资源进行集中分拣、简单加工、资源分流的固定场所。根据城市总体规划和土地利用规划，在溧阳市整合、建设1~2处分拣中心。分拣中心要具有分拣、仓储、交易、配送、信息发布等功能，符合环保、安全和消防规定，与居民区相对隔离，便于运输，避免造成二次污染。

（3）培育龙头企业。充分发挥龙头企业的带动作用和辐射效应，将符合条件的承办企业纳入市骨干流通企业的范围，给予重点扶持。支持、引导龙头企业以资本或技术为纽带，以整合网络资源为基础，以建设项目为核心，通过连锁经营等形式，加快再生资源回收体系标准化、规范化建设，提高再生资源回收利用产业化、组织化水平。

2. 生活垃圾处理与资源化利用

构筑水泥窑协同处置为主，卫生填埋为辅，垃圾中转和垃圾处理设施能力充足、结构合理、安全无害，垃圾收集运输技术先进、作业高效、清洁环保的城市环卫体系，创建整洁、卫生、文明的城市生活环境。至2015年，在市区生活垃圾无害化处理率100%的基础上，资源化利用率达到80%，达到国内领先水平。

充分利用溧阳天山水泥有限公司水泥窑协同处置生活垃圾项目，实现城市生活垃圾全量化协同处置的目标，并且生活垃圾经处理后生产成水泥，实现垃圾资源的再利用。同时，以溧阳市上兴镇曹山垃圾卫生填埋场为辅，确保生活垃圾无害化处理100%的要求，实现生活垃圾"无害化、减量化、资源化"的处理目标。

完善生活垃圾收集运输体系，提高高效环保型生活垃圾收集站的比例，实现部分垃圾源头分流；逐步实现垃圾分类收运；购置一批垃圾压缩车、餐厨垃圾罐装车等，提升垃圾清运水平；建设环卫车辆专用停车场，解决环卫车辆停车难问题。

按照国家发展改革委、财政部、住房城乡建设部批复的实施方案开展餐厨废弃物资源化利用和无害化处理试点工作，规划期内，基本构建起完整的餐厨废弃物收集、运输、资源化利用和无害化处理体系。建设餐厨垃圾处理厂，统筹餐厨废弃物和废油脂的一体化处理，规范"地沟油"的收运、处理和利用。出台专门的餐厨废弃物管理法规或政府规章，将试点工作纳入法制化管理的轨道。加强风险控制，确保资源化产品的质量安全。

加快推进城市建筑废弃物资源化综合利用。对新建、改建、扩建工程拆除中产生的建筑废弃物进行循环利用，不能再生利用的按照有关法律法规的规定处置，不断提高建筑废弃物资源化综合利用水平。加强钢材、水泥、木材、沙石料等主要建材的循环利用，积极推进粉煤灰、煤矸石、建筑垃圾、生产生活污水等在交通基础设施建设运营中的无害化处理和综合利用。按照市场化方式大力发展建筑垃圾综合利用产业，合理安排综合利用企业布局和生产规模，建设1~2家建筑废弃物综合利用工业园。到2015年末，建筑垃圾综合利用率达到90%以上。

3. 大力倡导绿色生活模式

大力倡导绿色消费模式，政府引导、企业主导和公众参与相结合，身体力行绿色办公、绿色消费、低碳生活、绿色建筑和绿色交通，借助绿色的生活模式来引导和促进绿色的生产与流通模式，推进资源节约、环境友好的循环经济模式的持续健康发展。

（1）建设绿色政府。一是推进绿色办公。坚持"节约、减量、美化"的绿色办公原则，制定政府部门节能、节水的目标要求和实施办法，建立政府机构能耗体系，重点抓好政府建筑物节能改造以及公务车节能；倡导"无纸化办公"，推广电子办公；建立办公用品的回收系统，及时回收报废的办公用品；改善和美化办公环境，提倡简朴办公，营造良好的办公氛围，提高政府运作效率。

二是创新行政管理体制。建立健全环境保护与经济社会协调发展的决策机制；在政府决策、规划、执行中体现循环经济的要求，综合考虑经济、社会、环境效益，把保护资源环境，实现经济社会的可持续发展作为最高目标；推进电子政务建设，提高政府行政效率；借鉴欧美先进国家绿色政府的框架，结合政府部门自身特点，尝试构建一套既适合溧阳市政府部门又与国际接轨的环境管理体系。

三是实施政府绿色采购计划。大力推进绿色采购，逐步提高政府采购中可循环使用的产品、再生产品以及节能、节水、无污染的绿色产品的比例。建立健全政府采购管理制度，明确政府优先和强制采购类别，加强政府采购活动的组织管理与监督。到2015年，政府采购中的绿色产品占60%以上。

(2) 发展绿色交通。大力推进"绿色循环低碳交通运输体系"建设，积极创建低碳交通示范城市。

一是推广绿色交通工具。加快推进清洁燃油汽车、天然气汽车、混合动力汽车和纯电动汽车等清洁汽车的研发和推广应用。积极发展轨道交通、水运等能耗较低的运输方式。积极推广应用高能效、低排放的交通运输装备、机械设备，加快淘汰高能耗、高排放的老旧交通运输装备、机械设备，提高交通运输装备生产效率和整体能效水平。推进运输企业规模化、集约化经营，加快推进甩挂运输、公铁联运、铁水联运等先进的运输方式，有效提高车辆和能源的使用效率，大幅度降低全行业的单位能耗强度和二氧化碳排放强度。

二是强化交通工具的"绿化"管理。完善交通节能标准政策，结合国家关于营运车辆能耗限额标准制定公交车、出租车、营运性客货运车等的油耗限额的核查方法或核查措施。严格机动车污染控制管理，加大黄标车检测频率，促使车主加强汽车保养、安装尾气处理装置以及加速车辆更新；强化检测和维护（I/M）制度，确保机动车排放符合排放标准；新增和更新公交车辆提前执行相应污染物排放标准。以《道路运输车辆燃料消耗量监督管理办法》为标准，禁止不达标的车辆进入道路运输市场从事经营活动。加大运输装备改造力度，提高营运性车辆天然气改造比例，在溧阳市359辆出租车已经全部改装天然气的情况下，逐步推进长途汽车、公交车、卡车、船用LNG置换或新购使用。力争到2020年，LNG车辆占溧阳市营运客车比重的70%以上。

三是推进清洁能源的应用。加快推进混合燃料在加油站中的应用，制定实施国四标准成品油供应方案，推广应用高效低碳甲醇燃料等清洁型能源。组织实施加油站、储油库、油罐车油气回收治理。

四是推行绿色出行方式。加快城市轨道交通、公交专用道、快速公交系统（BRT）等大容量公共交通基础设施建设，深入实施"公交优先"战略，大力改善公交网络，提高公共交通服务质量，鼓励倡导公众优先选择公共交通出行。到2015年，市区公共交通分担率达到30%以上。同时加快推进城乡客运、城乡公交一体化进程，让农村群众享受和城区居民一样的公交服务。

五是加快构建"智慧交通"运输体系，交通运力组织更加科学，按照"宜水则水、宜陆则陆、宜空则空"的原则，提高铁路、水路在综合运输中的承运比重，降低运输能耗强度。积极促进铁路、公路、水路、民航和城市交通等不同交通方式之间的高效组织和顺畅衔接，加快形成便捷、安全、经济、高效的综合运输体系。大力推进多式联运,积极发展集装箱运输。优先发展公共交通,大幅提高公共交通出行分担比例。

(3) 推广绿色建筑。以"建设宜居溧阳、打造幸福城市"为核心目标,加快推进建筑节能工作。

一是积极推进绿色建筑推广、可再生能源建筑应用,加快建设绿色建筑示范区和可再生能源集中连片开发示范区。研究建筑节能和资源节约的监管措施,做好项目立项阶段合理用能评估审查、设计阶段节能施工图审查、建造阶段施工全过程监督、竣工阶段节能专项验收备案审查等工作。充分利用溧阳市的自然资源条件,在建筑工程中大力推广利用太阳能光热、光电技术等可再生能源应用技术,尽可能建设可再生能源系统、分布式能源系统和雨水收集利用系统,减少建筑对常规能源的依赖。重点推广太阳能与建筑一体化应用等新能源,鼓励新建高层居住建筑采用太阳能供热系统。到2015年,在全市城市规划区和建制镇范围内,新建建筑全部执行建筑节能标准。规划期内,累计完成安装太阳能热水系统的多层住宅400万平方米。

二是推行既有居住和公共建筑节能改造。按照规划设计科学化、建筑材料环保化、生活能源清洁化等要求,选取试点建筑及社区进行节能改造。可以借鉴外地成熟做法,形成一整套既满足验收标准,又有溧阳特色的经济合理的既有建筑改造技术。积极引进专业化的节能服务公司,引进合同能源管理模式,推动既有居住建筑和大型公共建筑的节能改造,加强大型公建用能运行监管及改造。

三是推进建筑节能。新建建筑严格执行节能50%及以上设计标准。在新建大型公共建筑、在建建筑中,全面推广区域供冷或水冷式空调系统、建筑外墙保温隔热、屋顶绿化等先进节能技术,建设一批具有示范意义的低能耗、超低能耗和绿色建筑的示范项目。建立健全低能耗、超低能耗建筑、绿色建筑实施和认证标识。积极推广环保型建材,提倡建设成品住房。积极实施太阳能屋顶并网发电、建筑一体化并网发电和地面光伏并网电站工程,加强光伏发电在建筑领域和城市照明领域的应用。

四是推进合同能源管理。减少普通白炽灯使用比例,淘汰高压汞灯,鼓励使用LED高效节能灯和太阳能电池LED一体化灯具,推广LED高效节能灯在景观照明和亮化工程上的应用。

(4) 建设绿色乡镇。通过完善生态示范建设工作相关技术标准和规范,增加财政补贴和加大"创模"宣传力度,完善生态示范创建机制。在全市各个社区、乡镇推广以节约、环保、资源综合利用为特征的绿色乡镇。重点推进新型保温隔热墙体材料、可循环利用的建筑材料、阻热遮阳门窗、太阳能利用、节能空调及照明、节水器具等节能材料的应用。建立再生资源回收利用系统，全面推广垃圾分类，设置不可回收垃圾、可回收垃圾、电子废弃物三类回收箱，推广车载桶装密闭式垃圾收运模式和密闭式垃圾自动收集系统，使社区生活垃圾分类收集率达到50%。全面停止一次性消费品的供应和使用，建立网络化的旧物品营销渠道，对各类商品实现物尽其用。加强绿色消费讲座与交流，让绿色消费观念深入人心并形成自觉行动。规划期内，所有乡镇建成省级、国家级生态乡镇。其中，村庄绿化率达到32%以上；无公害、绿色、有机农产品基地占基本农田面积达到80%以上；秸秆综合利用率达到98%以上，畜禽粪便综合利用率达100%。

（5）倡导绿色消费。一是倡导绿色消费方式。广泛开展绿色消费教育，树立绿色消费理念，培养绿色消费需求，增强节约资源和能源的意识，倡导理性消费和清洁消费；引导市民尽量减少消费过程中废弃物的产生；引导公众自觉做到节能、节水、节粮、节材、垃圾分类回收；在餐饮、酒店、超市等消费领域减少一次性产品的使用，达到节约资源、保护环境的目的。研究制定阶梯式电价、水价和气价政策，在保障公平和效率的基础上，提高市民节能、节水和节气的积极性。

二是提倡简化包装和绿色包装。培养和转变消费观念，逐渐减少对过度包装的消费需求，促进企业产品包装的减量化和再利用；禁止全市范围内生产一次性发泡塑料餐具，逐步在商场、酒店、机场、车站、码头、公园和旅游景点取消一次性产品的使用。

三是提倡消费绿色标志产品。鼓励企业产品参加绿色产品标志认证，重点在家电、办公设备、日用品、纺织品、建材和农产品等领域开展"绿色产品"标志认证，经过认证的产品优先进入市场并享受相关优惠。鼓励社会广泛使用节电、节水器具和产品，公共场所杜绝"长明灯"现象，居民家庭形成"随手关灯"的良好习惯。倡导消费者积极购买能效标识产品、节能节水认证产品、环境标志产品、无公害标志食品等绿色标志产品。

4. 建立可持续生态环境体系

通过完善生态园林绿地系统建设，加大环境污染治理力度，明显提高环境承载力，基本实现生态良性循环。

（1）不断改善生态系统。一是加强生态功能区建设和保护。按照全市划定的自然保护区、风景名胜区、森林公园、饮用水源保护区、重要水源涵养区、重要湿地、生态公益林、生态科技产业区八大类24个重要生态功能保护区，严格实施重要生态功能区的保护和建设。根据不同重要生态功能区的生态功能要求和建设重点，配套相应的投资、产业、土地和财政等引导政策，发展生态经济，维护区域生态安全，进行生态修复，改善人居环境。

二是积极开展生态廊道建设。以河流水系和道路交通体系为框架，以促进生态信息交流为目的，以公园、绿地、人工湿地等形式将全市重要生态节点连接起来，形成覆盖全市的网络型生态廊道体系，重点实施公路、河道两侧绿化带建设。

三是加强生物多样性保护。恢复和重建城市物种多样性，尽量保护城市自然遗留地和自然植被，建立自然保护地，修建绿色廊道和暂息地，增加开放空间和各生物斑块的连接度。对于划定的重要生态功能区实施严格保护，保证生态廊道的建设，避免出现生物孤岛现象。开展综合物种指数、本地植物指数调查。对城市规划区域内的河湖、自然湿地、水源保护地等生态和景观的敏感区域，划定范围，严格保护，持续利用。对于种群数量较少的物种，加大科学研究和人工培育力度，恢复种群数量。

四是完善城市绿化设施。以自然山体、水体、公园、交通走廊、开敞空间等为依托，调整优化各中心城区绿地系统空间布局。重视公共绿地建设，在城镇规划建设中预留一定比例的绿化空间，合理布局公共绿地，完善绿地类型，科学配置绿地植物群落，提高绿地养护水平。扩建增建大型生态绿地，形成城市的多点"绿心"，提高绿地总量。保护自然物种栖息环境，合理进行树种规划配置，提高城市生态系统中自然成分。到2015年，人均城市公共绿地面积达10平方米以上；2020年，人均城市公共绿地面积达13平方米以上。

（2）治理环境污染。一是大气污染治理。调整大气环境功能区划，加强对城市灰霾天气的监测分析；加大能源结构调整力度，积极推广应用太阳能、天然气、液化石油气等洁净能源，控制和削减全市煤炭消耗总量；实施重点污染源控制，加快淘汰落后用能设备、污染严重的工艺和产品，实现达标排放；扩大禁燃区，规范整治餐饮油烟，加强城市扬尘污染治理，全面推行"绿色施工"；提升机动车污染防治水平，按照国家第Ⅳ阶段机动车尾气排放标准，设置新上牌照机动车的市场准入门槛。到2015年底，全市化学需氧量和氨氮排放总量（含工业、生活、农业）分别在2010年的1.0656万吨、0.1074万吨基础上削减18.08%、

18.55%（其中工业加生活分别减少 19.40%、19.60%，农业分别减少 16.49%、16.60%），分别控制在 0.8729 万吨、0.0875 万吨以内；二氧化硫和氮氧化物排放总量分别在 2010 年的 0.9747 万吨、3.4523 万吨基础上削减 12.0%、16.93%，分别控制在 0.8577 万吨、2.8678 万吨以内。

二是水污染治理。加强水源地的环境治理、水污染控制与水质保护工作。对塘马水库、吕庄水库、竹林水库、平桥石坝乡镇集中式饮用水源地实施全天候、立体式在线监控、监管；定期进行水源地生态清淤，采取消浪防浪、生态控藻、高等水生植物种植等物理和生物措施，大力保护水资源。突出天目湖水环境治理，实施入河道的排污口封堵和污染控制与污水减排工程。深入开展城区河道综合整治行动，强化城区河道水系贯通，做到有机衔接。大力开展生态拦截工程，实施水系畅通工程和湖体清洁工程。强化农村生活污水处理，对农村生活污水处理采取分类指导、因地制宜的方式。对邻近城镇周边且具备接管条件的村庄，大力推进城镇污水收集管网的合理延伸与全面覆盖；天目湖一级保护区内全面建成农村污水处理设施。

三是噪声治理。强化区域噪声源管理，优化声功能区划的空间布局，实现工厂企业等噪声源与居民生活、工作场所的有效隔离。大力推进企业噪声防治工程，推广使用低噪声的先进设备和工艺，严格控制建筑施工现场的噪声，加强夜间与特殊时段噪声管理，切实降低噪声扰民事件的发生。严格控制交通噪声，加快制定和实施全市域交通噪声控制方案。建设交通防护林，区域内高速公路或高架立交与居民点小于 500 米范围的要求设置隔声屏障，实现交通与住宅小区噪声的有效隔离；结合噪声达标区建设要求，不断扩大建成区机动车 24 小时禁鸣范围，严格控制高噪声车辆上路，加强主干河道内机动船舶噪声控制，减少城市噪声污染，建成区噪声达标区覆盖率达到 100%。城市区域环境噪声和城市交通环境噪声在达到国家考核要求的前提下，监测结果平均值不断下降。

二、生态化发展重点领域

为顺利实现溧阳市循环经济的发展目标，按照先行试点、突出重点、分类指导、分步实施的原则，从"十二五"时期至 2020 年，突出抓好重点领域和一批示范工程、重点项目建设。计划选择 30 个左右具有重要示范和带动作用的循环经济重点项目，主要包括重点节能工程、节水工程、循环型农业建设工程、循环型工业建设工程、循环型服务业建设工程、生态化工业园区改造工程、生态农业园区示范工程、清洁生产工程、新能源建设工程、废弃物处置和综合利用工程、循环经济新技术开发与推广工程等。

(一) 重点领域

1. 农业循环体系

推进农村综合整治，优化农业空间布局，发展优势特色农业，延伸农产品产业链，大力发展高效生态农业；节约集约用地，发展节水型农业，推广生态种养技术，实施化肥农药减施工程，着力推进畜禽养殖减排；积极打造"水稻生产—农副产品加工—废弃物资源化利用"、"畜禽养殖—沼气—蔬菜和水果"等农业生态产业链，建设高效生态农业示范园区和基地；构建农业循环经济产业链；以沼气、秸秆、畜禽粪便等资源化利用为重点，提高农业废弃物综合利用率，推进农业节能减排、减碳。

2. 工业循环体系

大力发展新兴优势产业，提升改造传统优势产业，培育现代产业集群，着力优化工业结构，完善企业能源计量体系，加强工业节能改造；以清洁生产为切入点，加强清洁生产的监督管理，建立清洁生产审核制度；大力推进企业层面和园区层面的循环经济建设，鼓励企业内部补链，综合利用工业"三废"，深化工业节能减排，强化产业间耦合链接，推进园区内循环补链，加快推进园区循环经济，引导园区动静脉共生，推进生态化园区改造；构建工业循环经济产业链，重点建设五金机械行业的"废旧金属回收（废旧金属市场）—废旧金属冶炼—绿色设计—模具制造—机械五金加工"，电子信息行业"电子元器件生产与加工—电子信息产品生产加工—报废电子信息产品回收利用—电子信息产品"，电力行业"工业锅炉、窑炉生产运行—余热余压利用—能效发电、制冷—等效能源"，建材行业"粉煤灰、建筑废物、生活污泥与垃圾—新型建材、水泥、水泥熟料生产线余热—电力、粉煤灰—脱硫石膏—新型建材、铅锌尾砂—硅酸盐水泥、竹/木渣—人造板、废弃煤矸石—矸石砖"等循环产业链。

3. 服务业循环体系

以"两湖两山"（天目湖、长荡湖、南山、瓦屋山）为重点，加强生态保护和生态旅游示范景区建设，挖掘历史资源，积极打造南渡、上兴、社渚、戴埠、竹箦等古镇文化旅游；做好溧阳市经济开发区物流园（江苏苏浙皖物流中心）的建设和发展；改造提升餐饮住宿业，推动餐厨废弃物资源化利用，变废为宝，化害为利；推进清洁生产技术，大力发展饮食一条街；搭建以环境技术服务、环境咨询服务、污染设施运营管理、废旧资源回收处置等为主要内容的环境服务体系和平台，大力提升金融业的服务水平。

4. 生态社会循环体系

培育规模化的废弃物循环利用示范企业和园区，建立再生资源和再生产品交易市场，构建再生资源回收体系；建立完善垃圾、工业废物、危险废物、强制回收产品、包装物等分类收集系统和综合利用、无害化处理设施，成立废物资源交换贸易中心，成立碳排放交易中心。积极开发"城市矿产"资源，加强废弃物回收利用，提高溧阳市再制造业水平；积极开展政府节能、乡镇节能、建筑节能、交通节能；加强土地节约、原材料节约；实施绿色采购，倡导理性消费与清洁消费，开展绿色管理，推进绿色认证。突出加强饮用水源地和自然生态保护，厉行水资源节约，加强对饮用水源地的水质监控，及时掌握水源水质状况，建立饮用水安全预警系统。建设沿江生态防护带，防止水土流失，减少农业面源污染，注重支浜水系生态修复。严格建设项目环境管理，加强大气污染、水污染和噪声的综合整治。

（二）重点项目

1. 生态农业示范园区建设

推进循环型农业示范园区建设，坚持都市型现代农业发展方向，发挥联创集团、溧阳市长荡湖水产良种科技有限公司等18家省市级龙头企业带动作用，扩大"三品"基地面积，继续实施"四圈三区二园一重点"工程，建设全市10个万亩高效农业种植业示范区和3个万亩水产高效养殖示范区，由农、林、牧、渔业及其延伸的农产品产业之间通过废物交换、循环利用、要素耦合及产业生态链等方式形成产业共生体系，促进生态农业的发展。

一是推进"肥药双控"示范区建设。实施测土配方施肥，加强农业病虫害综合防治（含生物防治、物理防治），促进农药化肥的使用量、流失量、残留量下降，有效控制肥药对环境的污染。

二是推进规模化养殖场综合治理。建设畜禽粪便综合利用示范点，重点推广生态养殖模式和养殖场污染物治理工程。引导畜禽养殖场（户）自身流转承包周边农田林地，因地制宜建设畜禽粪污收集设施和田间利用设施，就地消纳粪污，以废弃物资源化利用为纽带，延伸产业链条，实现内部良性循环。至2015年，创建畜禽粪便综合利用示范场20家，切实发挥全市三家分散畜禽养殖粪污集中处理中心作用。

三是大力推广农业循环经济技术。大力推广秸秆综合利用，实施秸秆覆盖还田、秸秆快速腐烂还田、秸秆气化、秸秆发电和利用秸秆栽培食用菌、秸秆养羊等技术；加大对畜禽粪便的综合循环利用，大力发展农村沼气。同时，利用生物技术、工程技术，对各类农产品、土特产品、林产品、水产品初加工后的副产品及有机废弃物进行系列开发、反复加工、深度加工，开发新的产品，大幅度提高其附加值。至2015年，建设生态循环农业18处，示范"粪污收集—沼气工程处理—三沼综合利用"模式两处。

四是大力实施农业产业化经营。按照生物链规律组织农业生产，延长产业链，将绿色理念置入土地整理和土壤改良、种子选育、作物栽培、保水施肥、农产品加工、保鲜储运和销售的各个环节。规划期间，着力抓好"种植—养殖—加工—运销配套"一体化循环型农业生产模式，形成以种养结合、循环利用为重点的"生态种植业—生态饲料加工—生态养殖业—有机肥料—生态种植业"的循环产业链。继续做好"一村一品"专业园建设、专业村建设和农民专业合作社建设，至2018年，新增省级现代农业产业园区两个。

2. 生态工业示范园区建设

以中关村科技产业园区为重点，围绕发展资源节约型和环境友好型产业，做好溧阳市中关村科技产业园区的建设规划，进一步推进工业园区的生态化发展，建立ISO14000环境管理体系，鼓励园区基础设施共享，企业间副产物交换，能量梯级利用和废物、废水逐级利用，并根据园区物流、能流需要，引入补链企业，完善产业生态链，最终实现园区资源消耗最小化和零排放。

以骏益科技产业园为基地，建设国际资源循环利用产业（长三角）高端基地。具体包括："三个基地"、"五个中心"和"两个示范"。

（1）三个基地——全国第一个国际资源循环利用综合性体系化产业高端基地；全国循环经济发展的策源地和政策落实基地；全国循环经济相关行业产业的总部基地。

（2）五个中心——全国循环经济工程技术（研究）中心；全国循环经济行业标准和质量检测中心；全国循环经济（材料、产品、设备、设施、生产线）展示展销中心；国际循环经济交流和教育培训中心；全国绿色建筑体验中心。

（3）两个示范——全国资源循环利用产业关键技术和生产线集中示范地，提升全国产业核心竞争力；产业升级和产业价值链向高端延伸示范地，建成具有全球影响力的资源循环利用产业高端基地。

3. 循环型示范企业建设

以电力、化工、水泥、钢铁、建材等资源消耗和废弃物产生量较大、污染较重的行业为重点，全面推进清洁生产、节能降耗和废弃物综合利用。力争以天目湖啤酒有限公司、江苏申特钢铁有限公司、江苏扬子水泥有限公司、江苏金峰水泥有限公司、溧阳市天山水泥、江苏天容集团股份有限公司、江苏开磷瑞阳化工股份有限公司、上上电缆集团有限公司、江苏华鹏变压器有限公司等骨干企业和企业集团为代表，建设一批循环型示范企业。

（1）建立健全企业循环经济管理体系，鼓励用能企业在严格执行国家强制性标准《用能单位能源计量器具配备和管理通则》（GB17167-2006）规定的基础上，运用信息化技术，积极开展能源计量信息化管理系统建设，加强能源和原材料的消耗管理，依靠科技进步，降低资源消耗，实现水、能源、废弃物回收再利用，提高资源利用率。

（2）推进企业开展ISO14000环境管理体系认证，通过开展清洁生产审核，制定、实施清洁生产方案，防止和治理污染，实现污染物总量和排放浓度双达标。

（3）运用高新技术，淘汰、改造落后、高耗能的生产工艺和装备。优先采用资源利用率高、污染物排放少以及有利于产品废弃后再利用的技术工艺、材料或零部件，推进绿色产品设计和生产。

4. "四节"示范工程建设

以"节能、节水、节地、节材"为核心，大力倡导资源节约型社会建设。通过节约型社会建设，使万元生产总值的能耗、水耗、地耗及材耗明显下降。

（1）主动调整和优化区域产业结构和企业产品结构，突出主导产业，加快技术进步，提高产品质量，降低资源消耗，减少环境污染，大力鼓励使用节能产品。以溧阳市区以及溧阳市天目湖旅游度假区为重点，继续推进LED节能路灯改造项目，并以此为示范，在整个溧阳市加以推广，计划至2018年，全市LED路灯改造项目完成100%。

（2）广泛采用清洁生产技术，使企业单位产品能耗、物耗、水耗及污染物排放达到国内或国际先进水平，提高资源的产出率、工业用水重复利用率，创建废水"零排放"企业。

（3）大力推进土地节约集约利用，严格执行国务院《关于促进节约集约用地的通知》，国土资源部、发展改革委、统计局联合制定的《单位GDP和固定资产投资规模增长的新增建设用地消耗考核办法》，提高土地投资强度和土地产出效率。

（4）积极建设绿色建筑产业，全面推广绿色建筑。以别桥镇北山工业园、江苏骏益科技产业园为主体，以远大住工、金九科技为龙头企业，形成绿色建筑产业企业集群，涵盖绿色建材、低碳家居、智慧家庭、创意生活、展示交易、生活配套六大功能。

5. *循环经济技术开发和应用示范工程建设*

（1）以推动企业内部物质循环和能量梯级利用的化学化工技术、无害化处理技术等为重点，实施一批企业清洁生产技术开发和应用示范工程。

（2）以工业园区生态产业链集成技术和企业副产品多级利用技术为重点，建设一批企业间生态产业链的集成技术开发和应用示范工程。

（3）以中水回用、垃圾处置、废旧家电处置技术为重点，建设一批各类废弃物再利用技术开发和应用示范工程。

（4）以生态农业开发、畜牧业废弃物处理、秸秆还田等为重点，建设一批循环型农业技术开发和应用示范工程。以创建省级、国家级生态村为契机，大力发展秸秆气化、秸秆沼气集中供气项目，并与种植业相配套，建设田间沼液、沼渣利用设施。

（5）以太阳能、生物质能、氢能的开发技术等为重点，建设一批新能源开发和可再生能源利用技术开发和应用示范工程。积极推广清洁能源汽车，以中科深江电动汽车项目为核心，依托波士顿电池、Protean 轮毂电机等项目及企业，打造新能源整车及核心关键零部件的自主品牌，完善新能源汽车产业支撑体系和政策环境，形成规模产业集群，建成高端新能源汽车技术创新和产业基地。

（6）以构建绿色循环低碳交通运输体系为重点，通过厂拌（冷）热再生技术，实施石郎线石街头至殷桥改造工程和奔牛至昆仑转盘段养护改善工程；大力推进 LNG 客运车辆更新项目，对全市加气站进行统一规划和建设；推行低碳交通和节能减排，以公交 3 路做首批示范运行线路，对充电设施、运营监控设施和纯电动汽车进行投资和建设；构建综合信息中心，建成"三网两点一移动"的交通综合信息平台，实现应急指挥、安全监管、便民服务和行风监督。

6. *废弃物资源化利用与无害化处置示范项目建设*

（1）以电力、化工、建材等废弃物产生量大的行业为重点，开展粉煤灰、煤矸石、硫石膏、化工废渣及废水、废气、余热的综合利用工作，建设工业固体废弃物综合利用项目和热电联产项目。如溧阳市东方水泥有限公司 5MW 水泥窑余热发电项目；江苏申特钢铁有限公司余热余压发电项目（项目建设内容包括煤气发电工程、余热发电工程两部分）等。

（2）以再生金属、报废汽车、废旧包装物、废纸、废塑料、废旧家电及电子产品回收利用为重点，建设一批再生资源回收集散中心项目和综合利用项目，推行连锁经营、电子商务（在线收购）、回收物流，打造现代再生资源回收、加工基地。

（3）建设完善生活垃圾分类投放、分类收集、分类运输、分类处置设施。充分利用水泥窑协同处置生活垃圾项目，实现垃圾资源的再利用。新建一座餐厨垃圾处理厂，对餐厨垃圾进行专项处理。

（4）加强尾矿回用和共伴生矿产资源的综合开发利用。

7. 循环型示范社区建设

围绕"能源节约、废物减量、循环利用"的建设思路，大力开展循环型社区建设工作。根据溧阳市的实际情况，在太阳能利用、雨水利用、中水利用、垃圾分类和回收等领域选择有代表性、基础条件好、群众参与积极性高的社区进行建设。

（1）太阳能利用专项示范。将溧阳市区内外的多层建筑和12层以下的小高层建筑作为太阳能建设重点，开展太阳能利用专项示范工程。

（2）雨水利用专项示范。居住小区面积大、绿地面积大的社区便于收集降雨，在雨水利用方面有较好的优势。按照雨水利用的条件，结合溧阳市社区分布状况，确定开展雨水利用的社区。同时，至2018年，完成所有老小区雨污分流改造工程。

（3）中水利用专项示范。在集中污水再生处理工程附近优先推动中水回用。再生水用户的选择按照"先近后远、先易后难"的原则，逐步扩大再生水的用户和用量。生活冲厕用水和娱乐场所非接触用水在加强水质安全管理的前提下，结合城市建设和更新，逐步试点开展。

（4）垃圾分类回收专项示范。设置分类垃圾回收设施，加强居民日常生活习惯的引导，逐步推进生活垃圾分类的实施。选择公众参与积极性高、管理全面的社区优先进行垃圾分类回收的试点，同时对水源保护区内的社区和旧村，加大垃圾清理力度，缓解水源污染的压力。

8. 新能源利用工程建设

以江苏强林生物能源有限公司为主，建设生物质发电综合利用工程项目。通过3~5年，力争建成省内最大的生物质能源产品及石油基替代产品的生产基地，全国生物质能源与材料研发、生产示范基地，实现年产值超过10亿元的高新技术企业，成为国内生物质能源与材料领域的示范基地和高技术龙头企业及国际知名企业。

大力支持和鼓励溧阳市江苏宇能生物能源有限公司从事生物资源再生及综合利用技术、企业生产排放物的再利用技术开发及其应用，包括：沼气发电成套设备和沼气提纯设备的制造，生物燃气的生产；生物肥料的开发与生产；废液、废渣综合利用和处理；沼气发电系统和沼气提纯系统的设计、建造、推广。大力推进"利用水泥窑炉协同处置城市生活垃圾系统集成创新技术与工程运用项目"，充分利用该项目，实现溧阳市城市生活垃圾、污泥处理无害化、减量化和资源化的目标。

9. 生态旅游项目建设

以"两湖两山"（天目湖、长荡湖、南山、瓦屋山）为重点，大力推进特色山水生态旅游景区建设。积极开展旅游区环境综合整治，引导旅游区开展ISO14000环境管理体系认证，规范旅游区的环境管理。充分利用山地生态系统的自然资源多样性，结合旅游休闲，发展生产与服务相结合的生态农业旅游业产业，建设高起点、高标准化集优势特色农产品生产、生态观光、休闲娱乐、科普教育于一体的生态农业观光产业区。对溧阳市南山和北山等地在有效保护生态环境和防止水土流失的前提下，继续推进果、茶、林业的综合开发，推广"蚕鸡套养"等具有地域特色的林牧结合生态种养农业生态工程模式，促进农业资源循环利用，减少污染物排放。茅山以水果、茶叶等农产品为休闲观光农业商品，以山区农耕文化、茅山道家养生文化为内涵，以森林植被为背景，发展纯粹自然生态的休闲观光农业旅游，把茅山打造成为常州市的"大自然后花园"。利用南山竹海品牌及生态环境，把休闲度假和农耕生产相结合，建设成为常州市乃至长三角地区的农耕休闲度假胜地。同时，进一步探索建设南渡庆丰稻麦观光园区，创新天目湖、曹山农业园区油菜观光示范带建设。至2020年，千亩以上集生态、旅游、休闲功能于一体的农业园区达到90个，国家农业旅游示范点10个。

10. 生态环境体系建设

大力推进湿地保护与建设，积极开展湿地保护与恢复工程，规划期内，完成溧阳市塘马水库、天目湖、长荡湖等湿地保护与恢复工程，建设江苏溧阳市天目湖国家级湿地公园和江苏溧阳市中华曙猿省级湿地公园。

以大气、水环境整治为重点，改善城区环境质量。至2015年，建成溧阳市大气污染联防联控机制,通过深入推进以"河长制"、"断面长制"为龙头的水环境综合整治行动和"服务企业发展、提升现场环境"专项行动,建立企业环保专管员制度,定企驻厂打造完成六家环保示范企业。大力实施绿化、美化工程,打造一批城市绿化精品项目,铺设草坪3万平方米,完成30个村庄绿化示范村和2400个村庄环境整治任务,提升人居环境。

第四节 生态化县域经济评价体系构建

在经济生态化背景下,需要通过产业结构生态化推动县域产业结构高效化和合理化,以促进经济的增长和持续发展、促进社会稳定和和谐发展、促进生态环境改善和友好发展为三大目标。因此,在构建生态化县域经济的评价指标体系时,着重对县域产业结构的协调发展状况进行综合评价,以此作为研究和考核的依据和标准。低碳经济下的县域产业结构评价体系可以促进和引导政策制定者和决策者在制定各项产业政策和决策时,最大限度地以县域经济和社会可持续发展为指导,使政策相互协调,推进产业结构的高效化和合理化。

一、总体构架

作为国民经济结构最重要的组成部分,产业结构是实现社会总供给和总需求平衡的关键环节。县域经济是国民经济系统中最基本的区域经济单元,不仅是国民经济的缩影和基石,而且是国家经济发展和社会稳定的重要基础。经济生态化是一种全新的、协调的、可持续的经济发展模式,能更有力地协调经济增长的速度与经济增长的质量,以及平衡产业结构调整与资源、环境、就业等约束条件之间的矛盾。因此,在生态化经济模式下,县域产业结构优化的含义不仅强调结构优化对经济(产业)发展的增长作用和质量改进,更强调结构优化的目标是促进社会稳定和持续发展以及以生态化为标准的产业与环境的和谐友好。因此,产业结构状态和变化趋势符合生态化经济发展要求,产业结构的优化和变革促进产业以生态化经济为手段的可持续发展能力得以增强,产业结构优化政策贯彻生态化经济背景下的经济社会协调、持续发展战略思想。

生态化县域经济评价体系是在生态化经济模式下,从县域经济、社会、生态环境三方面协调发展状况对县域产业结构升级效果的综合评价,研究其依据和标准。因此,生态化经济背景下县域产业结构评价体系包括经济子系统、社会子系统、生态环境子系统三个子系统,综合反映社会、经济、生态环境系统不同属性的指标按隶属关系、层次关系原则组成的有序集合。

(一)经济子系统指标体系

在经济子系统中,从经济总体规模和结构、生态经济和科技结构、循环利用效率三个方面来构建产业结构优化评价指标体系。经济规模和结构更多的是体现经济增长速度以及三大产业结构的调整和优化,而生态经济和科技结构以及循环利用效率则更好地反映在生态化经济模式下的经济适度增长和经济结构的调整中。具体指标的设置及计算如表6-1所示。

表6-1 经济子系统评价指标体系

二级指标	三级指标	四级指标
经济增长和持续发展能力	经济规模和结构	GDP增长率
		第二产业GDP所占比重
		第三产业GDP所占比重
	生态经济和科技结构	农业生态园产值占农业总产值的比重
		生态园区工业产值占工业总产值的比重
		高新技术产业占工业经济的比重
	循环利用效率	工业用水循环利用率
		工业废气综合利用率
		工业固废综合利用率

经济子系统主要在经济增长和持续发展能力目标下评价生态化经济背景下县域产业结构优化效果,包括反映经济规模和结构的GDP增长率、第二产业GDP所占比重和第三产业GDP所占比重共三个指标;反映生态经济和科技结构的农业生态园产值占农业总产值的比重、生态园区工业产值占工业总产值的比重和高新技术产业占工业经济的比重共三个指标;反映循环利用效率的工业用水循环利用率、工业废气综合利用率和工业固废综合利用率共三个指标。

(二)社会子系统指标体系

社会子系统评价指标由就业、社会保障、福利共三个方面的七个指标组成(见表6-2),着重针对社会稳定与和谐发展能力目标评价生态化经济背景下县域产业结构优化效果,其中第二产业就业增长率、第三产业就业增长率、非农就业占总就业人数比重三项指标反映就业增长及结构改变;城镇社会保障覆盖率、文教体卫占 GDP 的比重反映社会保障情况；恩格尔系数和城乡居民收入增长率度量福利水平。

表 6-2　社会子系统评价指标体系

二级指标	三级指标	四级指标
社会稳定和和谐发展能力	就业	第二产业就业增长率
		第三产业就业增长率
		非农就业占总就业人数比重
	社会保障	城镇社会保障覆盖率
		文教体卫占 GDP 的比重
	福利	恩格尔系数
		城乡居民收入增长率

（三）生态环境子系统指标体系

经济的高速发展、能源资源消耗高增长造成生态环境保护、污染排放治理的巨大压力。在工业化的进程中环境污染、生态环境破坏较为突出。结构性污染在中国已经成为一个比较突出的问题，从根本上解决结构性污染，减少环境污染和生态破坏的压力，也是适应低碳经济模式下中国产业结构优化的一个重要目标。

大气中温室气体的排放量主要取决于经济规模，但它的改善是可以通过结构调整来实现的。在产业经济系统中，不同产业的温室气体排放量是不同的，鼓励发展温室气体排放较少的行业，限制发展温室气体排放较高、经济效益差的产业，可以缓解上述问题。从经济发展模式来看，资源环境问题日益严重的根源，在于工业化启动以来以高开采、低利用、高排放的"两高一低"为特征的传统线性经济模式。

生态化经济的发展模式要求产业结构的优化必须遵循经济效益好、资源消耗少、环境污染小的可持续发展原则，提高经济增长的质量和效益。低碳经济模式下的产业结构优化效果必须综合考虑自然资源和环境的承载力因素对区域产业结构优化的制约条件，提高单位资源能源和环境消耗的产出系数，促进区域产业结构高度化和合理化，实现经济的可持续发展。

生态环境子系统是评价在低碳经济下产业结构优化的生态环境效益，从提高能源和原材料的使用效率、改善自然环境，以及污染排放处理能力三个方面进行综合考量（见表 6-3）。今后产业结构优化中不仅要重视经济发展的实践约束，而且要正确处理资源、能源产业瓶颈问题和重视环境恶化程度，将生态环境改善和和谐发展放到战略的高度，重视和研究资源、能源和环境因素，尽可能地降低经济活动对自然环境的不利影响。

表 6-3 生态环境子系统评价指标体系

二级指标	三级指标	四级指标
环境改善和友好发展能力	资源消耗	万元产值能耗
		万元产值水耗
		清洁能源占总能源的比重
	自然环境	森林覆盖率
		环境投入占 GDP 的比重
	排污处理	"三废"排放达标率
		污水处理率

表 6-3 是生态环境子系统评价指标体系。生态环境子系统主要以环境改善和友好发展为目标评价生态化经济背景下县域产业结构优化效果，包括反映资源消耗的万元产值能耗、万元产值水耗、清洁能源占总能源的比重三个指标；反映自然环境的森林覆盖率和环境投入占 GDP 的比重两个指标；反映排污处理的"三废"排放达标率和污水处理率两个指标。

二、内容

基于三大子系统，遵循评价指标体系的设计原则，按照评价指标体系的设计方法，生态化县域经济评价指标体系分为四个层次。在第一层次上建立了一个一级指标：生态化经济背景下县域产业结构优化效果；在第二层次上确立了三个二级指标，分别是经济增长和持续发展能力、社会稳定和和谐发展能力、环境改善和友好发展能力；在第三层次上确立了九个三级指标；第四层次由 23 个四级指标组成。指标体系如表 6-4 所示。

表 6-4 生态化县域经济评价指标体系

目标层	准则层	因子层	
生态化经济背景下县域产业结构优化效果	经济增长和持续发展能力	经济规模和结构	GDP 增长率
			第二产业 GDP 所占比重
			第三产业 GDP 所占比重
		生态经济和科技结构	农业生态园占农业总产值的比重
			生态园区工业产值占工业总产值的比重
			高新技术产业占工业经济的比重

续表

目标层	准则层		因子层
生态化经济背景下县域产业结构优化效果	经济增长和持续发展能力	循环利用效率	工业用水循环利用率
			工业废气综合利用率
			工业固废综合利用率
	社会稳定和和谐发展能力	就业	第二产业就业增长率
			第三产业就业增长率
			非农就业占总就业人数比重
		社会保障	城镇社会保障覆盖率
			文教体卫占 GDP 的比重
		福利	恩格尔系数
			城乡居民收入增长率
	环境改善和友好发展能力	资源消耗	万元产值能耗
			万元产值水耗
			清洁能源占总能源的比重
		自然环境	森林覆盖率
			环境投入占 GDP 的比重
		排污处理	"三废"排放达标率
			污水处理率

第五节 生态化县域经济发展实证：溧阳案例

一、溧阳概况

（一）总体经济稳步增长

2013 年，溧阳市国民经济继续保持平稳较快发展。全年实现地区生产总值（GDP）637.2 亿元，按可比价计算比上年增长 12.2%，人均 GDP 达到 83814 元（按常住人口），按平均汇率折算达 13534 美元。2013 年全市财政总收入达到 133.8 亿元，比上年增长 18.5%，其中公共财政预算收入为 45.6 亿元，比上年增长 12.6%；工业总产值、产品销售收入分别达 1731.58 亿元、1719.94 亿元，分别比上年增长 14.2%、13.5%；建筑业施工产值为 523.65 亿元，比上年增长 15%；全社会固定资产投资为 418.2 亿元，比上年增长 19.5%；外贸进出口总额为 11.62

亿美元，比上年增长 6.7%。

(二) 产业结构不断优化

从三次产业完成情况来看，2013 年全市第一产业增加值为 42.61 亿元；第二产业增加值为 338.43 亿元，其中工业增加值为 304.51 亿元；第三产业增加值为 256.16 亿元，三次产业比重由去年的 7∶54.8∶38.2 调整为 6.7∶53.1∶40.2。第三产业增加值占地区生产总值比重提高了 2 个百分点。

农业增产丰收，现代农业快速发展。新增高效农业面积 5.08 万亩，其中设施农业面积 3.13 万亩，共建成高效农业面积 50.51 万亩；新增高效设施渔业面积 1.7 万亩，五家农业企业成功创建常州市园艺作物优质高效标准园；新增农机专业合作社 45 家，总数达 152 家，其中五星级农机合作社 10 家。2013 年溧阳市被评为全省发展高效农业建设先进县市，成功创建达标"全省亩产吨粮县(市)"，稻麦单产之和达 1000.2 公斤。获评全国粮食生产先进单位。

高新技术产业加快发展。完成高新技术产业产值 550 亿元，增长 38.6%，高新技术产业产值占规模以上工业产值比重达到 35%，R&D 经费占 GDP 比重达 2.5%。

现代服务业发展势头良好。天目湖旅游集聚区成功创建国家 5A 级景区和国家生态旅游示范区，是常州市首批现代服务业集聚区之一。天目湖旅游度假区集散中心、天目湖旅游度假区"智慧旅游"一站式旅游网建成投运。2013 年共接待游客 1187 万人次，实现旅游总收入 124 亿元，比上年分别增长 11.2% 和 14.1%。金融业进一步发展壮大，光大银行、民生银行、浦发银行陆续入驻溧阳市。

(三) 工业转型成效显著

突出工业转型发展主题，扎实推进总量提升，工业经济难中求进，主要指标增势良好，节能降耗常抓不懈。统筹兼顾稳增长和降能耗，2013 年规模以上工业企业综合能源消费量达 463.67 万吨标准煤，同比增长 4.6%；规模以上工业万元产值能耗为 0.2974 吨标准煤，同比下降 8.19%。2013 年全市实现工业利税总额 151.87 亿元、利润总额 87.54 亿元，分别比上年增长 22.2%、15.4%；规模以上工业总产值、产品销售收入分别达 1558.92 亿元、1550.16 亿元，分别比上年增长 15.8%、14.3%；规模以上工业利税达 137.99 亿元、规模以上工业利润达 80.94 亿元，分别比上年增长 27%、21.2%。

深入推进"千亿园区百亿镇"创建工作，新增"百亿镇"两个（埭头镇、天目湖镇）、新增"百亿企业"一个（国强镀锌）。全年工业应税销售收入达 1820

亿元，同比增长13.8%，其中工业应税销售超10亿元企业有22家，超50亿元企业有6家，超百亿元企业有5家（申特钢铁326.45亿元、金峰集团135.74亿元、新时代控股125.34亿元、上上电缆107.27亿元、国强镀锌104.29亿元）。申特钢铁、新时代控股、上上电缆、国强镀锌、鸿开有色金属、华朋集团入选"2013中国民营企业制造业500强"。

（四）生态状况持续改善

生态创建工作取得新突破。2013年溧阳市被正式命名为"国家生态市"，并列入全省第五批生态文明建设试点单位。国家、省、常州市级生态村、绿色学校和绿色社区以及生态文明教育基地年度创建任务圆满完成。天目湖、长荡湖、塘马水库湿地保护与修复工程有序推进，2400个村庄整治全面通过省级验收。其中24个村达"三星级"标准，242个村达"二星级"标准。

节能减排有成效。水环境治理力度加大，主要河流均达到水环境功能区标准。污染物减排工作积极推进，2013年关停五家化工企业、六家电镀企业，完成强制性清洁生产审核企业32家，在全省率先开展水泥行业脱硝工程，金峰水泥、扬子水泥七条熟料生产线脱硝设施全面建成。

绿化建设上台阶。2010年获得"全国绿化模范县（市）"荣誉称号，跨入了全国绿化先进行列。近年全市每年参加义务植树人数达45万人以上，尽责率达96%以上，直接种植树木120万株左右。全市绿化在现有基础上通过高起点规划、高标准建设、高质量管理、加大投入等措施，使溧阳市绿化升级跃上新水平，绿地覆盖率超过43%。

（五）社会民生快速发展

2013年溧阳市城镇居民人均可支配收入为32804元，比上年增长9.9%，农民人均纯收入为16985元，比上年增长11.3%。城镇登记失业率控制在1.99%以内。社会保险覆盖范围进一步扩大，职工养老、医疗、失业三大保险综合覆盖率继续保持在98%以上。城乡居民社会养老保险参保缴费12.1万人，基本实现全覆盖。基本医疗和公共卫生服务能力明显提高，基层卫生服务体系健全率达到100%。群众文体活动丰富，近年每年举办全民健身节，"四馆一团一院"免费开放。

二、溧阳资源环境承载力分析

（一）土地供应略微偏紧但耕地无忧

2012年溧阳市国土开发强度为16.2%，比全省平均水平低约5个百分点。从溧阳市经济社会发展的现状来看,这样的开发强度是比较适宜的,不应再扩大。在人均GDP超过3万美元的发达国家中,德国的国土开发强度仅为12.8%,荷兰也只有13%。但是,溧阳市城镇化、工业化处于继续推进阶段,城镇工矿用地需求量仍在增长,而交通运输、水利设施等区域基础设施用地需求也在继续增长。同时,土地资源保护和生态环境建设对新增建设用地产生了刚性约束。据《溧阳市溧城镇等10个镇土地利用总体规划(2006~2020年)》中的"主要控制指标表"显示,从2010年到2020年,溧阳市建设用地总规模仅能增长4.1%,规划期内建设用地供求将存在一定矛盾。

溧阳市的耕地面积由1994年的63.68千公顷,下降到2012年的57.59千公顷,年平均减速为0.6%。人均耕地面积由1994年的1.24亩,下降到2012年的1.09亩,年平均减速为0.7%。但是耕地面积不会一直按照这个速率减少,从近19年的数据可看出,溧阳市的耕地面积在某些年份还有所增加,主要是政策引导的作用,以及复耕和开垦荒地、未利用地等所造成的。因此,在未来几年内溧阳市的耕地面积如按照0.4%的减速,那么到2020年,溧阳市的耕地将有55.38千公顷;2020~2050年,若按照0.2%的减速,那么到2050年,溧阳市的耕地仍将有52.15千公顷。假设溧阳市在2050年达到联合国确定的人均耕地0.8亩的警戒线,则2050年可承载的人口数量将达到107.6万人。假设2020年的人均耕地面积为1亩,则可承载的人口总量将为82万人。

(二)水资源较为充裕但存在隐忧

根据溧阳市的水资源情况,可以预测未来溧阳市的人口规模。具体原理是总的可利用水资源量可被分为以下几部分:居民生活用水、农业灌溉用水、工业用水。其他各种耗水方式,或者耗水量很小,或者可以用其他方式进行补充,在此只需计算用水量最大的主要几部分。用公式表示如下:

$$D_s = D_a + D_i + D_e \tag{6-1}$$

式(6-1)中:D_s表示的是可利用的水资源总量;D_a表示的是农业用水总量;D_i表示的是工业用水总量;D_e表示的是居民生活用水总量。

溧阳市"十二五"发展规划已经明确提出,要大力发展循环经济,减少能耗,进行节约、环保型发展,预计在未来发展过程中,溧阳市污水处理技术会得到较大幅度的提高,工业用水重复率将会上升,而万元工业增加值用水量将会减少。根据2013年工业用水重复率58.7%等数据,以及水资源供需平衡方程进行测算,得到全市人口容量数据:

$$D_s = D_a + D_i + D_e = 38300 \times 104 + Y \times (1 - \beta_1)/(1 - \beta_0) \times \beta_2 + P \times \beta \qquad (6-2)$$

计算结果为：P_{2020} = 105.7 万人，P_{2050} = 164.3 万人。结果比溧阳市总体规划中的数据高出很多，说明溧阳市的水资源暂时是充裕的，在现在的经济发展水平下，可以提供更多的人口数量。

式（6-2）中：P 表示某年溧阳市总人口数量；Y 表示当年工业总产值；β_1 表示当年工业用水重复率；β_0 表示现行工业用水重复率；β_2 表示工业万元增加值用水量；β 表示人均生活用水量。

溧阳市最近 15 年的总供水量平均值为 6.14 亿立方米。在实际应用和测算中，以实际供水总量的 90% 来计算，即 5.53 亿立方米。至于农业用水，仍将维持在近十年的平均值，即 3.83 亿立方米的水平不变。

但是，也要看到如下问题的存在：①降雨资源时空分布不均，供水量不足，特别是在干旱年份和丘陵山区；②水污染较严重，污水处理成本较高，水质型缺水已成为制约经济社会可持续发展的重要因素；③水资源统一管理体制和运行机制有待进一步完善；④供水工程老化，漏损率偏高，水资源工程建设投入相对偏少；⑤节水器具和措施有待进一步推广。

所以，今后的水资源开发利用中，必须全面推行节水措施，提高蓄水工程供水能力，保障用水安全，加强水环境保护。从工程措施和非工程措施两个角度，合理规划水资源，优化供水格局，加强水资源开发利用管理。

（三）能源消费结构有待优化，节能降耗刻不容缓

在溧阳市能源消费中，仍以原煤、电力为主。在一次能源消费中，原煤消费量占 80% 以上，新能源和天然气的使用还很少。全市万元 GDP 综合能耗高达 1.077 吨标准煤（2013 年），比经济相对发达的无锡和苏州平均要高出 45% 以上。规模以上工业企业中，钢铁、水泥两大行业消耗能源占比高达 87%。"十二五"时期，是经济发展转型升级的关键时期，也是节能降耗工作面临更大压力的时期，建设生态文明城市和实现经济转型升级对节能降耗工作提出了更高的要求。

（四）减排存在压力，环境保护与生态建设任务较重

近年快速的经济增长和城市化进程的推进，给溧阳市的城乡生态环境带来较大挑战。虽然已经完成污水处理厂扩能任务和电力生产过程脱硫设施改造工程，但是按照《溧阳市"十二五"主要污染物总量控制规划》的测算，到"十二五"期末，对照"江苏省基本现代化指标体系万元 GDP 排放强度达标测算标准"，二氧化硫减排仍然不能达标，总减排量差额为 368 吨。

（五）餐厨、生活垃圾及村镇污水排放处理有待进一步改进

2013 年，溧阳市共有生活垃圾转运站 23 座（溧阳市区 7 座，乡镇 16 座），日中转与转运能力为 1050 吨，同时各集镇均建有 1 座以上垃圾转运站。其中垃圾焚烧处理中心、庄家、城北、燕山新区、平桥、天目湖、竹箦和社渚等转运站转运模式为压缩式，其余均为吊装式。2013 年，全市 98%以上的行政村实现了垃圾统筹处置。全市 2013 年生活垃圾量为 18.1 万吨，日产量 495 吨，其中，城市垃圾量为 5.9 万吨，日产量 161 吨，镇村垃圾量为 12.2 万吨，日产量 334 吨，全市统一收集的生活垃圾无害化处理率达到了 100%。但是，一些村镇居民不按规定乱倒垃圾的现象还是普遍存在，一定程度上污染了河流、池塘和其他生活环境。对这类现象今后应采取有针对性的措施加强管理。此外，餐厨垃圾（主要包括饭店及宾馆等餐饮业、企事业单位及中小学校等公共食堂产生的食物残余，按照人均餐厨垃圾量 0.1 千克/人·天进行预测，溧阳市近期餐厨垃圾量为 51 吨/天，其中城区为 34 吨/天，远期餐厨垃圾量为 60 吨/天，其中城区为 40 吨/天）目前尚无专门的处理设施，且溧阳市城区尚无独立的餐厨垃圾收运系统，其 60%以上的部分是通过私人渠道处理，对环境卫生和食品安全造成一定的隐患。

目前，溧阳市城区的污水都是通过第二污水处理厂进行处理，2013 年"二污厂"平均每天处理废水超过 5 万吨，占全市废污水排放总量的 55%以上。"二污厂"是水利部下属全资子公司，运作规范，其采用活性污泥技术处理污水，污水处理和检测技术成熟，出水水质稳定。溧阳市城区以外的污水由各镇区污水厂进行处理。目前溧阳市全市有七八家各自独立运作的乡镇污水处理厂，其内部管理松紧不一，运营规范程度有高有低，污水管网布排的科学性、合理性不一，水质检测技术水平和生产工艺水平不一，所出中水水质稳定程度也有差别。这种状况使村镇范围的污水处理质量较难得到保证。

三、溧阳发展循环经济的 SWOT 分析

SWOT 分析是最常用的战略分析工具，原本是企业对其内部优势、劣势和外部机遇、威胁进行综合分析，实现战略选择的一种系统性评价方法。SWOT 分别代表着 Strengths（优势）、Weaknesses（劣势）、Opportunities（机遇）和 Threats（威胁）。本章利用 SWOT 分析法，对溧阳市生态化经济发展的环境进行分析。

(一) 溧阳市经济实现生态化发展的优势

1. 经济实力较强，有一定的生态化经济发展基础

2013年全市人均GDP达到83814元（按常住人口），按平均汇率折算达13534美元，经济发展接近中等发达国家水平。高新技术产业加快发展，完成高新技术产业产值550亿元，同比增长38.6%，高新技术产业产值占规模以上工业产值的比重达到35%。输变电、先进装备制造、化工新材料、绿色建材等战略性新兴产业发展势头良好，为构建生态经济产业体系打下了良好基础。

2. 传统支柱产业开始转型，对促进生态化经济发展的示范作用明显

钢铁和水泥一直是溧阳市的重要支柱产业，近年来因为全行业产能相对过剩而导致效益滑坡非常明显。但是从"十一五"期末开始，这两大产业中的规模以上企业都已开始新增技改项目，推行循环经济模式。如大型企业"申特钢铁"，利用余热余压进行发电，每年可生产8亿多度电能，直接增加5亿元收入；生产过程产生的钢渣、水渣出售给循环链下游环节企业，每天能增加16万元左右收入；利用污水处理厂提供的中水满足每日生产需要，使用后进行再处理，其中一部分转售给下游企业，既产生经济效益又提升社会效益。上兴镇"天山水泥"的"水泥窑协同处置生活垃圾项目"，可对全市每天产生的生活垃圾全部进行处置，并由此产生了明显的经济效益。这些项目的实施，为在全市其他行业全面推行生态经济模式起到了积极的示范作用。

3. 高度重视生态建设，科技支撑不断加强

2013年，溧阳市被命名为"国家生态市"，并列入全省第五批生态文明建设试点单位，圆满完成了国家、江苏省和常州市级生态村、绿色学校和绿色社区的年度创建任务。水环境治理力度持续加大，主要河流均达到水环境功能区标准。污染物减排工作积极推进，关停5家化工企业、6家电镀企业，完成强制性清洁生产审核的企业有33家，在全省率先开展水泥行业脱硝工程。生态农业有序提升，天目湖、长荡湖、塘马水库湿地保护与修复工程有序推进，建成村庄绿化示范村30个；农业面源污染有效控制，创建畜禽粪便综合利用示范场8个；秸秆综合利用率达到96%。

4. 生态安全意识进一步加强，发展生态经济氛围良好

2013年的雾霾危机，使全市干部群众对生态环境建设的认识高度一致，通过大气环境、水环境等方面一系列的规划和制度的实施，不仅取得了良好的生态建设效果，还大大增强了生态安全意识。出台实施了一系列关于资源节约和环境友好的制度和规定,为将来发展生态经济提供了强有力的制度保障。

(二) 溧阳市经济实现生态化发展的劣势

1. 观念上认识不到位

目前还有不少干部比较重视和强调经济增长,忽视人与自然生态的相互协调,不了解生态化经济发展的本质和内涵,对如何科学推进生态经济缺乏认识。部分企业发展生态经济的积极性有待提高,相关资金投入不足。

2. 完善的机制尚未形成

生态化经济发展缺乏高效的市场运作机制。资源再生利用、废弃物循环利用的市场体系、管理机制尚未形成。区域间、产业间、企业间循环流动要素标准化程度不高,部分领域还存在市场准入障碍,政府部门之间、区域之间、企业之间有效沟通机制缺位。

3. 政策支持力度有待加大

政策体系有待完善,促进生态经济建设的政策支持力度有待进一步加大。特别是需要制定和实施强有力的优惠政策,扶持和促进重点产业和重点企业发展生态经济,建立完善的与之配套的生态经济项目、企业、园区认定办法,加大生态经济专项扶持资金的投入力度,建立生态经济发展考评体系。

4. 技术制约比较明显

发展生态、循环经济所需要的污染治理技术、废物利用技术和清洁生产技术的研发投入不足,先进适用技术尚未得到普遍推广。尤其是各产业之间相互关联、相互协调、相互配套的关系比较松散,在促进产业转型升级等方面还存在着许多问题。

(三) 溧阳市经济实现生态化发展的机遇

1. 经济转型升级的机遇

虽然溧阳市经济发展成效较为明显,但近十年溧阳市经济的高速增长仍然主要依靠高投入、高消耗的传统粗放型经济增长模式。到2013年第二产业占地区生产总值比重仍高达53.1%,钢铁、水泥两大传统高耗能产业在工业中占比为1/3。2013年,溧阳市万元GDP能耗高达1.077吨标准煤,比无锡和苏州地区高出45%以上,远远高于日本、欧洲、美国等发达国家和地区。规模以上工业企业中,钢铁、水泥两大行业消耗能源占比高达87%。从目前情况来看,未来几年溧阳市土地资源、能源资源、环境容量和劳动力成本等因素与经济社会发展矛盾将逐步凸显,亟待通过转变经济发展方式,大力发展生态、循环经济,降低经济发展对资源环境的依赖，实现经济社会的健康可持续发展。

2. 生态文明城市建设的机遇

2013 年溧阳市被正式命名为"国家生态市"，并列入全省第五批生态文明建设试点单位。天目湖旅游度假区成功创建为国家 5A 级景区和国家生态旅游示范区，进入创建国家旅游度假区全国试点单位行列。但是，全市经济发展与生态环境保护之间的矛盾也在逐步升级。高速的经济增长、快速的城市化进程，给溧阳市的城乡生态环境带来很大挑战，资源、能源和环境支撑经济持续发展的不确定因素越来越多。作为国家生态文明建设试点城市，溧阳市加快发展生态、循环经济，建设低碳城市，提高能源和资源的使用效率，全面推进资源节约型和环境友好型社会建设，已是刻不容缓。

3. 率先基本实现现代化的机遇

江苏省"两个率先"的整体目标，迫切要求溧阳市加快经济发展方式的战略转型，在加快实现经济现代化的同时，保护好生态环境，实现生态现代化。由于地处江南的溧阳市在江苏省内必须率先基本实现现代化的要求和任务，迫切需要通过采用大力发展生态、循环经济的一系列措施和手段，构建企业内部小循环、产业内部中循环和溧阳市整体区域大循环，实现资源能源的集约利用和梯级利用；通过科技进步和增加环保投入大力实施清洁生产，从源头减少废弃物和污染物排放，改善生态环境。

（四）溧阳市经济实现生态化发展的威胁

1. 产业结构调整任务艰巨

2013 年实现地区生产总值（GDP）637.2 亿元，按可比价计算比上年增长 12.2%，人均 GDP 达到 83814 元（按常住人口），按平均汇率折算达 13534 美元。从三次产业完成情况看，第一产业增加值为 42.61 亿元；第二产业增加值为 338.43 亿元，其中工业增加值为 304.51 亿元；第三产业增加值为 256.16 亿元，三次产业比重由 2012 年的 7∶54.8∶38.2 调整为 6.7∶53.1∶40.2，落后于全省、常州市平均水平。工业结构偏重，钢铁、水泥、冶金等"两高一低"产业比重较大，结构调整任务艰巨。

2. 经济发展与环境保护关系较难平衡

溧阳市经济总量不大，综合竞争能力不够强；工业化水平还不高，产业层次有待提高；服务业水平不高，结构合理、优势突出的产业体系尚未形成。产业结构偏重导致能耗和工业排放总量相对较高，节能减排压力越来越大。资源约束加剧，环境压力加大，人民群众对环境保护问题的反映仍较为突出。经济发展与环境保护关系的处理比较棘手。

3. 突破资金、人才等要素的集聚力不足，形成发展瓶颈

溧阳城市规模较小，辐射带动能力不够强；城市化进程滞后，城市的功能尚不完善，还不足以带动全市区域的发展，城乡合理布局尚未形成，影响区域综合竞争优势的发挥。

高端人才紧缺，创新发展能力不够强。人才的结构性矛盾突出，基础性、应用型人才不足，高层次创新、创业、管理人才缺乏，企业创业创新的主体作用尚不明显，这是影响溧阳市未来发展的重要瓶颈。

开放水平尚低，要素集聚能力不够强。经济国际化、区域化程度滞后，与国际经济、区域经济广泛合作交流、良性循环的发展格局尚未形成，影响经济发展和产业提升。

这些因素对溧阳市经济实现生态化发展形成了一定的威胁。

四、溧阳生态化经济发展综合评价

综合评价即对评价对象的全体，根据所给的条件，采用一定的方法，给每个评价对象赋予一个评价值，再据此择优或排序。综合评价具备以下特点：它的评价包含了若干个指标，这多个评价指标分别说明被评价事物的不同方面特性；评价方法最终要对被评价事物做出一个整体性的评判，用一个总指标来说明被评价事物的一般水平。

（一）权重的赋值

指标权重的确定对于整个指标体系而言，是非常关键的，所谓确定指标权重就是对各指标的重要性进行评价，指标越重要其权重就越大；反之，则越小。权重一般要进行归一化处理，使之介于 0 与 1 之间，各指标权重之和等于 1。权重的确定目前主要有主观赋权法、客观赋权法以及主客观结合法三大类方法。主观赋权法是一类根据人们主观上对各指标的重视程度来决定权重的方法，主要有专家打分法、两两比较、环比评分法、德尔菲法等。客观赋权法就是依据各指标标准化后的数据，按照一定的规律或规则进行自动赋权的方法，主要有主成分分析法、粗糙集方法、DEA 方法、熵值法、多目标规划法和均方差法等。

根据层次分析法原理，通过问卷形式和访谈形式，征询有关专家学者、市县领导的意见，构造以下判断矩阵。因子层判断矩阵为 A_1，A_2，A_3；准则层判断矩

阵为 C。准则层判断矩阵 C 如表 6-5 所示。

表 6-5 C 的判断矩阵

	A_1	A_2	A_3
A_1	1	5	3
A_2	5	1	1/2
A_3	3	1/2	1

解得最大特征根=3.004，对应的特征向量为：(0.648，0.122，0.230)。经检验，该判断矩阵具有较好的一致性。

类似地，可以得到因子层的特征向量及一致性检验结果。由此，溧阳生态化经济发展水平评价指标各级权重如表 6-6 所示。

表 6-6 生态化经济发展水平评价指标权重

目标层	准则层		因子层			
生态化经济背景下县域产业结构优化效果	经济增长和持续发展能力（A1）	0.648	经济规模和结构（B1）	0.726	GDP 增长率（C1）	0.751
					第二产业 GDP 所占比重（C2）	0.171
					第三产业 GDP 所占比重（C3）	0.079
			生态经济和科技结构（B2）	0.172	农业生态园占农业总产值的比重（C4）	0.221
					生态园区工业产值占工业总产值的比重（C5）	0.628
					高新技术产业占工业经济的比重（C6）	0.151
			循环利用效率（B3）	0.102	工业用水循环利用率（C7）	0.627
					工业废气综合利用率（C8）	0.235
					工业固废综合利用率（C9）	0.137
	社会稳定和谐发展能力（A2）	0.122	就业（B4）	0.163	第二产业就业增长率（C10）	0.571
					第三产业就业增长率（C11）	0.331
					非农就业占总就业人数比重（C12）	0.098
			社会保障（B5）	0.297	城镇社会保障覆盖率（C13）	0.751
					文教体卫占 GDP 的比重（C14）	0.249
			福利（B6）	0.540	恩格尔系数（C15）	0.857
					城乡居民收入增长率（C16）	0.143
	环境改善和友好发展能力（A3）	0.230	资源消耗（B7）	0.667	万元产值能耗（C17）	0.649
					万元产值水耗（C18）	0.230
					清洁能源占总能源的比重（C19）	0.122
			自然环境（B8）	0.111	森林覆盖率（C20）	0.198
					环境投入占 GDP 的比重（C21）	0.802
			排污处理（B9）	0.222	"三废"排放达标率（C22）	0.667
					污水处理率（C23）	0.333

（二）指标阈值标准

评价标准的确定通常可以分为两类：一种是先对单个指标按阈值标准进行划分，然后再根据权重进行综合；另一种是先对各指标进行无量纲处理，根据权重进行综合，然后通过一定的标准给出评价的结果。两种方法各有优劣，但由于生态化经济发展水平评价指标体系涉及经济、社会、环境保护各方面指标，同时为了进行县域结果的可比性，数据选取的时间期限较短，因此，采用第一种方法。这样一方面能够更好地对单指标进行分析，另一方面在确定标准值时更加灵活，各地区能结合自身特点进行确定。

根据生态化县域经济发展水平评价各指标的经济含义，结合国际、国家、地区的有代表性的指标值，将结果分为较差、一般、好、较好、很好五类标准，并分别赋予1、2、3、4、5的分值，确定各类标准的指标阈值，作为分析和评判的参考。详细结果见表6-7。

表6-7 生态化县域经济发展水平评价指标阈值标准

序号	具体指标	较差 1分	一般 2分	较好 3分	好 4分	很好 5分	备注
1	GDP增长率（%）	<6	[6, 9)	[9, 12)	[12, 15)	≥15	
2	第二产业GDP所占比重（%）	<10	[10, 20)	[20, 30)	[30, 40)	≥40	发达国家一般不超过50%
3	第三产业GDP所占比重（%）	<30	[30, 40)	[40, 50)	[50, 60)	≥60	发达国家一般在50%~70%
4	农业生态园占农业总产值的比重（%）	<15	[15, 20)	[20, 25)	[25, 30)	≥30	
5	生态园区工业产值占工业总产值的比重（%）	<15	[15, 20)	[20, 25)	[25, 30)	≥30	
6	高新技术产业占工业经济的比重（%）	<20	[20, 30)	[30, 40)	[40, 50)	≥50	江苏省2014年为39.5%
7	工业用水循环利用率（%）	<30	[30, 40)	[40, 50)	[50, 60)	≥60	美国约为75%，江苏省为近50%
8	工业废气综合利用率（%）	<30	[30, 40)	[40, 50)	[50, 60)	≥60	
9	工业固废综合利用率（%）	<20	[20, 40)	[40, 60)	[60, 80)	≥80	
10	第二产业就业增长率（%）	<1	[1.0, 1.5)	[1.5, 2.0)	[2.0, 2.5)	≥2.5	全国2001~2012年年均为1.208
11	第三产业就业增长率（%）	<1	[1.0, 1.5)	[1.5, 2.0)	[2.0, 2.5)	≥2.5	全国2001~2012年年均为1.213
12	非农就业占总就业人数比重（%）	<40	[40, 50)	[50, 60)	[60, 70)	≥70	

续表

序号	具体指标	较差 1分	一般 2分	较好 3分	好 4分	很好 5分	备注
13	城镇社会保障覆盖率（%）	<60	[60, 70)	[70, 80)	[80, 90)	≥90	全国2014年达80%
14	文教体卫占GDP的比重（%）	<4	[4, 6)	[6, 8)	[8, 10)	≥10	
15	恩格尔系数（%）	>35	(30, 35]	(25, 30]	(20, 25]	≤20	
16	城乡居民收入增长率（%）	<4	[4, 6)	[6, 8)	[8, 10)	≥10	2014年全国为8%
17	万元产值能耗（吨标准煤）	>2.5	(2.0, 2.5]	(1.5, 2.0]	(1.0, 2.5]	≤1.0	
18	万元产值水耗（吨）	>4	(3, 4]	(2, 3]	(1, 2]	≤1	
19	清洁能源占总能源的比重（%）	<15	[15, 20)	[20, 25)	[25, 30)	≥30	全国2015年上半年达17%
20	森林覆盖率（%）	<20	[20, 40)	[40, 60)	[60, 80)	≥80	全国2013年底为21.63%
21	环境投入占GDP的比重（%）	<1.0	[1.0, 1.5)	[1.5, 2.0)	[2.0, 2.5)	≥2.5	
22	"三废"排放达标率（%）	<60	[60, 70)	[70, 80)	[80, 90)	≥90	
23	污水处理率（%）	<60	[60, 70)	[70, 80)	[80, 90)	≥90	国家规划2015年底县城为70%

（三）综合评价

通过对下一级的指标评价值进行加权求和，分别得出上一级指标的评价值，然后通过递推的方法从低一级往上一级演进，最后得出总目标的综合评价结果。根据指标分类标准，我们把评价结果分为五个区间，并界定一个相应的安全级别。

1. 2012~2014年溧阳各指标分值（如表6-8所示）

表6-8　溧阳生态化经济发展水平评价指标分值

序号	具体指标	2012年	2013年	2014年
1	GDP增长率（%）	4	4	4
2	第二产业GDP所占比重（%）	5	5	5
3	第三产业GDP所占比重（%）	3	3	3
4	农业生态园占农业总产值的比重（%）	2	3	4
5	生态园区工业产值占工业总产值的比重（%）	2	3	5

续表

序号	具体指标	2012年	2013年	2014年
6	高新技术产业占工业经济的比重（%）	2	2	3
7	工业用水循环利用率（%）	3	4	5
8	工业废气综合利用率（%）	3	4	4
9	工业固废综合利用率（%）	3	4	4
10	第二产业就业增长率（%）	5	4	4
11	第三产业就业增长率（%）	5	4	4
12	非农就业占总就业人数比重（%）	5	5	5
13	城镇社会保障覆盖率（%）	5	5	5
14	文教体卫占GDP的比重（%）	5	5	5
15	恩格尔系数（%）	3	3	3
16	城乡居民收入增长率（%）	3	4	5
17	万元产值能耗（吨标准煤）	2	2	2
18	万元产值水耗（吨）	3	3	3
19	清洁能源占总能源的比重（%）	2	2	2
20	森林覆盖率（%）	4	4	4
21	环境投入占GDP的比重（%）	4	4	4
22	"三废"排放达标率（%）	4	4	4
23	污水处理率（%）	5	5	5

2. 2012~2014年溧阳各层综合评价值（如表6-9所示）

表6-9 溧阳生态化经济发展水平综合评价值

目标层评价值（A）	准则层评价值				因子层评价值						
		2012年	2013年	2014年		2012年	2013年	2014年		2012年	2013年	2014年
2012年 3.50	(A1)	2.346	2.507	2.730	(B1)	2.97	2.97	2.97	(C1)	3.003	3.003	3.003
									(C2)	0.854	0.854	0.854
									(C3)	0.236	0.236	0.236
					(B2)	0.34	0.49	0.77	(C4)	0.442	0.663	0.884
									(C5)	1.256	1.884	3.140
									(C6)	0.302	0.302	0.453
					(B3)	0.31	0.41	0.47	(C7)	1.882	2.510	3.137
									(C8)	0.706	0.941	0.941
									(C9)	0.412	0.549	0.549

续表

目标层评价值		准则层评价值				因子层评价值							
(A)			2012 年	2013 年	2014 年		2012 年	2013 年	2014 年		2012 年	2013 年	2014 年
2013 年	3.64	(A2)	0.478	0.470	0.479	(B4)	0.82	0.67	0.67	(C10)	2.853	2.282	2.282
										(C11)	1.656	1.325	1.325
										(C12)	0.491	0.491	0.491
						(B5)	1.49	1.49	1.49	(C13)	3.754	3.754	3.754
										(C14)	1.246	1.246	1.246
						(B6)	1.62	1.70	1.77	(C15)	2.572	2.572	2.572
										(C16)	0.428	0.570	0.713
2014 年	3.87	(A3)	0.666	0.666	0.666	(B7)	1.49	1.49	1.49	(C17)	1.297	1.297	1.297
										(C18)	0.689	0.689	0.689
										(C19)	0.243	0.243	0.243
						(B8)	0.44	0.44	0.44	(C20)	0.793	0.793	0.793
										(C21)	3.207	3.207	3.207
						(B9)	0.96	0.96	0.96	(C22)	2.667	2.667	2.667
										(C23)	1.667	1.667	1.667

3. 若干分析

（1）2012~2014 年溧阳生态化经济发展水平综合分值在 3.5 分以上，总体处于较好的层次，表明溧阳生态化经济发展水平较高。

（2）2012~2014 年溧阳经济生态化发展水平综合分值呈现出逐年提高的趋势，表明溧阳生态化经济发展有了实质性的进步。

但也应该看到，尽管综合分值正向“好”这一层级逼近，但要进入“好”这一层级依然困难重重，究其原因在于万元产值能耗（吨标准煤）、清洁能源占总能源的比重（%）等指标，一是水平还相当低，二是在工业化的进程中要提高它们的水平，县级政府还要经受较大的考验。

第六节 生态化县域经济发展之对策

一、促进县域产业转型升级

实证分析显示,产业结构对县域经济效率具有十分显著的影响。但这种影响关系不是单纯地表现为代表更高经济水平的产业结构如第二、第三产业对经济效率的影响为正,而第一产业对经济效率的影响为负。可见,不一定只有产业外部的转型才能促进经济效率的提升,产业内部的升级也能有效提升县域经济效率。如当前苏南县域经济农业对经济效率的提升有很大的促进效应,很大程度上源于苏南县域农业已朝着生态化农业、现代高效农业方向发展。在中国经济进入改革的攻坚区和深水区之际,苏南县域经济的发展也进入了严峻的转换与调整期。经济增长方式的转变、生态环境指标的压力、经济发展速度与效益的矛盾等都使苏南县域经济效率的提升迫在眉睫。通过多种方式促进苏南县域产业转型升级无疑有助于缓解这些压力。

(一)继续发展现代高效农业

农业是经济发展的基础,县域经济也和"三农"问题密切相关。处理好农业、农村的发展和农民的利益关系到县域经济发展的稳定性。当前,苏南县域地区第一产业产值占 GDP 的比重绝大部分低于 10%,有部分县市甚至不足 1%,远低于全国平均水平。鉴于第一产业在经济中的重要地位,目前,对于苏南县域的发展而言,稳住第一产业所占比重,提高第一产业的生产效率极为重要。

发展苏南县域的农村、实现广大农民的利益可以依托发展现代高效农业,具体可以从以下几方面着手:一是建立有效的信息传导机制,增强农户的市场判断能力,提高农户与市场的对接能力;二是引导符合条件的自给自足和种植规模较小的种植地区进行规模化种植,提高经济收益;三是促进农业产业化经营,建立品牌农产品,提高农产品的营销策略和方法,依托农产品进行农产品加工生产;四是培育和发展农村专业合作社等中介服务组织,以为现代高效农业的发展提供更好的服务;五是政府应组织当地农民参加现代种养技术、营销技巧等方面的培训，提高当地农民的科技文化素质。

（二）大力发展现代服务业

近些年，苏南县域地区的第三产业产值占 GDP 比重逐渐加大，但第三产业的层次相对较低，主要集中于科技含量较低、劳动依赖性强的传统服务业如商贸物流、餐饮住宿、批发零售业等。这导致整个苏南县域服务业投入产出效率较低。苏南县域第三产业的调整方向为重点发展现代服务业。

借助地处长江三角洲发达经济圈的区位优势，借助所在地级市市区及周边发达城市的人才、市场和信息优势等，发展金融、计算机、软件等服务型第三产业，把自己打造成这些地区的发展后花园。充分利用好山好水等自然资源，古镇古街等传统物质资源，特色创意等现代文化，加快发展县域旅游业，创建特色旅游品牌，打造长三角经济圈都市休闲旅游度假地。利用城镇化、工业化和信息化的有利机遇，加速推进产生的服务业需求，大力发展现代服务业，促进服务业比重提高、质量提升。

放开私营企业对部分服务业的准入限制和减少各种隐性、显性壁垒，学习和总结上海自由贸易区列举负面清单等做法，促进本地区现代服务业的发展。

（三）积极承接市区等发达地区的产业转移

产业转移是区域经济发展中伴随产业结构调整而出现的必然现象。它包含技术、资金、设备、管理等各种生产投入要素的转移。苏南县域地处长江三角洲经济发达圈，具有交通和市场优势，具备承接周边发达地区产业转移的基础。但现状分析中也提及，苏南县域地区信息化水平相对落后，科技和卫生等公共服务水平相对较低，这些都会影响本地区对产业转移的承接。

根据克鲁格曼经济地理学的观点，产业转移不一定能顺利地完全靠市场力量自动完成。这是由于原有单个或部分企业在产业集聚区所享有的外部规模经济将因产业的不能整体转移而丧失，因而产业在原有地区的"锁定效应"较为强烈。因此，苏南县域的政府应借鉴我国建立经济特区以吸引国外产业转移与承接的做法和经验，充分发挥主观能动性：一方面要建立稳定的政治环境，加强互联网等基础设施建设，提升本地区的教育卫生、科技文化水平等；另一方面要制定优惠而合理的产业、财政等政策，降低企业的生产成本。此外，重视产业转移中配套产业或产业集群的整体引入，以尽量克服产业转移中的"锁定效应"。

二、大力发展县域绿色经济

走可持续发展之路是提高经济效率尤其是生态经济效率的必然之路。经济发达地区的生态经济效率并不一定就高,可见环境的保护也不必然随着经济的发展而立即发生。汲取发达国家的发展经验,苏南县域在追求经济发展,提高经济效率的同时更要注重保护环境,发展绿色经济、低碳经济。

(一) 突出生态文明建设

中共十八大提出建设生态文明,这为苏南县域经济效率的提高之路提供了思想指导。在苏南县域的发展过程中应注重节约集约利用资源,加快由粗放型发展向集约型发展转变,切实提高资源利用的效率和效益。部分县市抓住成为国家生态文明县市的政策机遇,争取和调动各种有利于可持续发展的资源和力量。尽管在经济上面临周边市区经济发达的重要压力,经济发展十分紧迫,但仍要在县域经济的发展中妥善处理好经济和资源环境的关系,着力推进绿色、循环和低碳发展,发展与保护并重。

(二) 借科技力量践行可持续发展之路

创新是经济发展的重要驱动力,科技是创新实现的重要力量。加大科技投入与进行创新也是提高经济效率、践行可持续发展之路的重要举措。转变当前县域第二、第三产业主要由劳动力和资本的高投入为科技和创新驱动的现状。在科技研发方面,可以尝试重点研发和引入一系列有利于节能环保的各类技术与工艺,以促进本县市经济效率的提高。

三、打造县域"四众"新模式

(一) 全面推进众创,释放生态创业创新能量

大力发展专业空间众创;鼓励推进网络平台众创;培育壮大企业内部众创。"汇众人搞创业,汇众智搞创新",通过创业创新服务平台聚集全社会各类创新资源,大幅降低创业创新成本,形成释放生态创业创新能量的新局面。

(二) 积极推广众包,激发生态创业创新活力

广泛应用研发创意众包;大力实施制造运维众包;加快推广知识内容众包;鼓励发展生活服务众包。"汇众力增就业,汇众慧争创新",借助互联网等手段,重新进行分工,最大限度利用大众力量,激发生态创业创新活力,以更高的效率、更低的成本满足生产及生活服务需求。

（三）立体实施众扶，集聚生态创业创新合力

积极推动社会公共众扶；鼓励倡导企业分享众扶；大力支持公众互助众扶。"汇众能助创业，汇众才助创新"，通过政府和公益机构支持、企业帮扶援助、个人互助互扶等多种方式，集聚生态创业创新合力，构建创业创新发展的良好生态，共助小微企业和创业者成长。

（四）稳健发展众筹，拓展生态创业创新融资

积极开展实物众筹；稳步推进股权众筹；规范发展网络借贷。"汇众资促创业，汇众金促创新"，拓展生态创业创新融资新渠道，更加灵活高效地满足产品开发、企业成长和个人创业的融资需求，有效增加传统金融体系服务小微企业和创业者的新功能。

第七章 生态化民营经济发展

自中共十八大报告提出把生态文明建设放在突出地位,融入经济建设、政治建设、文化建设、社会建设各方面和全过程,努力建设美丽中国,实现中华民族永续发展作为我国国家战略的新思想后,生态文明建设引起了各阶层的广泛重视和研究。生态文明作为一种新的文明,需要一种新的生产方式与之相适应,这就必须对工业化的生产方式进行变革,构建生态化的生产方式。作为我国国民经济重要组成部分的民营经济无疑是生态文明的生态化方式变革的重要实践者和实现者,其生态化方式升级对推动我国生态文明的建设具有重大意义,因此,这就需要民营经济用足够的勇气和智慧,以强化生态理念为前提、以推进科技创新为动力、以完善体制机制为保障、以培育生态社会为支撑,在转型升级中实施生态文明战略,通过生态化的转型升级,实现增长方式的转变。将生态化方式升级的思想结合我国民营经济转型升级中的实践,既是现实问题,也是理论和方法问题,值得研究。

第一节 生态化民营经济发展的内涵

一、民营经济的概念界定

"民营经济"一词很早在我国就出现了,民营经济是我国特有的概念,通过专家考证,我国首次使用民营经济这个概念是王春圃先生在他的《经济救国论》一书中,他把由民间经营的企业统称为"民营",与官营相对。我国民营经济在改革开放之前基本上处于停滞状态,直到中共十一届三中全会召开之后,大会决定把全党的工作重点转移到社会主义现代化建设上来,此后民营经济才有了发展的机会和空间。目前民营经济在社会主义市场经济中的地位举足轻重,不仅大大解决了一直困扰我国经济发展的头等大事(也就是就业问题),而且它的飞速发展大大提升了我国的生产力,大大增强了我国的综合国力,成为建设中国特色社会主义的中坚力量。

理论界和学术界根据观点和讨论角度的不同,对民营经济内涵有着不同的界定,总体来说可分为四种较有代表性的观点。

(一)从所有制角度界定民营经济

这种观点认为民营经济是一种生产资料所有权归属明确到自然人,由民间主体来经营的,换种说法就是非公有制经济,主要包括个体、私营以及私人合作和私人股份为主的公司等。如黄文夫(1999)认为,民营经济实质上是非国有经济,主要包括新型的集体经济(不含带有"国营"性质的传统集体企业)、部分乡镇企业(不含乡镇政府主办的企业)、私营经济、个体经济、联营经济、股份制经济、外商和港澳台侨胞投资经济等。

(二)从经营主体角度界定民营经济

这种观点认为民营经济不应涉及生产资料归属权的问题,其经营特征可以是国有民营,也可以是民有民营,其更多强调的是以"民"作为经营主体,它的含义是以民间人士、民间组织、民间机构经营的经济。何金泉(2001)认为,除由国家政权及其代理机构直接经营管理的国营经济外,其余都是民营经济,其中主要包括个体私营经济,也包括非官方社团的社会群体经营管理的公营经济。

(三)从资产经营方式、经营特征的角度共同界定民营经济

这种观点认为,民营经济既要从生产资料的所有制层面来界定,也即体现一定的所有制形式,又要从经营方式层面来界定,民营经济的经济形式是所有权和经营权都归属民众,也就是说民营经济只包括个体工商户和私营企业。这种由所有制和资产经营方式共同划分经济的方式,学术界称为狭义的民营经济。

(四)从广义和狭义两类界定民营经济

全国工商联则将民营经济界定为广义和狭义两类,广义的民营经济是指除国有和国有控股企业以外的多种所有制经济的统称,包括内资民营经济(含个体工商户、私营企业、集体企业等)、港澳台投资企业和外商投资企业;狭义的民营经济则不包含港澳台投资企业和外商投资企业。

通过对以上四种界定方式的分析比较,可以发现以上四种定义互相之间均有交叉。本研究认为第二种界定方式在内涵上体现了"以民为主"的思想,因此本

第七章 生态化民营经济发展

研究采纳第二种观点,即从经营权的角度来定义民营经济:民营经济是以民为主的经济,是就经营主体而言,不是就所有制而言。本研究对民营经济的统计范围是:不包括国有及国有控股、外商和港澳台商独资及其控股的经济组织在内的其他经济组织,具体包括个体、私营等非公有制企业。

二、生态化民营经济发展的内涵

经济发展与环境保护之间的协调问题是一个世界性的难题,民营企业在转型升级过程中采取技术进步、优化结构、节约能源、保护生态环境的生态化发展模式,已成为目前理论界关注的焦点问题。从生态和环境角度来看,民营企业是将自然资源(包括间接来自其他企业和社会的可利用资源)转化为现代人类所需要的消费形式的重要功能体。随着人们对资源和环境的可持续性的普遍关注,民营企业作为微观经济的行为主体,毫无疑问地对资源环境的影响巨大,有责任将自身生产活动纳入全球的大生态系统之中,实现大生态系统的良性循环与可持续发展,使自身对环境的影响以及对资源的索取与生态环境能够持续相容,促进经济社会的全面协调、可持续发展。民营经济转型升级生态化就是民营企业由传统企业向生态企业转化的过程,即企业通过广泛使用绿色技术由滥用资源、破坏环境向提高资源使用效率、增加物质循环、减少物质总投入和最终废弃物排放量转变的过程。

在转型升级中注重生态化是环境保护认识上的一个飞跃,是对环境保护实践的科学总结。民营企业向生态化方向转型升级是民营企业家把本厂、本企业建成生态化企业的过程,是一种新型的民营企业管理模式,是一种新型的企业效率观和企业发展观,是生态学向民营企业的全方位的渗透。民营转型升级生态化要求民营企业把生态化思想贯穿到整个生产活动中,遵守经济规律,把以物质生产过程为主要企业活动纳入大生态系统之中,运用现代生态化技术改造和重组民营企业经济结构,把生产活动对自然资源的消耗和环境的影响置于大生态系统内物质、能源的总交换过程中,不仅要达到社会经济系统中社会总供给和总需求的平衡,而且要达到大生态系统中自然总供给能力和人类总需求的平衡,还要实现大生态系统的良性循环的民营企业向生态化民营企业的转变。

民营经济转型升级生态化的内涵要从五个层面来看。民营企业是微观经济活动的主体,所以民营企业生态化的主体就是民营企业的决策管理层,民营企业转型升级过程中要实现生态化,要求企业生产的不仅是实物商品,而是把生态化延伸到各个阶段，包括产品的绿色研发与设计、企业清洁生产、企业绿色产品和企业资源回收四个阶段。所以建设生态化企业就要将这几个阶段相互联系成一个整体进行考虑。

（一）第一个层面

第一个层面要改变以往的民营企业发展观，要理解和贯彻执行政府制定的生态化政策，坚持可持续发展观，把经济效益和生态效益结合起来，建立企业的愿景与目标。以科技创新为基础，加大投入比例、发展生物技术，加强企业绿色产品的研发与设计。

（二）第二个层面

第二个层面就是在民营企业结构转型升级的过程中，通过广泛使用绿色技术来提高持续竞争能力以及产品、服务的附加值。如加大研发创新力度、引进先进技术、淘汰高能耗高污染产品的生产等措施，用以优化民营企业生产结构。通过广泛使用绿色技术，提高资源使用效率以达到经济效益和生态效益最大化，更好地促进民营经济可持续发展。

（三）第三个层面

第三个层面就是在绿色产品的生产过程中，依据可持续发展理论、循环经济理论设计生产流程，将清洁生产工艺作为绿色产品生产的中心环节，提高资源的利用效率，增加物质循环，减少物质总投入和最终废弃物及有毒物质的排放。

（四）第四个层面

第四个层面从民营企业管理和市场营销的角度全面推行生态化，进行绿色营销，以国际环境管理标准化技术委员会颁布的绿色企业ISO14000标准体系对产品进行检验、监控。

（五）第五个层面

第五个层面就是在民营企业的资源回收阶段，大力发展循环经济。

这五个层面不是分隔无关的个体，而是互相联系的统一整体。循环经济是以提高资源利用效率为基础，通过资源再生、循环利用和无害化处理，以经济社会可持续发展为目标，力图减少污染物的产生和排放，在保护生态环境的同时还节约了资源。把经济活动对自然环境的影响降低到了尽可能小的程度，确保经济活动在资源与环境的承载能力范围之内，并且确保废弃物的生产量在自然环境能够接受的能力范围之内。大力发展循环经济，推行清洁生产，能够实现"对资源永续利用和环境容量的持续承载力"，从而"既满足当代人的需求，又不损害后代人满足需要的能力"。只有大力发展循环经济,才能从根本上防止环境污染、解决能源短缺、缓解生态压力,提高资源的投入产出比例,对资源进行回收、循环和再利用。民营企业要在转型升级中实现生态化,就要依靠高新技术改变传统加工工艺,要求绿色产品的研发与设计阶段的全面支撑。发展循环经济的同时还可以促进绿色产品生产过程中能源消耗多、资源利用效率低的问题,是从源头上减少生态污染、废弃物排放的好办法。能够实现经济效益、社会效益和环境效益的和谐统一。只有将生态化延伸到企业绿色产品生产的全过程,共同促进五个层面的全面发展,民营企业才能走出一条"科技含量高、经济效益好、资源消耗低、环境污染少、人力资源优势得到充分发挥"的新型化道路。

第二节 生态化民营经济发展的动因和内容

一、动因

现代行为科学指出,动机是行为产生的直接原因。动机是需要受制约的,要求是产生动机的基础,同时外界环境的刺激也是影响动机产生的重要因素。动机在外界环境的激发下得到强化,驱动行为的产生,指导人们做出相应的行为选择,使活动朝着特定的方向进行,以达到预期的目标。这就是行为产生的一般机理。企业生态化发展是一种企业行为,是实现企业目标的手段。民营企业生态化发展的内在驱动力是企业经济利益最大化的需要。这种需要在社会生态效益最大化需要和环境因素的刺激下得到加强,导致生态化发展行为的产生,引导企业实现企业目标。因此,本研究以此理论框架为基础进行生态化民营经济发展动因机制分析。

(一) 生态化发展的内在动力

民营企业实现经济利益最大化的内在动力要求是民营企业生态化发展行为产生的基础和根源。企业以盈利为其最根本的特征,以追求利益最大化为目标,向生态化转型升级能够为企业带来巨大的利益,包括经济利益、社会利益和生态利益。

(1)企业持续健康发展的要求。在面临环境与资源急剧衰退的情况下,企业要想得到健康持续的良好发展，必须站在生存与发展的战略高度，用长远的、系统的观点来看问题，在开发自然和利用自然时又要维护自然和保护自然。企业转型升级中更加注重生态化的发展，一方面可以减少资源的利用，另一方面使资源循环利用。积极响应国家战略的新思想的号召，才能实现企业的永续健康发展。

（2）市场竞争的需要。企业主动关注环境、倡导环保行为，一方面，可用一种新的先导的姿态应付对手的竞争，抢占竞争的制高点并最终获得相应丰厚的利润回报。清洁生产、绿色产品因有更高的质量或更好的功能，不仅能更好地满足顾客环保需求，而且更能吸引顾客。另一方面，有利于扩大企业市场份额，保证企业获取更多的利益。"绿色壁垒"是企业扩大出口走上国际市场最难突破的问题，严重影响企业产品在国际市场的竞争力。许多出口国家要求产品不仅在末端要符合环保要求，而且从产品的研制、开发、生产到包装、运输、使用、循环利用等各环节都要符合环保要求。因此，建立绿色企业，实现生态化的转型升级是企业的唯一出路与必然选择。只有强化生态意识，才能使我国民营企业产品顺利进入国际市场。

（3）企业降低成本的需要。随着资源开采的条件日益变差，资源价格与工业制成品之间的比价不断上升，对加工型企业的利润形成挤压。企业为了确保利润，必然寻求从废弃物中提取有用物质和循环利用资源，替代原始资源进行生产。此外，随着国家环境保护政策的日益严格，排污费收取的日益规范，致使高污染排放型企业的成本压力日益加大，迫使企业不得不考虑减少污染排放，进行生态化转型，以便减少污染排放费用支出。

（4）提高企业品牌效益的要求。随着全社会对生态问题的日益关注，人们越来越注重企业对环境的行为，关注企业是在破坏环境还是在为环境保护做贡献。让公众认可为对生态环保负责的企业，可极大地提高企业知名度，树立良好的企业形象，形成品牌效益。消费者也会对注重环保、积极支持或参与社会环保工作的企业更加偏爱，对其生产的产品产生好感，从而使企业的绿色竞争力得到更大提高。

（二）生态化发展的外在动力

外界环境的刺激形成了民营企业生态化发展的外在动力。这种外界环境激励因素主要来自四个方面：政府行为的作用、资源和环境的约束、市场需求的拉动和绿色技术的发展。

（1）政府行为的作用。一方面，国家为了实现经济整体的可持续发展出台了一系列的政策、法律规范对企业进行约束。建立了比较完善的法律体系,包括《环境保护法》、《生态保护法》、《自然资源管理法》等国家法律,100余部环境、资源方面的行政法规和规章,1500多部地方性环境法规。为保障企业生态化转型升级的实施,还建立了环境影响评价、城市环境质量整治定量考核和领导环境目标责任制等相关机制。企业的发展必然要受到相关法律法规的制约。另一方面,国家为了激励企业建立生态化企业,也在积极运用相关政策。包括综合运用财政税收、投资信贷等政策,促进循环经济发展的体制条件和政策环境,把发展生态经济作为政府投资的重点领域,加大对其的资金支持。

(2)资源和环境的约束。面对日益突出的环境问题和资源紧缺的现状,人们对环境保护意识逐渐增强,可持续发展的战略思想逐渐深入人心。可持续发展战略要求企业必须转变传统的粗放型的经济发展模式,实施低碳环保的循环经济的发展模式,采用绿色技术或引进先进技术降低对资源的消耗,减少污染物的排放,保护生态环境,实现企业的经济效益、社会效益以及环境效益的最大化。

(3)市场需求的拉动。市场需求是促进民营企业生态化发展的重要动力之一。随着人们生活水平的提高,人们对生活质量的要求日益提高,价值观念、生活方式也发生了变化,对有利于身体健康的绿色产品的需求越来越大,这种市场需求的绿色转变要求企业必须以满足消费者的绿色消费为经营导向。企业只有将节约资源、保护环境的生态理念融入生产经营过程之中,才能生产出用户满意的绿色产品和提供令人满意的绿色服务,才能赢得市场、赢得竞争,促进企业的生存和发展。

(4)绿色技术的发展。民营企业在转型过程中要节约资源、物质,实现废物循环再生和能量多重利用,离不开技术进步的支撑。目前,材料、化工以及信息等各个领域的科学研究的突飞猛进,使各种剩余物质的再利用成为可能,技术条件对于企业的约束在很大的程度上得到改善。通过技术进步,改进工艺,改造流程,合理布局企业和产业,可极大地降低资源消耗,提高资源利用效率,减少废物排放及其对环境的污染。

二、内容

(一)经营理念生态化

民营企业家要有把本企业建成生态化企业的意识和谋略,要正确理解、执行政府制定的企业生态化发展策略，具备基本的生态意识和生态观念。企业的生态管理要求对企业全体员工进行培训、教育，普及环保知识。在企业发展过程中，应将企业对利润的追求和为社会贡献相结合，并将环境保护纳入企业长远发展的战略与决策当中，注意企业和自然环境的协调发展，实施可持续发展战略，实现民营企业经济增长的同时维持生态环境的有序性，保障宏观经济增长和企业经营有一个稳定的生态环境基础。

（二）经济效益生态化

传统经济学理论认为，企业在追求利润最大化，获得丰硕成果，甚至获得超额利润的过程中会对社会、自然生态产生"负效益"，甚至可以说企业硕果越丰富，其产生的"负效益"越大，对社会、自然生态的破坏越大。在生态化经济时代，企业要求得自身的生存及其良性发展，赖以生存的自然生态环境是保证其自身生存的第一要义。因此，企业发展必须遵循生态学规律，使企业经济效益与经济、社会、自然生态环境相协调。

（三）产品设计生态化

传统的产品设计只考虑如何进入消费领域，这是一种对顾客、社会和自然生态环境极端不负责任的做法。生态经济时代，产品的设计应延伸到产品的寿命终期。产品生态设计既要使用低耗、低污染的材料满足客户对于绿色产品的使用需要，还要考虑到残余产品的分解、拆卸和重新使用。产品一经废弃后能够进行及时回收和再利用，把对生态环境的污染、破坏降到最低。

（四）生产技术生态化

民营企业转型升级中要实现生态化必然要求企业在生产过程中采用绿色技术进行生产。绿色技术能在生产过程中节约利用资源，不造成或很少造成环境污染和生态破坏，达到低消耗、高产出、自循环、无公害的要求。绿色技术的应用，一方面能减少或高效利用自然资源，使在生产末端向自然环境排放的废弃物最少或零排放；另一方面，可高效率地回收利用废旧的物资和副产品，把一个生产过程产生的废品变成另一个生产过程的原材料，保持资源的不断循环利用。

（五）产品生产和营销生态化

实现生产工艺的生态化。产品生产生态化必须遵守生态原理和基本规律，采用技术创新进行生产环境绿色化，实现对资源的高效利用和节约，在生产中尽量使用低毒、低害或者无毒、无害的原材料，依靠高新技术设备，对废弃物进行合理处置。降低产品包装、装潢时包装物或者产品使用剩余物的污染。选择环保纸张进行产品包装，实现废弃物的循环再利用。通过建立国际环境管理体系对产品进行检测和实施监控，实现产品从研发设计到生产销售的绿色生态化。

第三节 生态化民营经济发展的实践

自中共十八大报告提出把生态文明建设放在突出地位，融入经济建设、政治建设、文化建设、社会建设各方面和全过程，努力建设美丽中国，实现中华民族永续发展作为我国国家战略的新思想后，生态文明建设引起了各阶层的广泛重视和研究。民营经济作为生态文明建设的重要实践者和实现者在生态化建设方面也取得了不俗的成绩，但仍然有诸多问题亟待解决，我国民营企业生态化建设的道路仍旧漫长而充满挑战。

一、生态化民营经济发展取得的成就

我国民营企业在向生态化转型升级的建设方面已经取得了一定的成就，其中主要的成就表现在以下几个方面：

（一）清洁生产得到有效推广

我国已在全国企业范围内广泛开展了清洁生产审核推进工作，组织清洁生产知识普及培训。2009年，全国有2139家重点企业开展了强制性清洁生产审核，有1291家重点企业完成了审核评估，有1125家重点企业完成了审核验收，通过清洁生产审核提出清洁生产方案46999个，已经实施42963个；实施清洁生产方案投入资金总计211亿元，其中政府投资1.4亿元，企业投资209.6亿元；实施清洁生产方案削减化学需氧量6.4万吨、二氧化硫27.7万吨，节水4.1亿吨、节电26.2亿度，取得经济效益115.3亿元。2010年，全国有3594家重点企业开展了强制性清洁生产审核工作，有1754家重点企业完成了审核评估，1714家重点企业完成了审核验收工作。通过清洁生产审核提出清洁生产方案50483个，已经实施47229个。实施清洁生产方案投入资金总计160.6亿元，其中政府投资2.8亿元，企业投资157.8亿元；实施清洁生产方案削减化学需氧量6.2万吨、二氧化硫14万吨、氨氮2220吨，节水10.2亿吨、节电37.2亿度，取得经济效益

128 亿元。[①] 通过对比，我们可以看出清洁生产在企业范围内取得的经济效益逐步提升，国家对清洁生产的投资在逐年增加，其中已开展清洁生产审核的民营企业中，化学原料及化学品制造行业为 534 家、轻工行业为 500 家、纺织行业为 220 家、金属表面处理及热处理加工行业为 168 家、制药行业为 143 家、非金属矿物制品业为 108 家，占开展强制性清洁生产审核企业总数 3594 家的 46.5%。并且浙江、辽宁、江苏、云南、内蒙古、河北和青海等省（区）还建立了省级清洁生产中心，上海、黑龙江、吉林、江西、湖北、湖南、河南、广东、广西、甘肃、新疆、安徽、贵州等省（区、市）建立了以各省（区、市）环科院为依托的清洁生产技术支撑服务机构。

（二）科技含量稳步提升

随着民营经济对国民经济的贡献越来越大，民营企业也已参与大部分国民经济产业。民营企业过去主要集中于劳动密集型、科技含量低的第三产业以及加工配套产业，由于内在动力和外界环境的种种原因使我国民营企业加快产业转型升级，快速向高新技术领域和战略新兴产业发展，民营经济结构渐趋合理。最近几年，我国的科技经费一直在增加，民营企业的产出效益也在不断增加。据中国 2013 年统计数据显示，我国民营大中型工业区企业的研究与试验发展（R&D）经费支出总额为 8318.4 亿元，比上年增长 15.5%，各省（区、市）的民营企业对 R&D 投入均有不同幅度的增长，我国民营工业企业全年拥有专利发明 20.5 万件，比上年增长了 16.4%，各省（区、市）的民营企业的专利申请量和授权量也都有不同幅度的增加。

（三）生态化综合效益逐步显现

自从生态文明建设开展以来，我国部分民营企业在进行转型升级过程中也更加注重生态化，节能减排、资源循环利用、提高资源利用效率的意识逐渐深入人心，也取得了一些成就。如江苏、云南和甘肃等省减排化学需氧量取得明显效果，辽宁、湖北、广西等省（自治区）减排二氧化硫取得明显效果，尤其是江苏、山东和河南等省的民营经济通过生态化转型升级建设实现了经济效益、环境效益与社会效益的全面提升并取得了显著的经济效益。中国可再生能源及节能、节水产品认证也取得了明显效果。目前我国有五家节能认证机构，认证产品共计 78 种，累计发放证书 20472 张，有效证书 12060 张；开展节水认证产品共计 41

[①] 环境保护部. 关于 2010 年度全国重点企业清洁生产审核情况的通报 [Z]. 2010.

种，累计发放证书 2995 张，有效证书 2432 张；开展可再生能源认证产品共计 20 种，累计发放证书 1481 张，有效证书 1371 张。九类节能认证产品，共涉及 419 家企业、32299 个产品型号/系列，且将发证量较大、计算方法成熟的产品纳入资源节约产品指标量化体系中进行测算，其中节能产品 29 种，节水产品 11 种，可再生能源产品 3 种，这些产品共计节约/替代电力 89462.55 百万度，节约水资源 161.81 亿吨。

(四) 生态工业园区建设迅速

随着生态化理念的深入转型升级的实践，近年来，全国掀起了建立生态工业园区的热潮，在一些地区建立了许多具有特色的生态工业园区。以江苏为例，近年来江苏省大力发展生态工业，建设各类生态工业园，已经将生态化这一思想紧紧地联系在企业各项行动中，正着力加快生态化改造与产业升级。2004 年，江苏省在全国率先启动了省级生态工业园区创建工作，现有 46 家园区被批准创建省级生态工业园区，包括常州钟楼经济开发区、江阴经济开发区、昆山高新区、江宁经济开发区、徐州经济技术开发区、南京高新区和太仓港经济技术开发区（新区）等。截至目前，已命名的国家级生态工业园区有七家开发区，占全国的近 50%。园区从不同层面进行生态化管理，先后建设了零排放园、资源再生园和虚拟生态园，大力推进节能减排举措，在发展经济的同时注重保护环境，降低各类污染物的排放，充分体现了可持续发展思想，是企业转型升级生态化建设的典型。

(五) 相关法律在逐步完善

一方面，国家相继出台了相关的法律、法规和政策。包括《环境保护法》、《生态保护法》、《自然资源管理法》等国家法律，100 余部环境、资源、方面的行政法规和规章。为保障企业生态化转型升级的实施，还建立了环境影响评价、城市环境质量整治定量考核和领导环境目标责任制等相关机制，如 1995 年颁布了《固体废物污染环境防治法》，2002 年颁布了《清洁生产促进法》，2004 年国家发展和改革委员会组织行业协会提出《节能产品目录》和《关于政府节能采购的意见》，积极探索建立生态恢复和环境保护的经济补偿机制。2005 年，国务院颁布了《关于加快发展循环经济的若干建议》(国发 [2005] 22 号)。另一方面，地方政府也相继出台相应的政策。以江苏为例，江苏已出台《江苏省环境保护条例》、《江苏省循环经济发展规划》以及《江苏省固体废物污染环境防治条例》、《江苏省太湖水污染防治条例》、《江苏省污水集中处理设施环境监督管理办法》等单项条例。同时,由于太湖污染问题,无锡市于2008年已经成立了"环保法庭",徐州于2013年也加入了试点工作,全省不断加强环境司法保护。

二、生态化民营经济发展面临的困境

我国民营企业转型升级的生态化建设虽然取得了一定的成就,国家在全国范围内包括对民营企业,采取了一系列对污染进行处理的措施,包括颁布排污标准,对排污超标企业征收排污费,对严重污染的污染源实施关、停、并、转、迁等,尽管企业的生产活动对环境的污染和破坏趋势得到减缓,但相对于资金投入来说,其收效甚微,主要是一些瓶颈性的因素严重制约了民营企业在转型升级中的生态化进程。

(一)产业结构不合理

我国民营企业数量多、比重大、规模小、传统产业占主导,主要分布在机械、纺织、建材、食品等行业,高污染企业多且分布广。主要集中在劳动密集型、资源消耗型产业,产品档次低、效益差、能源资源消耗大。据我国国家统计局和国家环保总局的调查,目前我国的民营企业占到了企业总数量的68%,其中80%以上的工业企业生产都存在着污染问题。主要是这些传统的民营企业走的是一种"资源—生产—污染排放—治理"的模式,即"先污染,后治理",而大部分民营企业的转型升级生态化建设主要是对环境污染采取末端治理方式,这种以牺牲生态环境为代价创造经济效益,"高投入、高消耗、高污染、低效率"的粗放型经济增长方式,如果政府不加以引导和治理,产业布局不进行合理规划和改变,我国环境将会进一步恶化,资源也面临枯竭的危险。

(二)资金投入不足

一方面是国家对民营企业绿色技术创新和环保投入的资金不足。在支持民营企业技术创新方面,民营企业很少能从政府部门得到研究开发的支持,在技术创新专项基金、税收优惠等方面,能享受优惠政策的企业也较少。我国政府更倾向于将大部分资金投向高等院校和政府所属的科研院所。在环保投入方面,"十二五"时期前三年,我国环保投入每年以2000亿元以上幅度增加,"十二五"期间,全社会环保投入将超过5万亿元。尽管如此,同国外相比还存在一定差距。我国城市污水、垃圾处理等设施几乎全靠财政投资建设和运行维护,有限的财政支出资金远不能使环境质量明显改善。另一方面,我国95%的民营企业为中小企业,它们规模小,资金有限,整体实力薄弱。大多企业环保设备的技术水平比西方发达国家至少落后 20 年，生产技术、工艺都比较落后，民营企业进行生态化转型升级，就需要投入大量的资金进行技术改造和设备改良，需要研发绿色环保产品和推行清洁生产，这些都要投入大量资金，而民营企业资金实力不足，许多企业都无能为力，导致用于污染防治的资金更是少之又少。

（三）融资难度大、成本高

据资料显示，在民营企业的全部资金来源中，自筹资金高达 66.6%，主要靠的是内部融资。我国民营企业利润率低，存留资金有限，而污染防治资金主要就来源于自有资金。民营企业融资难度大、成本高主要体现在外源融资方面。一方面是银行贷款等间接融资渠道。尽管国家及各金融机构陆续出台了各种政策支持民营企业融资，收到了一定的效果。但由于金融体制和大部分民营企业规模较小、倒闭率高、贷款偿还违约率高、诚信指数较低等自身的问题在短期内无法得到彻底扭转，并且"重大轻小"、"重强轻弱"的倾向比较突出，导致中小民营企业融资难度加大，银行从安全性和收益性原则考虑不愿向其放贷，对民营企业污染防治的资金信贷更是持顾虑态度。据全国工商联的统计，我国有 90% 的民营中小企业无法从银行取得任何贷款，95% 的微小企业未从银行得到任何贷款。另一方面是股权融资和债券融资等直接融资渠道。中国证监会披露，民营企业的上市公司在全部上市公司中占比超过 50%，其中在主板的上市公司中，民营企业占比为 30.06%，中小企业板上市公司中，民营企业占比 76.18%，创业板上市公司中，民营企业占比 95.92%。2011 年共有 257 家民营企业共发行非金融企业债务融资工具 1754.2 亿元，占全部非金融企业债务融资工具总发行规模的 7.4%。尽管部分民营企业可以通过股权融资和债券融资，但大多数民营企业仍不具备所需的资格条件。

（四）技术创新动力不足

尽管近几年从总体上来看，我国技术创新能力在不断增强，企业的科技含量在不断增加，但民营企业自主创新能力整体较弱。据中国社科院的抽样调查结果显示，截止到 2014 年末，仅有三成多一点的民营企业建立了自己的研发机构，不到四成的民营企业产品技术含量有所提高，且大多数民营企业的产品仍是劳动或资本密集型产品，在向生态化转型升级过程中大部分企业也仅从劳动或资本密集型产品转向技术密集型产品，造成这一现象的主要原因就是其技术创新动力不足。具体体现在以下几方面：一是环境法律法规对违法企业的惩罚力度过小。民营企业超标排污获得的收益远远小于企业排污受到的处罚和采取防治污染措施的成本。企业每吨废水的治理成本在 1.2~1.8 元，但是企业偷排的净收益则可达到几十万元，这就导致了民营企业宁愿认罚，也不愿采用新技术改善企业生产过程中的生态水平。二是采用新技术开发绿色产品和环保产品投入较大，而且绿色产品价格普遍偏高，不具有普遍性，在短期内无法降低成本或是增加利润，没有经济效益，对于以追求利润最大化为单一目标的大多数民营企业而言，保护环境是负担，承担生态责任成本太大，从而导致部分民营企业对转型升级生态化发展的态度是消极的、被动的。三是知识产权保护不到位。绿色技术的研发前期投入大，投资风险也高，创新出来的新产品上市之后很容易被别的企业模仿，而我国对民营企业相关知识产权的保护方面，存在相关法律法规空白或界定不清、对侵权行为打击力度不够等情况，致使企业或多或少会蒙受损失，导致企业在绿色技术创新上的积极性不高。

第四节 生态化民营经济评价体系构建

一、整体架构

以评价目标即民营经济转型升级的生态化水平作为一级指标，以持续发展水平、技术创新水平、能源消耗水平、低碳化水平、生态化潜力五个方面作为二级指标。民营经济的统计范围是：不包括国有及国有控股、外商和港澳台商独资及其控股的经济组织在内的其他经济组织，具体包括个体、私营等非公有制企业。因此指标体系中的各指标均是个体、私营等非公有制企业的数据加总和。评价指标体系如表 7-1 所示。

表 7-1 我国民营经济转型升级生态化水平指标体系

一级指标	二级指标	三级指标	代码	分项指标
民营经济转型升级的生态化水平	持续发展水平	成本费用利润率提高比率（%）	X_1	民营工业企业利润总额 民营工业企业成本费用总额
		资产总资产贡献率增长比率（%）	X_2	民营工业企业总资产贡献率 上一年度民营工业企业总资产贡献率

续表

一级指标	二级指标	三级指标	代码	分项指标
民营经济转型升级的生态化水平	持续发展水平	民营工业企业从业人员占人口比重（%）	X_3	私营和个体企业从业人员总数 年末人口总数
	技术创新水平	R&D 经费投入强度（%）	X_4	民营工业企业 R&D 投入 民营工业企业总产值
		万名从业人员专利发明数（件/万人）	X_5	发明专利数 民营工业企业从业人员数
	能源消耗水平	单位产值电耗（万千瓦时/亿元）	X_6	民营工业企业电耗 民营工业企业总产值
		单位产值用水量（万立方米/亿元）	X_7	民营工业企业用水量 民营工业企业总产值
		地区生产总值能耗（吨标准煤/万元）	X_8	民营工业企业能耗 民营工业企业总产值
	低碳化水平	每万人废水主要污染物排放量（万吨/万人）	X_9	民营工业企业废水排放总量 民营工业企业从业人员
		每万人废气主要污染物排放量（万吨/万人）	X_{10}	民营工业企业二氧化碳排放量 民营工业企业氮氧化物排放量 民营工业企业烟（粉）尘排放量 民营工业企业从业人员
		每万人固体废物产生量（万吨/万人）	X_{11}	一般固体废物产生量 危险废物产生量 民营工业企业从业人员
	生态化潜力	治理污染投资增加额（万元）	X_{12}	当年治理污染投资完成额 上一年治理污染投资完成额
		固体废物综合利用率（%）	X_{13}	一般固体废物综合利用量 危险固体废物综合利用量 固体废物产生量
		生活垃圾无害化处理率（%）	X_{14}	生活垃圾无害化处理率
		建成区绿化覆盖率（%）	X_{15}	建成区绿化覆盖率

二、指标意义

（一）持续发展水平

民营经济转型升级的生态化是民营经济转型升级发展到一定阶段的产物，需要一定的基础条件为其发展提供保障，这就需要由衡量其持续发展水平的指标来反映，主要有以下三个指标：

1.成本费用利润率提高比率

成本费用利润率是企业一定期间的利润总额与成本、费用总额的比率。表明每付出 1 元成本费用可获得多少利润，体现了经营耗费所带来的经营成果。成本费用利润率提高比率更能反映企业转型升级的发展情况。该项指标越高,利润就越大,反映企业的经济效益越好。在这里用成本费用利润率提高比率来表示民营企业持续发展水平的增速情况。成本费用利润率是根据公式:"利润总额/成本费用总额×100%"计算得来的。成本费用利润率提高比率则根据公式:"(本年度成本费用利润率−上一年度成本费用利润率)/上一年度成本费用利润率"计算而来。

2. 资产总资产贡献率增长比率

总资产贡献率是反映企业全部资产的获利能力、评价和考核企业盈利能力的核心指标。它是企业经营业绩和管理水平的集中体现。在这里用资产总资产贡献率增长比率指标反映企业转型升级生态化的效果。其中资产总贡献率增长比率是根据公式:"(本年度资产总资产贡献率−上一年度资产总资产贡献率)/上一年度资产总资产贡献率)"计算而来的。

3. 民营工业企业从业人员占人口比重

从业人员是企业持续发展的最大保障,民营工业企业从业人员占人口比重越大,说明企业对人力资源的投入越大,代表民营企业持续发展能力越强。该指标是根据公式:"私营、个体企业从业人员数合计/年末人口总数"计算而来的。

(二) 技术创新水平

民营经济要实现生态化方式的升级,创新技术的运用是关键,技术创新是经济增长和经济发展的原动力,是经济增长和经济发展的载体,企业的技术水平、技术创新能力不仅直接决定企业竞争力,并且对整个企业经济的发展有着重要的基础作用,因而技术创新水平也是衡量民营经济转型升级生态化水平的一个重要方面。在这个部分主要用两个指标进行表示,包括:R&D经费投入强度和万名从业人员专利发明数。

1. R&D 经费投入强度

R&D 是技术创新的重要组成部分,许多统计分析表明,R&D 投入量与技术创新活动有很强的相关性,尤其是在创新活动的强度、规模和水平上,因此用该指标来衡量企业的技术创新能力是很有代表性的。该指标越大,表示技术创新的财力投入越大,代表创新主体在生态化过程中不断改进技术、改善生产经营方式的重视程度越高。该指标是根据公式:"民营工业企业 R&D 投入/民营工业企业总产值"计算而来的。

2. 万名从业人员专利发明数

用"当年民营企业发明专利数(件)/个体、私营从业人数(万人)"计算得到。这个指标直接反映了企业掌握核心技术的能力，也是衡量企业创新能力和知识产权保护力度的重要指标。

（三）能源消耗水平

资源消耗水平是衡量民营经济转型升级生态化发展所需消耗的资源量的重要标准，资源减量化是民营经济实现生态化方式升级的必然结果，因而也是衡量民营经济转型升级生态化水平的一个重要方面。在这个部分主要用三个指标进行表示，该三个指标都是逆向指标。

1. 单位产值电耗

用"民营工业企业电耗（万千瓦时）/民营工业企业总产值（亿元）"计算得来。该指标反映民营工业企业单位产值电能耗水平的高低。

值得说明的是，在公开刊物上能查到的企业电能耗都是工业企业的数据，为了对全国民营经济转型升级生态化水平的比较具有客观性，因此选取了民营工业企业的数据来进行比较，在公开刊物中，没有对民营工业企业电能耗、用水量、能耗等单列的数据，都是跟工业企业数据合计在一起进行统计的，需要通过间接计算得到民营工业企业能源消耗的相关数据。本部分衡量资源消耗水平的三个指标即民营工业企业用电量、民营工业企业用水量、民营工业企业能耗，都是根据各地区中民营企业的占比与工业企业相应的资源消耗量的乘积计算而来的。

2. 单位产值用水量

该数据根据公式："民营工业企业用水量（万立方米）/民营工业企业总产值（亿元）"计算得来。这个指标反映民营工业企业单位产值用水量水平的高低。

3. 地区生产总值能耗

该数据根据公式："民营工业企业能耗（吨标准煤）/民营工业企业总产值（万元）"计算得来。这个指标反映民营工业企业单位产值能耗水平的高低。

（四）低碳化水平

民营经济的生态化方式升级使民营工业企业按照生态系统的规律进行生产，进而引起终端污染排放水平大幅减少，低碳化水平直接反映了企业清洁生产的水平，是衡量民营经济转型升级生态化水平十分关键的指标。在这个部分主要用三个指标进行表示，该三个指标都是逆向指标。

1. 每万人废水主要污染物排放量

每万人废水主要污染物排放量衡量的是污染物中废水排放水平，其数值的大小可以反映出各地区企业生态环境的改善情况，符合生态效益的要求。该指标根据公式:"民营工业企业废水排放总量(万吨)/民营工业企业从业人员(万人)"计算得来。

值得说明的是,在公开刊物中,没有对民营工业企业废水排放量、废气排放量、固体废物产生量等单列的数据,也是和工业企业数据合并统计的,也需要通过间接计算得到民营工业企业废水排放量、废气排放量、固体废物产生量相关的数据。本部分衡量低碳化水平的三个指标即民营工业企业主要废水排放量、民营工业企业主要废气排放量、民营工业企业固体废物产生量,根据各地区中民营工业企业的产值的占比与工业企业相应的排放物的乘积计算而来。

2. 每万人废气主要污染物排放量

每万人废气主要污染物排放量衡量的是污染物中废气排放水平,其数值的大小可以反映出各地区企业生产环境的改善情况,对当地环保的贡献情况。该指标根据公式:"民营工业企业废气排放总量(万吨)/民营工业企业从业人员(万人)"计算得来。其中,废气主要污染物排放量主要包括民营工业企业二氧化碳排放量、氮氧化物排放量、烟(粉)尘排放量。

3. 每万人固体废物产生量

每万人固体废物产生量衡量的是污染物中固体废物排放水平,其数值的大小可以反映出各地区民营企业生产技术的改进情况,体现企业转型升级过程中的节能减排水平。该指标根据公式:"民营工业企业一般固体废物产生量、危险废物产生量(万吨)/民营工业企业从业人员(万人)"计算得来。

(五) 生态化潜力

生态化潜力水平反映了生态化升级方式发展的持续性水平,包括在生态化升级过程中实现资源的整合与循环利用、环境保护投入水平、自然生态环境。

1. 治理污染投资增加额

治理污染投资增加额可以很好地反映对工业"三废"治理的重视程度,对企业环境治理能力的增强具有重要意义。该指标根据公式:"(当年治理污染投资完成额–上一年治理污染投资完成额)/上一年治理污染投资完成额"计算得来。

2. 固体废物综合利用率

固体废物综合利用率是循环经济中资源循环利用水平的代表性指标,能很好地反映企业绿色技术实施的效果和循环利用水平的提高能力,体现企业在转型升级工作中的减排水平。该指标根据公式:"(一般固体废物综合利用量+危险固体废物综合利用量)/固体废物产生量"计算得来。

3. 生活垃圾无害化处理率

生活垃圾无害化处理率也是循环经济中资源循环利用水平的代表性指标，固体废物综合利用率是从工业企业角度选取的代表性指标，而生活垃圾无害化处理率是从全社会的角度选取的代表性指标，能很好地体现各地区的低碳化水平。

4. 建成区绿化覆盖率

建成区绿化覆盖率指在城市建成区的绿化覆盖率面积占建成区的百分比。绿化覆盖面积是指城市中乔木、灌木、草坪等所有植被的垂直投影面积，能很好地体现当地的生态化水平，是评价各地区低碳化水平的代表性指标。

第五节 生态化民营经济发展的实证

一、数据说明

（一）数据来源

本研究采用的数据是我国30个省（直辖市、自治区）2005~2013年的相关数据（因西藏自治区多个指标缺失，故未将其列入研究范围），原始数据均来自于相关年份的《中国统计年鉴》、《中国环境统计年鉴》、《中国工业统计年鉴》、《中国科技统计年鉴》，不能直接获取的数据通过相关公式进行换算求得。

（二）数据处理

运用主成分分析法和因子分析法之前，有必要对原始数据进行无量纲化，将实际值转化为评价值，包括指标的同趋势化和标准化。首先，由于指标体系中不仅存在正向指标，也存在逆向指标，因此为了保证指标作用的趋向相同，需要将其中的单位产值电耗、单位产值用水量、地区生产总值能耗、每万人废水主要污染物排放量、每万人废气主要污染物排放量、每万人固体废物产生量六个逆向指标转化为正向指标，采用公式 $x'_{ij} = \dfrac{1}{x''_{ij}}$（$i = 1, 2, \cdots, 30$；$j = 1, 2, \cdots, 15$）所示的取倒数的形式。式中，$x''_{ij}$表示第$i$个省第$j$个指标的原始数据；$x'_{ij}$表示同趋势化后的数据。

其次，由于指标体系中各指标的形式不同，存在着总量指标、相对指标和平均值,会使评价指标在数量级上有差异,因此有必要对指标进行标准化处理,采用如下公式所示的形式,即 $x_{ij} = (x'_{ij} - \bar{x}_j)/S_j$,式中,$x_{ij}$ 表示标准化后的数据;$\bar{x}_j$ 表示各省份第 j 个指标的均值;S_j 表示第 j 个指标的标准差,$S_j^2 = \sum_{i=1}^{n}(x_{ij} - \bar{x}_j)^2/(n-1)$。因此,原始数据在通过上述预处理过程后形成了标准化的数据,为下文的因子分析、主成分分析和聚类分析做铺垫。

最后,对我国民营经济转型升级生态化水平指标评价体系中的指标,选择因子分析法和主成分分析法相结合的方法进行客观赋权。

二、静态分析

(一)我国民营经济转型升级的生态化静态水平测度结果分析

通过运用同一年份数据资料,对我国 30 个省(直辖市、自治区)之间的民营经济转型升级生态化水平进行比较分析。以下根据 2013 年的数据运用因子分析和聚类方法,采用 SPSS 软件和 ArcGIS 软件进行分析。

对各变量的适度性进行检验,如表 7-2 所示,通过计算得到的 KMO 值为 0.77 > 0.5,Bartlett 球形度检验的近似卡方值为 3701.008,P 值 < 0.001,高度显著,说明所选变量间的相关性强,因子分析的效度较高,满足因子分析的前提条件。根据因子分析原理,建立相关系数矩阵并计算其特征根和特征向量,如表 7-3 所示,前 4 个因子的累积方差贡献率为 75.564%,已能够代表原始数据的大部分信息,故提取这 4 个因子进行分析。为了有利于各公因子的命名,采取 Kaiser 于 1959 年提出的方差最大化的正交旋转法,简化因子载荷矩阵的结构,经旋转之后的因子载荷矩阵如表 7-4 所示。

表 7-2 KMO 和 Bartlett 检验

取样足够度的 Kaiser–Meyer–Olkin 度量		0.770
Bartlett 球形度检验	近似卡方	3701.008
	df	105
	Sig.	0.000

表 7-3 主因子特征根及方差贡献率

因子	特征根	方差贡献率(%)	累计贡献率(%)
1	4.871	32.475	32.475
2	3.631	24.209	56.684

续表

因子	特征根	方差贡献率（%）	累计贡献率（%）
3	1.771	11.807	68.491
4	1.061	7.073	75.564

表7-4 旋转后的因子载荷矩阵

指标	成分			
	1	2	3	4
X_1：成本费用利润率提高比率（%）	−0.064	0.006	0.928	0.001
X_2：资产总资产贡献率增长比率（%）	−0.147	0.027	0.905	0.121
X_3：民营工业企业从业人员占人口比重（&）	0.467	0.671	−0.065	0.052
X_4：R&D经费投入强度（%）	0.675	0.591	0.089	−0.179
X_5：万名从业人员专利发明数（件/万人）	0.771	0.527	0.055	−0.156
X_6：单位产值电耗（万千瓦时/亿元）	−0.020	0.893	0.040	0.039
X_7：单位产值用水量（万立方米/亿元）	0.202	0.786	0.091	−0.276
X_8：地区生产总值能耗（吨标准煤/万元）	0.938	0.135	−0.116	0.092
X_9：每万人废水主要污染物排放量（万吨/万人）	0.951	0.011	−0.061	−0.055
X_{10}：每万人废气主要污染物排放量（万吨/万人）	0.964	0.074	−0.096	0.133
X_{11}：每万人固体废物产生量（万吨/万人）	0.882	0.095	−0.141	0.247
X_{12}：治理污染投资增加额（万元）	−0.021	0.062	−0.094	−0.557
X_{13}：固体废物综合利用率（%）	0.012	0.784	−0.084	0.121
X_{14}：生活垃圾无害化处理率（%）	0.130	0.507	0.037	0.254
X_{15}：建成区绿化覆盖率（%）	0.162	0.477	−0.050	0.655

由表7-4可知，第一公因子在X_{10}、X_9、X_8、X_{11}四个指标上有较大的载荷，主要反映了污染物排放水平和能耗水平，体现了社会生产过程中有害物质对于生态环境的破坏程度以及各省在减少污染排放方面的力度，可将其命名为"节能减排因子"；第二公因子在X_6、X_7、X_{13}三个指标上载荷较大，主要反映了能源的利用、资源的再循环的水平，可将其命名为"资源循环利用因子"；第三公因子在X_1、X_2两个指标上载荷较大，主要反映了创新对民营经济转型升级的效益，可将其命名为"持续性创新因子"；第四公因子在X_{15}、X_{14}两个指标上载荷较大，主要反映了生态化持续发展的一些基础条件，可将其命名为"生态化潜力因子"。因子命名与之前构建的民营经济转型升级生态化水平评价指标体系中的二级指标名称基本吻合，可验证构建的评价指标体系的合理性以及因子分析结果的可信度。

运用公式：

$$F_j = \omega_{j1}x_1 + \omega_{j2}x_2 + \omega_{j3}x_3 + \cdots + \omega_{jp}x_p \quad (j = 1, 2, 3, \cdots, m)$$

计算因子得分系数矩阵，得到各因子得分，并以方差贡献率为权重，采用公式：

$$F = (32.475F_1 + 24.209F_2 + 11.807F_3 + 7.073F_4)/75.564$$

计算出子综合得分并作排序，结果如表7-5所示。

表7-5 各省（直辖市、自治区）的因子综合得分

地区	节能减排因子		资源循环利用因子		持续性创新因子		生态化潜力因子		综合因子	
	得分	排名	得分	排名	得分	排名	得分	排名	得分	排名
北京	4.21	1	0.92	6	0.81	7	0.33	9	2.26	1
天津	-0.37	20	2.12	1	0.81	6	-1.46	29	0.51	3
河北	-0.36	19	-0.63	21	0.74	8	0.53	8	-0.19	20
山西	-0.44	22	-0.20	18	-0.90	27	-0.45	22	-0.44	25
内蒙古	-0.19	9	-0.92	25	0.09	16	1.13	4	-0.26	21
辽宁	-0.35	17	0.37	10	0.82	5	0.10	13	0.11	10
吉林	-0.35	18	-0.10	16	0.51	11	-0.87	27	-0.19	19
黑龙江	-0.20	10	-0.70	22	-0.60	23	0.02	16	-0.40	24
上海	0.94	3	1.36	4	-0.41	22	-1.02	28	0.68	2
江苏	-0.25	14	1.49	3	0.43	14	-0.06	17	0.43	4
浙江	-0.22	12	1.28	5	-0.37	21	-0.76	26	0.19	8
安徽	-0.50	27	0.33	11	0.53	10	0.15	10	-0.01	15
福建	-0.47	24	0.71	7	-0.06	18	0.14	11	0.03	12
江西	-0.48	26	0.16	12	1.20	1	2.05	1	0.22	7
山东	-0.68	30	1.64	2	0.97	4	0.06	15	0.39	6
河南	-0.56	29	0.00	15	0.44	13	0.69	6	-0.11	17
湖北	-0.26	15	0.16	13	0.56	9	-0.32	21	0.00	13
湖南	-0.46	23	0.00	14	0.50	12	-0.50	23	-0.17	18
广东	0.05	6	0.67	8	0.05	17	-0.68	25	0.18	9
广西	-0.47	25	-0.39	19	-0.08	19	0.62	7	-0.28	22
海南	2.56	2	-1.55	29	-2.10	29	1.63	2	0.43	5
重庆	-0.56	28	0.45	9	0.22	15	1.56	3	0.08	11
四川	-0.20	11	-0.50	20	1.04	2	0.79	5	-0.01	14
贵州	-0.16	8	-1.08	27	1.00	3	-0.26	20	-0.28	23
云南	-0.15	7	-0.88	24	-0.61	24	-0.17	19	-0.46	26
陕西	0.12	5	-0.14	17	-0.19	20	0.11	12	-0.02	16
甘肃	0.74	4	-1.72	30	-0.64	25	-2.84	30	-0.60	28
青海	-0.38	21	-0.98	26	-2.40	30	-0.52	24	-0.90	30
宁夏	-0.34	16	-0.70	23	-0.75	26	-0.08	18	-0.50	27
新疆	-0.23	13	-1.17	28	-1.62	28	0.07	14	-0.72	29

从表7-5中的各个公共因子上看，对于节能减排水平，民营经济结构较高级的北京、上海、广东等的地区和资源能源较缺乏的海南、甘肃、陕西等地区排名靠前，而山东、河南、重庆、安徽、江西等民营经济结构较低级、资源能源较丰富的地区排名靠后，东部地区远远优于中西部地区。对于资源循环利用水平，天津、山东、江苏、上海和浙江等循环经济较发达地区排名靠前，而甘肃、海南、新疆、贵州、青海等循环经济较落后的地区排名靠后，东部地区整体优于中西部，中西部地区差距不大。对于持续性创新水平，江西、四川、贵州、山东等处于民营经济快速发展阶段的地区排名靠前，而青海、海南、新疆等民营经济扶持力度较弱的地区排名靠后，东中部地区差别不大，西部整体上落后于中东部。对于生态化潜力水平，江西、海南、重庆等生态环境较好的地区排名靠前，天津、上海等生态环境较差的地区排名靠后，东中西部地区之间的差别不大。

从表7-5中的综合因子得分可知，位列第一的北京市领先优势十分明显，其综合得分比列第二位的上海市和第三位的天津市高出了两倍多，而处于发达水平的前八个省（市）的因子综合得分均大于0，且基本是东部省（市）。处于中等水平的13个省（区、市）几乎为中部省（区、市），而处于落后水平的省（区）除了山西均是西部省（区）。因此，可以看出，我国东部、中部、西部地区的民营经济转型升级的生态化发展不平衡，其生态化水平与经济发展水平具有较强的正相关性。

（二）我国民营经济转型升级的生态化静态水平聚类分析

以2013年因子分析得到的因子综合得分作为变量，对各省（自治区、直辖市）民营经济转型升级的生态化水平进行聚类分析。采用系统聚类法中的组间平均连接法，以平方欧式距离为度量标准的聚类方法，对我国各省（自治区、直辖市）民营经济转型升级的生态化水平的聚类结果如表7-6所示。

表7-6 聚类分析结果

领先区		地区	北京				
		排名	1				
发达区	A类	地区	上海	江苏	海南	浙江	广东
		排名	2	4	5	8	9
	B类	地区	天津	山东	江西		
		排名	3	6	7		
中等区	C类	地区	辽宁	湖北	湖南	吉林	
		排名	10	13	13	19	

续表

		地区	重庆	福建	四川	安徽	河南	河北	广西
中等区	D类	排名	11	12	14	15	17	20	22
	E类	地区	陕西	内蒙古					
		排名	16	21					
落后区	F类	地区	贵州						
		排名	23						
	G类	地区	黑龙江	山西	云南	宁夏	甘肃	新疆	青海
		排名	24	25	26	27	28	29	30

从表 7-6 可以看出，我国各省（自治区、直辖市）民营经济转型升级生态化水平可以划分为四大类型：第一类为民营经济转型升级生态化水平领先区，仅包括北京 1 个地区，北京在节能减排、资源循环利用、持续性创新和生态化潜力方面都有较大的优势，其因子综合得分排名第一，具有绝对优势。第二类为民营经济转型升级生态化水平发达区，包括上海、天津、江苏、海南、山东、江西、浙江和广东八个省市，因子的综合得分均处于前列水平，但该大类根据转型升级生态化不同的特征又可以细分成 A、B 两小类：A 类地区包括上海、江苏、海南、浙江、广东五个省市，在节能减排和资源循环利用上有明显优势，但是在持续性创新发展和生态化潜力方面存在明显不足；B 类地区包括天津、山东、江西三个省市，在持续性创新方面存在绝对优势，在资源循环利用和生态化潜力方面也就有比较优势，但是在节能减排方面存在明显的弱势。从总体上来看，该类地区在节能减排、资源循环利用、持续性创新和生态化潜力上均存在一定的优势。第三类为民营经济转型升级生态化中等区，包括辽宁、重庆、福建、湖北、四川、安徽、陕西、河南、湖南、吉林、河北、内蒙古、广西 13 个省（区、市），这些省（区、市）大部分位于我国中部地区，根据转型升级生态化不同的特征，该大类也可细分为 C、D、E 三小类：C 类地区包括辽宁、湖北、湖南、吉林四个省份，该类地区在资源循环利用和持续性创新方面具有较大的优势，在节能减排和生态化潜力方面存在劣势；D 类地区包括重庆、福建、四川、安徽、河南、河北、广西七个省（自治区、直辖市），该类地区在持续性创新和生态化潜力方面具有较大的优势，在节能减排方面存在绝对劣势；E 类地区包括陕西和内蒙古，该类地区在节能减排和生态化潜力方面具有较大优势，但是在资源循环利用和持续性创新上劣势明显。第四类为民营经济转型升级生态化水平落后区，包括贵州、黑龙江、山西、云南、宁夏、甘肃、新疆和青海八个省（自治区），因子综合得分排

序也处于落后地位,根据转型升级生态化的不同特征又可将其分为两小类:F 类地区为贵州,其持续性创新发展水平占有绝对优势;G 类地区包括黑龙江、山西、云南、宁夏、甘肃、新疆和青海七个省(自治区),该类地区在节能减排方面尚可,但是在资源循环利用、持续性创新和生态化潜力方面均存在较大的劣势。

三、动态分析

根据上述划分的四大类型,下面对进入 21 世纪以来这四大类型地区民营经济转型升级生态化水平的变动趋势进行分析。

(一) 我国民营经济转型升级生态化总体水平的动态分析

我们选取了 2006~2013 年共八年的数据,对不同年份四大地区民营转型升级生态化水平发展的趋势进行分析。以 15 个指标为分析变量,以所属地区的指标值平均值作为每类地区每年的各指标值,运用主成分分析法考察这四类地区的民营经济在转型升级中生态化水平的变动趋势。

根据主成分分析法的原理,由相关系数矩阵计算其特征根和特征向量,前四个主成分的累积方差贡献率达到了 88.399%,故提取了这四个主成分加以分析,计算出主成分综合得分,结果如表 7-7 和图 7-1 所示。

表 7-7 四类地区的主成分得分

年份	2006	2007	2008	2009	2010	2011	2012	2013
领先区	1.7328	1.7471	1.8477	1.6520	2.8246	2.7790	3.6566	4.5881
发达区	0.0361	-0.2055	0.2575	0.3950	0.6016	1.1223	1.4340	1.9695
中等区	-2.1015	-1.9557	-1.5029	-1.2544	-1.3340	-0.6983	-0.6059	-0.1804
落后区	-2.2427	-2.5770	-2.2698	-2.1668	-2.4462	-1.4127	-1.8222	-1.8678

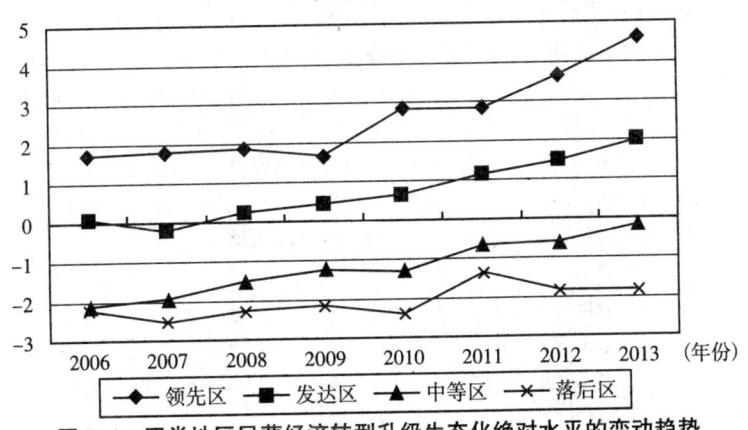

图 7-1 四类地区民营经济转型升级生态化绝对水平的变动趋势

从图 7-1 和表 7-7 中可以看出，自 2006 年以来每类地区的主成分得分呈递增趋势，这与现实也是相符合的，我国从提出科学发展观以来，各地区已开始注重经济增长方式的转变，向资源消耗低、环境污染少的生态文明方向努力，从而使各地区民营经济转型升级的生态化水平有所提升。从整体来看，领先区、发达区、中等区、落后区的总体格局未发生变化，这也在一定程度上验证了本研究聚类结果的合理性。同时可以看出，在 2006~2009 年，四类地区的差距保持不变，但在 2009~2011 年各类地区均出现回落的状态，且在 2011~2013 年，领先区、发达区和中等区均进入快速发展的状态，落后区仍然止步不前，四类地区的差距越来越大。

（二）分地区的动态分析

对 30 个省（自治区、直辖市）不同年份的民营经济转型升级生态化水平进行动态的横向比较和分析。以 15 个指标为分析变量，以每年各省（自治区、直辖市）为分析单位，运用主成分分析法考察 2006~2013 年我国各类地区民营经济转型升级生态化相对水平的变动情况。

根据主成分分析原理，由相关系数矩阵计算其特征值和特征向量，前四个主成分的累积方差贡献率达到 75% 以上，能够代表原始数据的大部分信息，故提取前四个主成分加以分析。根据主成分表达式求出各主成分得分，以方差贡献率为权重，计算出主成分综合得分并作排序，结果如表 7-8 所示。为了考察四个类型地区的民营经济转型升级生态化水平的变动趋势，求出了四大类地区主成分得分的均值。

表 7-8 各省（自治区、直辖市）的主成分得分与排名

地区		2006年		2007年		2008年		2009年		2010年		2011年		2012年		2013年	
		得分	排名	得分	排名	得分	排名	得分	排名	得分	排名	得分	排名	得分	排名	得分	排名
领先区	北京	3.42	1	3.24	1	3.50	1	3.42	1	4.47	1	4.78	1	5.32	1	6.36	1
A 类	上海	1.12	4	1.28	2	1.69	2	1.58	3	1.98	2	2.31	2	2.47	3	2.94	3
	江苏	1.43	3	0.43	5	0.95	4	1.16	5	0.97	5	1.47	4	1.79	4	2.14	5
	海南	-0.07	8	-0.46	8	0.68	5	2.21	2	-0.44	15	1.05	8	0.85	8	0.90	11
	浙江	0.19	6	0.43	4	0.68	6	0.79	6	1.00	4	1.30	5	1.49	5	1.64	6
	广东	1.44	3	0.21	6	0.67	7	0.70	7	0.66	6	1.19	6	1.02	7	1.47	7
B 类	天津	1.22	4	0.86	3	1.24	3	1.38	4	1.73	3	2.22	3	2.67	2	2.96	2
	山东	0.17	7	-0.02	7	0.52	8	0.68	8	0.61	7	1.18	7	1.44	6	2.19	4
	江西	-1.24	23	-1.16	21	-0.62	17	-0.20	13	-0.44	14	0.25	12	0.38	13	0.94	9
	均值	0.85	2	0.53	2	1.04	2	1.30	2	1.17	2	1.75	2	1.94	2	2.39	2

续表

地区		2006年		2007年		2008年		2009年		2010年		2011年		2012年		2013年	
		得分	排名	得分	排名	得分	排名	得分	排名	得分	排名	得分	排名	得分	排名	得分	排名
C类	辽宁	-0.51	11	-0.52	9	-0.27	9	-0.08	11	0.09	9	0.44	9	0.55	11	1.15	8
	湖北	-0.74	13	-0.83	13	-0.58	15	-0.06	10	-0.26	12	0.12	15	0.19	16	0.83	12
	湖南	-0.84	15	-1.00	17	-0.72	19	-0.22	13	-0.65	20	0.19	14	0.08	18	0.44	17
	吉林	-1.48	26	-1.07	18	-0.70	18	-0.73	20	-0.62	19	-0.23	22	0.13	17	0.45	16
D类	重庆	-0.85	17	-1.13	20	-0.36	13	-0.22	15	-0.04	10	0.24	13	0.55	12	0.72	14
	福建	-0.37	10	-0.53	10	-0.30	12	-0.24	16	0.10	8	0.41	11	0.56	10	0.92	10
	四川	-0.78	14	-0.91	15	-0.59	17	-0.29	17	-0.40	13	-0.17	20	0.19	15	0.28	19
	安徽	-1.10	21	-0.88	14	-0.52	15	-0.20	12	-0.45	16	-0.02	18	0.34	14	0.65	15
	河南	-1.30	24	-0.54	11	-0.30	10	-0.87	22	-0.62	18	-0.22	21	-0.18	19	0.39	18
	河北	-1.11	22	-1.09	19	-0.81	20	-0.69	18	-0.56	17	-0.38	23	-0.41	20	-0.06	20
	广西	-0.89	18	-1.24	23	-0.85	23	-1.02	24	-0.77	21	-0.01	17	-0.37	21	-0.09	21
E类	陕西	-0.93	19	-0.55	12	-0.29	10	0.39	9	-0.22	11	0.43	10	0.75	9	0.82	12
	内蒙古	-1.85	29	-1.43	27	-1.20	28	-1.14	26	-1.18	26	-0.44	25	-0.43	25	-0.57	25
	均值	-0.98	3	-0.90	3	-0.58	3	-0.41	3	-0.43	3	0.03	3	0.15	3	0.46	3
F类	贵州	-0.27	9	-1.35	25	-1.18	27	-1.24	27	-1.52	29	-0.59	27	-0.94	27	-0.52	23
	黑龙江	-0.56	12	-1.00	16	-0.83	22	-0.69	19	-0.83	22	-0.01	16	-0.54	22	-0.54	24
	山西	-1.72	28	-1.43	28	-0.93	24	-0.81	21	-1.33	27	-0.14	19	-0.34	22	-0.33	22
G类	云南	-0.94	20	-1.47	30	-1.32	29	-0.93	23	-1.02	24	-0.48	26	-0.86	26	-0.76	26
	宁夏	-1.47	26	-1.34	25	-1.10	25	-1.03	25	-0.93	23	-0.70	28	-0.68	25	-0.77	27
	甘肃	-1.86	30	-1.47	29	-1.57	30	-1.30	30	-1.78	30	-1.06	30	-1.12	30	-1.01	28
	新疆	-0.85	16	-1.30	24	-1.13	26	-1.15	27	-1.13	25	-0.43	24	-1.02	29	-1.41	30
	青海	-1.41	25	-1.17	22	-0.76	20	-1.24	29	-1.40	28	-0.86	29	-1.01	28	-1.28	29
	均值	-1.13	4	-1.31	4	-1.10	4	-1.05	4	-1.24	4	-0.53	4	-0.81	4	-0.83	4

由表 7-8 可知，2006~2013 年，中等区的民营经济转型升级生态化水平在逐步提高，领先区和发达区在波动中上升，落后区在曲折中略有上升，且与其他地区差距越来越大，这与绝对水平分析所得结论一致。从各类地区来看，2007年期间大部分地区的民营经济转型升级水平均有所下降。领先区的北京市，在 2007 年和 2009 年时出现短暂回落，在 2010~2011 年处于持续平稳增长状态，到 2011 年之后提升幅度明显，总体水平在这八年间一直处于第一位，领先优势呈扩大趋势。发达区的 A 类民营经济转型升级生态化相对水平总体略有提升；B 类的民营经济转型升级生态化水平有较大提升，尤其是山东和江西提高幅度较大。中等区中的 C 类民营经济转型升级生态化水平均有较大幅度的提升，尤其是吉林省提升幅度较大；D 类的民营转型升级生态化水平也有一定幅度的提升，其中安

徽省和河南省提升较大；E类的陕西省的民营经济转型生态化水平已接近发达区的水平。落后区中的F类（贵州）的民营经济转型升级生态化相对水平有所下降；G类大部分地区的民营经济转型升级生态化水平略有上升，但是新疆处于下降状态。

四、差异原因分析

（一）发展基础不同

发展的基础不同主要表现在两个方面。

1. 原有的工业发展基础不同

东部地区接触现代工业文明较早，还曾在特殊情况下发展过殖民地的资本主义经济，是旧中国工业特别是制造业的集中之地，给民族工业积累了比较雄厚的基础，沿海地区的辽宁、河北、山东、江苏、浙江、福建、广东等省和北京、天津、上海，集中了全国75%以上的工业总产值。但是中西部地区工业基础薄弱，旧中国工业基础不同决定了东部经济增长相对于中西部的高起点。而且珠三角地区依靠毗邻港澳地区的优势，以民营加工业带动产业集群的发展；苏南地方政府推动实行集体产权，以发展农村集体工业为主，加快乡镇企业的发展；浙江以市场经济的方式，推进了农村工业化和城镇化。在改革开放的背景下，这些因地制宜的发展模式使珠三角地区和长三角地区成为了我国民营经济最早发展的起步区域，也为民营经济的后续发展奠定了雄厚的基础。总体看来，东部地区历史上一直是国民经济发展的支柱，具有较为完善的工业体系、较好的基础设施，技术先进，管理水平较高，企业的自我积累能力强。东部地区不仅易于从国内取得资金，而且也容易获取外资的支持，其民间融资机构相对较多，融资难度相对较小，也便于其开展与国外的技术、产品的交流。北京作为我国的政治中心、文化中心、国际交往中心和科技创新中心，其民营经济发展基础的雄厚程度更是不言而喻。中西部地区虽然具有较好的工业开发资源优势，但一定时期内资源开发的条件差，交通不发达，且所需的配套条件如民营企业经营管理政策等也不理想，导致其工业基础一直都处于薄弱状态，民营企业发展工业基础条件差。

2. 经济基础不同

从实证研究分析中可以发现，生态化水平与经济发展水平具有较强的正相关性，经济基础好则有利于生态化水平的提高。很明显，北京作为我国的首都，其经济实力不言而喻，发达区也都是经济实力雄厚的省份。中等区和落后区的省份,则因为经济基础差,加之资金的运动受市场支配,总是从资金收益率低的地区流向资金收益率高的地区。以2012年的人均地区生产总值(元)为例,发达区的人均生产总值为61998元,中等区的人均生产总值为36786.27元,落后区的人均地区生产总值为28706.89元,其中中等区、落后区的人均地区生产总值仅仅分别为发达区的59.33%、46.3%,而落后区的人均地区生产总值仅仅为中等区的78.03%。发达区的人均地区生产总值最低的是海南,为32377元,最高的是天津,为93173元;中等区的人均地区生产总值最低的是广西,为27952元,最高的是内蒙古,为63886元;落后区的人均地区生产总值最低的是贵州,为19710元,我国人均地区生产总值最高的省份为最低省份的4.73倍。总的来说,中等区和落后区的经济基础差,导致民营企业发展的资金短缺,持续发展的经济基础差。

(二)阶段思路不同

1. 发展阶段存在差距

民营经济转型升级生态化水平的领先区和发达区已经经历了经济快速发展阶段,且在充分利用其区位、经济、科技、人才等优势情况下,产业升级进度在不断加快,更加注重生态环境和资源的保护,为使经济、社会与生态环境协调发展,逐步提高了民营企业的排放要求和环境门槛,逐步整合、淘汰污染严重的民营企业,加大对企业生态化的改造,强化区域循环与生态产业链的建设思路。到目前为止,已有相当部分的工业园已升级为循环经济模式的生态工业园区,实行园区规范化管理,显著提高了民营企业在转型升级中的生态化水平。但是落后区和部分中等区,由于经济发展慢,还处于工业化的初期阶段,产业结构层次较低且发育程度不高,工业需求和供给层次低下,过分依赖资源类开采和个别加工业和技术含量低、附加值不高的轻工、纺织、食品等行业,也未能形成规模经营。而且中等区和落后区,尤其是落后区的国有企业比重过高,民营企业发展滞后。根据统计,截止到2013年底,领先区的北京市和发达区8个省市在工业领域中,民营经济已占到60%。江苏、浙江、福建、广东四省的民营经济已在地区的国民经济中占65%以上。西部地区正好与东部地区相反,2013年中等区13省(自治区、直辖市)的工业总产值,国有经济占57%,非国有经济只占43%;落后区民营经济所占比值则更少,与领先区和发达区差距达30个百分点。加之中等区和落后区长期以来落后的经济技术和文化水平,导致其科技转化速度慢,工业成本高,产业升级速度迟缓。

2. 发展思路存在差距

在中等区和落后区，由于生产技术和生产方式的差异和长期受封闭的历史、地缘、文化等方面的影响，加上对民营经济在国民经济发展中的地位和作用缺乏正确的认识，人们对新的经济现象和经济变动会比较谨慎，在发达区的民营经济大力向生态化转型升级的同时，落后区仍然抱着"等、靠、要"的惯性思维，等着国家扶贫式地注入大批资金。而且为了加快经济发展，扩大经济规模，吸引外来投资，民营经济转型升级生态化水平处于中等区和落后区的一些省（直辖市、自治区），对民营企业的排放要求相对宽松，对招商引资的环境门槛设置较低，而当地的民营企业的发展思路更侧重于利益最大化，对生态环境和资源的保护力度不够，将发展经济与保护环境对立起来，甚至不惜以牺牲环境为代价。

（三）要素投入不同

各类地区区域要素投入存在差距主要表现在以下三个方面：

1. 资金投入差距大

据《中国统计年鉴》（2013）计算分析，发达区八个省（直辖市）的平均民营工业企业研究与实验发展 R&D 的投资为 547.5 亿元，中等区 13 个省（自治区、直辖市）的平均 R&D 投资为 174.7 亿元，落后区 8 个省（自治区）平均 R&D 投资为 43.92 亿元，是发达区的 8%，是中等区的 25%，R&D 投资总量最高的是江苏省，为 1080 亿元，是落后区的 25 倍。从民营经济中 R&D 投入强度来看，领先区为 5.95%，发达区为 2.79%，中等区为 1.19%，落后区为 0.81%，相差较大。就全社会固定资产投资而言，尽管中等区和落后区投资增速在不断增加，但在投资总量上差距还是比较明显的，2013 年发达区投资为 179092 亿元，比上年增长 17.9%；中等区投资为 105894 亿元，比上年增长 22.2%；落后区投资为 109228 亿元，比上年增长 22.8%，但投资总量仅仅只是发达区的 60%。就民营经济投资额而言，发达区平均民营经济投资额为 4262.38 亿元，最高的是江苏省，为 11259.5 亿元；中等区平均民营经济投资额为 3027.2 亿元，最高的是辽宁省，为 7971 亿元；落后区平均投资额为 717.43 亿元，是发达区的 16%，最高的是云南省，为 1478 亿元，最低的是青海省，为 206.4 亿元，发达区中的江苏省是其 55 倍。可见各地区的差距是相当大的。

2. 人才要素投入差距大

据研究测算，发达区的民营经济从业人员占就业人数比重在 2005 年为 15.67%，到 2012 年这一比重上升至 25.04%，而落后区由 2005 年的 6.14% 上升到2012年的11.2%,且R&D人员全时当量投入的差距也较大,以2013年《中国统计年鉴》的数据计算得出,发达区R&D人员全时当量平均为171190人·年,中等区平均为56438人·年,落后区为14515人·年,落后区是发达区的8.5%、中等区的25.7%,可见落后区人力资本相对不足且其差距在不断扩大。不仅是人才的总量投入不足,而且落后区的人力资源偏少,质量也不高。发达区每万人口拥有专业技术人员为362.05人,落后区则为210.45人,比发达区少151.6人。具有大专以上学历的发达区占3.08%,落后区只有2.21%;具有高中以上学历的发达区占11.23%,落后区是8.48%;具有硕士学位的人员发达区平均每省为1024.82人,而落后区平均每省为182.25人,比全国平均少331.9人,比发达区少842.57人;具有博士学位的人员发达区平均每省为568.18人,落后区平均每省为59.08人,比全国平均水平少192.53人。

3. 创新技术要素投入差距大

在创新技术水平上,以万名从业人员的专利发明授权数为例,领先区从2005年的2.26件上升至2012年的9.73件,落后区由2005年的0.06件仅上升至2012年的0.29件。从2013年发明专利申请量来看,发达区平均为39549件,中等区为10467件,落后区为2159件,落后区分别比发达区和中等区少了37390件、8308件,其中有效发明专利中,发达区为23749件,有效率为60%;中等区是4914件,有效率为47%;落后区是1151件,有效率为53%,可见落后区有效发明专利率在不断增加,但是发明专利的总量仍然偏少,与发达区创新技术投入的差距很大。

(四)国家相关政策的影响

国家对东中西部发展政策的实施是造成这四类地区民营经济转型升级生态化差距越来越大的重要原因之一。

1. 非均衡发展战略的实施

改革开放后,东部改革开放先行一步,获得了诸多优惠政策,在引进技术、资金、人才,开发证券市场、期货市场等方面,在全国均处于优势位置。政府在东部设立了多个经济特区和对外开放城市,突破了传统体制,在广东、福建两省建立了深圳、珠海、汕头和厦门四个经济特区,开放了14个沿海港口城市,并扩展到海南、珠江三角洲、长江三角洲等地带。支持东部地区大力发展乡镇企业及其他非国有经济,将吸收的港澳台资本和外国资本主要集中在东部地区,创办了"三资企业"和"三来一补"企业,并在这些经济特区和开放地带实行了"特事特办"和一系列优惠政策,包括投资倾斜、减免税以及用汇、信贷等,使那些经济特区和开放地带的各级政府在经济开发上有更大的政策权和立法权,在优惠政策和市场经济规律潜在力量的双重作用下,国内外资金和人才向经济迅速增长的沿海地区流动,使非国有经济得到了快速发展。相比而言,导致中西部地区民营经济发展滞后。

2. 产业转移战略的实施

落后区经济基础差、发展缓慢,又缺乏优惠政策的吸引,难以吸引到外部资金,原有的资金、人才和劳动力也大量外流,经济发展的内源性动力和外源性力量的支持基础较差,但是基于落后区的人力资本成本低、地价便宜、保留劳动力等因素的考虑,国家实施了产业转移战略,将资源型产业污染程度相对较高的企业以及劳动密集型的企业从东部转移到中西部,这项战略的实施直接加大了发达区与中等区、落后区民营经济转型升级生态化水平的差距。不仅如此,为了先发展沿海地区,国家向东部提供了许多制度上的便利,特别是资源配置制度突出向东部倾斜,国家还赋予沿海一些地区较大的自主权,并在财政、税收、外资利用价格、信贷等方面给予相应的特殊制度优惠。在一定程度上加速了东部民营经济的发展,导致东中西部地区的民营经济转型升级水平差距的形成。

第六节 生态化民营经济发展之路径

根据实证研究结果及其分析,本研究认为应该从各大类地区的民营企业自身所处的阶段和水平出发,有侧重点、有针对性地提高民营经济转型升级中的生态化水平,缩小四大类地区民营经济生态化发展差距,从整体上提高我国民营经济转型升级中的生态化水平,实现生态文明的目标。领先区(北京市)现阶段应利用其优势提高其生态融资水平;发达区的民营企业现阶段应将技术创新与生态环境的持续性发展作为重点;中等区应侧重于利用先进技术打造资源节约、低碳排放的循环经济民营工业企业体系;落后区的当务之急是要提高民营企业入驻的能耗和环境门槛。因此本研究从领先区、发达区、中等区和落后区四个方面作对策设计。

一、领先区：提高生态融资水平

领先区的北京市现阶段应利用其优势提高其生态融资水平。通过给积极从事生态技术创新的民营企业提供更充裕的资金，同时使污染型的企业在融资上变得相对困难，可以引导企业向生态化模式转变，从而提高该地区民营经济转型升级的生态化水平。一方面，应加大生态专项补贴政策力度。有重点地对以生态化升级水平提升为根本目标的民营企业实施专项补贴；另一方面，应建立多种资金来源、多种组织形式参与、多层次结构金融融资渠道，支持社会中介机构参与贷款审理，为资质较好的民营企业争取银行授信，拓宽民营中小企业的直接融资渠道。

（一）加大生态专项补贴政策力度

对生态专项补贴支出是一种直接促进生态化进步与发展的公共政策手段，在加大生态专项补贴力度的同时，也要完善生态补贴政策，建立起相关的审查与监督机制，保证政策实施的公正与公平。

1. 建立科学生态预算机制

生态专项拨款看似是最直接的方式，但由于生态支出预算的资金一般有着较为稳定的比例，还要经过预算的相关程序，所以不能够及时随着民营企业对转型升级生态化水平提高的需求量而作动态变化。因此北京首先应从生态支出预算制度角度出发，重新规划生态预算的审核、支出、使用等流程，建立符合生态文明建设的科学的生态预算机制，从而使政府的生态补贴投入能够真正落到实处。

2. 完善生态专项补贴政策

由于民营企业在转型升级过程中，进行生态化技术创新活动的成本高、风险大等因素，使民营企业对生态化技术的运用积极性不高，北京市政府制定相关政策，通过生态财政支出来补贴民营企业在转型升级过程中采用生态化技术进行产品开发所付出的高额费用，尤其是高新技术、风险经营、出口型的民营中小企业，激励民营企业持续进行生态化技术运用和研发行为。完善政府绿色采购政策，直接从企业采购合格的生态化产品或者对相关产品的采购进行引导，不仅可以将其运用到各项公共事业中满足政府部门及消费者的需求，而且还可以将生态化意识传递给广大群众，营造良好的企业生态化转型升级氛围。

（二）建立多层次生态融资渠道

民营企业融资难一直是民营经济发展的最大掣肘，而我国目前的金融体制是民营企业融资难的制度性根源，拓宽民营企业融资渠道，是减缓金融抑制对民营经济向生态化方向转型升级的关键所在，一方面，要依靠银行推动金融资源向民营经济倾斜力度，并支持社会中介机构参与贷款审理；另一方面，民营企业自身可通过组织创新来聚集生态投融资金，如建立生态建设有限公司、生态产业投资基金、生态信托投资公司等。

1. 推动银行利率市场化，优化金融融资结构

加快推进银行利率市场化，并全面防范业务风险等金融深化改革措施是解决民营企业融资难的重要途径，利率市场化的改革可提升管制利率，增加民营企业直接融资，有效拉动民营企业固定资产等投资，促进民营企业经济的良性发展。现阶段应放松对民营企业信贷市场的管制利率，但根据利率市场化的国际经验表明：激进式地放松管制利率虽然可以大幅度减小存贷款利差，但是极易导致中小银行出现盲目放贷、资产流失现象。故还应在增加直接融资规模的基础上，选择部分市场化程度高、有财务硬约束的银行进行试点，逐渐摸索出适合北京市的金融融资结构，可采取先放开贷款利率，再逐步扩大存款利率浮动区间，以减少对实体经济和金融机构的冲击等试点措施。优化金融融资结构，正确引导信贷投向，可直接提高融资比重，推动金融资源向民营经济倾斜。适度扶持诚信规范的民营企业上市审批、增发核准，同时严格监管理财产品设计、销售和资金投向，组织开展对信贷资产转让的现场检查。完善民营企业债务融资体系，充分利用中小企业板和创业板市场进行股权融资，丰富中小企业私募债、资产支持票据等适合民营企业的新型债务融资工具。完善风险管理机制，建立风险"防火墙"和风险代偿机制，推进机构投资者的建设，规范跨业合作业务。

2. 通过民营企业自身的组织创新聚集生态投融资金

实力雄厚的民营企业可成立生态建设有限公司，其他中小民营企业可参与创业风险投资基金、生态信托投资公司的建设。

（1）支持大中型民营企业建立生态建设有限公司。实力雄厚的大中型民营企业可通过现代企业制度这个平台，充分利用北京市的人力资源、自然资源以及劳动力资源与社会闲置资金，依靠现代企业的先进运作方式，建立全民参与生态投融资体系，从而使资金、人力、环境等资源在现代企业制度下进行高效组合，为企业创造利润，为公司员工、客户等相关利益群体创造价值，在取得良好经济效益的同时，谋求社会效益和生态效益的最大化。在生态建设有限公司运行中，核心是将生态资源的价值量化，以现代企业为组织载体建立规范的生态产权流动机

制，从而引导、吸纳社会闲置资金对生态产品开发、生产等的投资，并建立社会资金、民营企业资金同政府生态专项资金有机结合的共生机制，通过完整、科学的生态投融资管理体系和监控体系，使资本保值增值，还可以通过生态建设有限公司的上市，募集更多的生态投融资资金。

（2）鼓励中小企业参与生态投资基金公司的建设。包括鼓励中小企业参与创业风险投资基金和生态建设信托公司的建设。创业风险投资基金公司是集中社会闲散资金对有较大发展潜力的新兴企业进行股权投资，并对受资企业提供一系列增值服务，通过股权交易获得较高的投资收益，中小民营企业的积极参与，可增加其生态融资来源，增加其融资量。生态建设信托公司作为金融中介机构，通过贷款信托、以项目公司为载体发行企业生态建设债券等方式接受分散的投资者的资金信托，贷款信托是通过发行债权型收益凭证的方式来接受投资者信托，在信托设定期内，将汇集受托资金对生态项目民营企业进行资本金投入，或者以贷款信托的形式对生态项目民营企业贷款，通过项目融资贷款的方式对民营企业的生态建设提供资金支持；以项目公司为载体发行生态建设债券，对民营企业来说，以项目公司债券和项目公司发行股票的方式向资本市场直接融资，其筹集资金所付出的利息可抵扣所得税相对较低，在民营企业生态项目建成开始运营后，随着债券审批制度的改进，生态项目将会得到极大的支持，吸引多元化投资主体，从而吸纳更多的生态融资资金。

二、发达区：提升民营企业技术创新水平

发达区的民营企业现阶段应将技术创新与生态环境的持续性发展作为重点。从我国民营经济转型升级的静态分析结果可知，发达区的A类区持续性创新发展已进入瓶颈期，技术创新的高效率运用是突破该瓶颈的关键，而B类区则应大力发展可再生能源装备制造业，打造低碳产业体系，关键还是要提升企业的技术创新水平，而目前最重要的是完善民营企业技术创新政策。

（一）A类区：提高企业生态化创新能力

通过对A类区的实证分析表明：A类区的持续性创新发展已进入瓶颈期，而民营企业作为技术创新的主体，在生态化创新活动中起着主导的作用，民营企业应树立生态化意识，认识到技术创新投入对于民营企业向生态化转型升级的意义，加大对民营企业创新资源的投入，保障民营企业创新产出的效益，从而提高民营企业技术创新水平，依靠新技术的运用改善污染排放现象严重、排放降幅不

稳定等生态化问题。

1. 加大对民营企业创新资源的投入

主要包括创新资金和人力资源的投入。创新资金投入的多少直接影响企业创新技术水平的提高程度。目前发达区八个省市的风险投资公司发展较快，且分布较广泛，民营企业除了可以利用政府的支持、外商直接投资以及金融机构融资等渠道筹集所需创新资金外，还可以利用风险投资公司为其注入创新资金进行投资；人力资源的投入多少直接影响企业创新技术水平提高的进程。人力资源作为创新活动的重要载体，民营企业应加大具备生态化创新技术能力的人力资源的引进，主要包括两类人才：一是具有生态保护与技术创新背景的研发人员，这是民营企业向生态化转型升级、进行技术创新活动的中坚力量，他们的综合素质就代表着整个民营企业生态化发展潜力，因此民营企业应建立起该类研发人才的选拔与培养机制，不仅能够吸引人才，还要留得住人才；二是具体实施创新技术的技术人员，先进技术也需在实践中操作得当才能发挥应有的效果，只有熟练的技术人员才能够在一线操作中有效控制能源的消耗和污染的排放，见证创新成果的产生，因而民营企业应加强技术人员的生态化培训和操作实践水平，同时引进高技术人员，推广新技术的运用，切实完成企业设定的各项指标。

2. 保障民营企业创新产出的效益

民营企业除了要加大对创新资源的投入外，更要保障创新产出的效益，主要是提高民营企业生态化创新技术成果的转化效率。一方面，民营企业要随市场变动调整营销机制，锁定目标消费市场，进行有针对性的宣传，借助电视、网络、移动设备、报纸以及海报等传播媒介，突出新产品的生态环保创新理念，充分展示生态技术新产品、新服务的优势与独特之处，吸引目标消费群体，从而提高生态产品的销售收入；另一方面，民营企业自身要树立自主知识产权保护意识，保持持续性创新的动力，加强节能减排机制的运行，真正落实政府的各项规章，保障生态化产品的效益。可在民营企业内部建立自主知识产权保护制度，激励自主创新，加强专利申请、维权等方面的宣传，建立专门的创新技术知识产权保护部门，保障企业技术创新持续性的产出效益。同时，在民营企业内部成立节能减排专项部门，负责制定符合本企业的技术创新运用规划，做好规划的实施工作，坚持并监督生产部门对创新技术的运作，与企业研发部门保持信息畅通，使生态化创新技术从产品的研发阶段就开始相结合，从而提高民营企业生态化创新技术成果的转化效率。

(二) B 类区：完善民营企业技术创新政策

完善民营企业技术创新政策是大幅提高民营企业技术创新水平的基础，根据 B 类区的实证分析表明：B 类区应大力发展可再生能源装备制造业，打造低碳产业体系，提升企业的技术创新水平是关键，但目前最重要的是完善民营企业技术创新政策。

1. 建立和完善产学研合作与联盟政策

企业在生态化技术创新过程中，需要将政府提出的生态文明建设战略思想、环境保护和生态化创新技术政策贯穿于整个产品的生产过程中，科研机构、高校院所等作为研发机构的中坚力量，为民营企业技术创新的运用提供了理论之床，加强产学研合作与联盟可极大地提高民营企业的创新技术水平。第一，需要科研机构、高校院所提高自身的综合能力，提供更好的创新服务平台；第二，定期进行生态化创新技术的培训，及时传达政府各部门最新的政策、法律法规与创新技术研究成果，提高研发人员的综合素质；第三，利用自身的资源，如实验基地、绿色环保技术、生态技术信息中心以及大型服务网络等成立生态化创新技术咨询服务中心，定期与企业开展交流与指导，实现资源的共享，使之与民营企业成为利益共同体，联合开发出更具市场竞争力的新产品和新服务。

2. 完善创新政策体系

要想切实提高民营企业生态化创新技术水平，不仅需要各民营创新主体发挥协同作用，加大产学研合作与联盟使其发挥中介作用，还需要进一步完善相关创新政策体系，现阶段对创新政策体系要从明确权责、细化实施措施两方面入手。一方面，要明确各创新主体的权利和义务，政府拥有制定各项关于民营经济转型升级生态化技术创新政策的权利，但同时也有执行、进行详细有效分工的义务，应明确政府各责任单位，通过建立绩效考核评价体系，使相关政策的执行有据可循。民营企业在得到政府相关扶持政策、享受优惠等政策的同时，还应该履行加大生态化技术创新投入与研发、定期对研发人员进行培训、改进落后生产工艺、改善污染排放水平等义务，使民营企业的生产行为符合政府生态文明建设标准。另一方面，要细化具体的实施措施，落实相关的配套措施。发达区科教资源相对丰富，经济基础实力雄厚，技术创新环境较好，但是各省市以及其内部各区域间的差异还是较大，应该细化具体实施措施，比如，可在已出台的相关创新政策上，依据各地区域的实际情况建立生态创新小组，不仅可按政府的规章政策执行协调工作，而且可以兼顾生态与科技创新，还可对中小型科技企业实行政策倾斜制度，鼓励其生态化创新技术的实践等。

三、中等区：打造低碳排放的民营工业体系

中等区现阶段应侧重于利用先进技术打造资源节约、低碳排放的循环经济民营工业企业体系。从实证研究对中等区13个省（自治区、直辖市）的具体分析可知：尽管中等区三类地区的省（自治区、直辖市）各有特点，但是总体上在节能减排上存在很大的劣势。以下从各小类地区的各自特点具体阐述如何打造该类地区低碳排放的民营工业体系，解决节能减排的问题。

（一）C类区：形成低碳化排放的民营工业体系

通过实证研究分析发现：C类区包括辽宁、湖北、湖南和吉林四个省，在资源循环利用和持续性创新方面具有较大的优势，在节能减排和生态化潜力方面存在劣势，现阶段C类地区应着重打造低碳排放的循环经济产业体系，为该类地区今后提升生态化潜力奠定基础，提高民营经济转型升级生态化水平的效率。

1. 优化能源消费结构，提高低碳化水平

优化能源消费结构，推进能源消费的低碳化转型，是转变经济增长方式、实现民营企业减排量的重要途径。积极发展新能源、可再生能源和清洁能源，如风能、核能、水能、太阳能等无污染化能源来缓解目前C类区高碳排放的严峻形势，从而优化该类地区的能源生产和消费结构。加快培育新能源和节能环保企业，重点发展太阳能、风能等新能源产业和再生资源产业等环保产业，支持民营工业企业的能源优化进程，从而抢占低碳经济发展的制高点，提高该类地区的低碳化水平。

2. 建立绿色技术体系，提高低碳化技术水平

绿色技术包括废弃物再利用的资源化技术、消除污染物的环境工程技术和生产无废或者少废等清洁生产技术，绿色技术的采用可实现无害或者低害污染，降低原材料和资源的消耗，实现少投入、高产出、低污染的目的。建立绿色技术的关键在于民营企业积极采用无害或者低害新工艺和新技术。政府可引导建立一批生态工业示范园，依靠科技进步和绿色技术的运用，使循环经济技术与管理相结合，转化成现实企业的生产力，提高低碳化排放水平。

（二）D类区：形成节能减排的民营工业体系

D类区包括重庆、福建、四川、安徽、河南、河北、广西七个省（自治区、直辖市），在持续性创新和生态化潜力方面具有较大的优势，在节能减排方面存

在绝对劣势,尽管安徽和河南最近几年在民营经济转型生态化水平方面提高幅度较大,但总体上节能减排水平仍相对落后。

1. 重视资源的节约利用,提高资源利用水平

提高民营企业的节能水平,不仅可以节约民营企业的经营成本实现经济效益,还可以实现较好的生态效益。可在民营企业内部制定相关制度,如完善资源管理制度,规范资源的使用。还可以延伸生态产品生产链条,增加产品的附加值,比如以天然气和石化产品为原料,延伸合成纤维、染料、工程塑料、涂料等产品链,用联碱工艺取代了氨碱工艺,实现了联碱石化一体化,不仅可降低能耗,还减少了二氧化硫和废渣排放,从而提高了节能减排的水平。

2. 全面推进清洁生产,培育资源节约和环境友好型民营企业

民营企业要提高资源利用效率,节约资源,改变资源高投入、低产出、低效率的现状,就需要在产品生产的过程中全面推进清洁生产,促进民营企业在生产过程中的节能减排,做到废物资源化、减量化,对于排污强度较大的民营采掘业、造纸及纸制品业、石油加工及炼焦业、非金属矿物制品业、化学纤维制造业、黑色金属冶炼及压延加工业、有色金属冶炼及压延加工业等民营工业企业必须进行强制性的技术改造,加快清洁生产推进的步伐,严格控制这些民营工业企业的排污量。可将培育装备制造、粮食生产、建材等重点行业的龙头民营企业作为试点,全面推进清洁生产工艺的运用,打造资源节约和环境友好型民营企业。

(三) E 类区:形成集约高效的资源循环利用体系

通过实证研究分析发现:E 类区包括陕西和内蒙古,在节能减排和生态化潜力方面具有较大优势,但是在资源循环利用和持续性创新上劣势明显,尽管最近几年陕西生态化转型升级水平提升很快,接近发达区的水平,但是资源循环利用水平较低。故 E 类区现阶段需要形成集约高效的资源循环利用体系,目前主要从提高水资源、废气、固体废物的利用率三方面着手。

1. 形成良好的水资源循环利用体系

在民营企业内部逐步推广产品生产环节的工业节水技术,改善工业用水方式,提高用水的效率,实现废水的低排放水平。采用工业用水重复利用、冷却水回收等技术提高水的重复利用率,在生产环节根据各部门不同用水量、水质要求等建立用水循环系统,这样可以根据不同部门对水质需求的不同,推行"集中处理、分质供水"的供水模式,实现水资源优质优用、低质低用,从而极大地提高水资源的利用效率。

2. 形成废气循环利用体系

利用关联产业进行废气回收加工，如建设硫黄回收项目，提高二氧化硫总回收率。通过低碳化技术，如二氧化碳回收提纯工艺，对二氧化碳进行综合利用，例如，用二氧化碳替代传统水驱方法，注入油田和气田，可提高12%的原油采收率，也可增加10%的气体采收率，同时，利用回收的二氧化碳，可生产降解塑料、碳酸盐化合物等，而采用二氧化碳保鲜技术和二氧化碳气体保护焊，可节电50%以上。

3. 形成固体废物资源化与再生利用体系

加强固体废物回收及其综合利用率，需要建立健全工业固体废物交换平台，实现废物的循环利用。对于一般固体废物循环利用体系的建立，除了要鼓励民营企业引进无固废或者少固废的清洁生产工艺，还应做好固体废物全过程的管理工作，包括申报登记以及对其产生—收运—处置（或综合利用）等实施过程的全程监督；对于危险废物应严格按照国家的管理办法，减量产生危险废物的源头，产生后应对其进行收集、运输、贮存、循环利用和无害化处理，实现固体废物产生最小化、固体废物回收利用、固体废物的环境无害化处置的良性固体废物处置体系。

四、落后区：提高民营企业入驻的能耗和环境门槛

落后区当务之急是要提高民营企业入驻的能耗和环境门槛。从实证研究对落后区八个省（自治区）的具体分析可知：F类区的贵州省在持续性创新发展水平方面占有相对优势，G类区包括黑龙江等七个省（自治区），在节能减排、资源循环利用、持续性创新和生态化潜力方面劣势均比较明显。尽管需要在各个方面采取措施，但是根据现状，当务之急是要提高各地区民营企业入驻的能耗和环境门槛，以下根据各小类地区的各自特点针对性地提出相关解决措施。

（一）F类区：建立民营企业生态化建设的激励机制

F类区的贵州尽管在持续性创新上有所突破，但总体上的生态化转型水平一直处于低水平状态，故现阶段贵州需建立民营企业生态化建设的激励机制，通过政府、市场、社会来引导并激励民营企业实施生态化建设。

1. 实行税收激励政策

包括生态税收政策、环境保护税收政策、生态税收补偿政策等。对生态化水平高的民营企业实行一系列的减税免税等税收优惠，同时采取多种税收优惠形

式，增强税收优惠手段的多样性和针对性，灵活运用多种不同的税收优惠形式鼓励企业对生态化技术的研究、开发、引进和使用，鼓励民营企业对生态化转型升级的投融资，鼓励生态化产品的生产、使用。利用税收的激励政策，使民营企业积极参与生态化企业的建设。

2. 利用市场和政府购买引导和培育民营企业生态化意识

通过对社会的宣传和引导，拉动消费者对生态化产品的需求，引导有利于民营企业生态化的消费，激发民营企业进行生态化的转型升级的意识，从而自觉把资源循环利用与生态化技术纳入总体创新、开发和企业经营战略中，在企业生产、经营的各个环节，实施清洁生产和资源综合利用，自觉淘汰和关闭浪费资源、污染环境的旧工艺等落后设备。加强政府的绿色采购，通过政府的绿色购买行为，保障民营企业生态化产品的销路。现阶段由于生态化产品处于开发期，民营企业对生态化产品的前期投入大、风险大等因素导致生态化产品相比于普通产品来说价格要高，在市场消费需求低迷阶段，政府的绿色采购行为是激励民营企业进行生态化产品生产的关键后盾。

（二）G 类区：建立健全环保准入和管理制度

通过实证分析发现：G 类区在节能减排、资源循环利用、持续性创新和生态化潜力水平方面均处于落后状态。尽管需要在各个方面采取措施，但是目前由于落后区要加快经济发展的步伐，再加上国家产业转移政策的实施，很多当地政府不惜引进高能耗、高排放、高污染的民营企业，牺牲环境发展当地经济，故当务之急是要制定严格的环保准入和规范的管理制度。

1. 制定严格的环保准入制度

要想控制高能耗、高排放、高污染的民营企业的进入，就需要严格的环保准入制度进行保障。可实行环保一票否决制，制定一批鼓励实行循环经济、低碳经济发展的民营企业招商引资政策，引导民营企业实施生态发展战略，改变"先污染，再治理"的落后工业发展模式，走新型工业化道路，不断进行企业生产结构调整，从而达到低排放、低污染的环保标准，从整体上提高该类地区民营企业的环保进入门槛。

2. 规范生态化管理制度

现阶段要规范该类地区生态化管理制度，政府部门是关键，一方面，需引入绿色政绩考核机制，从而改变政府工作人员对待经济发展和环境保护关系的态度，引导政府工作者切实将环境保护和经济发展放到同样的战略高度，立足长远，谋求生态与经济的"共赢"，真正做到尊重生态规律，促进精神文明建设，促使政府部门自觉抵制高能耗、高排放、高污染的民营企业的进入。另一方面，还要完善环境行政管理责任的追究机制，促进各地方政府积极有效履行相应的责任。实行环境执法与处罚机构分离，完善监督机制，规范环境管理责任人员的引咎辞职制度，建立追究责任人的时效制度；并对整个追究过程进行公开，从而避免职权的滥用，保障生态化管理制度的切实执行。

第八章 绿色发展：中国现代化新路径

第一节 五大发展理念引领中国深刻变革

一场关系我国发展全局的深刻变革已经到来。创新、协调、绿色、开放、共享——中共十八届五中全会提出的"五大发展理念"，为带领中国奔向全面小康社会、向共和国"第一个百年目标"冲刺，奠定了基点，摆正了姿势，开辟了路径，谋划了布局，明确了方向。

一、创新发展

创新发展奠定了新时期发展新基点。

创新，意味着经济发展动力机制的转换。从《中共中央关于制定国民经济和社会发展第十三个五年规划的建议》（下称《建议》）提出的创新发展理念上看，创新发展理念再也不是仅限于我们平常所讲的狭义上的科技创新，而是有了多层的含义：

第一，体现了整体和全局的宏观概念。内容极其丰富，竖到底、横到边，立体化、全覆盖。正如中共十八届五中全会提出的，"必须把创新摆在国家发展全局的核心位置，不断推进理论创新、制度创新、科技创新、文化创新等各方面创新，让创新贯穿党和国家一切工作，让创新在全社会蔚然成风"。

第二，体现了发展模式和发展类型的理论概括。在《建议》中，这种模式被命名为"引领型发展"。这个新命名，发人深省，令人深思，无疑是对原先"跟随"和"模仿"发展类型所存在问题的反思，更是对"跟随"和"模仿"发展模式的摒弃。在这种"引领型发展"模式下，创新显然不只是科技创新，必须成为发展基点。在创新的体制架构下，更多要依靠创新驱动，发挥先发优势，引领经济发展。

第三，体现了微观层面上对各创新要素新的要求。这就是要激发创新创业活力，推动大众创业、万众创新，释放新需求，创造新供给，推动新技术、新产业、新业态蓬勃发展。

第四，体现了中观层面上对各创新区域新的任务。这就是拓展发展新空间，形成沿海沿江沿线经济带为主的纵向、横向经济轴带，培育壮大若干重点经济区。

第五，体现了产业布局上新的内容。这就是涵盖第一、第二、第三产业在内的各个产业创新战略布局。

第六，体现了战略重点上新的布局。要紧跟科技发展新趋势，发挥科技创新在全面创新中的引领作用，实施一批国家重大科技项目，在重大创新领域组建一批国家实验室，积极牵头组织国际大科学计划和大科学工程。

第七，体现了构建创新发展体制上新的目标。要加快形成有利于创新发展的市场环境、产权制度、投融资体制、分配制度、人才培养引进使用机制。

第八，体现了政府职能新的作用。要深化行政管理体制改革，进一步转变政府职能，持续推进简政放权、放管结合、优化服务，提高政府效能，激发市场活力和社会创造力，完善各类国有资产管理体制，建立健全现代财政制度、税收制度，改革并完善适应现代金融市场发展的金融监管框架。

第九，体现了创新和完善宏观调控方式上新的安排。要在区间调控基础上加大定向调控力度，减少政府对价格形成的干预，全面放开竞争性领域商品和服务价格。

第十，体现了创新在新时期新的行动。要实施网络强国战略，实施"互联网+"行动计划，发展分享经济，实施国家大数据战略。大力推进农业现代化。构建产业新体系，加快建设制造强国，实施"中国制造2025"，实施工业强基工程，培育一批战略性产业，开展加快发展现代服务业行动。

正因如此，作为五大发展理念之首的创新发展，也就有着统领发展全局的意义。

二、协调发展

协调发展摆正了历史发展新姿势。

协调一般是指各主体之间行为的相互适应、避免相互掣肘。协调发展新理念，不仅包括部分之间的静态协调，还包括部分之间的动态协调；不仅包括部分与整体的协调整合，还包括分工与协作、按比例发展。强调的是全局下和整体中多方面、各层次、全方位的动态平衡和结构优化；涵盖了区域协调发展、城乡协调发展、物质文明和精神文明协调发展、经济建设和国防建设融合发展、军民融合发展。

协调的目的在于促进发展，部分之间的协调，必须着眼于整体实力的提升，包括在协调发展中拓宽发展空间，在加强薄弱领域中增强发展后劲。协调发展的本质是实现经济按比例发展客观规律的要求，在市场经济的条件下，实现无计划按比例，这是一次伟大的创新，也面临着极大的挑战。

我们现实的经济发展，各方面都还存在着大量的不协调，部门分割、地方封锁、行政藩篱等掣肘还处处可见，阻碍着经济的发展。

在经济新常态的背景下，要使协调发展释放出新的生产力发展的巨大潜能，就必须牢牢把握中国特色社会主义事业总体布局，正确处理发展中的重大关系。

第一，重点促进城乡区域协调发展，促进经济社会协调发展，促进新型工业化、信息化、城镇化、农业现代化同步发展，在增强国家硬实力的同时注重提升国家软实力，不断增强发展整体性。推动区域协调发展，塑造要素有序自由流动、主体功能约束有效、基本公共服务均等、资源环境可承载的区域协调发展新格局。

在推动区域协调发展方面，"一带一路"、京津冀协同发展、长江经济带"三大支撑带"将促进区域内省份明晰功能定位，加快产业合理分布和上下游联动机制，促进区域发展。实施东北振兴政策摆脱增长率垫底的局面，加快新疆、西藏等经济底子薄、具有战略意义的边疆区域发展，则可以增强经济的发展后劲。

具体来看，"一带一路"战略将提振多个行业，将为交通、能源、通信、金融、教育、医疗和进出口等领域企业创造新机遇；京津冀协同发展将带动区域交通、物流、通信、旅游等产业发展；长江经济带覆盖11省市，人口和生产总值均超过全国40%，该项战略通过促进东中西互动、沿海区域与沿江区域协调发展，有助于发挥区域内省市优势，挖掘增长潜力。

第二，推动经济建设和国防建设融合发展，坚持发展和安全兼顾、富国和强军统一，实施军民融合发展战略，形成全要素、多领域、高效益的军民深度融合发展格局。

虽然"十二五"规划中已经提出了军民融合，但从实践来看，"十二五"时期军民融合技术应用范围仍然较窄，主要在导航、通信领域。

关于军民融合发展，习近平总书记曾作过多次论述，并将此提升为国家战略：

2013年3月，在出席十二届全国人大一次会议解放军代表团全体会议时，习近平强调，要统筹经济建设和国防建设，努力实现富国和强军的统一。进一步做好军民融合式发展这篇大文章，坚持需求牵引、国家主导，努力形成基础设施和重要领域军民深度融合的发展格局。

2013年8月，习近平在视察沈阳战区部队时指出，要拓展军民融合的领域和范围，积极推进国防经济和社会经济、军用技术和民用技术、部队人才和地方人才兼容发展。

2014年3月，在十二届全国人大二次会议解放军代表团全体会议上，习近平强调，实现强军目标，必须同心协力做好军民融合深度发展这篇大文章，既要发挥国家主导作用，又要发挥市场的作用，努力形成全要素、多领域、高效益的军民融合深度发展格局。

2014年8月，习近平在中共中央政治局第十七次集体学习时指出，要坚定不移走军民融合式创新之路，在更广范围、更高层次、更深程度上把军事创新体系纳入国家创新体系之中，实现两个体系相互兼容同步发展，使军事创新得到强力支持和持续推动。

2014年10月，习近平在全军政治工作会议上指出，积极推进政治工作思维理念、运行模式、指导方式、方法手段创新，提高政治工作信息化、法治化、科学化水平，形成全方位、宽领域、军民融合的政治工作格局，增强政治工作主动性和实效性。

2014年12月，习近平在全军装备工作会议上指出，要坚持军民融合深度发展，结合深化改革，加快建立推动军民融合发展的统一领导、军地协调、需求对接、资源共享机制，扎实推动国防科技和装备领域军民融合深度发展。

2014年12月，习近平在视察南京军区机关时强调，要统筹经济建设和国防建设，推进基础建设和重要领域军民深度融合，构建具有时代特色、符合战区特点的军民融合新格局。

2015年2月，习近平在视察看望驻西安部队时强调，各级领导干部要带头维护军政军民团结，牢记我军根本宗旨，严守群众纪律，自觉拥政爱民，推动军民融合深度发展，为经济社会建设贡献力量。

此后，军民融合呈加速发展态势。

加快军民深度融合发展，其关键在于加快民营企业进入军品采购体系。让民营企业进入采购体系：一方面，竞争机制可以降低军工企业的采购成本，增强其竞争力，便利"走出去"战略实施；另一方面，可以带动民用技术的发展。通常，军工产品的标准要高于民用产品，民营企业参与军工采购，可以提高其产品质量与标准，进而带动民用技术的发展。

加快军民深度融合发展，其核心在于军工技术向民用转化。军工技术向民用技术转化后，经济效应明显。以北斗导航系统为例，最初建立该系统是为打破国际导航市场垄断局面和应对战时需要。随着系统的完善，逐步向市场开放，根据相关人士在《人民日报》的撰文，北斗导航系统规模化应用后，每年将产生上千亿元的产值。

三、绿色发展

绿色发展开辟了美丽中国新路径。

回顾世界发展，面临三种发展思路的选择：一是"黑色发展"，就是"吃祖宗饭，造子孙孽"，破坏生态资本；二是"可持续发展"，没有影响后代发展，但也没有留下遗产；三是"绿色发展"，就是"前人种树，后人乘凉"，种下生态资产和资本。

显然，对于第一种发展思路，世人已是饱受其害，不但经济发展越来越受到资源短缺、资源告罄的制约，难以持续，而且基本生活条件也受到严重威胁，人们已经身陷其中、难以忍受。血淋淋的现实已经证明，这只能是一条死路。对于第二种发展思路，由于存在的问题——缺乏绿色遗产的留存，事实证明也将难以为继。所以，对于生态环境这一人类生存和发展的基本条件，我们不仅要立足于保护，更要坚持建设，坚持发展，坚持将绿色与发展统一起来，形成紧紧结合在一起的复合概念——绿色发展。这是人类永续发展的必要条件和人民对美好生活追求的重要体现。

绿色发展的本质是处理好发展中人与自然的关系。为此：

坚持绿色发展，必须坚持节约资源和保护环境的基本国策，坚持可持续发展，坚定走生产发展、生活富裕、生态良好的文明发展道路，加快建设资源节约型、环境友好型社会，形成人与自然和谐发展现代化建设新格局，推进美丽中国建设，为全球生态安全做出新贡献。

坚持绿色发展，必须促进人与自然和谐共生，构建科学合理的城市化格局、农业发展格局、生态安全格局、自然岸线格局，推动建立绿色低碳循环发展产业体系。

坚持绿色发展，必须加快建设主体功能区，发挥主体功能区作为国土空间开发保护基础制度的作用。推动低碳循环发展，建设清洁低碳、安全高效的现代能源体系，实施近零碳排放区示范工程。全面节约和高效利用资源，树立节约集约循环利用的资源观，建立健全用能权、用水权、排污权、碳排放权初始分配制度，推动形成勤俭节约的社会风尚。

坚持绿色发展，必须加大环境治理力度，以提高环境质量为核心，实行最严格的环境保护制度，深入实施大气、水、土壤污染防治行动计划，实行省以下环保机构监测监察执法垂直管理制度。筑牢生态安全屏障，坚持保护优先、自然恢复为主，实施山水林田湖生态保护和修复工程，开展大规模国土绿化行动，完善天然林保护制度，开展蓝色海湾整治行动。

四、开放发展

开放发展谋划了"十三五"发展新布局。

经历闭关锁国的中国，已经感受到开放带来的巨大利益，历史已经给出明确结论：开放是国家繁荣发展的必由之路。但我们必须看到，在开放上也还有许多需要改进、完善之处，还有许多短板需要补齐。特别是在经济发展新常态的背景下，更要把开放发展作为新的发展理念。开放发展，把开放和发展合成一个概念，作为一种理念，意义深刻。

首先，要发展更高层次的开放型经济。中国经济进入新常态以后，并不意味着可以沿着过去30多年的老路继续原来的战略。我国对外开放正面临"三期"叠加：第一是金融危机以后的全球经济调整修复期。这个时期在未来还会持续，它的特点是外部需求减速，全球性产能过剩问题加剧，竞争越来越激烈，局部贸易保护主义抬头，贸易摩擦也在增加。第二是新一轮国际贸易规则构造期。目前处于新一轮规则比较密集的构造期。第三是比较优势转换期。过去30多年，中国参与全球竞争的主要优势是低成本，其中最重要的是劳动力的低成本。经过30多年发展后，我们的人口结构、劳动力市场供求结构都发生了很大变化。波士顿咨询公司（BCG）发布的报告显示，在全球出口量排名前25位的经济体中，以美国为基准（100），中国的制造成本指数是96，即同样一件产品，在美国制造成本是1美元，那么在中国则需要0.96美元，双方差距已经极大缩小。

所有这些，决定了我们"走出去"的形式和任务都要加以改变，要发展更高层次的开放型经济。其中，最重要的就是要加快从以产品输出、货物贸易为主向产业和资本输出转变。将中国工业能力输往海外是大势所趋，既可消化过剩产能，又有助于中国企业"走出去"。

其次，以"一带一路"建设推动新一轮对外投资。新一轮对外投资是"'走出去'的2.0时代"，是在国际产能合作以及"一带一路"战略部署下，根据国际市场需求和中国经济内在发展阶段提出的，具有构建跨国产业体系的战略意义。

2015年9月，《关于构建开放型经济新体制的若干意见》（下称《意见》）正式发布。《意见》对实施新一轮高水平对外开放进行了顶层设计，提出要创新外商投资管理体制、建立促进"走出去"战略的新体制、构建外贸可持续发展新机制、优化对外开放区域布局、加快实施"一带一路"战略等多方面任务。

地方版扩大开放的政策文件也已密集出台。例如，宁夏发布《关于融入"一带一路"加快开放宁夏建设的意见》，提出主动融入"一带一路"，加快实施开放带动战略，努力构建内陆开放型经济新体制。山西发布《关于全面扩大开放的意见》，提出把全面扩大开放、发展开放型经济作为资源型经济转型的关键突破口。提出融入"一带一路"，大力支持企业"走出去"等举措。广州、厦门、大连等地也出台了相关政策意见。在部委层面上，工信部正在制定《制造业"走出去"战略规划》，加强对企业的统筹协调和分类指导。

"十三五"期间，应该利用好外部市场和资源，加速中国结构升级。放在全球生产价值链不断深化的背景下，重点是提升中国在全球价值链中的地位。

总之，坚持开放发展，必须顺应我国经济深度融入世界经济的趋势，奉行互利共赢的开放战略，发展更高层次的开放型经济，积极参与全球经济治理和公共产品供给，提高我国在全球经济治理中的制度性话语权，构建广泛的利益共同体。开创对外开放新局面，必须丰富对外开放内涵，提高对外开放水平，协同推进战略互信、经贸合作、人文交流，努力形成深度融合的互利合作格局。完善对外开放战略布局，推进双向开放，支持沿海地区全面参与全球经济合作和竞争，培育有全球影响力的先进制造基地和经济区，提高边境经济合作区、跨境经济合作区发展水平。形成对外开放新体制，完善法治化、国际化、便利化的营商环境，健全服务贸易促进体系，全面实行准入前国民待遇加负面清单管理制度，有序扩大服务业对外开放。推进"一带一路"建设，推进同有关国家和地区多领域互利共赢的务实合作，推进国际产能和装备制造合作，打造陆海内外联动、东西双向开放的全面开放新格局。深化内地和港澳地区、大陆和台湾地区的合作发展，提升港澳地区在国家经济发展和对外开放中的地位和功能，支持港澳地区发展经济、改善民生、推进民主、促进和谐，以互利共赢方式深化两岸经济合作，让更多台湾地区普通民众、青少年和中小企业受益。积极参与全球经济治理，促进国际经济秩序朝着平等公正、合作共赢的方向发展，加快实施自由贸易区战略。积极承担国际责任和义务，积极参与应对全球气候变化谈判，主动参与2030年可持续发展议程。

五、共享发展

共享发展明确了社会主义发展新方向。

共享是人类对理想社会的美好追求，是社会主义的真谛，也是中国特色社会主义的本质要求。改革开放初期提出的允许一部分人依靠辛勤劳动先富起来的大政策，就是要通过先富带动后富，最终实现共同富裕的目标。在我们即将全面建成小康社会的关键时刻，提出共享发展理念，不仅是强调共同富裕发展目标的实现，而且赋予了发展动力、发展过程、发展方式和发展性质的新内涵。共享发展，不能仅仅理解为发展后对发展成果的共享，而是把共享赋予发展的全过程，形成共享式发展。

坚持共享发展，必须坚持发展为了人民、发展依靠人民、发展成果由人民共享，做出更有效的制度安排，使全体人民在共建共享发展中有更多获得感，增强发展动力，增进人民团结，朝着共同富裕方向稳步前进。按照人人参与、人人尽力、人人享有的要求，坚守底线、突出重点、完善制度、引导预期，注重机会公平，保障基本民生，实现全体人民共同迈入全面小康社会。

坚持共享发展，必须增加公共服务供给，从解决人民最关心、最直接、最现实的利益问题入手，提高公共服务共建能力和共享水平，加大对革命老区、民族地区、边疆地区、贫困地区的转移支付。实施脱贫攻坚工程，实施精准扶贫、精准脱贫，分类扶持贫困家庭，探索对贫困人口实行资产收益扶持制度，建立健全农村留守儿童和妇女、老人关爱服务体系。

坚持共享发展，必须提高教育质量，推动义务教育均衡发展，普及高中阶段教育，逐步分类推进中等职业教育免除学杂费，率先从建档立卡的家庭经济困难学生中实施普通高中免除学杂费，实现家庭经济困难学生资助全覆盖。促进就业创业，坚持就业优先战略，实施更加积极的就业政策，完善创业扶持政策，加强对灵活就业、新就业形态的支持，提高技术工人待遇。缩小收入差距，坚持居民收入增长和经济增长同步、劳动报酬提高和劳动生产率提高同步，健全科学的工资水平决定机制、正常增长机制、支付保障机制，完善最低工资增长机制，完善市场评价要素贡献并按贡献分配的机制。

坚持共享发展，必须建立更加公平更可持续的社会保障制度，实施全民参保计划，实现职工基础养老金全国统筹，划转部分国有资本充实社保基金，全面实施城乡居民大病保险制度。推进健康中国建设，深化医药卫生体制改革，理顺药品价格，实行医疗、医保、医药联动，建立覆盖城乡的基本医疗卫生制度和现代医院管理制度，实施食品安全战略。促进人口均衡发展，坚持计划生育的基本国策，完善人口发展战略，全面实施一对夫妇可生育两个孩子政策，积极开展应对人口老龄化行动。

五大发展理念，是一个彼此之间有联系、成结构的体系，除分别认识理解外，还要整体把握。要看到，每个发展理念，都对其他发展理念有渗透、有体现，都不会孤立存在。

第二节 绿色发展的内涵与意义

一、绿色发展的内涵

走绿色发展之路，就是要使经济社会发展建立在资源得到高效循环利用、生态环境受到严格保护的基础上，形成节约资源和保护环境的空间格局、产业结构、生产方式、生活方式。

绿色发展理念是习近平总书记把马克思主义生态理论与当今时代发展特征相结合，又融汇了东方文明而形成的新的发展理念，是将生态文明建设融入经济、政治、文化、社会建设各方面和全过程的全新发展理念。

习近平总书记提出的绿色发展理念由绿色经济发展理念、绿色环境发展理念、绿色政治生态理念三部分有机组成。

一是绿色经济发展理念。 是指基于可持续发展思想产生的新型经济发展理念，致力于提高人类福利和社会公平。"绿色经济发展"是"绿色发展"的物质基础，涵盖了两个方面的内容：一方面，经济要环保。任何经济行为都必须以保护环境和生态健康为基本前提，它要求任何经济活动不仅不能以牺牲环境为代价，而且要有利于环境的保护和生态的健康。另一方面，环保要经济。即从环境保护的活动中获取经济效益，将维系生态健康作为新的经济增长点，实现"从绿掘金"。要求把培育生态文化作为重要支撑，协同推进新型工业化、城镇化、信息化、农业现代化和绿色化，牢固树立"绿水青山就是金山银山"的理念，坚持把节约优先、保护优先、自然恢复作为基本方针，把绿色发展、循环发展、低碳发展作为基本途径。2005年，时任浙江省委书记的习近平指出："生态环境优势转化为生态农业、生态工业、生态旅游等生态经济的优势，那么绿水青山也就变成了金山银山。"发展绿色经济强调"科技含量高、资源消耗低、环境污染少的生产方式"，强调"勤俭节约、绿色低碳、文明健康的消费生活方式"。2015年8月21日，在中南海召开的党外人士座谈会上，习近平指出，"'十三五'时期，我国发展面临许多新情况新问题，最主要的就是经济发展进入新常态。在新常态下，我国发展的环境、条件、任务、要求等都发生了新的变化。适应新常态、把握新常态、引领新常态，保持经济社会持续健康发展，必须坚持正确的发展理念。《中共中央关于制定国民经济和社会发展第十三个五年规划的建议》分析了全面建成小康社会决胜阶段的形势和任务，提出并阐述了创新、协调、绿色、开放、共享的发展理念，强调落实这些发展理念是关系我国发展全局的一场深刻变革。发展理念是发展行动的先导，是发展思路、发展方向、发展着力点的集中体现。要直接奔着当下的问题去，体现出鲜明的问题导向，以发展理念转变引领发展方式转变，以发展方式转变推动发展质量和效益提升，为'十三五'时期我国经济社会发展指好道、领好航"。

二是绿色环境发展理念。 是指通过合理利用自然资源，防止自然环境与人文环境的污染和破坏，保护自然环境和地球生物，改善人类社会环境的生存状态，保持和发展生态平衡，协调人类与自然环境的关系，以保证自然环境与人类社会的共同发展。习近平指出："建设生态文明，关系人民福祉，关乎民族未来。"

"良好的生态环境是最公平的公共产品,是最普惠的民生福祉。"2015年1月20日,习近平在云南考察工作时指出:"新农村建设一定要走符合农村实际的路子,遵循乡村自身发展规律,充分体现农村特点,注意乡土味道,保留乡村风貌,留得住青山绿水,记得住乡愁。经济要发展,但不能以破坏生态环境为代价。生态环境保护是一个长期任务,要久久为功。一定要把洱海保护好,让'苍山不墨千秋画,洱海无弦万古琴'的自然美景永驻人间。"2015年5月25日,习近平在浙江舟山农家乐小院考察调研时表示,"这里是一个天然大氧吧,是'美丽经济',印证了'绿水青山就是金山银山'的道理"。2015年5月27日,习近平在浙江召开华东七省市党委主要负责同志座谈会时指出,"协调发展、绿色发展既是理念又是举措,务必政策到位、落实到位。要科学布局生产空间、生活空间、生态空间,扎实推进生态环境保护,让良好生态环境成为人民生活质量的增长点,成为展现我国良好形象的发力点"。

三是绿色政治生态理念。是指政治生态清明,从政环境优良。习近平指出:"自然生态要山清水秀,政治生态也要山清水秀。严惩腐败分子是保持政治生态山清水秀的必然要求。党内如果有腐败分子藏身之地,政治生态必然会受到污染。"中共十八届五中全会《公报》指出:"要坚持全面从严治党、依规治党,深入推进党风廉政建设和反腐败斗争,巩固反腐败斗争成果,健全改进作风长效机制,着力构建不敢腐、不能腐、不想腐的体制机制,着力解决一些干部不作为、乱作为等问题,积极营造风清气正的政治生态,形成敢于担当、奋发有为的精神状态,努力实现干部清正、政府清廉、政治清明,为经济社会发展提供坚强政治保证。"在中国共产党建党93周年纪念日前夕,习近平总书记在中央政治局第十六次集体学习时首次提出"要有一个好的政治生态",并在此后多个场合强调要净化政治生态。2013年1月22日,习近平在第十八届中央纪律检查委员会第二次全体会议上的讲话指出:"工作作风上的问题绝对不是小事,如果不坚决纠正不良风气,任其发展下去,就会像一座无形的墙把我们党和人民群众隔开,我们党就会失去根基、失去血脉、失去力量。改进工作作风,就是要净化政治生态,营造廉洁从政的良好环境。"营造绿色政治生态,要抓好领导干部这个关键少数。2015年3月,习近平参加十二届全国人大三次会议吉林代表团的审议时强调:"做好各方面工作,必须有一个良好政治生态。政治生态污浊,从政环境就恶劣;政治生态清明,从政环境就优良。政治生态和自然生态一样,稍不注意,就很容易受到污染,一旦出现问题,再想恢复就要付出很大代价。要突出领导干部这个关键,教育引导各级领导干部立正身、讲原则、守纪律、拒腐蚀,形成'一级带一级、一级抓一级'的示范效应,积极营造风清气正的从政环境。"绿色生态也是生产力,绿色政治生态同样能够极大促进社会生产力的发展,最终实现绿色政治生态的巨大效能。这是一个系统的工程,这个过程急不得、等不得,要统筹推进,踏石留印地去落实,最终才能实现中国共产党和人民所期待的效果。

二、绿色发展的意义

实现高度发达的物质文明、政治文明、精神文明和生态文明,是我国现代化建设的根本目标,也是实现中华民族伟大复兴中国梦的基本内容。物质文明事关人们的民生福利,政治文明事关人们的自由民主,精神文明事关文化道德,生态文明事关生存环境。这四大文明是一个完整的整体,缺一不可。其中,绿色发展是连接四大文明目标的神经中枢。因为:

(1)绿色发展是增强综合实力和国际竞争力的必由之路。增强综合实力和国际竞争力事关物质文明。生态环境已成为一个国家和地区综合竞争力的重要组成部分。习近平强调:"中国将继续承担应尽的国际义务,同世界各国深入开展生态文明领域的交流合作,推动成果分享,携手共建生态良好的地球美好家园。"

(2)绿色发展是实现所有生命价值的唯一载体。不仅人是主体,自然也是主体;不仅人有价值,自然也有价值;不仅人有主动性,自然也有主动性;不仅人依靠自然,所有生命都依靠自然。因而,人类不仅要尊重自身的生命,也要尊重自然界其他生命,人与其他生命共享一个地球。这事关精神文明。习近平指出:"我们要认识到,山水林田湖是一个生命共同体,人的命脉在田,田的命脉在水,水的命脉在山,山的命脉在土,土的命脉在树。"因此,大力推进绿色发展,就是要以遵循自然规律为准则,尊重物类的存在,维护生命的权利,顺应自然运行的规律,谋求与自然界的和谐关系,保证自然系统的良性循环和动态平衡。

(3)绿色发展是实施可持续发展战略的具体行动。实施可持续发展战略事关生态文明。习近平指出:"生态环境是经济社会发展的基础。发展,应当是经济社会整体上的全面发展,空间上的协调发展,时间上的持续发展。"习近平强调:"经济发展、GDP数字的加大,不是我们追求的全部,我们还要注重社会进步、文明兴盛的指标,特别是人文指标、资源指标、环境指标;我们不仅要为今天的发展努力,更要对明天的发展负责,为今后的发展提供良好的基础和可以永续利用的资源和环境。"

（4）绿色发展是坚持人民主体地位的具体体现。"坚持人民主体地位"，事关政治文明，是五中全会强调的如期实现全面建成小康社会奋斗目标、推动经济社会持续健康发展必须遵循的原则。习近平在海南考察时指出："良好生态环境是最公平的公共产品，是最普惠的民生福祉。"习近平在中央政治局第六次集体学习时指出："生态环境保护是功在当代、利在千秋的事业。要清醒认识保护生态环境、治理环境污染的紧迫性和艰巨性，清醒认识加强生态文明建设的重要性和必要性，以对人民群众、对子孙后代高度负责的态度和责任，为人民创造良好生产生活环境。"

（5）绿色发展是实现全面建成小康社会目标的重要途径。实现全面建成小康社会目标事关物质文明、政治文明、精神文明和生态文明。"生态环境质量总体改善"，是中共十八届五中全会提出的全面建成小康社会新的目标要求的重要内容。习近平指出："我们已进入新的发展阶段，现在的发展不仅是为了解决温饱，而是为了加快全面建设小康社会、提前基本实现现代化；不能光追求速度，而应该追求速度、质量、效益的统一；不能盲目发展，污染环境，给后人留下沉重负担，而要按照统筹人与自然和谐发展的要求，做好人口、资源、环境工作。"

第三节 绿色发展的新举措

改革开放后的中国现代化事业，翻开了中国历史的新篇章，极大地改变了中国乃至世界历史的进程。改革开放 30 多年来，中国人民的生活从整体上进入梦寐以求的"小康"阶段，国家也迅速发展成为世界的主要经济和政治大国。然而，人们在享受现代化带来的甜蜜果实的同时，也品尝着环境恶化带来的苦涩后果。我们的现代化成就，特别是高速的经济增长，举世瞩目；但我们为现代化付出的沉重代价也日益令人担忧。大气污染、土壤污染、水污染、沙漠化、资源枯竭、生态失衡等，已经直接影响人们的健康生活。环境问题已经成为影响中国未来发展最严峻的挑战之一，由环境问题引发的群体性冲突事件也已经成为影响社会稳定的主要因素之一。显然，如果任由目前的生态危机继续下去，不但我国经济建设的成果会大打折扣，而且将增加不稳定因素，激化社会矛盾；不但会殃及子孙后代，而且将直接威胁到当代人的生存。我们必须通过绿色发展，探寻出一条使经济社会可持续发展的道路。

一、着力绿色化，转变生产生活方式

习近平指出："必须加快推动生产方式绿色化，构建科技含量高、资源消耗低、环境污染少的产业结构和生产方式，大幅提高经济绿色化程度，加快发展绿色产业，形成经济社会发展新的增长点。必须加快推动生活方式绿色化，实现生活方式和消费模式向勤俭节约、绿色低碳、文明健康的方向转变，力戒奢侈浪费和不合理消费。"中共十八届五中全会为实现绿色发展提出一系列新举措。"坚持绿色发展，必须坚持节约资源和保护环境的基本国策，坚持可持续发展，坚定走生产发展、生活富裕、生态良好的文明发展道路，加快建设资源节约型、环境友好型社会，形成人与自然和谐发展的现代化建设新格局，推进美丽中国建设，为全球生态安全做出新贡献。"

转变传统生产方式，就是在生产过程中实行以生态技术为支撑的绿色生产。生态文明追求的是经济社会与环境的协调发展，而不是单纯的经济增长，GDP 并不是衡量社会进步的唯一标志。生态文明建设，必须转变高投入、高消耗、高污染的工业生产方式，实现以生态技术为基础的绿色发展。

尤其要全面推进绿色制造，这是建设制造强国的要求。金融危机以后，很多国家都把实体经济、制造业作为发展重点，力图走出金融危机的阴霾。2009 年底，美国出现了一个叫复兴美国制造业的政策框架，随后又出台了一系列政策；德国出了一个工业 4.0，大家都很关注；法国提出"新工业法国"的概念；英国制定了 2050 的发展规划；韩国提出了"新动力产业"等。基本上，这些主要经济体都把目光聚焦到实体经济上。新一轮的科技革命和产业变革为我们谋划生态文明、绿色制造提供了技术上的支撑。"中国制造 2025"明确了三步走的战略：用十年时间进入制造强国行列，再用两个十年巩固提高，甚至在制造强国当中有一个引领地位。

转变传统生活方式，就是在生活过程中推行以低碳为基础的绿色消费。生态文明崇尚精神和文化的享受，倡导人们去追求生活的质量，而不是简单需求的满足。反对过度消费和对物质财富的过度享受。人类个体的生活既不能损害群体生存的自然环境，也不应危及其他物种的繁衍生存。因而，要厉行节约，反对浪费，使低碳绿色消费成为人类生活的新目标、新时尚。

二、着力低碳循环,发展产业体系

习近平指出:"你善待环境,环境是友好的;你污染环境,环境总有一天会翻脸,会毫不留情地报复你。这是自然界的规律,不以人的意志为转移。"习近平指出:"我们要认识到,山水林田湖是一个生命共同体,人的命脉在田,田的命脉在水,水的命脉在山,山的命脉在土,土的命脉在树。"中共十八届五中全会提出:"促进人与自然和谐共生,构建科学合理的城市化格局、农业发展格局、生态安全格局、自然岸线格局,推动建立绿色低碳循环发展产业体系。"

当务之急是要推进传统产业生态化。一些地方的煤炭、钢铁、化工等传统产业曾为地方经济发展做出过重要贡献,但也对生态环境造成了严重影响。应以节能环保技术和高新技术改造提升传统产业,遵照生产方式绿色化的要求,加快核心技术攻关,加快完善科技创新成果转化机制,更加注重采用先进适用的节能低碳环保技术改造提升传统产业,大力推动资源安全绿色开发和清洁低碳利用,为天空添蓝、为大地添绿、为河流添清。

重中之重是要推进新兴产业高端化。按照"环境友好型、生态友好型"的要求,着力培育和发展电子信息产业、生物医药产业、现代高效农业、文化旅游业等产业,形成有利于绿色循环低碳发展的新的经济增长点。这些产业在全国各地方兴未艾,有待加快培育壮大。应强化关键技术攻关和科技创新成果转化运用,突出产业水平的高端性及技术研发的前沿性,努力使其在绿色转型、后发赶超中发挥引领带动作用。

三、着力管制,发挥主体功能区作用

习近平指出:"用途管制和生态修复必须遵循自然规律,由一个部门负责领土范围内所有国土空间用途管制职责,对山水林田湖进行统一保护、统一修复是十分必要的。"中共十八届五中全会提出,"加快建设主体功能区,发挥主体功能区作为国土空间开发保护基础制度的作用"。

当前,发展不平衡、不协调、不可持续问题仍然突出,发展方式粗放、资源约束趋紧、生态环境恶化趋势尚未得到根本扭转。问题表现在:我们对探索国土空间开发规律的认识不足,空间结构不合理,经济布局、人口布局、城市布局与资源环境失衡,一些地区发展超出资源环境承载能力。要有效解决这些问题,就必须加快建设主体功能区,与此同时,建立重点生态功能区负面清单。

首先，加快建设主体功能区。建设主体功能区，优化国土空间开发格局，就是要根据资源环境承载能力、开发强度和发展潜力，统筹谋划人口分布、经济布局、国土利用和城市化格局，确定不同区域的主体功能，明确开发方向，完善开发政策，控制开发强度，规范开发秩序，形成人口、经济、资源环境相协调。发挥主体功能区作用，落实规划，完善政策，以主体功能区规划为基础统筹各类空间性规划，推进"多规合一"。

其次，建立重点生态功能区负面清单。保护生态系统和环境是社会发展的要求，我国中度以上生态脆弱区域占国土面积的55%。大量的森林破坏、湿地萎缩、河湖干涸、沙漠化、石漠化严重等生态环境问题频发，最根本的原因是重点生态功能区没有负面清单。建立重点生态功能区负面清单就是厘清保护与开发的是非界限，激励与处罚相结合。同时，加大转移支付力度，强化激励性补偿，建立横向和流域生态补偿机制，推动人与自然和谐共生。

四、着力节约，高效利用资源

习近平指出："中国的绿色机遇在扩大。我们要走绿色发展道路，让资源节约、环境友好成为主流的生产生活方式。我们正在推进能源生产和消费革命，优化能源结构，落实节能优先方针，推动重点领域节能。"中共十八届五中全会提出，"推动低碳循环发展，建设清洁低碳、安全高效的现代能源体系，实施近零碳排放区示范工程"。"全面节约和高效利用资源，树立节约集约循环利用的资源观，建立健全用能权、用水权、排污权、碳排放权初始分配制度，推动形成勤俭节约的社会风尚。"

走绿色发展道路，重点要落实低碳发展与循环发展，转变生产方式，调整产业结构，实现生产方式绿色化。要加快发展风能、太阳能、生物质能、水能、地热能，安全高效发展核电。加快能源技术创新，建设清洁低碳、安全高效的现代能源体系。强化约束性指标管理，实行能源和水资源消耗、建设用地总量和强度双控行动。在全社会推动节能行动计划。节约下来的能源是最绿色的能源，当下不能拘泥于传统的节能减排方式。通过技术改造，把有限的资源吃干榨净；通过管理创新，提高已开发资源的使用效率。

五、着力质量，实行最严格的环境保护制度

习近平指出："着力扩大环境容量生态空间，加强生态环境保护合作，在已

经启动大气污染防治协作机制的基础上,完善防护林建设、水资源保护、水环境治理、清洁能源使用等领域合作机制。"中共十八届五中全会提出,"加大环境治理力度,以提高环境质量为核心,实行最严格的环境保护制度,深入实施大气、水、土壤污染防治行动计划,实行省以下环保机构监测监察执法垂直管理制度"。

习近平指出:"要实施重大生态修复工程,增强生态产品生产能力。环境保护和治理要以解决损害群众健康突出环境问题为重点,坚持预防为主、综合治理,强化水、大气、土壤等污染防治,着力推进重点流域和区域水污染防治,着力推进重点行业和重点区域大气污染治理。"中共十八届五中全会提出,"筑牢生态安全屏障,坚持保护优先、自然恢复为主,实施山水林田湖生态保护和修复工程,开展大规模国土绿化行动,完善天然林保护制度,开展蓝色海湾整治行动"。由此,要在以下几方面下功夫:

(一)树立生态保护"底线思维"

生态红线是国家生态安全的底线和生命线,这个红线不能突破,一旦突破必将危及生态安全、人民生产生活和国家可持续发展。我国的生态环境问题已经到了很严重的程度,非采取最严厉的措施不可,不然不仅生态环境恶化的总态势很难从根本上得到扭转,而且我们设想的其他生态环境发展目标也难以实现。

(二)构建科学的空间治理考核评价体系

以市县级行政区为单元,建立由空间规划、用途管制、领导干部自然资源资产离任审计、差异化绩效考核等构成的空间治理体系。以提高环境质量为核心,把绿色发展的理念、原则、目标贯穿到我国经济、政治、文化、社会、生态和党的建设的全过程中,实行最严格的环境保护制度,形成政府、企业、公众共治的联动的环境治理体系。

(三)深入实施大气、水、土壤污染防治行动计划

坚持预防为主、综合治理,以解决损害群众健康突出环境问题为重点,实行联防联控和流域共治,强化水、大气、土壤等污染防治。

(四)改革环境治理基础制度,实行省以下环保机构监测监察执法垂直管理制度

(五)筑牢生态安全屏障

坚持保护优先、自然恢复为主,实施山水林田湖生态保护和修复工程,构建生态廊道和生物多样性保护网络,全面提升森林、河湖、湿地、草原、海洋等自然生态系统稳定性和生态服务功能。

(六) 开展大规模国土绿化行动

加强水生态保护，守住我们的青山绿水，保护自然给予我们的丰富资源，创造更加和谐的生态环境，建设美丽中国。

"环境就是民生"、"青山就是美丽"、"蓝天也是幸福"。坚持绿色发展理念，实施绿色发展战略，走文明发展新路。中共十八大以来，中国已经在这条道路上迈开大步向前走，政治、经济、文化、社会、生态、党建都在走向绿色化。中共十八届五中全会再次吹响绿色发展的号角，中国将迎来一个绿色化的"十三五"！

参考文献

[1] C.Watanabe. Industrial-ecology: Introduction of Ecology into Industrial Policy [M]. Tokyo: Ministry of International Trade and Industry, 1972.

[2] Ernest A.Lowe.Creating By-product Resource Exchanges: Strategies for Eco-industrial Parks [J]. Journal of Cleaner Production, 1997, 5 (1).

[3] Freeman C., Perez C..Structural Crises of adjustment, Business Cycles and Investment Behavior [A]. In: Dosi G. Technical Change and Economic Theory [C]. London and New Yorks: Printer Publishers, 1988.

[4] Frosch R. A., N.Galloupoullos. Strategies for Manufacturing [J]. Scientific Amerian, 1989 (3).

[5] Graedel, Allenby. Industrial Ecology [M]. 北京: 清华大学出版社, 2000.

[6] Güngör Z., Serhadlıoğlu G., Kesen S. E.. A Fuzzy AHP Approach to Personnel Selection Problem [J]. Applied Soft Computing, 2009, 9 (2).

[7] Kuse. Integrating Environmental Goals and the Product Development Process [A]. In: The Design actions and Resources for the Environmental conference Proceedings [C].Boston, USA: Mass, 1991.

[8] Nelson R. et al.. An Evolutionary Theory of Economic Change [M]. Cambridge Mass: Harvard University Press, Belknap Press, 1992.

[9] Porter M.E..Clusters and the New Economics of Competition [J]. Harvard Business Review, 1998 (76).

[10] R.Cote, J.Hall. Industrial Parks as Ecosystems [J]. Journal of Cleaner Production, 1995, 3 (1).

[11] 边云岗, 刘国建. 基于绿色技术系统观的生态化技术创新模式 [J]. 广东工业大学学报（社会科学版），2011, 11 (3).

[12] 蔡小军等. 生态工业园共生产业链的形成机理及其稳定性研究 [J]. 软

科学，2006（3）.

[13] 曹群.产业集群的升级：基于动态能力的观点［J］.学术交流，2005（4）.

[14] 曹如中，彭福扬.技术创新生态化转向研究［J］.西安电子科技大学学报，2003（11）.

[15] 陈其荣.技术创新的哲学视野［J］.复旦学报（社会科学版），2002（1）.

[16] 陈殊.产业生态化指标体系构建及综合评价研究［D］.重庆：重庆大学硕士学位论文，2008.

[17] 陈之泉.发展循环经济改造传统产业［J］.广东经济，2002（7）.

[18] 成娟等.产业集群生态化及其发展对策［J］.经济与社会发展，2006（1）.

[19] 程杰，段鑫星.技术创新在现代农业发展中的哲学思考［J］.农机化研究，2011（2）.

[20] 池仁勇等.基于投入与绩效评价的区域生态化创新效率研究［J］.科研管理，2010（7）.

[21] 邓伟根，王贵明.产业生态学导论［M］.北京：中国社会科学出版社，2006.

[22] 邓伟根等.产业生态学导论［M］.北京：中国社会科学出版社，2006.

[23] 杜栋.论 AHP 的标度评价［J］.运筹与管理，2009（9）.

[24] 杜松年.迎接 21 世纪民营经济［J］.南方经济，1998（1）.

[25] 段宁.清洁生产、生态工业和循环经济［J］.环境科学研究，2001（6）.

[26] 范剑平.新型工业化道路怎样走［J］.中国商报，2002（12）.

[27] 范群林.环境技术创新的决策行为及其能力影响机制研究［D］.成都：电子科技大学博士学位论文，2012.

[28] 冯鹏志.论技术创新与社会发展的关系特征［J］.科学学研究，2001，19（4）.

[29] 冯薇.产业集聚与生态工业园的建设［J］.中国人口·资源与环境，2006（3）：51-55.

[30] 冯薇.循环经济的理论基础、特征及内涵初探［J］.中国产业，2010（2）.

[31] 冯玉龙.生态化技术创新对和谐社会构建的促进作用研究［D］.北京：首都师范大学硕士学位论文，2012.

[32] 高红. 低碳经济视角的产业生态化研究 [D]. 武汉：武汉理工大学硕士学位论文，2012.

[33] 高新春，冯洪渊. 用模糊层次分析法评价矿井安全状况 [J]. 矿业安全与环保，2003（30）.

[34] 葛新权. 技术创新与管理 [M]. 北京：社会科学文献出版社，2005.

[35] 耿焜. 产业集群生态化模式探索——以苏南地区为例 [J]. 宏观经济管理，2006（5）.

[36] 郭建华等. 基于循环经济下的生态工业园模式 [J]. 现代企业教育，2007（1）.

[37] 郭军. 韩国首尔构建人水和谐的清溪川重建工程 [J]. 中国三峡建设，2007（4）.

[38] 郭守前. 产业生态化创新的理论与实践 [J]. 生态经济，2002（4）.

[39] 国家环保总局. 生态工业园区建设规划编制指南 [M]. 北京：中国环境科学出版社，2007.

[40] 何金泉. 中国民营经济研究 [M]. 成都：西南财经大学出版社，2001.

[41] 洪后其，傅家骥，雷家骕. 我国技术创新扩散模式的选择 [J]. 中国工业经济研究，1991（4）.

[42] 胡俊成，侯峻. 基于哲学视野的技术创新理论演进研究 [J]. 东南大学学报（哲学社会科学版），2007，9（4）.

[43] 胡牡丹. 工业园区生态化建设探研 [D]. 上海：东华大学硕士学位论文，2006.

[44] 黄勤，邓玲. 促进生态文明建设的产业结构调整研究 [J]. 天府新论，2008（9）.

[45] 黄文夫. 对民营经济性质与概念的界定 [J]. 经济研究参考，2000（25）.

[46] 黄颖. 蔗糖产业循环经济模式研究——以广西贵港国家级生态工业（制糖）示范园区为例 [D]. 武汉：华中科技大学硕士学位论文，2005.

[47] 黄志斌等. 产业生态化的经济学分析与对策探讨 [J]. 华东经济管理，2000（3）.

[48] 江苏省工业循环经济"十二五"规划.

[49] 江苏省国民经济和社会发展第十二个五年规划纲要.

[50] 江苏省统计年鉴 [M]. 2011，2012，2013.

[51] [美] 杰里米·里夫金. 第三次工业革命 [M]. 张体伟, 孙豫宁译. 北京: 中信出版社, 2012.

[52] 解振华. 生态工业理论与实践 [M]. 北京: 中国环境科学出版社, 2002.

[53] 康明晶. 湖南省产业生态化水平评价与发展对策研究 [D]. 湘潭: 湘潭大学硕士学位论文, 2013.

[54] [美] 劳爱乐, 耿勇. 工业生态学和生态工业园 [M]. 北京: 化学工业出版社, 2003.

[55] [美] 蕾切尔·卡森. 寂静的春天 [M]. 鲍冷艳译. 北京: 中国青年出版社, 2015.

[56] 李娣等. 长株潭区域产业生态化发展评价与对策研究 [J]. 开放导报, 2010 (1).

[57] 李广培, 周小亮, 李少凤. 嵌入组织因素的生态化技术创新过程模型及其制度结构—功能研究 [J]. 科技管理研究, 2011 (17).

[58] 李杰中. 制浆造纸企业绿色技术创新能力评价研究 [D]. 福州: 福建农林大学硕士学位论文, 2009.

[59] 李京文, 任海英. 企业生态化动态评价指标及其分析 [J]. 数量经济技术经济研究, 2005 (12).

[60] 李锐等. 技术创新的生态化转向及其实现机制研究 [J]. 哈尔滨商业大学学报, 2008 (3).

[61] 李彦, 朱吉胜. 层次分析法的一种改进及其应用 [J]. 电子设计工程, 2011 (8).

[62] 厉无畏, 王振. 转变经济增长方式研究 [M]. 上海: 学林出版社, 2005.

[63] 厉无畏. 中国产业经济发展前沿 [M]. 上海: 上海人民出版社, 2003.

[64] 刘泊. 技术创新生态化的经济政策支撑 [D]. 沈阳: 东北大学硕士学位论文, 2009.

[65] 刘东皇, 孟范昆, 季小立. 中国宏观经济结构优化多维度研究 [J]. 经济学家, 2013 (11).

[66] 刘东皇. 启动居民消费促进我国经济增长模式转型探析 [J]. 中央财经大学学报, 2010 (6).

[67] 刘东皇. 中国经济发展动力结构转换研究 [J]. 社会科学, 2016 (1).

[68] 刘巧绒, 杨冬民. 基于循环经济的生态化创新实施机制研究 [J]. 科技管理研究, 2010 (5).

[69] 刘迎秋. 中国民营企业竞争力报告 No.6 (2012): 转型升级与竞争力指数 [M]. 北京: 社会科学文献出版社, 2013.

[70] 柳御林. 技术创新经济学的发展 [J]. 数量经济技术经济研究, 1993 (4).

[71] 陆根尧, 盛龙, 唐辰华. 中国产业生态化水平的静态与动态分析——基于省际数据的实证研究 [J]. 中国工业经济, 2012 (3).

[72] 罗宏等. 生态工业园区——理论与实证 [M]. 北京: 化学工业出版社, 2004.

[73] 马传栋. 工业生态经济学与循环经济 [M]. 北京: 中国社会科学出版社, 2007.

[74] 马荣, 周宏春. 生态工业园的实践与经验 [J]. 经济研究参考, 2006 (46).

[75] 马世骏, 李松华. 中国的农业生态工程 [M]. 北京: 科学出版社, 1987.

[76] 毛蕴诗, 吴瑶. 企业升级路径与分析模式研究 [J]. 中山大学学报, 2009 (1).

[77] 彭福扬, 刘红玉. 论生态化技术创新的人本伦理思想 [J]. 哲学研究, 2006 (8).

[78] 彭福扬, 刘红玉. 科学的生态化创新观——生态化创新 [J]. 自然辩证法研究, 2011 (6).

[79] 彭福扬, 郑兢晶. 长株潭两型社会建设中的经济生态化研究 [J]. 科学经济社会, 2009 (3).

[80] 施泉生, 涂娜娜. 层次灰色分析法在电厂安全评价中的应用 [J]. 上海电力学院学报, 2005 (21).

[81] 孙非亚, 陈曦. 国外生态城市建设经验及对中国的启示 [J]. 世纪桥, 2011 (11).

[82] [奥] 陶在朴. 生态包袱与生态足迹——可持续发展的重量及面积观念 [M]. 北京: 经济科学出版社, 2003.

[83] 田硕. 辽宁省大中型企业技术创新能力评价研究 [D]. 大连：大连海事大学硕士学位论文，2008.

[84] 王健. 沈阳高新区自主创新能力评价研究 [D]. 大连：大连理工大学硕士学位论文，2009.

[85] 王静. 国内典型高新园区生态化创新水平比较研究 [D]. 西安：西北大学硕士学位论文，2011.

[86] 王立红. 循环经济——可持续发展战略的实施途径 [M]. 北京：中国环境科学出版社，2005.

[87] 王慎之，丘兆祥. 谈熊彼特的"技术创新理论"[J]. 经济理论与经济管理，1985（3）.

[88] 王晓萌. 我国企业生态化发展水平评价研究 [D]. 哈尔滨：哈尔滨工业大学硕士学位论文，2009.

[89] 王兆华等. 生态学与循环经济理论：一个研究综述 [J]. 科学管理研究，2007（1）.

[90] 吴志军. 生态工业园工业共生网络治理研究 [J]. 当代财经，2006（9）.

[91] 肖蕊，史宝娟. 企业生态化技术创新过程 [J]. 河北联合大学学报（社会科学版），2012，12（5）.

[92] 肖智润. 关于中小企业生态化技术创新的思考 [J]. 科学咨询（决策管理），2007（21）.

[93] 邢军. 中国民营企业融资状况发展报告（2012）[M]. 北京：中国经济出版社，2013.

[94] 徐建中，马瑞先. 企业生态化发展的动力机制模型研究 [J]. 生产力研究，2007（17）.

[95] 许庆瑞等. 企业创新管理基本范式的发展与全面创新管理（TIM）的必然性——基于创新退化视角 [J]. 中国地质大学学报（社会科学版），2004，4（5）.

[96] 许腾. 浙江产业转型升级的影响因素研究——以湖州市长兴县耐火行业为例 [D]. 杭州：浙江工业大学硕士学位论文，2012.

[97] 杨华锋. 中国十省区域循环经济发展动态综合评价实证研究 [J]. 工业技术经济，2009（2）.

[98] 杨永芳等. 我国企业生态化建设的问题及其发展思路 [J]. 辽宁师范大学学报（自然科学版），2005，28（4）.

[99] 杨玉文，张巨勇. 生态化技术创新机制研究 [J]. 生态经济（学术版），2007（1）.

[100] 叶谦吉. 生态农业：农业的未来 [M]. 重庆：重庆出版社，1988.

[101] 尹继佐. 建设循环经济型的国际大都市 [M]. 上海：上海社会科学院出版社，2004.

[102] 尹艳冰，赵宏. 循环经济背景下区域生态化技术创新体系建设研究 [J]. 科技进步与决策，2010（1）.

[103] 尹艳冰. 基于改进模糊积分的生态化技术创新测度方法 [J]. 统计与决策，2009（16）.

[104] 尹艳冰. 面向循环经济的生态化技术创新体系构建及其测度研究 [D]. 天津：天津大学博士学位论文，2008.

[105] 余芳东. 我国经济的国际地位和发展差距 [J]. 调研世界，2011（3）.

[106] 张成考. 基于AHP法企业生态化水平的模糊综合评价 [J]. 科技管理研究，2006（7）.

[107] 张成考. 基于生态学理论的生态工业园系统模型研究 [J]. 工业技术经济，2006（3）.

[108] 张仁桥. 生态工业园发展中若干问题的思考 [J]. 生态经济，2007（5）.

[109] 张彦素. 以产业集群优势促进生态工业园建设 [J]. 合作经济与科技，2007（5）.

[110] 张玉卓. 西安市企业生态化技术创新的政策支持 [J]. 科技和产业，2008，8（6）.

[111] 赵林飞. 产业生态化的若干问题研究 [D]. 杭州：浙江大学硕士学位论文，2013.

[112] 赵林飞等. 长江三角洲地区产业生态化发展评价 [J]. 理论研究，2007（4）.

[113] 赵裴. 生态化区域创新系统评价研究 [D]. 南京：江苏大学硕士学位论文，2010.

[114] 中国统计年鉴 [M]. 2011，2012，2013.

[115] 朱茵，孟志勇，阚叔愚. 用层次分析法计算权重 [J]. 北方交通大学学报，1999（10）.

后 记

还记得讨论本书提纲时的"百家争鸣",还记得撰写本书时的"不眠之夜",还记得会商本书初稿时的"群情激昂",还记得……

而今日,犹如呱呱坠地的婴儿,《生态化经济发展:实证与路径》一书也终成正果,付梓出版了,这是一件幸事,值得庆贺。

在庆贺之余,不能忘怀的是关于提出或研究生态、生态化、生态化发展及其相关内容的思想者们,正是他们思想的阳光照耀着我们前行。尽管按照惯例,我们尽量列出了我们参阅和引用到的资料和文献,但也难免挂一漏万。在此,谨向伟大的思想者们致以衷心的感谢,并请多见谅。

在庆贺之余,不能忘怀的是著名经济学家、中国区域经济学会副理事长兼秘书长、中国社会科学院经济研究所博士生导师陈耀研究员,他不仅在百忙之中为本书挥毫作序,而且抽空之余定夺书名、审阅内容、修改体例,正是他的悉心关怀激励着我们前行。在此,谨向陈老师的厚爱致以衷心的感谢。

在庆贺之余,不能忘怀的是经济管理出版社的申桂萍编辑以及她的同事们,一个数据一个数据的审核,一字一字的校对,不厌其烦,精益求精,正是她们的精心编辑成就了本书,正是她们的敬业精神感染着我们前行。在此,谨向经济管理出版社的编辑们致以衷心的感谢。

生态化经济发展在路上,生态化经济发展的研究在路上。我们深知,本书无论是在对生态化经济发展理论的论述上,还是在对生态化发展水平的实证及其路径研究方面,与我国生态化经济发展的现实进展相比,都还只是其冰山一角,都还只是一种初步的探索。今后,我们将以绿色发展为指导,不断深化对绿色发展的新认识,不断研究绿色发展的新问题,百尺竿头,更进一步,用更多的新成果服务于社会主义的伟大实践。